동북아의 제노사이드: 학살의 기억, 상처의 치유

이 저서는 2017년도 정부(교육부)의 재원으로 한국연구재단의 지원을 받아 수행된 연구임.
(NRF-2017S1A6A3A02079082)

NORTHEAST ASIA DIMENSION

동·북·아·다·이·멘·션
연구총서

6

동북아의 제노사이드

: 학살의 기억, 상처의 치유

원광대학교 한중관계연구원
동북아시아인문사회연구소 편

경인문화사

19세기 후반에서 20세기 초까지 동아시아 국가 중에서는 최초로 자본주의 세계체제 속에서 열강의 위치에 오른 일본은 한반도의 식민화와 중국 침략 등으로 동아시아를 폭력의 시대로 만들었다. 이념의 차이나 민족 간의 대립 등을 이유로 특정 집단의 구성원을 대량으로 학살하여 절멸시키는 제노사이드genocide의 관점으로 동북아시아의 역사를 다시 볼 때, 그간 '참변', '학살', '사건' 등으로 불려왔던 역사적 사건들에서 희생된 사람들의 상처와 고통, 집단학살을 가능하게 했던 거대한 조직적 움직임과 국가 폭력, 그리고 그 시대를 증언하려 했던 사람들의 처절한 몸부림에 대해 다시 생각해 볼 수 있을 것이다. 그리고 이렇게 인종과 이념, 불평등과 잔인성의 역사를 직면하고 기억하는 일은 동북아시아의 평화와 공존의 새 시대를 여는 첫걸음이 될 것이다.

이 책은 원광대학교 한중관계연구원 HK+동북아시아인문사회연구소에서 수행하고 있는 "동북아 공동번영을 위한 동북아시아다이멘션 NEAD 토대 구축"사업의 연구 성과를 담은 여섯 번째 연구총서. 이번 총서에는 "동북아의 제노사이드: 학살의 기억, 상처의 치유"라는 제목으로 연구소의 교수님들뿐만 아니라 함께 제4차 국제학술대회 〈동북아 역사 문화의 상처와 치유: 제노사이드를 중심으로〉(2020.12.17.)

등을 통해 연구 아젠다를 공유하고 참여해 준 교수님들의 글을 모았다. 일본의 제국주의에 의해 발생한 제노사이드의 실상은 어떠했는지, 이는 어떻게 증언되고 기록되고 국제사회에 파급되었는지를 다루었고, 이러한 폭력의 역사적 현장을 다시 소환하면서 이 역사를 기억하는 역사적 문화적 방식을 통해 폭력의 역사를 넘어 동북아시아의 치유와 공존의 방안을 모색했다.

총론에 자리한 박노자의 글 「동아시아의 근대, 학살의 시대」는 학살로 점철된 동아시아의 근대를 개괄하고, 동북아의 평화적 미래를 위해 동북아시아 공동체가 자성적 근대성의 단계에 도달해야 함을 촉구하고 있다.

제1부 〈일본 제국주의와 제노사이드〉에서는 일본의 제국주의에 의해 발생한 난징대학살, 훈춘사건, 경신참변, 동학농민군 학살, 장암촌 학살 등을 다루고 있다.

수핑 루Suping Lu의 「미국인, 영국인, 독일인이 기록한 난징대학살」은 난징대학살을 목격하였던 미국인, 영국인, 독일인의 기록을 상세하게 제시하고 있다. 이 기록은 신문 기사, 편지, 영상, 소책자, 외교문서, 전보 등의 다양한 형태를 지니고 있고, 기록한 사람들 역시 신문기자, 선교사, 의사, 사업가, 외교관 등으로 다양하다. 또한, 이 기록 속에 난징대학살의 현장은 피해액 등의 수치적 지표로, '지옥'이라는 상징적 표현으로, 학살로 인해 병든 환자와 죽은 자의 상처 입은 몸으로, 일본군과 관련자들의 생생한 발화 등으로 표상된다. 이러한 현장성 있는 기록들은 난징대학살에 관해 남은 수치數值적 기록에 대해 신빙성을 제기하는 일부 우익 인사들에 대해 난징대학살에 대해 기억해야 할 것이 진정 무엇인지를 말해준다.

김주용의 「제국주의 일본군의 간도 한인 학살과 타자의 시선: 창사

長沙《대공보大公報》를 중심으로」는 중국 현지에서 발생한 훈춘사건과 경신참변을 중국의 안위와 관련해서 보도한 창사《대공보大公報》의 신문 기사를 분석하여 훈춘사건과 경신참변, 한국독립운동에 대한 보도 관점 변화를 분석하고 있다. 이 글은 중국 언론《대공보》가 간도지역 한인 학살을 한인과 일본 사이의 갈등에서 일본 제국주의의 침략과 대규모 확대 가능성으로 인식하는 과정을 구체적인 자료를 근거로 밝힘으로써 1920년 간도라는 시공간을 조망하는 중국의 시각 변화를 보여주고 있다.

성주현의 「동학농민혁명기 일본군의 동학농민군 학살」은 동학농민군의 희생자 현황과 일본군이 동학농민군을 학살한 양태를 실증적으로 확인함으로써, 동학농민군에 대해 행해진 대규모의 토벌이 '학살'에 준하는 것임을 밝히고 있다. 이 글은 참살斬殺, 목살木殺, 돌살突殺, 소살燒殺 등의 잔인한 학살의 방법과 희생자의 숫자들을 통해 동학농민혁명기의 일본군의 행위가 '선전포고도 없이 자행된 국제법상 불법'인 대학살임을 밝히고 있다.

김연옥의 「'제2의 제암리 사건' 장암촌 학살의 실태와 여파」는 「장암소탕상보」와 『간도출병사』 부록에 실린 선교사들의 보고서를 통해서 장암촌 학살 사건에 대한 국제 여론의 추이와 여파를 살피고 있다. 특히 이 가운데 「장암소탕상보」는 이 연구에서 새롭게 발견한 자료라는 점에서 더욱 뜻깊다. 이 글은 장암촌 학살이 처음부터 장암촌 초토화를 겨냥한 작전이었으며, 이에 대해 영국 대사와 캐나다 장로파 전도본부의 항의 요구가 세계 각지에서 배일排日 운동의 효과를 불러왔음을 밝히고 있다.

제2부 〈동북아 제노사이드의 상흔과 치유〉에서는 관동대진재와 난징대학살, 여순 대학살, 제암리 교회 학살을 기억하고 기록하는 방식

을 통해 동북아 제노사이드에 대한 치유의 가능성을 모색하고 있다.

이규수의 「관동대진재와 한인 학살: 그 망각과 기억의 소환」은 관동대진재 당시의 학살이 기억되어 온 방식과 망각 또는 왜곡되어 온 방식을 함께 살피고, 이를 통해 기억을 올바로 계승하려는 연대連帶적 연구 가능성까지 타진하고 있다. 또한 이 글은 관동대진재를 망각하도록 하는 배경이 되는 역사수정주의의 양상도 두루 살피고 있다. 특히 관동대지진재가 발생했을 때 한인 보호에 앞장섰던 일본인 인권 변호사인 후세 다쓰지布施辰治의 연설문을 통해 한인 학살 문제에 대한 진실한 사죄와 책임이 한일 연대의 출발점이 됨을 밝히고 있다.

유지아의 「난징대학살 심판과 아시아 부재론 -은폐와 부정-」은 난징대학살에 대한 전쟁범죄 재판(도쿄재판)에서 난징대학살이 어떻게 논의되고 심판되었는지, 그러한 결과를 초래한 원인을 추적하고 있다. 특히 도쿄재판의 가치를 축소하는 측에서 내세우는 '승자의 심판' 논리를 뒤집어서, 냉전이 격해지는 상황에서 승자인 미국이 일본을 우방국으로 삼기 위해 도쿄재판에서 천황 등을 비롯한 전범에게 면책을 주었기 때문에 식민지 지배와 전쟁책임에 대한 인식이 부족한 '승자의 심판'이 되었음을 밝히고 있다. 이 연구는 전쟁에 대한 철저한 반성이야말로 미래 사회에 동북아 평화 체제를 구축하는 데 기초가 된다는 점에서, 전범재판 결과는 완료된 결과가 미래지향적 가치를 지닌 연구대상임을 전제로 하고 있다.

최봉룡의 「청일전쟁과 일본군의 여순 대학살: 진실과 기억」은 여순 대학살의 실상을 파악하고, 청일전쟁이 남긴 상흔을 살피며 동아시아 운명공동체를 위한 공존과 상생의 방안을 모색하고 있다. 이를 위해 서양 기자들의 신문보도, 중국 관청의 보고 문건, 일본 종군 기자들의 기록을 두루 분석하고 있다. 특히, 기념 시설인 '만충묘'는 청일전쟁, 러일전쟁, 해방이라는 역사적 전개에 따라 묘비에 기록된 희생자의 숫자와 설명 문구가 달라진다. 이 연구를 통해 여수 순천 대학살을 동북아의 평화적 미래를 위해 적극적으로 해석하고 가치를 부여하는 일의 중요성을 다시금 새길 수 있을 것이다.

조윤정의 「제노사이드, 기억, 죄책감: 가지야마 도시유키梶山季之의 「이조잔영李朝残影」에 재현된 제암리 교회 학살의 의미」는 가지야마 도시유키의 「이조잔영」과 이 소설을 원작으로 제작한 한국 영화 「이조잔영」에 재현된 제암리 교회 학살 사건의 의미를 일본 국민의 재통합을 위한 공적 기억의 구성, 한일협정 체결이라는 당대의 사회적 맥락에서 평가하고 있다. 이 연구는 학살의 치유와 화해를 위해 가지야마 도시유키의 소설 쓰기와 한국에서 그 소설을 수용하고 재생산했던 방식이 남긴 의미를 생각해 보도록 한다.

이 책은 동북아시아에서 발생한 폭력의 역사를 제노사이드의 관점에서 재해석하고, 역사를 현재와 미래에 재현하고 지속시키는 기억의 방식을 통해 치유와 공존에 이르는 가능성을 모색하고 있다. 19세기 이후 동북아는 세계열강이 충돌하는 각축장이었고, 생존경쟁과 식민지, 전체주의와 세계대전 등 급변하는 세계 문명의 파고 위에서 위험하게 생존을 모색하는 문명사적 도전의 현장에 있었다. 이 가운데 무차별한 반인류적인 학살이 자기 집단의 이익을 보호한다는 이유로, 제국주의의 이름으로, 식민지 확장이라는 국가 기획의 명분으로 자행되었다. 호르크하이머M. Horkheimer와 아도르노Th.W. Adorno가 말하고 있듯이 "인류 문명이 야만 속에 빠져든" 시대의, 생존해 있다는 것이 잔인하다는 시대의 기억은 서양만을 관통하는 근대적 기억이 아니라 동북아시아에서도 적용될 수 있는 거대한 역사의 트라우마trauma이기도 하다. 독일의 철학자 니체F. Nietzsche가 좌우명으로 삼았던 "상처로 인해 정신이 성장하고 새 힘이 솟는다"는 문장은 동북아의 역사에도 그대로 적용될 수 있을 것이다. 수많은 역사의 상처와 아픈 기억을 지니고 있지만, 동북아시아는 이를 치유하며 앞으로 나아가는 새로운 성장의 길을 모색해야 할 것이다. 치유는 의식하지 못하며 감추어져 있던 아픈 상처를 의식화하며 살피는 데서 시작한다. 동북아시아에서 자행된 잔인한 역사의 상처를 진정성 있게 반성하고 기억할 때, 동북아시아는 함께 평화와 공존이라는 인류 문명의 빛을 밝히는 동반자가 될 수 있을 것이다. '역사의 기억과 반성, 성찰'은 '인류의 미래와 공존, 평화'와 같은 궤도 위에서 움직이는 문명의 성찰적 어휘들이다. 이 책이 단순한 학술적 논의나 그 성과의 축적을 넘어 동북아시아의 아픈 기억과 상처를 살피면서 21세기 미래로 나아가는 역사문화의 길을 밝히는 작은 등불이 될 수 있기를 희망해 본다.

2021년 10월
김정현
원광대학교 한중관계연구원 원장
HK+동북아시아인문사회연구소 소장

차
례

총론

동아시아의 근대, 학살의 시대

박노자

블라디미르 티호노프, 오슬로대학교 교수

1. "동아시아의 장기 평화", 내지 "휴전"?

요즘 평화 연구자들은 "1979년 이후 동아시아 장기 평화의 비결"을 놓고 그 원인 등에 대한 연구를 종종 시도하곤 한다. 동아시아 국제 관계사를 살펴보면, 1970년대 말의 동아시아는 뚜렷한 '분수령'의 역할을 하는 것으로 보인다. 1940년대 말부터 1970년대 중반까지도 동아시아 지역은 중-소 진영과 친미 진영으로 나뉘었고, 두 진영 사이의 전쟁이나 무장 대치 등은 부단히 지속되었다. 특히 한국 전쟁(1950~1953)의 경우에는 직간접적으로 북-중-소와 남-미-일이 맞섰지만, 그 후의 베트남 전쟁(1955~1975)의 경우에는 미국과 남북한 등이 직접적으로 관여하고 중, 미, 일은 간접적으로 관여했다. 그런가 하면, 다만스키珍寶島(1969) 국경 분쟁이나 중월 전쟁(1979)의 경우에는 소-베트남과 중국이 "현실 사회주의" 블록 안에서도 전쟁을 벌인 바 있었다. 이와 같은 경우는 반대쪽인 친미 진영 안에서도 있었다. 1952년에 이승만이 그은 '평화선'에서는 1965년의 한일 수교가 있기까지 한일 양국 경비정들이 대치하는 경우가 종종 있었다. 한마디로 1970년대 말 전까지의 동아시아는 냉전과 분쟁의 진영 안에서 각종 갈등으로 몸살을 앓았기 때문에 평화보다는 전쟁의 상황이 더 전형적이었다. 그러나 이와 같은 "대립의 시대"도 1970년대 말을 기점으로 한풀 꺾여 안정적인 시기에 접어들었는데, 바로 이 지점이 학자들에게는 중요한 화두가 된 것이다.[1]

"1979년 이후 동아시아 평화의 수수께끼"에 대해 지금까지 학계에서 제기된 가장 설득력 있는 해답은, "개발주의 의제가 가져다 준 평화 효과"라는 테제였다. 사실 동아시아만큼 중무장된 지역은 세계에서 보기 드물 정도다. 동아시아 지역에는 미국, 러시아, 중국, 일본, 한국 등 세계의 가장 강력한 군사력이 집중되어 있는가 하면, 국가의 GDP 중 군비 비율이 가장 크다는 북한도 속해 있다. 그렇다고 동아시아 국가들이 초국가적 공동체를 이루고 있는 것도 아니다. 같은 친미 국가임에도 불구하고 한·일 관계는 늘 문제를 겪는가 하면, 북중 관계에서 "우방" 수사는 깊은 상호 불신과 동상이몽의 현실을 덮어주는 것이다. 남북한이나 일본, 중국 민족주의의 지배적 변종들은 이웃 나라에 전혀 친화적이지 않다. 이렇듯 동아시아 국가 간에는 군사화된, 자국의 피해 경험에서 비롯된 배타적 민족주의 이념이 지배적인 것이 현실이다. 그럼에도 40여 년 동안 상대적으로나마 동아시아의 평화가 지켜질 수 있었던 기점은 중국의 개혁개방 선회(1970년대 말)로 볼 수 있을 것이다. 그 첫 번째 이유로는 이 지역의 거의 모든 엘리트 계층이 국제적이고 경제적인 협력이 전제되는 개발과 치부致富, 성장을 본위로 하는 정책을 일관되게 추진했기 때문이며, 두 번째는 이러한 성장이야말로 이 지역의 정권에게 핵심적인 명분을 제공하는 주요 요소가 됐기 때문이다.[2] 이러한 해석은 상당한 설득력을 갖는다. 다시 말해, 현실의 무기와 이념상의 민족주의 이데올로기가 오히려 동아시아

---

1) 예컨대 Stein Tonneson, 2009, "What is it that Best Explains the East Asian Peace 1979? A Call for a Research Agenda" *Asian Perspective* 33: 111-36 참조.

2) T.J.Pempel, 2013, "Introduction: The Economic-Security Nexus in Northeast Asia" In T.J.Pempel, ed. *The Economic-Security Nexus in Northeast Asia*, 1-22. London: Routledge.

국가들 사이의 잠재적 갈등을 일정 기준 이상으로 폭발되지 않게끔 해주는 것이다. 그럼으로써 이러한 요소들은 동아시아 국가들이 공유하고 있는 자본주의 세계 체제에의 소속이라는 결과를 가져다 주었다.

한데 이와 같은 "상업적 평화commercial peace"는 사실 일종의 "휴전"에 불과하다고 할 수도 있다. 자본주의 세계 체제 속에서 현재와 같은 패권 관계가 지속적으로 이어지는 이상, 전쟁이라는 형태의 파열은 없을 수도 있다. 하지만 현재의 패권 관계가 도전을 받는 순간, 전쟁이 발발할 위험이 돌연히 높아질 수 있다. 사실 미국의 일부 정치 전략 전문가들은 "급부상하는 도전 국가"와 "쇠락하는 기존의 패권 국가"와 같은 구도의 오늘날 중-미 관계가 궁극적으로 전쟁으로 이어질 가능성이 비교적 높은 편에 속한다고 말한다.[3] 이와 같은 상황이 실질적으로 전개되면 중국의 공식 동맹국인 북한도 미국의 공식 동맹국인 한-일도 어떤 방식으로든 간에 전쟁에 휘말리게 되고, 이는 사실상 동아시아 중심으로 세계대전이 일어나는 것이나 마찬가지이다. 즉, 자본주의 세계 체제의 논리가 지금까지는 1979년 이후 동아시아의 "장기 평화"를 성립시킨 배경이 됐지만, 미래에는 오히려 "장기 평화"의 막을 내리는 상황을 전개시키는 배경이 될 가능성도 동시에 갖는다는 것이다.

2. 동아시아와 자본주의 세계 체제
: 16세기부터 19세기까지

사실 자본주의 세계 체제는 세계적으로나 동아시아 지역에서나

3) Graham Allison, 2017, *Destined for War: Can America and China Escape Thucydide's Trap?* NY: Houghton Mifflin Harcourt.

"평화"와는 애당초 사이가 멀었다. 자본주의 세계 체제가 본격적으로 형성되어 동아시아에 들어온 것은 16세기였다. 그 당시 유럽 세력은 동아시아 국가를 침략하여 식민지화할 만한 군사력이 없었다. 처음에는 일단 남미산의 은銀 무역 등과 같은 경제적 이윤을 추구하는 데 그쳤다. 그 중에서 지리적으로 세력을 급속히 확장해 나가던 포르투갈이 1554년에 중국의 광주廣州에서 통상을 허가 받게 되고, 경쟁국인 스페인이 1571년에 필리핀의 루손 섬을 점령해 마닐라를 건설함으로써 동아시아의 무역에 참여하게 된 것을 기점으로 동아시아는 자본주의 세계 체제와 본격적으로 조우遭遇하게 된다. 이 최초의 접촉은 그 당시 커다란 유혈 사태로 이어지긴 했다. 포르투갈 상인들은 일본을 통일한 지배자인 오다 노부나가織田信長(1534~1582)나 토요토미 히데요시豊臣秀吉(1537~1598)에게 최신의 조총鳥銃들을 공급했는데, 이는 663년의 백강 전투 이후 일본 세력이 대륙을 최초로 본격적으로 침략하는 임진왜란을 가능케 했다. 포르투갈 상인들은 일본의 침략 세력에 무기를 공급했을 뿐만 아니라, 침략군이 노획한 조선인 포로들을 노예로 삼아 서구 세계의 노예무역 시장에 내놓기도 했다. 사실 그 당시의 조선과 유럽 중심의 세계 질서 사이의 최초의 접촉은 이미 침략과 대량 살인, 노예무역으로 점철되었다.4) 임진왜란으로 조선은 적어도 26만 명 이상의 인명 피해를 입었고, 온 나라가 황폐화되었기 때문이다. 그런데 이는 동시에 명나라 여진족의 통제력을 약화시키는, 즉 명청 교체의 계기가 되기도 했다.5) 그렇지만 전례 없는 대유혈로 왜란 이후 조선에서는 근대의 "민족" 내지 "국민"에 비견될 만한 애국적 공동체 의식을 형성되었으며, 이러한 의식이 "조선인"이라는 커뮤니티에 결정적으로

---

4) 기시모토 미오, 미야지마 히로시, 『조선과 중국, 근세 오백년을 가다』, 역사비평사, 2003, 184-190.

5) 강응천, 정재훈 등, 『16세기 성리학 유토피아』, 민음사, 2003, 244-261.

기여했다고 보는 연구자도 있다.[6] 그렇게 본다면, "전쟁"과 "학살"의 형태로 1592~1598년의 조선에서는 근대 유럽과 가까운 시기인 16~19세기에 이미 "민족" 내지 "국민" 의식의 형성 과정이 초기적인 형태로 발동된 것이라고 볼 수 있다.

'학살'이라는 차원에서 보자면, 근세(17~18세기) 동아시아 역사와 같은 시기에 구미권 역사도 '같은 방향'으로 흘러 들어가는 느낌을 강하게 준다. 그 시기 유럽인들은, 미주 대륙을 식민화하면서 원주민에 대한 전례 없는 정도의 구조적 폭력을 자행했다. 원주민들은 일체의 시민권을 박탈당해 통치의 '대상'으로 전락되었고, 새로운 병균과 유럽산 알코올 등에 노출된 데다가 삶의 토양을 잃어가는 상태였다. 강제 노역에 시달리게 된 미구 원주민들의 수는 급격히 줄어들었다. 학자마다 조금씩 다르지만, 1492년 당시 미주의 총인구는 약 7천 5백만 명이었는데, 그중 오늘날 미국의 영토에서는 약 5백만 명의 주민이 살았던 것으로 추측된다는 학설이 가장 설득력 있다고 알려져 있다.[7] 그러나 근세와 19세기에 토지 및 생활권을 박탈하거나 강제 이주, 강제 노역 등 일련의 '인종 말살' 과정을 거쳐서, 미주의 원주민 인구는 1900년에는 5백만 명에 불과하게 됐다. 그 중에서도 미국 영토에는 불과 23만 명의 원주민만 살고 있었다.[8] 1492년 이후 미주 원주민의 총인구 90% 이상이 사라진 이 비극을 흔히 "원주민 홀로코스트 Indigenous Holocaust"라고 지칭한다. 이와 동시에 청나라에 의한 신강新疆 식민화

---

6) JaHyun Kim Haboush, 2016, *The Great East Asian War and the Birth of the Korean Nation*. NY: Columbia University Press.

7) Russell Thornton, 1987, *American Indian Holocaust and Survival: A Population History since 1492,* Norman: University of Oklahoma Press, 15-43.

8) Russell Thornton, 1987, American Indian Holocaust and Survival: A Population History since 1492, 42-43; Russell Thornton, 2000. "Population History of Native North Americans," In Michael R. Haines and Richard H. Steckel, eds. *A Population History of North America.* Cambridge: Cambridge University Press, 32.

도 동아시아 역사상 유례없는 대학살로 점철되어 있었다. 1755~1757년 준갈準噶爾 민족의 봉기 이후 청나라 병사들은 건륭乾隆 황제로부터 준갈인들을 "永絶根株", 즉 영구히 없애라는 명령을 받아 여러 방법으로 준갈 민족의 약 80%, 즉 40~60만 명을 집단 학살한 것으로 추계되고 있다.[9] 몽골계 불교 신자인 준갈 민족의 멸절은 신강의 인구 구성을 획기적으로 바꾸었다. 이제 튜르크 계통의, 이슬람 신자인 위구르維吾爾인들이 신강 대부분의 인구로 부상한 것이다. 준갈 민족을 잔혹하게 "처분"하는 것을 처음에 환영한 그들은 머지않아 청나라 당국과 또 마찰을 빚게 되는데, 이 마찰은 1860~70년대의 신강 대반란으로 이어졌다.[10] 미주의 유럽인이나 신강의 청나라 병사들은, 화기 사용이라는 결정적 이점을 살려 이와 같은 대학살을 벌일 수 있게 된 것이다. 임진왜란 이후로는 "첨단 화기 보유"는 동아시아 지역에서 대량으로 학살을 저지를 수 있는 주요 조건이 된 것이다.

한데 18세기 말부터 산업 혁명을 시작한 영국과 구미권 신흥 자본주의 국가들은, 19세기 중반에 이르러 청나라를 포함한 동아시아 국가들에 비해 훨씬 더 고도로 발달한 화기에다가 기선機船 등 전례 없는 기동성을 담보하는 새 시대의 기술을 보유하게 됐다. 기선과 함포艦砲의 도래와 함께, 19세기 중반~21세기 초반에 들어서 바야흐로 동아시아에도 지구적인 "유럽의 시대European Age"가 찾아온 것이다. 유럽 상인들이 지역적인 무역 시스템에 편입해 은銀 수출 등에 중점을 두었던 16세기와 달리, 그 힘이 보다 강해진 유럽인들은 19세기에 이르러 무역을 비롯한 지역 질서를 그들 본위로 재편시키려는 움직임을 본격적으로 시작했다. 그러한 강제적 재편은 대대적인 폭력 없이는 불가능했

---

9) Pamela Kyle Crossley, 2000, *A Translucent Mirror: History and Identity in Qing Imperial Ideology. Berkeley*, University of California Press, 326.

10) Christian Tyler, 2004, Wild West China: *The Taming of Xinjiang. Rutgers* University Press.

다. 지역 질서를 재편한다는 명목으로 그들이 행했던 1차적 군사적 폭력은 소위 "아편전쟁"이라고 불리는 충돌이었다. 새로운 패권 국가인 영국과 동아시아 지역의 전통적인 패권 세력인 청나라의 군사적 충돌로 인적 손실의 규모가 그리 크지는 않았다. 제1차 아편전쟁(1839~1842)에서 청나라 측의 군사적 인적 손실은 약 2~3만 명에 불과했기 때문이다.[11] 그렇지만 이 충돌에서 청나라의 패배는 그 권위와 통치 명분의 추락을 가져다 주었다. 인구 팽창으로 인해 토지 등 자연 경제 자원이 고갈되는 등 기존의 문제와 겹쳐서 태평천국太平天國(1850~1864)이라는, 동아시아 근대사에서 최악의 유혈 사태를 야기했다.

태평천국은 역사적으로 다양한 의미를 지닌 대사건이다. 한편으로는 '농민 전쟁' 내지 '농민 혁명'이기도 했지만, 여타 중국의 농민 봉기들과 다를 바 없이 새 왕조의 건업建業을 목적으로 하는 봉기였다. 그 차원에서는 청나라와 타협의 여지가 없었다. 그러나 이와 동시에 또 한편으로는 학가客家 출신을 위시한 남南중국 농민과 상인, 영세 수공업자들의 청나라 만주족 지배자들에 대한 "민족 전쟁"이기도 했다. 태평천국 반란군은 만주족의 절멸絶滅을 목적으로 학살을 벌였으며, 그들이 점령하는 지역마다 만주인들과 그 가족들을 모조리 죽이곤 했다. 그런데 청나라 군대도 태평천국의 반란자나 그 동조자로 인식되는 현지인들에 대해 무자비한 학살들을 계속 벌였다. 양쪽은 서로를 비인간화하여 악마화했다. 남경이 함락되었던 1853년 3월, 태평천국의 반란군은 수만 명의 만주인을 거의 다 죽이고 부인 등의 여성들을 산 채로 화장했다. 태평천국의 신앙 속에서 만주인들은 '인간'이 아닌 '귀신'들이었고, 마찬가지로 청나라 병사들의 입장에서 태평천국 반란군은 "교화가 불가능한", 죽이지 않으면 안 될 '폭도'였다.[12] 양쪽은 유

---

11) Mark Simner, 2019, *The Lion and the Dragon, Britain's Opium Wars with China 1839-1860*. Fonthill Media.

럽 상인으로부터 화기를 구매하는 만큼 군사 기술 차원에서 상당한 파괴력을 지니고 있었다. 게다가 서로 이질성이 강한 여러 세력의 연합체였던 태평천국 안에서 벌어진 내분과 내부 숙청 등도 수만 명의 목숨을 앗아갔다. 태평천국 10여 년 동안의 인명 손실은 기존 사회사학에서 약 2~3천만 명으로 추산한다.[13] 하지만 장기적인 반란과 기근, 유행병에 의한 손실까지 가산할 경우 이 숫자보다 2~3배가 될 수 있을 것이다.

태평천국 진압의 과정에서 청나라 지배자들은 유럽의 군사 기술을 비롯한 근대 기술 습득의 필요성, 나아가 공업화의 필요성을 체감했다. 19세기 후반의 소위 '양무洋務' 운동, 즉 기술적 서구화 운동은 바로 태평천국 진압의 그 처절한 대유혈의 경험에서 파생된 것이다. 그러나 보수적인 기득권층(청나라 왕조 등)이 중심이 되는 위로부터의 근대화를 실행하기에는 역부족이었다. 많은 인구에 대한 통치력이 너무나 약했으며 열강과의 연전연패連戰連敗로 인해 정통성 상실은 너무나 컸다. 외세 침략에 대한 대응 논리, 그리고 해외에서 거주하는 화교華僑 집단 자의식의 논리로 19세기말부터 중국에서 '중국인'이라는 근대적 민족 의식이 형성되고 근대형型 민족주의가 발생됐다. 그러나 청나라 왕조는 근대적 민족주의를 제대로 수렴하지 못했으며 민족주의적인 귀속 의식의 대상이 되기에는 실패하고 말았다. 결국 새로운 민족주의 이념으로 무장된 신흥 공화주의 세력들은 1911~1912년의 신해혁명辛亥革命으로 청나라 왕조를 타도하는 데 성공한다. 하지만 그 당시 중국에서 공화정치를 안정적으로 착근하기에는 아직도 근대적 자본가 계급의 힘이 너무 미약했다. 중국은 아시아 최초의 공화국을 세웠지

---

12) Thomas H, Reilly, 2004, *The Taiping Heavenly Kingdom: Rebellion and the Blasphemy of Empire*. Seattle: University of Washington Press, 139-140.

13) Ping-ti Ho, 1959, *Studies on the Population of China, 1868-1953*. Cambridge: Harvard University Press, 246-247.

만, 실제로 혁명에 이어 지역 군벌이 통치하는 몇 개의 준準독립적 구역으로 나누어졌다. 물론 순국殉國과 순국한 열사烈士들에 대한 국민적 숭배를 하나의 핵으로 삼고 있었던 중국 민족주의의 세계관 자체에도 군사적 폭력에 대한 친화성이 강하게 잠재되어 있었지만,[14] 1949년 이전 중화민국에서 내부 폭력의 핵심적 요소는 무엇보다 군벌 사이의 빈번한 전쟁들이었다. 전쟁 자체도 인명 손실을 많이 입혔지만, 조직 폭력 단체 출신이거나 강제로 징집을 당해 '원풀이' 대상을 찾고 있었던 군벌 군인들은 민간인들을 노략질하거나 간헐적으로 학살하는 등 대민對民 폭력을 상습적으로 저질렀다. 이 폭력에 시달려 온 민간인들을 '보호한다'는 명목으로 활약한 각종의 비밀결사會黨들도 특히 노략질이 심한 군부대 등을 보복 학살하는 등 대항 폭력을 저지르곤 했다.[15] 근대 국가가 폭력을 엄격히 독점해야 하지만, 통일된 국민 국가의 미未 발달로 인해서 군벌이나 각종 민병대, 비밀결사 등 비非국가적 내지 준準국가적 정치체들의 지속적인 폭력 행사는 민간인들의 삶과 안정을 파괴하였다. 또한 이와 같은 안정을 조건으로 하는 '근대화'의 진척을 불가능하게 만들었다.

3. 학살의 세기, 동아시아의 20세기

내부 폭력과 더불어 외세, 특히 일본군의 학살은 엄청난 규모로 일어났다. 이미 제1차 청일전쟁에서도 여순旅順 학살(1894.11.21) 등 일본

---

14) 요시자와 세이치로吉沢誠一郎, 『애국주의의 형성: 내셔널리즘으로 본 근대 중국』, 논형 2006, 233-240.

15) Diana Lary, 1985, *Warlord Soldiers: Chinese Common Soldiers 1911-1937* (Contemporary China Institute Publications). Cambridge: Cambridge University Press, 1985, 81-89.

군에 의한 중국 패잔병이나 포로, 민간인들의 학살이 자행됐지만,[16] 1937년 이후 중일 전쟁에서의 학살은 세계대전 시대의 잔혹성에 비할 정도로 극단을 보여 주었다. 1937년 말~1938년 초 남경대학살의 경우에는 수십만 명 발생한 피해자의 수 못지않게 대량 강간과 사지 절단, 유아와 영아들의 학살 등 상상을 초월하는 잔혹 행위의 만연은 거의 믿어지지 않을 규모로 이루어졌다. 일본 군대 특유의 철저한 상명하복 체제에서 장교들이 저지른 만행은 그 부하들에게 같이 참여하라는 절대적 명령으로 받아들여졌다. 상당수가 빈민 출신이었던 일본군 병사들은 지속적인 가혹 행위에 노출되어 있었는데, 중국을 상대로 '억압 이양'을 하면서 중국의 민간인들을 '원풀이' 대상으로 삼았다는 지적도 있다.[17] 설사 그렇다 하더라도 남경을 비롯한 중국의 여러 곳에서 일본군이 보인 잔혹성은 동대인이나 후대인들의 상상과 상식을 뛰어넘으며, '불가사의할 정도'로 여겨진다. 1937년부터 1945년까지 도합 약 2천만 명의 중국인 목숨을 빼앗은 중일 전쟁은 전시 국제법이나 그 어떤 도덕률도 전혀 작동되지 않는, 전후 역사에서 찾아보기 힘들 만큼의 '절대적 전쟁'의 전형에 가까웠다.

제2차 세계대전, 그리고 중일전쟁의 종전, 즉 일제의 패전 후 이미 76년이나 지났다. 하지만 남경대학살을 비롯한 그 당시 학살의 기억들은 침략국과 피침국被侵國에게 여전히 매우 중요하고 중심적인 집단 기억의 지형으로 남아 있다. 침략국인 일본의 경우에는 전쟁 시절의 학살을 비롯한 '전시 범죄' 문제에 대한 책임 인정의 이슈로 정치적으로

---

16) 피해 규모의 추산은 수천 명에서 수만 명으로 다양하다. Daniel Kane, 2005, "Each of Us in His Own Way: Factors Behind Conflicting Accounts of the Massacre at Port Arthur" *Journalism History* 31.1: 23-33.

17) Mark Eykholt, 2000, "Aggression, Victimization, and Chinese Historiography of the Nanjing Massacre," In Joshua Fogel, ed. *The Nanjing Massacre in History and Historiography*, 11-70. LA: University of California Press.

우세한 보수파와 열세에 몰린 진보파가 갈리고 있다. 피침국인 중국의 경우에는 현재 통치 세력인 공산당의 통치 명분 자체가 상당 부분 항일 전쟁에서 공산당의 '구국적救國的' 역할에 있는 만큼, 전쟁 시기 일본군의 범죄에 대한 집단 기억의 강화와 표출 등은 정치적으로 장려되어 왔다. 공산당 통치를 받는 중국 대륙의 주민뿐만 아니라 전 세계에 흩어져 있는 화교華僑, 화인華人들에게 있어서도 전쟁 범죄 피해에 대한 집단 기억, 즉 집단적 피해의식은 그 집단의 정체성을 이루는 중요한 기반 중의 하나이다.[18] 특히 제2차 세계대전에서 다른 피해 국가들에 비해 중국이 피해를 입은 기간은 몇 년 더 길었을 뿐만 아니라, 인명 손실의 규모로 봐도 소련 다음으로 인명 손실이 가장 많았다. 그로 인해 강공한 집단적 피해 의식이 형성되고, 더 나아가 그 피해의식이 정치화되기까지의 과정은 어찌 보면 당연한 결과라고 볼 수 있을 것이다. 공산당이 아닌 그 어떤 세력이라도 이처럼 잔인한 대규모 학살을 겪은 나라를 통치하는 데 있어,피해의식이 정치화하는 현상은 어떤 형태로든 간에 이루어졌으리라고 충분히 짐작할 수 있다.

4. "피해 민족주의"와 그 한계

일제의 침략과 학살로 중국 내 집단적 피해 의식이 형성된 결과는 어찌 보면 당연하지만, 이와 동시에 피해 담론의 정치적인 '배치'에도 유의할 필요가 있다. 현재 중국의 공식 담론에서 전시 일제의 만행은 "백년국치百年國恥", 즉 제1차 아편전쟁으로 시작된 외세 침입과 그로

---

18) Joshua Fogel, 2000, "Introduction: The Nanjing Massacre in History," In Joshua Fogel, ed. *The Nanjing Massacre in History and Historiography*, 1-10. LA: University of California Press.

인한 거대한 피해의 일부분으로 개념화되어 있다. 전시 만행은 "백년국치"의 끝머리를 이루며 그 내용의 핵심을 이루기도 한다. "백년국치" 담론의 논리대로는, "백년국치"를 끝내고 중국의 국가적 "굴기屈起", 즉 명실상부한 인민(국민) 국가의 형성을 이끈 게 바로 중국 공산당이다. 이는 이 담론의 주된 정치적 메시지다. 물론 "상처를 입은 민족주의" 혹은 "트라우마의 민족주의"로 규정될 수 있는 이 "백년국치" 담론은 그 자체로서 결코 "허구"는 아니다. 위에서 논했듯이 중국이 자본주의 세계체제로 편입하는 과정은 실로 폭력적이었으며, 구미세력의 중국 침탈에 이어 구미세력과의 경쟁 과정에서 일본의 중국 침략이 일어났다고 봐도 큰 무리는 아닐 것이다. 이렇듯 자본주의 세계체제에 대한 중국(인)의 트라우마는 "정당한 반응"이라고 볼 만한 측면들을 분명히 가지고 있다.[19] 그럼에도 일제를 포함한 외세의 만행에 대한 집단적 기억을 구축하는 데 "백년국치" 담론으로 정리하는 것은 명백한 문제를 지니고 있다. 중국이 입은 피해에 대한 강조는 십분 정당하다 해도, "백년국치" 담론에서 중국이라는 국가가 가해자로 나서는 측면과 중국 내부 정치에서 가해와 피해의 교차에 대한 충분한 논급이 없는 측면, 그리고 일방적으로 중국의 피해만 기억하는 자세는 중국 내의 마이너리티나 동아시아 지역 인접 국가들에게는 위화감이나 위협을 줄 여지가 크기 때문이다.

제1차 아편전쟁 이후 청나라는 비록 "상처를 입은", 그 세계적 위상이 추락한 제국이었다. 하지만 여전히 여러 내부 식민지들을 거느리고 있었던 대제국이었다. 쇠락하는 제국이었던 청나라에 대해 세계 패권 제국인 영국이 '가해'한 사실과 동시에, 청나라도 신강新疆 같은 식민지 지역에서 여전히 현지인들에게 '가해'할 수 있는 위치에 있었다.

---

19) Alison Adcock Kaufman, 2010, "The "Century of Humiliation," Then and Now: Chinese Perceptions of the International Order" *Pacific Focus* 25.1: 1-33.

1865년 이후 신강의 이슬람 계열 주민들은 야쿱벡(1820~1877)이 이끄는 반란 세력에 의해서 청나라의 통치를 벗어나 사실상 독립 국가를 다시 세울 수 있게 되었다. 1876~1878년에 좌종당左宗棠(1812~1885)이 이끄는, 신식 독일제 화기로 무장한 청나라 토벌군이 변강 민족 운동을 진압하면서 수만 명의 인명 피해가 발생했다. 중국 학계에서 통상 "신강의 수복"이라고 불리는 이 토벌 작전은, 신강 주민들의 입장에서 청나라 식민 지배의 복원에 불과했다.[20] 그러나 준갈 민족의 말살이나 신강 독립 운동의 진압 등 식민 지배를 당하는 변강 지역에서의 가해는 "백년국치"의 담론에서 소거되고 반영되지 않는다. 그러므로 "백년국치" 담론은 어디까지나 변방이 아닌 중앙 위주의 담론이며, 소수자가 아닌 다수자 위주의 언설이라고 봐야 할 것이다. 1949년 이후 새로이 형성되어 강화된 인민(국민) 국가가 신강이나 티베트를 비롯한 각종 변강 소수자들에게 행한 폭압 역시 이 담론의 장에서는 드러나지 않는다. 소수자들에 대한 폭압도 그렇지만, 중국의 인민(국민) 국가가 피침국이 아닌 침략국으로 되어 있는 1979년의 중국과 베트남中越 전쟁도, "백년국치"의 담론에서는 가시화될 리가 없는 것이다. 그 전쟁에서 인명 손실이 양쪽 모두 10만 명 이상이었음에도 불구하고,[21] 이와 같은 현대사의 침략적 에피소드에 대한 반성적 성찰이나 비판적 기억은 전혀 보이지 않는다.

자국自國의 가해 사실을 인정하지 않고, 오로지 피해만을 강조하는 이와 같은 국가 단위의 "피해 민족주의victimhood nationalism"의 독주는

---

20) Д. В. Дубровская, 1998, *Судьба Синьцзяна. Обретение Китаем. Нов ой-границы в конце XIX в.* Москва: издательская фирма 《Вос точная литература》 РАН.

21) King Chen, 1983, *China's War against Vietnam, 1979: a Military Analysis.* Occasional Papers in Contemporary Asian Studies. School of Law, University of Maryland, 25-26.

견제 받지 않는다. 물론 중국의 당-국가Party-state 형태의 권위주의적 정치와 연관이 있다. "백년국치" 담론에 대한 그 어떤 이념적 도전도 궁극적으로 당-국가에 대한 도전으로 인식되어 탄압의 대상이 쉽게 될 수 있다. 중국의 일부 연구자들은 예컨대 중국의 한국 전쟁 개입抗美援朝이 중국 지도부가 자국의 이익에 맞추어서 계획하고 있었다고 주장한다. 그 개입의 대가로 소련으로부터 기술적 후원을 받고자 했던 군 현대화 프로젝트나 아시아 해방 운동 전선을 통한 패권 획득 전략, 새로운 공산 정권의 권력 공고화 전술 등도 연관이 있었다는 사실을 충분히 인정한다.[22] 그러나 이와 같은 학계 일각의 노력과 달리, 최근 한국에서 물의를 일으킨 영화《징진후長津湖(The Battle at Lake Changjin)》와 같은 시각도 있다. 당의 "영도"를 받는 중국의 관변 대중문화는 한국 전쟁을 "백년국치"에 대한 일종의 설욕雪辱이나 "국치"의 원흉 중의 하나인 "미제"에 대한 "의로운 전쟁"만으로 의미화하려 한다. 이와 같은 "피해 민족주의" 일변도의 의미화는, 한반도 주민들의 시각을 배제하고 있으며 전쟁으로 한반도가 입은 피해를 괄시하는 것이다. 이러한 시각은 오히려 중국과 한국 사이의 감정적 괴리를 더욱 조장한다.

그렇다고 해서, 당의 "영도"를 받지 않는 한국의 상황은 과연 어떻게 다른가? 한국 시민 사회와 학계의 일각에서는 예컨대 베트남 전쟁 당시 베트남에 파병된 한국군이 저지르는 성범죄와 민간인 학살 등에 대한 철저한 진상 규명과 국가적 차원의 사과, 배상금 지급 등을 최근 20여 년 동안 추진해 왔다.[23] 그런데 정부, 즉 현재 문재인 대통령이 베트남을 방문했던 당시에는 공식적 사과라기보다는 "유감"의 표명만 있었으며, 공식적 배상 조치 등도 없었다.[24] 대중문화, 예컨대 영화의

---

22) 예를 들어 Zhihua Shen, 2012, *Mao, Stalin and the Korean War: Trilateral Communist Relations in the 1950s*. London: Routledge, 149-204.
23) 이한빛, 「가해자 됨을 묻기 위하여 -〈베트남전 시기 한국군에 의한 민간인 학살 진상 규명을 위한 시민평화법정〉을 중심으로-」, 『사이問SAI』 26 (2019); 97-132.

영역에서도 베트남 전쟁은 학살의 피해자인 현지인의 입장보다는 파병된 한국 군인이나 그 가족, 베트남에 간 다른 한국인(노동자 등)의 눈으로, 그들의 체험 본위로 재현되어 왔다.[25] 즉, 중국과 달리 제도적으로 민주화된 한국이라 해도, 학계나 시민 사회의 일각이 아닌 국가나 사회 주류의 차원에서 여태까지 강조해 온 "피해 민족주의"의 한계를 뛰어넘는 것은 어려운 듯하다. 피해자이면서도 가해자로서의 자국의 모습을 직시하기가 결코 말처럼 쉽지 않다. 그러나 이와 같은 "우리"의 가해자성性에 대한 반성의 작업이 이루어지지 않는 이상, "1979년 이후의 동아시아의 장기 평화"는 생각보다 훨씬 더 부서지기 쉬운 상태로 변해갈 수도 있는 것이다.

5. 결론

1979년 이후 동아시아에서는 2010년 연평도 포격 등과 같은 소규모의 국지적 무장 갈등이 있었지만, 대략적으로는 "장기 평화"를 누려왔다. 그러나 동아시아의 평화는 주요 국가들의 개발주의 전략과 뗄레야 뗄 수 없었다. "장기 평화"는 현재 지속되지만, 역사적으로 동아시아와 자본주의 세계체제 사이의 상호작용에서 늘 일어났던 폭력성을 본격적으로 제거했다고 보기가 힘들다. 그 폭력성은 이미 16세기 말, 유럽산 무기로 무장한 일본이 조선을 침략해 조선인 포로들을 유럽인들에게 노예로 팔아 넘길 때 이미 나타났다. 그 후로도 유럽 열강들은

---

24) 성연철, 「문 대통령 "불행한 역사 유감" 베트남 민간인 학살 사과」, 『한겨레신문』(2018.3.23.).
25) 조서연, 「한국 '베트남전쟁'의 정치와 영화적 재현」, 『한국극예술연구』 69 (2020): 241-244.

중국 같은 동아시아 내 과거 패권 국가의 국제적 위치를 강등시켜 불평등 조약을 강요했다. 그러나 동시에 중국 지배자들은 유럽산 무기로 19세기의 농민 봉기나 신강 등 식민지에서의 봉기를 진압할 수 있었다. 동아시아 국가 중에서는 최초로 자본주의 세계체제 속에서 "열강"의 위치에 오른 일본은 한반도의 식민화와 중국 침략 등으로 1870년대부터 1945년까지 동아시아의 역사를 "폭력의 시대"로 만들었다. 그 기간에 저지른 학살은 침략을 당한 지역에서 차후 "피해 민족주의"에 기반한 인민 내지 국민적 결속의 기반이 되기도 했다.

2020년대인 오늘 날, 중국은 일본을 제치고 새로이 부상하면서 세계의 두 번째 초강대국의 위치를 사실상 획득했다. 아울러 대한민국도 결코 무시할 수 없는, 세계 10~11위 안에 드는 경제력과 군사력을 축적했다. 북한은 경제 건설에서 성과를 크게 거두지는 못 했지만, 핵과 미사일 개발 등에 주력했다. 서로 그 방면이나 정도가 다르지만, 동아시아 각국은 만만치 않은 "힘"을 과시할 수 있게 된 것이다. 그런데 한 가지 아쉬운 점은 공식적인 집단 기억의 영역에서 과거 자국의 가해자성性을 인정하기보다는 피해자성性만을 일방적으로 강조하는 것이다. "폭력의 시대"의 침략국으로 군림해 온 일본의 과거 청산 실패는 중국이나 한반도의 대중에게 정당한 분노를 초래해 왔지만, 가해자성을 인정하지 않거나 방해하는 "피해 민족주의"는 대륙 국가에서도 매우 공고한 위치에 있다. 이와 같은 한계를 뛰어넘어 자본주의 세계체제로 인해 일어난 폭력, 학살 횡행의 복합성, 가해자성과 피해자성을 동시에 지닌 중첩적 관계, 중앙과 주변 또는 다수자와 소수자 사이에 발생하는 폭력의 문제 등을 직시할 수 있는 "자성적 근대성reflective modernity" 단계에 도달하는 것이야말로 중-미의 새로운 패권 경쟁 상황에서도 "동아시아 장기 평화"를 "휴전"이 아닌 지속 가능한 평화 레짐으로 승격시키는 데에 실질적인 도움을 줄 수 있을 것이다.

참고문헌

강응천, 정재훈 등, 『16세기 성리학 유토피아』. 민음사, 2003

기시모토 미오, 미야지마 히로시, 『조선과 중국, 근세 오백년을 가다』. 역사비
평사, 2003

요시자와 세이치로(吉沢誠一郎), 『애국주의의 형성: 내셔널리즘으로 본 근대
중국』. 논형 2006

성연철, 「문 대통령 "불행한 역사 유감" 베트남 민간인 학살 사과」. 『한겨레
신문』 (2018. 3.23.)

이한빛, 「가해자 됨을 묻기 위하여 -〈베트남전 시기 한국군에 의한 민간인 학
살 진상 규명을 위한 시민평화법정〉을 중심으로-」, 『사이間SAI』 26
(2019): 97-132

조서연, 「한국 '베트남전쟁'의 정치와 영화적 재현」, 『한국극예술연구』 69
(2020): 241-244

Allison, Graham, 2017, Destined for War: Can America and China Escape
Thucydides's Trap? NY: Houghton Mifflin Harcourt

Chen, King, 1983, China's War against Vietnam, 1979: a Military Analysis.
Occasional Papers in Contemporary Asian Studies. School of Law,
University of Maryland

Crossley, Pamela Kyle, 2000, A Translucent Mirror: History and Identity in
Qing Imperial Ideology. Berkeley, University of California Press

Eykholt, Mark, 2000, "Aggression, Victimization, and Chinese Historiography of
the Nanjing Massacre," In Joshua Fogel, ed. The Nanjing Massacre in
History and Historiography, 11-70. LA: University of California Press

Fogel, Joshua, 2000, "Introduction: The Nanjing Massacre in History," In Joshua
Fogel, ed. The Nanjing Massacre in History and Historiography, 1-10.
LA: University of California Press

Ho, Ping-ti, 1959, Studies on the Population of China, 1868-1953. Cambridge: Harvard University Press

Kane, Daniel, 2005, "Each of Us in His Own Way: Factors Behind Conflicting Accounts of the Massacre at Port Arthur" Journalism History 31.1: 23-33

Kaufman, Alison Adcock, 2010, "The "Century of Humiliation," Then and Now: Chinese Perceptions of the International Order" Pacific Focus 25.1: 1-33

Kim Haboush, JaHyun, 2016, The Great East Asian War and the Birth of the Korean Nation. NY: Columbia University Press

Lary, Diana, 1985, Warlord Soldiers: Chinese Common Soldiers 1911-1937 (Contemporary China Institute Publications). Cambridge: Cambridge University Press, 1985

Pempel, T.J, 2013, "Introduction: The Economic-Security Nexus in Northeast Asia" In T.J.Pempel, ed. The Economic-Security Nexus in Northeast Asia, 1-22. London: Routledge

Reilly, Thomas H, 2004, The Taiping Heavenly Kingdom: Rebellion and the Blasphemy of Empire. Seattle: University of Washington Press

Shen, Zhihua, 2012, Mao, Stalin and the Korean War: Trilateral Communist Relations in the 1950s. London: Routledge

Simner, Mark, 2019, The Lion and the Dragon, Britain's Opium Wars with China 1839-1860. Fonthill Media

Thornton, Russell, 1987, American Indian Holocaust and Survival: A Population History since 1492. Norman: University of Oklahoma Press

Thornton, Russell, 2000, "Population History of Native North Americans," In Michael R. Haines and Richard H. Steckel, eds. A Population History of North America, 9-51. Cambridge: Cambridge University Press

Tonneson, Stein, 2009, "What is it that Best Explains the East Asian Peace 1979? A Call for a Research Agenda" Asian Perspective 33: 111-36

Tyler, Christian, 2004, Wild West China: The Taming of Xinjiang. Rutgers University Press

미국인, 영국인, 독일인이 기록한 난징대학살

루수핑
미국 네브라스카 링컨대학교

1

1) 중일 간의 분쟁

1937년 7월 7일 밤, 베이징 남서쪽으로 13km 정도 떨어진 루거우차오蘆溝橋에서 일본군 보병 중대가 훈련을 하고 있었다. 이들은 밤 10시 40분경, 병사 1명이 실종된 상황에서 총성을 들었다고 주장하였다. 실종된 병사가 당시 인근의 성벽 도시인 완핑宛平에 머물던 중국군에게 납치되었다고 생각한 일본군은 완핑을 수색하겠다는 요구를 하였다. 중국 측은 이들의 수색 요구를 거절하였고, 그 대신 합동 수사를 하는 데에는 동의하였다. 밤새 진행된 협상에도 불구하고 일본군은 7월 8일 새벽 4시 40분에 기습 공격을 감행하였다. 그런데 실종되었던 일본군 병사 키쿠로 시무라志村菊次郞는 사실 길을 잃고 20분 정도 헤맸던 것이고, 일본군이 기습 공격을 감행한 때는 그가 이미 발견된 다음이었다. '노구교 사건'으로도 잘 알려진 이 사건은 이후 8년 동안 중국과 일본 간에 이어질 총력전의 방아쇠를 당기게 된 것이다.

일본군은 7월 29일에 베이징을 점령하고, 다음날에 톈진을 점령하면서 중국 북부 지역을 주로 침공하였다. 곧이어 중국 남부 상하이上海 일대에도 긴장감이 감돌기 시작하였다. 8월 9일, 일본군 육전대 병사

두 명이 상하이 서부 교외에 있는 훙챠오 공항虹橋機場에 강제로 진입하려 하였다. 이들과 중국 경비대 사이에 교전이 벌어졌고, 일본 병사 2명은 사살당했고 중국군 1명도 희생되었다. 이를 외교적으로 해결하고자 하는 교섭이 여러 차례 진행되는 동안 중국과 일본 양측은 증원군을 모두 상하이로 파견하였고, 결국 8월 13일에 전쟁이 일어났다. 도심 곳곳에서 치열한 전투가 벌어졌는데, 초반에는 중국군이 우세를 점하였다. 그러나 8월 23일 일본 증원군 2개 사단이 상하이 양쯔강揚子江 북단에 상륙하면서 분위기가 반전된다. 중국군은 일본군의 상륙 작전에 대응하기 위해 북쪽으로 이동하였다. 그 과정에서 전장은 농촌 지역으로 옮겨졌고, 중국군이 수세에 몰리게 되었다. 전투는 3달간 이어지며 양측 모두에게 큰 피해를 입혔다. 일본군은 훈련과 장비 면에서 질적으로 우수하였고, 포병과 해군 그리고 공군의 화력 지원도 받고 있었다. 중국군은 막대한 피해를 입어 점차 후퇴하면서도 끈질기게 저항하였다. 하지만 11월 5일 일본에서 추가로 보낸 제10군이 상하이 남쪽의 항저우만杭州灣에 도착한 지 며칠 지나지 않아 16사단까지 상하이 북쪽 양쯔강 강변에 상륙하면서, 일본은 중국군의 후방을 위협하면서 중국군을 포위하는 상황에 이르게 되었다. 결국 11월 12일 상하이는 일본군에게 함락되고 만다.

중국군은 서둘러 서쪽으로 후퇴하였지만, 효율적인 통신과 조율이 불가능한 상황이었다. 후퇴는 무질서하게 이루어졌고, 상하이 서쪽에 효과적인 수비선을 구축하거나 역습을 하는 것도 사실상 불가능했다. 그 사이 일본군은 양쯔강 하류를 지나 난징南京으로 퇴각하는 중국군을 3방면에서 추격하면서, 쑤저우蘇州를 11월 19일에 점령하고, 우시無錫를 11월 25일에, 그리고 창저우常州를 11월 29일에 연이어 점령하였다. 12월 9일, 일본군은 난징 교외에 도착하여 난징의 3면을 포위하였다.

일본군 사령관 이와네 마쓰이松井石根는 중국 난징군 사령관 탕셩즈

唐生智에게 다음날 정오까지 무조건 항복할 것을 요구하며 최후통첩을 보낸다. 중국 측으로부터 아무런 응답이 없자, 일본군은 12월 10일 오후 2시에 최후 공격을 감행한다. 치열한 교전 끝에 중국군의 난징성 외곽 방어선이 무너지자, 일본군은 항공기를 동원하여 도시 남쪽의 성벽을 따라 구축된 중국군 방어선을 폭격한다. 중국 수비대는 남측의 성문 주변과 거리에서 필사적으로 저항하였지만, 일본군은 12월 12일 해질녘에 이르러 도시 남쪽으로 침입하는 데 성공한다. 이로써 중국군의 수비선이 무너지게 되었고, 1937년 12월 13일, 난징은 일본군의 손에 완전히 넘어갔다.

2) 난징에서 벌어진 일본군의 잔학 행위

난징이 함락된 후, 일본군은 시내뿐 아니라 도시 동쪽, 남쪽과 서쪽의 교외 지역에서 항복한 중국군과 민간인을 대량으로 학살하기 시작하였고, 많은 사람이 난징 북쪽으로 흐르는 양쯔강 강변에서 살해당했다. 중국군 중 상당수는 난징 내에 독일인과 미국인이 살고 있는 안전지대로 대피하여, 군복을 버리고 민간 복장으로 갈아입었다. 일본군은 도시 내 안전지대 및 다른 지역들을 꼼꼼하게 수색하며 무기를 다룰 수 있을 것 같은 젊은 남성을 잡아들였다. 이들은 모두 군대에 있었다는 사실을 증명할 만한 흉터나 표시로 검사를 받았다. 이로 인해 손에 굳은살이 박혀 있던 노동자들이 군인과 함께 처형당하기도 했다. 일본군의 난징 진입에 동행한 《동경일일신문東京日日新聞》의 사진기자 신주 사토佐藤振壽는 난징 동부에서 목격한 대량 학살을 자신의 회고록에서 아래와 같이 묘사하였다.

"날이 다시 밝아졌을 땐, 12월 14일 아침이었다. (…) 이때, 한 기자가 나에게 와서 훈지사勵志社에서 무슨 일이 벌어진 것 같다고 말해 주었다. 어떤 일인지 모르는 상황에서, 나는 카메라를 챙겨 가며 무슨 일이 벌어지는지 알아보고자 하였다. 목적지에 도착하니, 커다란 문 양쪽에 경비병이 서 있었다. 나는 이 전체적인 광경을 담을 사진을 하나 찍었다. 문 안으로 들어서니, 군인 막사가 보였고 그 앞 연병장에 100명 정도가 앉아있었다. 다들 손이 등 뒤로 묶여 있었고, 생포된 부상병들로 보였다. 그들 앞에는 5m² 정도 너비에 깊이가 3m 정도 되는 커다란 구덩이가 두 개 파여 있었다. 오른쪽 구덩이 앞에는 일본 병사가 중국 소총을 들고 있었다. 그는 중국 병사가 웅덩이 옆에 무릎을 꿇게 만들고는 총구를 그의 뒤통수에 겨눈 뒤 방아쇠를 당겼다. 총을 쏘자 중국 병사는 마치 곡예를 하는 것처럼 앞으로 쓰러져 구덩이 바닥에 떨어진 시체가 되었다. 왼쪽 웅덩이에는, 웃통을 벗은 일본 병사가 총검이 달린 소총을 든 채로 "다음"을 외치며 앉아있던 포로를 일으켜 세웠다. 그는 포로가 웅덩이를 향해 걸어가라고 명령한 뒤, "야!"라고 외치며 갑자기 총검을 등 뒤에 찌르자, 중국군 포로는 바로 구덩이 안으로 떨어졌다.

흩어진 일본군은 여성과 소녀를 수색하고 마구 납치하여 겁탈하였다. 미국 선교사인 제임스 H. 맥칼럼James Henry McCallum(1893~1984)은 이같은 유괴 및 강간 사건이 "밤에는 최소 1천 건 벌어지고 낮에도 자주 일어났다. 저항이나 거부할 경우 총검에 찔리거나 총에 맞았다. 매일 수백 건의 사건을 기록으로 남길 수 있을 정도였다"라고 평했다.[1] 만약 피해자의 남편, 아버지, 형제, 아들이나 다른 가족들이 이들을 보호하려고 나서면 가차없이 살해당했다. 일본이 난징을 점령한 지 석 달이나 지난 1938년 3월 22일, 독일인 사업가였던 에두아르드 스페르링Eduard Sperling은 강간 및 살인 사건에 관한 기록을 남겼다.

> 최근, 아래와 같은 사건이 신고가 들어왔고, 베이츠 박사(Dr. Bates)가 사실임을 확인해주었다.
> 어느 일본군 병사가 집안으로 침입하여 어린 소녀를 겁탈하다가 일본군 헌

1) James H. McCallum, A letter wife Eva, December 19, 1937, Correspondence of James Henry&Eva Anderson McCallum, Disciples of Christ Historical Society Library, Nashville, TN.

병이 발견하여 집에서 쫓아냈다. 씁쓸하게도 같은 헌병이 저녁이 돌아와서는 가족 4명을 망설임 없이 모두 사살하였다. −잔인한 살인−2)

약탈 역시 횡행하였다. 난징에서 일본인의 약탈을 피한 집은 거의 없다시피 했고, 많은 집이 반복적으로 약탈당하였다. 미국 기독교 대학에 속한 빌딩이든, 외국인 교회 시설이든, 중국인 주택이든, 이들 모두 하나같이 일본군의 침입을 겪었고 약탈을 당한 정도만 달랐다. 미국, 벨기에, 영국, 프랑스, 독일, 이탈리아 대사관도 일본군에게 약탈당하였다. 난징에 거주하던 독일인 사업가인 크리스티안 J. 크뢰거Christian Jakob Kröger는 난징 내에서 자행되던 약탈에 대해 아래와 같이 묘사하였다.

> 난징이 함락된 뒤, 일본군의 완전히 무절제한 행위로 인해 상황이 훨씬 위협적으로 변하였다. 난징은 10일 동안 이어진 일본군의 약탈에 무방비로 방치되었고, 유럽인과 미국인의 주택을 포함하여 모든 집이 거의 남김없이 약탈의 대상이 되었다. 내가 자리를 비운 약 2시간 사이에 불행하게도 차고에 있던 소형 차와 타이어, 카메라를 도둑맞았다. 약탈당한 다른 집들과 마찬가지로, 이 같은 피해를 일본대사관에 신고하였다. 로젠 박사(Dr. Rosen)에게도 이 사실을 알릴 예정이다. 내가 보기에 독일인 가정이 입은 피해만 해도 약 30만∼40만 달러로 추산된다.3)

---

2) Eduard Sperling, A letter to Georg Rosen, March 22, 1938, an attachment to Georg Rosen's No. 36 Report "Neue Greueltaten der japanischen Armee. Opiumhandeldurch die japanische Armee (Recent atrocities of the Japanese army. Opium trade by the Japanese army.)," March 24, 1938, Auswärtiges Amt (Foreign Ministry) Doc No. 2718/2404/38, Bundesarchiv (Federal Archives) Doc. No. BA-R9208/2215/ p. 225, Peking II, Politisches Archiv (Political Archives), Auswärtiges Amt, Berlin.

3) Christian Kröger, An undated as the attachment to Oskar Trautmann's No. 52 Report Verhältnisse in Nanking nach der Einnahmedurch die Japaner (Conditions in Nanjing after its fall to the Japanese), January 28, 1938, Auswärtige Amt Doc No. 2722/1508/38, BA-R9208/2190/ p. 146, Peking II, Politisches Archiv, Auswärtiges Amt, Berlin.

12월 19일부터는 화재가 번지기 시작하여 몇 주 동안 계속되었다. 대부분 일본군이 장교의 지휘 아래 군용 트럭을 끌고 와 상점을 약탈한 뒤 증거를 없애고자 방화를 한 것이었다. 상업 지구의 광범위한 지역이 이 같은 방식으로 전소되었다. 난징 주재 최고위 외교관이었던 게오르그 프리드리히 무라드 로젠Georg Friedrich Murad Rosen은 1938년 1월 15일 베를린의 독일 외교부에 다음과 같이 보고하였다. "공포가 가득한 몇 주가 흐르고, 일본군은 타이핑로Taiping Road太平路와 포츠담 플라자Potsdamer Platz 남쪽 일대의 상업지구를 대규모로 약탈하여 피해가 없는 빌딩 몇 채만 서 있는 돌무더기로 만들어 버렸다. 일본군은 점령한 지 한 달이 지난 지금까지도 계속 불을 지르면서 여성과 소녀를 납치하여 강간하고 있다."4) 크리스티안 크뢰거는 난징 내에서 벌어진 방화에 의한 파괴를 아래와 같이 묘사하였다.

> 일본의 점령 이후 도시의 모습은 완전히 바뀌어 버렸다. 하루도 빠지지 않고 방화가 벌어졌다. 타이핑로太平路(Taiping Road), 동중산로東中山路(East Zhongshan Road), 궈푸로國富路(Guofu Road)와 주장로珠江路(Zhujiang Road)가 이번 방화의 대상이 되었다. 도시 남부 전체와 부자묘夫子廟가 약탈당한 뒤 재가 되었다. 백분율로 따지면, 도시의 30~40% 정도가 불에 타버렸다고 할 수 있다.5)

---

4) Georg Rosen, "Zustände in Nanking. Japanische Greuel (Conditions in Nanjing. Japanese atrocities)," January 15, 1938, Auswärtige Amt Doc No. 2722/1001/38, Bundesarchiv Doc. No. BA-R9208/2208/ pp. 220-221, Peking II, PolitischesArchiv, Auswärtiges Amt, Berlin.

5) "Berichteinesdeutschen Augenzeugenüber die Vorgänge in Nanking in vom 8. Dezember 1937 bis 13. Januar 1938 (Report of a German eyewitness about the events in Nanjing from December 8, 1937 to January 13, 1938)," an attachment to Oskar Trautmann's No. 113 Report "Die Vorgänge in Nanking vom 8. Dezember 1937 biszum 13. Januar 1938 (The events in Nanjing from December 8, 1937 to January 13, 1938)," Auswärtige Amt Doc No. 2718/1955/38, R104842/ p. 146194, Peking I, Politisches Archiv, Auswärtiges Amt, Berlin.

1948년 극동국제군사재판의 판결문은 난징에서 벌어진 사건에 대해 아래와 같이 설명하고 있다.

　　　훗날 이뤄진 평가에 따르면 일본군 점령 초기 6주간 난징과 그 일대에서 살해당한 민간인 및 포로의 수가 20만 명을 넘는다. 이 평가가 결코 과장되지 않았다는 것은 장의사 조합 및 다른 기관에서 매장한 시체 수가 15만 5천 명이라는 사실이 증명한다. 게다가 시체들 대부분은 손이 등 뒤로 묶여 있었다고 전해지고 있다. 이 같은 통계에는 불에 타 훼손되거나 일본군에 의해 양쯔강 일대에 유기된 시체들은 제외되어 있다.[6]

　　극동국제군사재판의 판결문은 여성에 대한 폭력에 대해서도 언급하고 있다.

　　　강간 사건이 다수 발생하였다. 피해자가 조금이라도 저항하거나 피해자의 가족이 이들을 보호하려 나서면 살해를 당하였다. 도시 내 10대 소녀와 노인들에 대한 강간도 많이 발생하였으며, 이들은 강간 외에도 비정상적이고 가학적인 행동을 당해야 했다. 많은 여성은 강간 후 살해당하고, 그 시체는 훼손되었다. 점령 첫 1달 동안 대략 2만 건 정도의 강간 사건이 도시 내에서 발생하였다. (pp. 49, 605-49, 606)

　　일본군이 저지른 약탈과 방화에 대해, 판결문은 아래와 같이 명문화하였다.

　　　일본군은 자신들이 원하는 것은 무엇이든 빼앗았다. 군인들은 길에서 비무장 민간인을 세운 뒤 수색을 하고, 돈이 될 만한 물건을 찾지 못하면 총으로 쏘았다. 매우 많은 주택과 상점이 침입과 약탈을 겪었다. 약탈한 물건들은 트럭에 실어 가져갔다. 일본군은 가게와 창고를 약탈한 후 불을 지르곤 했다. 가장 중요한 상점가인 타이핑로와 도시 내 광범위한 상점가가 화재로 파괴되었다.

---

6) R. John Pritchard and Sonia Magbanua Zaide, *The Tokyo War Crimes Trial, Vol. XX Judgment and Annexes*, New York: Garland Publishing Inc., 1981, p. 49, 608.

군인들은 별다른 이유 없이 민간인의 집에 불을 질렀다. 이러한 방화는 점령 며칠 후 마치 명령을 받은 것처럼 전형적인 패턴을 따르면서 6주간 이어졌다. 도시의 3분의 1이 파괴되었다고 한다. (p. 49, 606)

2

1) 난징대학살을 보도하여 세계에 알린 미국인, 영국인 기자들

일본군 점령 아래 도시 난징이 함락되고 학살이 이어지는 동안, 난징에는 27명의 외국인이 있었다. 일본군은 비무장 중국군과 민간인을 상대로 잔혹 행위를 저질렀지만, 학살이 이어지는 동안에도 이 사실을 세상에 알린 건 중국인들이 아니라 5명의 미국인과 영국인 기자들이었다.

난징 함락과 점령을 예상했던 그들은 난징이 함락되는 것을 보도하고자 난징에 잔류하였지만, 의도치 않게 난징에서 벌어진 대규모 학살, 살해와 기타 잔혹 행위를 목격하게 되었다. 전화, 전보, 편지가 불가능한 상황이었기에, 상하이로 간 그들은 소속 언론사에 보도 내용을 전하고자 하였다. 그리고 마침내 일본군의 군함을 타고 도시를 떠날 수 있다는 허가를 받게 되었다. 그들 가운데 4명은 12월 15일에 출발하기로 결정하였다. 당일 오후 4시가 되자, 미 해군함 오아후USS Oahu와 영국군 해군함 레이디버드HMS Ladybird가 난징에 도착하였다. 2척의 군함은 12월 12일에 일본군의 공습을 당해 가라앉은 미군함 파나이Panay의 생존자를 구출하기 위해 난징으로부터 28mile 정도 떨어진 상류 쪽에 있었다. 두 군함은 사망자, 생존자, 부상병을 상하이로 옮기던 중이었다. 결국 《시카고 데일리 뉴스Chicago Daily News》의 아치볼드

T. 스틸Archibald Trojan Steele(1903~1922),《뉴욕 타임즈*The New York Times*》의 프랭크 T. 더딘Frank Tillman Durdin(1907~1998), 파라마운트 뉴스릴Paramount Newsreel의 아서 폰 브리센 멘켄Arthur von Briesen Menken(1903~1973)은 오아후에 탑승했고, 로이터Reuters 소속의 영국인 기자 레슬리 C. 스미스Leslie C. Smith는 레이디버드에 올라탔다. 하지만 두 군함은 12월 16일 새벽까지 난징항에 정박해 있었다. 한편 AP연합Associated Press의 찰스 맥다니엘Charles Yates McDaniel(1906~1983) 기자는 일본 구축함 쓰가栂(Tsuga)에 탑승하여 12월 16일 오후 상하이로 떠났다.

오아후에 탑승하자마자, 스틸은 배가 아직도 난징에 정박해 있는 동안 해군 통신병을 설득하여 그의 기사를 시카고로 전송하는 데에 성공하였다. 시차 때문에 스틸의 기사는 1937년 12월 15일 아침,《시카고 데일리 뉴스》의 1면에 나올 수 있었다. 이 첫 기사의 타이틀 아래에는 "일본군 수천 명 살해; 함락된 도시 안에서 4일간의 지옥이 열렸다는 목격자들의 증언; 거리에 5피트 높이로 쌓인 시체들" 등과 같은 부제가 달렸다. 스틸은 미국 독자들에게 다음과 같이 전하였다.

> 나는 방금 공격 이후 처음으로 난징을 떠나는 외국인들과 함께 오아후 군함에 탑승하였다. 우리가 도시를 떠나면서 마지막으로 본 것은 성벽 앞 물가 근처에서 300여 명의 중국인들이 조직적으로 처형당하는 장면이었다. 거기엔 이미 시체가 무릎까지 쌓여 있었다. (…)
>
> 마치 양을 도살하는 것 같았다. 얼마나 많은 수의 군인이 잡혀 처형을 당했는지 파악하긴 힘들지만, 아마 5천 명에서 2만 명 정도일 것이다.
>
> 육로가 차단되자 중국인들은 샤관下關(Hsiakwan)문을 거쳐 강가로 가려 하였지만, 곧 몰려든 사람으로 길이 막혀버렸다. 오늘날 이 문을 빠져나오려면 5ft 높이로 쌓인 시체 위로 운전을 해야 한다는 사실을 알았는데, 이미 수백 대의 일본군 트럭과 포가 지나쳐 갔을 것이다.[7]

7) A. T. Steele, "Japanese troops kill thousands: 'Four days of hell' in captured city told by eyewitness; bodies piled five feet high in streets," *The Chicago Daily News*, December 15, 1937, p. 1.

스틸은 12월 15일 보도만으로 그가 느낀 것을 충분히 표현했다고 생각하지 않았다. 그는 1937년 12월 17일부터 1938년 2월 4일까지 난징 관련 기사를 4편에 걸쳐 작성하였다. 그의 마지막 난징 관련 기사에서, 그는 다음과 같이 묘사하였다.

> 일본군이 기관총과 소총을 들고 거리를 천천히 지나가며 도망가거나 수상하게 행동하는 자들은 모조리 살해하자, 패잔병과 낙오병들은 아직 일본군이 진입하지 않은 소위 "안전지대"로 몰려들었다. 거리는 아수라장이었다. (…)
> 일본군은 도시를 빗질하듯 뒤지며 군인과 "평범한 복장을 한 남자들"을 찾았다. 수백 명이 난민 캠프에서 끌려 나와 처형당하였다. 붙잡힌 남자들은 2~3백 명의 무리를 이뤄 처형하기 편리한 장소로 이동한 뒤, 소총과 기관총에 의해 살해당했다. 한 번은 수백 명의 포로를 이동시키기 위해 탱크가 동원되기도 하였다.
> 나도 대규모 처형을 목격했다. 수백 명의 붙잡힌 남자들이 거대한 일본 국기를 든 채로 거리에서 행진을 하고 있었다. 2~3명의 일본군 병사가 이들을 통솔하면서 공터로 이들을 몰아넣었다. 거기에서 그들은 소그룹으로 나눠져 잔인하게 총살당하였다. 한 일본군은 점점 늘어나는 시체 더미 옆에 서 있으면서 시체에 조금의 움직임이라도 있으면 총알을 퍼부었다.
> 이걸 일본인들은 전쟁이라고 생각하는지 모르겠지만, 나에게는 살해처럼 보였다.[8]

멘킨 또한 오아후 군함의 통신병을 통해 난징 내 잔학 행위에 대한 기사를 보낼 수 있었다. 그의 기사는 12월 16일 《보스톤 글로브》에 "사진기자가 전하는 난징 내 대학살"이란 제목으로 게재되었다.[9] 다음날, 《시카고 데일리 트리뷴》 역시 멘킨이 작성한 기사를 게재하였는데, 여기에서 그는 "중국 남자들 가운데 군에서 복무한 적이 있다고

8) A. T. Steele, "Reporter likens slaughter of panicky Nanking Chinese to jackrabbit drive in U. S.," *The Chicago Daily News*, February 4, 1938, p. 2.
9) Arthur Menken, "Cameraman reveals carnage in Nanking," *Boston Globe*, December 16, 1937, p. 16.

보이기만 하면 무조건 끌고 가 처형하였다"라고 쓰고 있다.[10]

다른 3명의 기자 역시 상하이에 도착한 후 그들이 목격한 내용에 관한 기사를 전송하였다. 맥다니엘이 일기 형식으로 작성한 보도는 시차 때문에 12월 17일 《시애틀 데일리 타임즈》에 게재되었고, 《보스턴 글로브》와 《시카고 데일리 트리뷴》은 이를 조금 수정하여 12월 18일에 게재하였다. 그의 묘사는 간결하고 생생하면서 강력하였다.

12월 14일 일본군이 도시를 약탈하는 걸 목격하였다. 한 일본 군인은 안전지대에 있는 민간인들을 총검으로 위협하여 3천 달러를 빼앗기도 하였다. 사람과 말의 시체가 뒹구는 거리를 지나 북문北門에 도착하였다. 일본 차가 먼저 문에 들어섰는데, 으깨진 시체들 때문에 차가 미끄러졌다. 마침내 강가에 도착하여 일본군 구축함에 탑승하였다. 파나이가 침몰했다고 들었다.

12월 15일 점령이 끝나 안도하던 중국인들은 절망적인 현실과 마주해야 했다. 대사관 직원이 어머니의 안부를 확인하고자 하여 집으로 같이 갔다가 어머니의 시체가 도랑에 버려진 것을 발견하였다. 대사관 사무실 직원의 형제 역시 죽은 채로 발견되었다. 오늘 오후에는 내가 무장 해제하는 걸 도운 중국 군인들이 끌려나가 총살당해 도랑에 버려지는 것을 보았다. 오늘 밤엔 500명의 민간인과 비무장 군인들이 손이 묶인 채로 안전지대를 빠져나갔는데, 이를 중국식 "대도大刀"를 든 일본군이 통제하였다. 아무도 돌아오지 않았다. 많은 중국인들이 가옥과 건물에 일본기를 달았지만 그럼에도 붙잡혀서 끌려갔다.

일본군이 내가 머물고 있는 미국대사관으로 진입하고자 하였으나, 내가 이를 거부하자 물러갔다. 대사관 내 중국인 직원들은 물도 없이 고립되어 있었고 밖으로 나가길 두려워하여, 1시간 정도 밖에 나가 거리에 있는 우물에서 물을 길어 대사관으로 가져왔다.

12월 16일 상하이로 떠나기 전, 일본 영사가 "진입 금지" 팻말을 가져와 대사관 건물에 부착하였다. 강으로 가는 길 곳곳에 시체가 널려 있

---

10) Arthur Menken, "Witness tells Nanking horror as Chinese flee," *Chicago Daily Tribune*, December 17, 1937, p. 4.

었다. 손이 묶인 채로 길게 줄을 서 있는 중국인 무리를 지나쳤
다. 1명이 줄에서 벗어나 달려와서는 내 앞에 무릎을 꿇으며 나
에게 살려달라고 간청하였다. 나는 아무것도 할 수 없었다. 난징
에 관한 내 마지막 기억은 죽은 중국인뿐이다.[11]

12월 18일 《뉴욕 타임즈》에 실린 첫 보도에서, 더딘은 그의 분석과
함께 난징에 대해 더 자세한 사항을 다뤘다.

수천 명의 포로들이 일본군에 의해 처형당하였다. 안전지대에서 붙잡힌 중
국군 대다수는 집단으로 처형당하였다. 난징 내 집을 하나씩 방문하면서 어깨
에 군장을 멘 흔적이 있거나 군에 복무했다고 의심되는 자국이 남아있는 남자
들을 샅샅이 찾아냈다. 이들은 한곳에 모여 살해당했다.

이들은 발각되면 바로 살해당하였는데, 이들 가운데에는 군과 전혀 관련 없
는 사람, 부상병, 민간인도 있었다. 나는 수요일에 몇 시간도 채 되지 않아 3건
의 대규모 처형을 목격하였다. 그 가운데에는 교통부 근처 방공호에 모여 있던
100여 명의 군인에게 탱크 포를 들이댄 경우도 있었다.

일본군이 선호하던 처형 방식은 10여 명의 남자들을 모아 구덩이 가장자리
에 서도록 한 뒤, 총을 쏴서 구덩이 안으로 떨어트리는 것이었다. 그 후 흙으로
덮어 이들을 묻어버렸다. (…)

민간인 사상자도 수천 명에 달하였다. 문을 연 유일한 병원은 미국인이 운영
하는 대학 병원이었는데, 여기 시설은 이들 중 일부만 담당하는 것도 버거운 수
준이었다.

난징의 거리에는 시체가 널려 있었다. 차가 지나가기 위해 시체를 치워야 할
정도였다.

일본군이 샤관문을 점령한 뒤에 수비대가 학살당하였는데, 모래포대 위로
쌓인 시체의 높이만 6ft에 달하였다. 수요일 밤까지 일본군은 시체를 치우지 않
았고, 이틀 동안 일본군 차량이 지나다니면서 사람, 군견, 군마의 시체를 으깨
어 놓았다.

일본군은 공포감을 오랫동안 지속시켜, 중국인들이 일본에 저항할 경우 어
떤 끔찍한 결과를 겪게 되는지 보여주고 싶은 것 같았다.[12]

11) C. Yates M'Daniel, "Newsman's Diary Describes Horrors in Nanking," *The Seattle Daily Times*, December 17, 1937, p. 12.

12) F. Tillman Durdin, "Butchery Marked Capture of Nanking," *The New York*

스틸과 마찬가지로, 더딘 역시 12월 18일의 보도에서 멈추지 않았다. 12월 19일 《뉴욕 타임즈》에 "난징에서 외국인의 활약에 찬사 이어져"라는 기사를 게재한 뒤, 12월 22일에 추가로 장문의 기사를 항공우편으로 보냈다. 1938년 1월 9일에야 《뉴욕 타임즈》 전면에 게재된 이 기사는 난징에서 이어진 전투를 전쟁 전략적 관점에서 분석하였을 뿐만 아니라, 더딘이 3일 동안 목격했던 일본군의 잔학 행위에 대해서도 자세하게 다루었다.

　　난징을 점령한 후 일본군이 저지른 학살, 약탈, 강간은 중일전쟁 중 저지른 그 어느 잔학 행위보다 끔찍하였다. 일본군이 보여준 잔혹함의 수준은 유럽 암흑시대의 파괴 행위나 중세 아시아 정복자들의 무자비함에 비견될 수 있을 정도이다.

　　무장을 해제하고 항복할 준비가 되어있던 무력한 중국 군인들은, 체계적으로 한곳에 모여 처형당했다. 안전지대 운영위원회를 찾아가 난민 캠프로 들어간 수천 명이 무차별적으로 수색당해 손이 등 뒤로 묶인 채 도시 각 성문 밖 처형장으로 끌려갔다.

　　구덩이에 조금씩 모여 숨어 있던 사람들은 끌려 나와 방공호 입국에서 총에 맞거나 칼에 찔려 죽었다. 그리고는 이들의 시체를 구덩이에 던져 넣어 묻었다. 어떤 때는 탱크가 묶여 있는 병사들을 향해 포를 쏘기도 하였다. 가장 흔한 처형 방식은 권총을 이용한 총살이었다.

　　일본군은 난징에 있는 모든 건강한 남성을 군인이라고 의심하였다. 무죄인 사람들 가운데 군인을 찾아내고자 어깨에 군장이나 소총을 맨 흔적이 있는지 검사가 이뤄졌지만, 많은 경우 당연히 군과 관련 없는 남자들도 처형장으로 보내졌다. 예전에 군에서 복무했던 사람들이 검사를 통과하여 탈출하는 경우도 종종 있었다.

　　일본군이 자체적으로 밝히길, 초반 3일간 난징을 소탕하는 동안 1만 5천 명의 중국군을 잡아들였다고 하였으며 여전히 2만 5천여 명이 도시 곳곳에 숨어 있다고 주장하였다.

　　이와 같은 통계는 난징성 안에 있던 중국군 숫자를 정확히 보여주고 있다. 아마 2만 5천 명이라고 주장하는 일본군의 통계는 과장되었을 수 있지만, 대략

Times, December 18, 1937, p. 10.

2만 명 정도의 중국군이 일본군에 의해 처형당했을 것으로 짐작된다.

민간인 역시 남녀노소를 불문하고 일본군에게 총살당하였다. 소방수와 경찰관도 일본군에게 자주 희생당하였다. 흥분했든 두려워서 그랬든, 일본인 주변으로 달려오는 중국인들 역시 총에 맞곤 하였다. 일본군이 난징 통제를 강화하는 동안 난징을 돌아다닌 외국인들은 매일 새로운 민간인 희생자를 목격했다. 많은 경우 노인들이 길에 엎드린 채 죽어 있었는데, 이들은 일본군에 의해 뒤통수에 총을 맞고 죽어 있었다.[13]

스미스는 기자단 중 유일한 영국 기자로, 그의 미국인 동료들처럼, 그도 서둘러 영국으로 그의 기사를 전송하였다. 그의 기사 "난징 내 테러: 약탈과 살해; 정복군의 잔학 행위"라는 제목으로 12월 18일 《런던 타임즈》에 실렸다. 그의 기록은 그의 미국인 기자들이 묘사한 내용과 유사하다.

그 어떤 자비도 없었다. 사람들이 가지고 있던 희망은 우려와 공포에 자리를 내줘야 했다. 일본군은 가옥을 수색한 뒤 중심가 주변 건물들에 대한 대규모 약탈을 시작하였다. 이들은 상점으로 침입하여 손목시계, 은 제품, 그리고 가져갈 만한 것은 모두 챙겨 중국 노동자들에게 운반을 시켰다. 그들은 미국 대학 병원에 들러 간호사들이 차고 있던 손목시계, 만년필, 손전등을 빼앗고 건물들을 샅샅이 뒤졌으며, 자동차를 가져가면서 차에 달려 있던 미국 국기를 찢어버렸다. 외국인 주택 역시 침입을 겪었고 두어 개의 독일 상점도 약탈당하였다. 외국인이 무장 해제된 중국 군인들에 동정하여도 일본군의 화만 돋을 뿐이었다.

군으로 복무한 적 있던 군인과 경관 역시 단체로 모여 처형당하였고, 이들의 시체는 겹겹이 쌓여 있었다. 거리는 시체로 가득했으며, 이들 가운데는 위협이 되지 않는 노인들도 있었지만, 여성들의 시체는 보이지 않았다. 강으로 이어지는 사관문엔 사람과 군마의 시체가 4ft 높이로 쌓여 있었으며, 이 시체 더미 위로 차와 트럭이 다니며 관문을 통과하였다.[14]

---

13) F. Tillman Durdin, "Japanese Atrocities Marked Fall of Nanking after Chinese Command Fled," *The New York Times*, January 9, 1938, p. 38.
14) "Terror in Nanking: Looting and murder; the conquerors' brutality," *The Times* (London), December 18, 1937, p. 12.

12월 19일, 스미스의 또 다른 기사가 베이징 내 영국인이 출간하는 영문지 《베이징 크로니클The Peking Chronicle》에 실렸다. 베이징은 이미 일본 점령 아래 있었기에, 일본군 잔혹 행위보다 난징이 점령되는 막판의 상황에 중점을 두었다.[15]

2) 기타 영문 보도

5명의 기자가 떠난 이후, 일본군은 아무도 난징을 떠날 수 없게 했다. 이로 인해 12월 16일 이후 난징 내 상황에 대한 기록은 영미권에 보도되지 않다가, 1938년 1월 6일과 9일 미국, 영국, 독일 외교관이 난징 내 각국 대사관 운영을 재개하기 위해 도시에 진입한 후에야 일본군의 잔학 행위를 외교 채널로 알릴 수 있게 되었다. 도시에 여전히 남아있던 미국인 선교사들이 목격한 내용은 난징 밖으로 전해졌고, 이 내용들이 모여 신문에 실리게 되었다. 1938년 1월 28일, 《데일리 텔레그래프 앤드 모닝 포스트The Daily Telegraph and Morning Post》에 잔학 행위에 대해 자세히 담은 보도가 실렸다. "중국 내에서 펼쳐진 일본의 공포 시대: 최초 현장 기록"이란 제목으로 실린 이 기사는 마이너 베이츠Miner S. Bates, 어니스트 H. 포스터Ernest H. Forster, 존 G. 매기John G. Magee의 목격담을 익명으로 모아 보도하였다.

> 1월 11일 난징에서 편지를 쓴 한 선교사는, 일본인 총영사와 걸어가는 동안 모든 거리에서 시체를 봤다고 하였다. 이는 12월 13일 도시가 함락되고 4주 후였다. 편지는 다음과 같이 전하였다.
> "배에 7개의 총검 자상이 있던 소년이 오늘 아침 병원에서 죽었다. 어제는 20회 강간을 당한 뒤 일본군이 총검으로 목을 베어 끔찍한 상처를 입은 여성을

---

15) "Fall of Nanking vividly retold by eye-witness," *The Peking Chronicle*, December 19, 1937, pp. 1&18.

병원에서 보았다." (…)

　다른 증언들 역시 비슷한 잔학 행위가 광범위하게 벌어졌음을 알리고 있다. 상당수의 경우 남편들은 아내를 지키려다 칼에 찔리거나 총에 맞았다.

　선교사들 역시 이를 제지하고자 하면 리볼버 권총으로 위협을 당했다고 밝혔다.

　한 미국인 선교사는 12월 19일 쓴 편지에서 중국군이 떼를 지어 몰려나간 뒤 살해당했다고 편지를 남겼다. 300여 명의 무리가 연못으로 끌려가 얼음판 위에서 총살당하였다. 이 편지는 계속 이어진다.

　"다른 큰 무리도 기관총에 포위된 헛간으로 끌려갔다. 이 헛간에 불을 질러 안에 있던 모든 이들을 태워 죽였다."[16]

　　YMCA의 미국 선교사 조지 A. 피치George A. Fitch는 1938년 2월 20일 처음으로 난징을 떠나라는 허가를 받은 첫 미국인이었다. 그는 상하이에 잠깐 머문 뒤, 미국으로 돌아가 각 주를 돌며 난징 내 잔학 행위에 대한 강연을 하였다. 그가 미국으로 가는 길에, 중국 남부 광동성 정부 주석인 우톄청吳鐵城(1888~1953)의 초청을 받아 3월 1일 광저우에서 핵심 인사들에게 난징에 대한 담화를 하였다. 피치가 떠난 이후, 그의 강연 내용은 3월 16일 홍콩 《사우스 차이나 모닝 포스트South China Morning Post》에 그의 이름은 익명인 채로 보도가 되었다. 이 기사의 제목인 "난징의 겁탈The Rape of Nanking"은 난징에서 벌어진 일본군의 잔학 행위를 묘사하는 데에 처음으로 쓰였다. 그의 강연에서, 피치는 관객들에게 다음과 같이 전했다.

　안전지대 운영위원회 본부가 항의하자, 일본군 측은 남자들이 일본군을 위한 노동에 필요해서 데려가는 것임을 강조하였다. 일본대사관에도 항의한 뒤 어둠이 질 무렵 돌아오는 길에, 1천 3백여 명의 포로가 묶여 있는 것을 발견하였다. 그들은 모자도, 침구도, 아무것도 없었는데 고의로 이런 대우를 받는 것이 분명하였다. 그들이 끌려가는 동안 아무도 말을 하지 않았으며, 강가에서 처

---

16) "Japan's reign of terror in China: First authentic description; Americans tell of atrocities; children killed; girls attacked," *The Daily Telegraph and Morning Post* (London), January 28, 1938, p. 15.

형당하였다.

　점령 4일 차에, 1천여 명의 남자가 추가로 중립지역 캠프에서 끌려가 처형당하였다. 이들 가운데에는 시 정부가 처음에 파견했던 450명의 경찰관 가운데 50명 정도가 있었다. 다시 한번 강하게 항의하였으나, 일본대사관은 일본군에게 어떠한 영향력도 끼칠 수 없음이 분명하였다. 머리가 짧고 배와 인력거를 모느라 손에 굳은살이 박혔거나, 그 외 고된 일을 했던 흔적이 있는 중국 남성은 사형 집행 영장을 받은 것과 다름없었다.[17)

　3일 후인 3월 19일, 상하이 거주 미국인이 출간하던 영자 주간지 《차이나 위클리 리뷰*The China Weekly Review*》에 미국인 선교사들이 남긴 잔학 행위에 대한 내용이 추가로 보도되었다. 여기엔 베이츠씨가 1937년 12월 14일부터 27일까지 일본대사관에 전달한 항의 서한의 인용 내용 역시 포함되어 있었다.

　　12월 16일. 지난밤 우리 구역 내 30여 명의 여성이 대규모로 몰려온 군인들에게 강간을 당하였다. 나는 이 문제를 철저하게 조사한 뒤 이들 진술이 사실임을 확신할 수 있었다. 이 구역 전체가 비참한 상황에 빠져 있었다.

　　12월 18일. 군인들의 폭행과 강도로 인해 고통과 공포가 곳곳에 만연해 있었다. 대다수 여성과 아이를 포함한 1만 7천 명의 사람들이 안전하길 바라며 우리 건물로 피해 있었다.

　　12월 21일. 오늘 오후 일본군이 우리 건물에서 7명을 끌고 나갔다. 이들 가운데에는 우리 측 직원도 있었다. 그들이 중국군이었다고 할 만한 의혹이나 증거도 없었지만, 그에 상관없이 이들은 강제 노동을 위해 끌려갔다. 오늘 오후, 귀貴 대사관 입구 근처에서 한 여성이 2명의 군인에게 강간당하였다. (…)

　　12월 25일. 장교 없이 돌아다니는 일군의 병사들이 어디든 돌아다니며 여성을 끌고 가 강간하였다. (…)

　　12월 27일. 1주일 훨씬 전에 귀측은 며칠 내로 병력을 교체하고, 군 징계를 강

---

17) "The Rape of Nanking: American eyewitness tells of debauchery by invaders; unarmed Chinese butchered," *The South China Morning Post* (Hong Kong), March 16, 1938, p. 17.

화하며, 헌병을 추가 배치하는 등의 방식으로 질서를 회복할 것이라 약속하였다. 그럼에도 수치스러운 무질서가 이어지고 있으며 이를 막기 위해 진지한 조치가 취해지는 것도 보지 못했다.[18]

《리더스 다이제스트The Reader's Digest》 역시 일본군 잔학 행위에 대한 다른 기록들을 소개하였다. 해당 잡지는 1938년 10월 판에서 피치의 편지, 베이츠의 서한, 그리고 학살이 이어질 동안 난징에 있던 유일한 외과 의사 로버트 O. 윌슨Robert O. Wilson이 1937년 12월 18일부터 1938년 5월 3일까지 쓴 편지의 주요 내용을 소개하였다.

12월 18일

오늘은 피와 겁탈로 큼직한 글자를 써 내려간 현대판 단테의 지옥이 이어진 지 6일째입니다. 살인은 대규모로 이뤄지고 강간도 수천 건에 달합니다. 잔인한 자들의 포악함과 욕망을 막을 수 있는 게 아무것도 없어 보입니다. (…) 이들은 한 소년을 총검으로 찔러 죽였고, 나는 오늘 아침 1시간 반 동안 다른 8살 소년의 자상을 꿰맸는데, 이 소년은 5개의 자상이 있었고 그중 하나는 위를 관통했습니다. 아마 이 소년은 살 수 있을 겁니다.

제가 데리고 있는 한 소녀는 지적 장애가 있습니다. 이 아이는 일본군이 그녀의 유일한 침구류를 가져가려 하자 손톱으로 할퀴는 것 말고 다른 건 할 줄 몰랐습니다. 그 대가로 아이는 목 한쪽이 칼에 잘려야 했습니다. (…)

크리스마스 이브

오늘 들어온 남자는 들것 운반병으로, 그가 양쯔강 강변으로 끌려가 기관총의 총질을 맞게 된 4천 명 가운데 하나라고 말했습니다. S씨가 말하길 탱크를 저지할 목적으로 팠던 거대한 참호를 시체와 부상병으로 메웠는데, 시체가 부족해서 탱크가 지나가지 못하자 일본놈(Japs)들은 참호를 채우기 위해 주변에 살던 사람들을 무차별적으로 쏴 죽였습니다. 그는 카메라를 빌린 뒤 자신의 말이 옳았음을 증명하고자 사진을 찍으러 갔습니다. (…)

---

18) "Nanking -what really happened- and the Japanese Paradise" *The China Weekly Review* (Shanghai), Supplement (March 19, 1938): 10-11.

2월 13일

　일본군 6명이 여기서 남서쪽으로 몇 마일 떨어진 마을에 들어가, 늘 하던 대로 강간과 약탈을 저질렀습니다. 마을의 남자들이 조직적으로 저항하여 3명의 일본군을 죽였습니다. 다른 3명은 탈출한 뒤 수백 명의 군인들과 함께 돌아온 뒤 마을을 포위하였습니다. 이들은 3백 명 정도 되는 주민들을 6~8명 단위로 묶은 뒤 얼음물에 던져버렸습니다. 그리고는 건물을 남김없이 무너뜨렸습니다.[19]

3

1) 미국인 선교사가 목격한 내용

　5명의 기자가 떠난 뒤에도 난징에는 22명의 서양인이 머물고 있었다. 22명 가운데 14명은 미국인이었다. 그들은 마이너 S. 베이츠Miner Searle Bates(1897~1978), 그레이스 L. 바우어Grace Louise Bauer(1896~1976), 조지 A. 피치George Ashmore Fitch(1883~1979), 어니스트 H. 포스터Ernest Herman Forster(1896~1971), 이바 M. 힌즈Iva M. Hynds(1872~1959), 존 G. 매기John Gillespie Magee(1884~1953), 제임스 H. 맥칼럼James Henry McCallum(1893~1984), 윌슨 P. 밀스Wilson Plumer Mills(1883~1959), 찰스 H. 릭스Charles Henry Riggs(1892~1953), 루이스 S. C. 스마이드Lewis Strong Casey Smythe(1901~1978), 허버트 L. 손Hubert Lafayette Sone(1892~1970), 클리포드 S. 트리머Clifford Sharp Trimmer(1891~1974), 미니 보트린Minnie Vautrin(1886~1941)과 로버트 O. 윌슨Robert Ory Wilson(1906~1967)이었다. 이 가운데 1937년 미국 대학 병원에서 근무하던 65세 간호사였던 힌즈의 경우 기록이 발견되지 않았지만, 다른 13명의 미국인은 잊기 힘든 학살이 진행되는 동안 글로 기록을 남겼다. 이들의 기록 대부분은 예일

---

19) "We were in Nanking," *The Reader's Digest*, Vol. 33 (October 1938): 41-42.

신학교의 특별 컬렉션과 테네시주 내쉬빌Nashville에 있다가 최근 웨스트 버지니아주의 베서니Bethany로 옮긴 사도교회 역사사회도서관에 있다. 하버드 옌칭도서관, 하버드 휴튼도서관, 콜롬비아 대학교 신학교 버크도서관, 스탠포드 대학교 후버연구소, 의회도서관, 메릴랜드주 칼리지 파크의 국립기록원, 필라델피아 장로교 역사사회기록원, 뉴저지 매디슨 연합감리교회 기록 및 역사 사무처, 택사스주 오스틴 감독교회 국립 역사 기록원 등 역시 이들의 기록을 소장하고 있다.

전쟁 이후, 베이츠, 매기와 윌슨은 도쿄에서 열린 극동국제군사재판에 검사 측 증인으로 직접 출석하였으며, 피치, 맥칼럼과 스마이드는 서면으로 증언을 제출하였다.

베이츠는 1920년부터 당시 미국인이 설립한 대학이던 난징대학에 역사학과 교수로 재직하였다. 그는 캐나다 출신으로 진링대학金陵女子大學(Ginling College)에서 영어교사로 일하던 릴리아드 G. 로빈스Lilliath Gertrude Robbins(1893~1982)를 난징에서 만나 결혼하였다. 1937년 11월 말, 대학이 중국 서부의 청두成都로 이전할 때 그는 난징에 남아 대학 비상위원회의 위원장으로서 대학의 건물과 기재를 관리하였다. 동시에 그는 난징 안전지대 국제위원회를 조직하는 데 적극적으로 참여하여 안전지대를 설정하여 공포로 가득한 시기 피난민을 보호하고 음식을 제공하였다. 그는 꾸준히, 필사적으로 일본군이 캠퍼스에서 저지른 잔학 행위에 대해 일본대사관에 항의하고, 미국대사관에 잔학 행위와 관련된 내용을 전달하였으며, 상황 보고 내용을 작성하기도 하였다. 미국 외교관이 복귀하여 다시 편지를 보낼 수 있게 되자, 그는 상해에 있던 그의 아내와 아이들, 그리고 친구들에게 주기적으로 편지를 썼다. 1938년 2월 3일, 그는 아내 릴리아드에게 다음과 같이 편지를 썼다.

특히 안전지대 밖에서 군 범죄가 크게 늘었습니다. 우리는 매일 20건이 넘는 강간, 부상 및 살해에 관한 사건들을 자세히 접하고 있습니다. 그리고 실제 벌어지는 사건 수는 몇 배에 달하겠지요. 중학교에 있던 72명의 여성 가운데 한 명이 어젯밤 강간을 당하였습니다. 좀 전에는 잘생긴 청년이 가슴에 칼에 찔린 남자가 들어왔는데, 칼을 맞은 이유가 무릎을 꿇고 통행증을 제시하라는 일본군의 지시가 있었는데 바닥에 쌓인 눈 때문에 망설였기 때문입니다. 대학에 있던 두 소녀는 그들이 집으로 돌아간 날 밤, 군인들의 요구를 거부하다 살해당했습니다. 이런 일들이 매일 계속 벌어지고 있습니다. 이런 가학적이고 끔찍한 사건들이 한두 건이 아닙니다. 짐승 같은 욕망과 폭력 그 자체입니다.[20]

베이츠 또한 난징에서 벌어지는 일에 대해 친구들에게 꾸준히 알렸는데, 특히 일본군이 도시에서 주민들에게 벌인 잔학 행위에 대한 내용이었다.

1만 명 이상의 사람들이 비무장 상태에서 냉혹하게 살해당하였습니다. 나의 신뢰할 만한 친구들은 숫자를 더 높게 잡을 겁니다. 이들 가운데에는 무기를 던져버리거나 구석에 몰린 뒤 항복한 중국군들도 있었습니다. 민간인들도 무자비하게 총과 칼에 살해당했으며, 군에 복무했던 흔적이 없음에도 살해당하는 경우가 다반사였고, 여성과 아이들도 예외가 아니었습니다. 독일 동료들은 강간 사건 수가 2만 건이 넘을 거라고 추측합니다. 제가 생각하기에도 최소 8천 건 이상 벌어졌을 겁니다. 대학 캠퍼스에서만 해도 직원 가족과 미국인 가정을 포함하여 1백에서 3백여 건의 내용을 확보하고 있습니다. 아마 그 분노와 공포를 상상하기 힘들 겁니다. 11살밖에 되지 않은 소녀와 53세나 된 노인도 대학 내에서 강간을 당하였습니다. 신학교 구역에서는 17명의 군인이 대낮에 여성 1명을 번갈아 강간하였습니다. 사실 강간 사건 가운데 3분의 1은 대낮에 이뤄졌습니다.

사실상 도시에 있는 모든 건물이 군인들에게 반복적으로 약탈당하였는데, 이 가운데에는 미국, 영국, 독일대사관과 대사 공관, 그리고 외국인 소유 건물 가운데 상당수가 포함되어 있습니다. 모든 차량, 음식, 옷, 침구류, 돈, 시계, 융단, 그림, 기타 귀중품이 주요 약탈 대상입니다. 이는 안전지대 밖에서도 계속 이어지고 있습니다. 난징 내에는 국제위원회의 쌀가게와 군대 상점 이외에 남은 가게가 없습니다. 약탈과 절도를 겪은 상점들 태반은 장교 지휘 아래 트럭을

---

20) M. S. Bates, A letter to wife Lilliath R. Bates, February 3, 1938, Folder 8, Box 1, Record Group 10, Special Collection, Yale University Divinity School Library, New Haven, CT.

몰고 온 군인들이 무너뜨린 뒤 불태워 버렸습니다. 하루에도 수차례의 화재가
여전히 일어납니다. 주택지구 상당수도 방화로 불탔습니다. 우리는 일본군이
이를 목적으로 사용한 화학재료 샘플을 여러 개 확보하고 있으며, 어떤 과정을
거쳐 반응이 이뤄지는지 검사해 보았습니다.[21)

매기는 1912년 감독교회 신부로서 난징에 왔다. 미국에서 휴가를
보낼 때를 제외하고, 그는 38년간 난징에서 선교사업을 하였으며,
1940년 미국으로 떠나기 전까지 난징에 남았다. 베이츠처럼, 그 역시
중국 내륙 선교사업 목적으로 난징에 있던 영국인 선교사 페이스 E.
백하우스Faith Emmeline Backhouse(1891~1975)를 만나 결혼하였다. 중일
전쟁이 1927년 여름 발발한 후, 그는 아내와 아이들을 그의 고향인 펜
실베니아주 피츠버그로 보냈다. 일본군이 난징으로 접근하자, 그는 난
징안전지대 국제위원회 위원으로 참여했을 뿐만 아니라 부상을 입은
중국 군인을 치료하기도 하였다. 대량 학살과 살인이 만연하던 시기,
매기는 그의 아내에게도 보낼 수 없는 편지를 매일 쓰며 그의 감정과
분노를 떨쳐내고자 하였다. 이 일기처럼 써내려간 편지는 그가 목격한
잔학 행위의 실상을 자세하게 담아냈다. 1937년 12월 19일, 그는 페이
스에게 다음과 같이 전했다.

> 지난주는 이제껏 살면서 겪었던 그 어느 때보다 공포스러웠습니다. 나는 일
> 본군이 그런 야만인들일 거라고는 꿈도 꾸지 못했습니다. 1주일 내내 벌어진 살
> 인과 강간의 수준은 터키가 저지른 아르메니안 대학살에 비견될 겁니다. 그
> 들은 찾을 수 있는 포로뿐만 아니라, 다양한 연령대의 일반인 역시 죽였습니다.
> 이들 중 다수는 거리에서 토끼가 사냥을 당하듯 총으로 살해당했습니다. 도시
> 남쪽부터 샤관에 이르기까지 시체가 곳곳에 널려 있습니다. 그저께 우리가 사
> 는 집 근처에서 불쌍한 사람 하나가 살해당하였습니다. 수많은 중국인이 겁에
> 질려 있었고 일본군을 마주하면 어리석게도 달아나기 시작하였습니다. 그 남자

---

21) M. S. Bates, A letter to his friends, January 10, 1938, Box 103, Record
Group 8, Special Collection, Yale Divinity School Library.

역시 같은 일을 겪었습니다. 그 사람은 대나무 담장 너머 우리가 볼 수 없는 곳에서 죽임을 당하여 직접 보진 못했어요. 콜라(Cola)가 나중에 가서 그 남자가 머리에 총 두 방을 맞은 채 죽어 있었다고 전해주었습니다. 이 두 일본군은 쥐를 죽인 것보다도 더 심드렁한 자세로 담배를 피우며 떠들고 웃었습니다.[22]

그는 거리와 양쯔강 부두에서 광경에 대해서도 묘사하였다.

화요일 밤(12월 14일) 나는 강제로 거리에서 행군하던 남자 두 무리와 마주쳤는데, 이들은 좌우로 4명씩 묶여 있었습니다. 1명은 바지도 입지 않았습니다. 이들은 (내가 첫 무리와 마주쳤을 때는 황혼이라 이들을 구분할 수 있었습니다) 5천에서 6천 명 정도 되었습니다. 며칠간 (이들 6천 명뿐만 아니라) 수많은 사람이 도시 곳곳에서 처형당하는 동안 기관총 소리를 끊임없이 들을 수 있었습니다. 실제 몇 명이나 죽었는지 알 수는 없겠지만 나는 도시에서 처형당한 사람을 포함하면 2만 명은 족히 된다고 생각합니다. 이보다 많거나 적을 겁니다. (…) 강가엔 불에 탄 시체 더미가 크게 세 개가 있습니다. 나는 최근 4–5일간 도시 곳곳에서 타오르던 불을 일본군이 시체를 태우기 위해 지른 것으로 보고 있습니다. 지금 이 편지를 쓰는 중에도 두 건의 화재가 진행 중인데, 하나는 샤관 인근이고 다른 하나는 남쪽입니다. (위의 편지)

그는 1주일간 이어지고 있던 광범위한 규모의 약탈에 대해서도 이야기를 전했다.

일본군은 지난 1주일간 자신이 건드릴 수 있는 모든 곳을 약탈해 왔습니다. 그들은 독일대사관에서 차를 훔치고, 미국대사관도 여러 차례 진입을 시도하다 쫓겨나기도 했습니다. 장교조차 약탈해 참여했습니다. 어제 그들은 제가 있던 (핸슨의) 집으로 와서 남아있던 차 1대(이미 2대는 도난당했습니다)를 훔치려 하였습니다. 이 군인들 사이엔 2명의 낭인浪人(민간인 악한)도 섞여 있었습니다. 나는 일본총영사가 설치하고 간 진입 금지 표지와 미국대사관 표지를 가리키며 대문 한쪽을 닫고자 하였습니다. 일본인 1명이 나를 뒤로 밀치고 차고로 들어갔

22) John G. Magee, A letter to wife Faith E. Backhouse Magee, December 19, 1937, Folder 2, Box 263, Record Group 8, Special Collection, Yale University Divinity School Library.

으나, 차가 고장나 있던 것을 발견한 뒤 그대로 물러갔습니다. 낭인 가운데 1명은 유창한 일본어로 나의 여권을 요구하였고, 내가 보여주자 "고맙다"고 답했습니다. 약탈은 수일 동안 이어졌고 그들은 사람들의 얼마 없는 식량, 침구류, 그리고 그들이 손댈 수 있는 모든 물건을 챙겼습니다. 자동차는 잠시 한눈만 팔아도 사라졌습니다. (위의 편지)

매기가 남긴 난징대학살 기록 중에서 가장 중요하고 독특한 유산은 그가 16mm 영화 카메라를 이용해 난징대학교 병원에 있던 잔학 행위의 피해자들을 영상으로 담은 것이다. 이 영상은 난징에서 벌어진 일본인의 잔학 행위를 담은 유일한 증거이다. 관객들이 영상의 이미지를 이해하는 걸 돕기 위해, 그는 본인이 찍은 57개 사건에 대해 자세한 설명을 달았다. 아래 내용은 사건 2호, 5번째 필름이다.

우창더(Wu Chang-the)는 본부에 배치된 난징 경찰 가운데 한 명이었다. 그는 12월 26일 그가 군인이었다고 주장하는 일본인들에게 붙잡혀 광육극장光陸大戲院(The Capitol Theatre) 맞은 편으로 끌려갔다. 그는 1천여 명이 모일 때까지 수 시간 동안 여기에 붙잡혀 있었고, 그리고는 한중문漢中門으로 이동하여 자리에 앉았다. 70-80명씩 무리를 지어 성문 밖으로 끌려가 기관총에 살해당하였다. 우의 경우, 운 좋게도 그는 마지막 무리에 속해 있었다. 그의 무리가 끌려갈 때는 이미 어두워져서, 기관총이 사격을 시작하자 그는 쓰러져 죽은 척하였고, 부상을 당하지도 않았다. 일본군들은 이후 기름을 모아 시체를 태우기 시작하였는데, 이들은 막대기를 이용하여 나무를 시체 더미 사이에 꽂아 넣었다. 한 군인이 우에게 다가와서 그가 아직 숨을 쉬는 걸 확인하고는, 우의 등에 도끼를 찍은 뒤 그 위에 땔감을 덮었다. 불을 붙이고 군인이 자리를 떠나자, 우는 불이 가까이 오기 전에 시체 더미를 탈출할 수 있었다. 그는 10일간 성 밖에서 머물다가, 세 번째 시도만에 거지로 위장하여 성문으로 들어오는 데에 성공하였다. 영상은 2월 15일 그가 부상에서 회복한 뒤 촬영되었다.[23]

밀스는 1912년 6월 중국으로 가서 여러 도시의 YMCA 지부에서 일

23) Case 2, Film 5, Folder 7, Box 263, Record Group 8, Special Collection, Yale University Divinity School Library.

하다가 1932년 난징의 북장로교 선교회 목사로서 일하게 되었다. 그는 1937년 11월 난징안전지대 국제위원회를 수립하고 조직하는 데에 주도적인 역할을 하였다. 도시가 일본군에 함락된 뒤, 그는 각고의 노력으로 안전지대 밖에서 피난민을 보호하던 그의 교회 건물을 지켜냈다. 그는 국제위원회의 부회장으로 선출되었으며, 존 래비John Rabe 위원장이 1938년 2월 23일 독일로 떠난 뒤 대리로 위원장의 임무를 수행하였지만 래비가 위원장직은 그대로 지켰다. 밀스는 일본대사관에 꾸준히 항의를 제기하였으며, 다른 난징 내 미국인들과 마찬가지로 상하이에 있던 그의 아내 해리엇 C. 밀스Harriet Cornelia Seyle Mills(1889~1998)와 그의 딸들에게 일기 형식의 편지를 썼다. 1938년 1월 9일, 그는 난징 내 공포를 그의 아내에게 다음과 같이 전했다.

> 일본군이 온 뒤로 이곳은 지옥이 되었습니다. 이 단어만이 일본군의 점령이 시작된 첫 10일에서 2주간 여기에서 벌어진 일을 설명할 수 있을 겁니다. 도시 함락 이후 일본군이 냉혹하게 군인들을 죽이고, 수많은 민간인을 군인이라고 주장하며 죽이거나, 이런 핑계조차 없이 수많은 사람을 죽인 행위, 광범위하게 자행된 부녀자에 대한 겁탈, 그리고 대규모 약탈과 이후 이어진 의도적 파괴행위를 모두 묘사할 수 있는 단어는 "지옥"이란 단어 하나뿐입니다.[24]

밀스는 아내에게 그의 가족이 일본군 약탈로 겪은 피해에 대해서도 언급하였다.

> 난징에 있는 건물 가운데 일본군의 침입과 약탈을 겪지 않은 건물이 없습니다. 몇몇 외국인 가옥이 이를 피하긴 했지만, 극소수일 뿐입니다. 어떤 이유인지 우리 집은 엘미안(Elmian)네 집보다는 상황이 괜찮습니다. 다른 편지에 추신으로 썼던 것처럼, 우리 집이 주로 입은 피해는 당신의 옷장이 부서지고, 일본군이 트럭에 실어 가져간 침대 매트리스, 그리고 앤지(Angie)의 자전거입니

---

24) W. P. Mills, A letter to wife Nina, January 9, 1938, Box 141, Record Group 8, Special Collection, Yale Divinity School Library.

다. 구링枯嶺(Kuling)으로 물건들을 미리 보낸 덕분에 피해가 크지 않았습니다. 왕 선생님(Wang-si-fu)이 집을 지키고자 노력했지만 최근엔 중국인이 일본인을 상대로 할 수 있는 게 거의 없는 데다, 나 또한 거기에 계속 머물러 있을 수 없습니다.[25]

1937년 12월 24일, 밀스는 미국대사관이 침입과 약탈을 당한 것에 대해 일본대사관에 항의하였다.

> 12월 23일 오후 2시 30분, 3명의 일본군이 대사관 서쪽 건물로 접근하여 자동차를 빌리고 싶다고 하였다. 대사관의 직원 중 하나인 우(Wu)씨가 대사관 차량은 모두 고장난 상태이며, 만약 차를 빌리고자 할 경우 군이 직접 오지 말고 대사관을 통해 오라고 하였다. 이들 군인은 별다른 문제를 일으키지 않고 철수하였다.
> 하지만 같은 날 저녁 6시 30분에서 9시 30분 사이, 무장한 일본군 7~8명 정도의 무리가 대사관에 총 4차례 방문하였다. 이 가운데 최소 1번은 장교도 동행하였다. 이 군인들은 3대의 자동차를 모두 가져가 버렸다. 이들 차량은 알드리지씨(Mr. C. W. Aldridge, License No. 5033), 멘킨씨(Mr. Menken, License No. 1255), 핸슨씨(Mr. Hansen, License No. 218)의 재산이다. 이 차들은 군인들이 차고 밖으로 밀고 나온 뒤 그들이 가져온 트럭에 견인되었다. 자전거 4~5대, 석유등 2개, 손전등 여러 개 또한 군인들이 가져갔다. 게다가 위에 언급된 4차례 방문 가운데 한 번의 경우, 장교의 지휘를 받는 군인들이 대사관 본관에서 자고 있던 사람들을 모두 수색한 뒤 그들이 가지고 있던 돈과 물건을 훔쳐 갔다.[26]

스마이드는 1928년 난징대학에 사회학 교수로 왔으며, 1951년까지 교수로 역임하였다. 그가 난징에 간 이유 가운데 하나는 갓 결혼한 아

---

25) W. P. Mills, A letter to wife Nina, January 10, 1938, Box 141, Record Group 8, Special Collection, Yale Divinity School Library.
26) W. P. Mills, A letter to the Japanese Embassy, December 24, 1937, Enclosure No. 15-F to "Conditions of American Property and Interests in Nanking," February 28, 1938, (Department of State File No. 393.115/233), Box 1821, 1930~1939 Central Decimal File, Record Group 59, the National Archives II.

내었던 마가렛 L. 가렛Margaret L. Garrett(1901~1986) 때문이었는데, 1901
년 3월 7일 난징에 머물던 미국인 선교사 부부에게서 태어난 그녀는
미국에서의 교육을 마친 뒤 부모님이 계신 집으로 돌아가고자 하였다.
대학살이 일어나는 동안, 스마이드는 난징안전지대 국제위원회의 사
무총장으로 일하면서, 래비와 함께 번갈아 가며 일본대사관에 잔학 행
위 목록을 첨부한 현황 신고를 하였다. 보고서와 위원회 문서를 작성
했을 뿐만 아니라, 그 역시 아내에게 매일 일기 형식의 편지를 썼지만
당시에는 편지로 보낼 수 없었다. 12월 23일, 그는 아내에게 대학살에
대해 전하였다.

> 일본군이 농업전수과27)에 있던 캠프에서 200명의 남자를 끌어낸 뒤 총살하
> 였습니다. 이들 가운데 일부는 군인일 수도 있겠지만, 사람들은 그 가운데 절반
> 이상이 민간인이었다고 말했습니다. 우리는 일본군이 어느 정도 분노를 뿜어낸
> 뒤 더이상 총살을 목격하지 않게 될 거란 희망을 가지고 있었습니다. 한 남자가
> 돌아와 우리에게 이야기를 전했습니다. 그는 부상을 입고 일부 화상을 입기도
> 했습니다. 우리는 당시엔 이 이야기가 다른 증언과 맞는지 확인하지 못했습니
> 다. 그러나 오늘 다른 사람이 들어왔는데 그의 얼굴이 모두 불타고 눈까지 불타
> 잃은 상황이었습니다. 그가 말하길 140여 명을 몰아넣은 뒤 휘발유를 끼얹고
> 불을 질렀다고 하더군요! 끔찍하지요! 그들이 같은 무리에 있었는지 우리는 모
> 릅니다. 총을 맞았다는 무리는 이후 휘발유를 끼얹은 뒤 불을 질러 시체를 태웠
> 다고 합니다. 그 남자는 아래쪽에 있었던 덕분에 탈출할 수 있었습니다.28)

며칠 뒤인 12월 27일, 공포는 계속되었다.

> 일본군이 점령한 지 2주가 지났는데도, 이 안타까운 상황은 계속되고 있군
> 요. 낙담하게 만듭니다. 우리는 처음엔 더 나은 날이 올 거라는 기대를 가지고

---

27) Rural Leaders Training School農業專修科 of the University of Nanking.
28) Lewis S. C. Smythe, A letter to wife Mardie and kids, December 23, 1937,
   Box 103, Record Group 8, Special Collection, Yale University Divinity
   School Library.

있었습니다. 그러나 3명의 여성이 진링대학[29)에서 강간당하였고 어젯 밤엔 한 건의 겁탈이 발생했습니다. 진링여자신학대학원[30)에서는 27명이 겁탈당하였고, 오늘은 난징대학 병원에서 일하던 사람이 장교의 물건을 운반하기 위해 끌려갔으며, 농업진수과에 걸려 있던 깃발을 가져갔고, 오늘은 우리의 철제 지붕이 달린 건물을 뜯어려 하였습니다. 오늘 정오에 래비는 신제커우新街口(Xinjiekou) 광장으로 가 일본군이 "The Mutual Co." 가게에 불을 지르는 장면을 목격했고, 파괴되어 잔해만 남은 시장과 불에 탄 국립대회당(The State Theatre)을 보았습니다. 일본군은 신제커우 북서쪽의 상업지구를 치우면서 불을 지를 준비를 하고 있었습니다. 어제 난징대학 캠퍼스에서 중국인의 등록이 진행되었는데, 만약 기존에 군인으로 복무했거나 군대에서 일했다는 사실을 자발적으로 알리는 경우 총살당하는 대신 일을 할 수 있게 해 주겠다는 일본군의 약속을 믿고, 이를 자발적으로 인정한 사람이 200명 정도 됩니다. 오늘 아침, 한 남자가 5개의 총검 자상을 입은 채 대학으로 왔는데, 그가 말하길 그의 무리는 고림사沽林寺(Gulin Si)로 이동한 뒤 거기에서 일본군 130명의 총검술 연습 상대가 되어야 했다고 말했습니다. 그는 상처 때문에 곧 실신하였는데, 그가 깨어날 때엔 이미 일본군이 떠난 뒤라서 살아 돌아올 수 있었다고 했습니다. 윌슨은 상처 가운데 하나가 매우 심각하여 그가 살 수 없을 거라고 봤습니다. 이런 일을 기록하고 나면 점심시간이 되었는데 이게 일상입니다. 아침에 더 바쁘기도 하고요.[31)

1837년 12월 19일 오후 5시, 스마이드는 12월 15일부터 16일까지 벌어진 55건의 잔학 행위에 대한 목록을 작성하였다. 이 목록의 표지에, 그는 아래와 같은 글을 남겼다.

"안전지대에서 일본군에 의해 벌어진 무질서 사례"가 계속된다는 점을 알리게 되어 매우 안타깝습니다. 이 사건들은 16번부터 70번까지 번호가 붙어있습니다. 짐작하신 것처럼, 이들은 우리가 알게 된 사건 가운데 일부에 불과합니

---

29) The University of Nanking (金陵大學).
30) Bible Teachers Training School for Women (金陵女子神學院).
31) Lewis S. C. Smythe, A letter to wife Mardie and kids, December 27, 1937, Box 103, Record Group 8, Special Collection, Yale University Divinity School Library.

다. 우리의 감찰관인 스펄링(Sperling)씨, 크뢰거(Krger)씨, 하츠(Hatz)씨, 릭스(Riggs)씨 모두 집에 들어온 일본군을 집 밖으로 내보내는 데에 상당한 시간을 써야 했습니다. 이들은 자신들이 겪은 사례를 말해줄 여유조차 없을 정도였습니다.

오늘날의 상황도 이 기록들과 크게 다르지 않다는 점 또한 매우 유감입니다. 한 장교는 닝하이로寧海路(Ninghai Road) 인근의 우리 구역에 들어와 무질서를 초래하던 다수의 군인들을 연행하였습니다. 하지만 그런다고 이들이 멈추지는 않았습니다![32]

스마이드가 남긴 난징대학살 관련 기록 가운데 가장 독특한 것은 그가 1938년 봄, 난징 일대의 전쟁 피해와 인명 상실을 조사한 내용이다. 조사 결과는 『난징 지역 일대 전쟁 피해』라는 제목의 소책자에 담겼다. 이 조사는 2개의 부분으로 나뉘어 있는데 하나는 도시 지역, 하나는 농촌 지역으로 32개의 표, 차트, 지도가 끝에 첨부되어 있었다. 이 조사는 사망, 부상, 강간 피해, 금액으로 환산한 피해액 등 전쟁 피해와 인명 상실 내역을 자세히 담아, 바로 잊힐 수도 있었던 내용을 보존하였다는 점에서 가치가 있다. 그러나 "스마이드가 이미 그의 분석에서 밝힌 것처럼, 데이터를 모을 때 일본군의 보복을 두려워하여 사망, 부상과 강간에 대한 내역이 실제보다 적게 보고되었기 때문에, 사망과 부상에 대한 통계는 추측에 의지하였으며 실제보다 훨씬 적은 숫자이다".[33]

미니 보트린은 선교사이자 교사로 1912년 중국에 갔으며, 1919년

32) Lewis S. C. Smythe, The cover letter for 70 atrocity cases to the Japanese Embassy, December 19, 1937, Enclosure No. 1-b to "The Conditions at Nanking, January 1938," January 25, 1938, 793.94/12674, Box 996, Record Group 59, National Archives II.

33) Suping Lu, They Were in Nanjing: The Nanjing Massacre Witnessed by American and British Nationals, Hong Kong, China: Hong Kong University Press, 2004, p. 148.

9월부터 난징의 진링대학에서 가르치게 되었다. 일본군이 난징으로 접근하면서 진링대학은 처음엔 상하이와 우창武를으로 이동하고자 하였고, 이후엔 청도로 이전하려고 하였다. 보트린은 학교에 남아 대학의 비상위원회 회장을 맡으며 캠퍼스 내 건물과 장비를 지키는 역할을 맡았다. 일본군이 성문에 다다르자, 그녀는 직원을 동원하여 캠퍼스를 피난민 캠프로 만들어 여성과 아이들을 보호하도록 하였다. 공포가 절정에 다다르던 시기, 진링대학은 1만 명 이상의 여성과 어린이를 받아들였다. 보트린은 상황보고서와 일본대사관 및 미국대사관에 보내는 편지들을 작성했을 뿐만 아니라, 매일 일기를 상세히 작성하였다.

1938년 12월 17일 일기는 그녀가 군인들이 캠퍼스로 와서 어린 소녀들을 납치하려는 걸 저지하다 뺨에 맞은 내용을 담고 있다.

> 저녁을 먹고 나자, 중앙관Central Building에서 온 소년이 다가와 캠퍼스에 다수의 군인이 나타나 기숙사로 향하고 있다고 하였다. 나는 중앙관 앞에서 문을 잡아당기며 열려고 하던 병사 둘을 발견하였고 나는 열쇠가 없다고 전했다. 1명이 말하길, "군인들이 여기 있다. 이들은 일본의 적이다"라고 했고, 나는 "여기 중국 군인은 없다"고 하였다. 나와 함께 있던 이(Li)씨도 같은 말을 했다. 그러자 그는 내 뺨을 때리고 이씨의 얼굴도 강하게 때린 뒤, 다시 문을 열려고 하였다. 나는 옆문을 가리킨 뒤 이들을 데리고 갔다. 그들은 아래층과 위층을 돌아다니며 중국 군인을 찾아다니는 것처럼 보였다. (…) 이후 우리는 이들 군인이 현지의 책임자들을 자신의 군인 3~4명과 건물 앞에 함께 있도록 한 뒤, 남은 군인들은 건물에서 여자들을 찾고 있었음을 알게 되었다. 우리는 나중에 이들이 12명을 고른 뒤 옆문으로 이들을 데리고 빠져나갔다는 사실을 발견했다.[34]

1938년 1월 26일, 보트린은 캠퍼스에서 멀지 않은 곳에 있던 계곡의 처형장에 가서 연못가에 흩어져있던 수십 구의 불탄 시체를 직접 목격하였다.

---

34) Minnie Vautrin, December 17, 1937 Diary, Minnie Vautrin Papers, Disciples of Christ Historical Society Library.

건물 잔해를 살펴보고 돌아오는 길에, 나는 아는 여성을 마주쳤는데 그녀가 혹시 계곡에 있는 연못 일대에 있는 엄청난 양의 시체에 대해 들어본 적이 있냐고 물었다. 나는 그런 이야기를 들어본 적이 있고 직접 가서 확인해보고 싶다고 하자, 그녀가 안내하였다. 곧 우리는 그녀의 남편을 만났는데 그 역시 나와 나의 시종과 함께 가보고 싶다고 하였다. 우리는 연못을 찾았다. 가장자리에는 까맣게 탄 시체들이 널려 있었고 그 사이에 비어 있는 등유와 휘발유 캔이 2개 있었다. 그들의 손은 뒤로 묶여 있었다. 얼마나 많은 시체가 있었는지, 그들이 기관총에 학살당한 뒤 불에 탄 건지 나는 모르지만 죽은 후 불에 탄 것이길 바랬다. 서쪽에 있던 작은 연못에 20~40여 구의 불탄 시체가 추가로 있었다. 여러 시체에 있던 신발들은 군인이 아닌 민간인의 신발로 보였다. 언덕 너머에는 묻히지 못한 시체들이 널려 있었다.[35]

1938년 1월 20일, 그녀는 도시 성문 밖에 있는 학살 희생자의 시체 더미에 대해 들은 내용을 기록하였다.

적십자협회의 G씨가 말하길, 그가 쌀을 구하기 위해 1월 17일에 밖으로 나갔다가 한중로漢中路 밖에서 거대한 시체 더미를 목격했다고 하였다. 인근 주민들은 그들이 12월 26일 여기로 끌려와 기관총에 죽었다고 하였다. 아마도 그들은 거주자 등록할 때 이전에 군인이었다는 사실을 밝힐 경우 일도 할 수 있고 임금을 받을 수 있을 거란 약속을 믿었던 사람들일 것이다.[36]

보트린은 관찰력이 뛰어났으며, 1938년 4월 15일 홍만자회世界紅卍字會(the Red Swastika Society)를 방문할 당시 홍만자회가 수많은 학살 희생자 시체를 매장하고 있었음을 알게 되었다.

---

35) Minnie Vautrin, January 26, 1938 Diary, Minnie Vautrin Papers, Disciples of Christ Historical Society Library.

36) Minnie Vautrin, January 20, 1938 Diary, Minnie Vautrin Papers, Disciples of Christ Historical Society Library.

홍만자회의 본부에서 회의가 끝난 후, 그들은 나에게 아래와 같은 데이터를 전해 주었다.

이들이 시체를 매장할 수 있게 된 1월 중순부터 4월 14일까지, 홍만자회는 도시에서 발견한 시체 1,793구를 매장하였고, 이들 가운데 80% 정도는 민간인이었다. 같은 기간 도시 밖에서 이들은 39,589명의 남성, 여성, 아동 시체를 매장하였는데, 이 가운데 2½%는 민간인이었다. 이 통계에는 인명 피해가 심각했던 사관下關과 상신허上新河는 제외하였다.[37]

윌슨은 1906년 10월 5일 난징에 있던 미국인 선교사 부부에게 태어났다. 그는 1922년 고등학교에 갈 나이가 될 때까지 줄곧 난징에서 자라며 교육을 받았고, 이후 뉴저지주 프린스턴에 있는 고등학교에 진학한 뒤 프린스턴 대학교에 다니게 되었다. 1927년 프린스턴 대학에서 졸업한 뒤, 그는 하버드 의대에서 계속 공부를 하여, 1933년 정식 의사가 되었다. 그는 뉴욕시에 있던 세인트 루크 병원에서 레지던트로 있었는데, 여기에서 그의 아내인 마조리 E. 조스트Marjorie Elizabeth Jost(1908~2004)와 결혼하였다. 레지던트를 마친 뒤, 그는 1936년 1월 아내를 데리고 난징으로 돌아와 난징대학 병원에서 감리교 선교사이자 의사로 일하게 되었다. 전쟁이 발발하고 일본군 항공기가 난징을 폭격하기 시작하자, 윌슨은 그의 아내와 갓 태어난 딸을 도시 밖으로 보내고, 자신은 병원에 남았다. 학살이 진행되는 시기 많은 의사와 간호사가 내륙을 향해 서쪽으로 탈출하였기에, 그는 도시 내 유일한 외과 의사였다. 병원으로 몰려드는 잔학 행위 피해자들은 수술이 필요했고, 이 때문에 윌슨은 바쁜 시간을 보내야 했다. 가끔은 하루에 10여 명의 수술을 하기도 하였다. 이와 같은 경험 덕분에 그는 일본군의 잔혹한 행위가 초래한 결과를 가까운 거리에서 직접 목격할 수 있었다. 잔학 행위가 날마다 진행되던 어두운 시기에, 그는 아내에게 보낼 수 없는 편지를 계속 썼다. 그는

---

37) Minnie Vautrin, April 15, 1938 Diary, Minnie Vautrin Papers, Disciples of Christ Historical Society Library.

자신의 직업이 요구하는 과학적 정확성을 가지고 각각의 사건에 대한 기록을 남겼다. 1937년 12월 15일, 그는 아래와 같이 썼다.

> 또 다른 사례는 일본군의 총검에 찔린 이발사였습니다. 그의 목 뒤를 찌른 총검은 인대를 거쳐 오른쪽 아래 척추관까지 이어지는 부분의 근육을 모두 손상시켰습니다. 그는 쇼크 상태였고 아마도 사망할 것입니다. 그는 가게에 있던 8명 가운데 유일한 생존자였고, 나머지 사람들은 이미 살해당했습니다.
>
> 민간인에 대한 살해는 끔찍합니다. 상상을 뛰어넘는 강간과 잔학 행위에 대해 줄줄이 써 내려갈 수도 있습니다. 두 총검에 의한 부상자는 7명의 거리 청소부 가운데 유일한 생존자였는데, 그들의 건물에서 쉬고 있던 사이 일본군이 들어와서는 경고나 별다른 이유도 없이 5~6명의 청소부를 죽였고 이 가운데 2명이 부상을 입고 병원으로 가는 길에 발견되었습니다. 나는 이런 일들이 언제쯤 멈추고 일상으로 돌아갈 수 있을지 궁금해집니다.[38]

그는 12월 18일에도 계속 이어서 썼다.

> 오늘은 피와 겁탈로 큼직한 글자를 써 내려간 현대판 단테의 지옥이 이어진 지 6일째입니다. 살인은 대규모로 이뤄지고 강간도 수천 건에 달합니다. 잔인한 자들의 포악함과 욕망을 막을 수 있는 게 아무것도 없어 보입니다. 처음엔 그들의 분노를 피하고자 이들을 살갑게 대했지만, 이젠 미소도 점점 사라지고 제 눈빛 역시 그들의 눈빛만큼이나 차갑고 멍하게 바뀌었습니다. (…) 제가 오늘 치료한 남자는 총상이 3군데 있었습니다. 그는 80명 정도의 무리에서 유일하게 살아남은 사람이었는데, 이 무리엔 11살 소년도 있었습니다. 이들은 안전지대 내에 있던 두 건물에서 끌려나간 뒤 티벳로西藏路 서쪽 언덕으로 끌려간 뒤 살해당했습니다. 그는 일본군이 떠난 뒤에 나와서 다른 79명이 살해당한 사실을 알게 되었습니다.[39]

---

38) Robert O. Wilson, A letter to wife Marjorie, December 15, 1937, Folder 3875, Box 229, Record Group 11, Special Collection, Yale University Divinity School Library.

39) Robert O. Wilson, A letter to wife Marjorie, December 18, 1937, Folder 3875, Box 229, Record Group 11, Special Collection, Yale University Divinity School Library.

12월 23일, 그는 오후에 병원으로 들어온 환자들의 상태에 대해 서술하였다.

> 오늘 오후 2명의 환자가 입원하였는데, 이들의 상태는 말 그대로 완전히 원시적인 악랄함을 그대로 보여 주고 있습니다. 그는 피난민 캠프에서 언덕으로 끌려간 뒤 기관총 세례를 맞고, 이후 휘발유에 젖은 채로 불이 붙은 140명 가운데 유일한 생존자였습니다. 그의 머리는 눈을 뜬 상태에서 불에 타버렸는데, 두 눈은 모두 불에 타 사라진 상태였습니다. 그는 병원까지 걸어 들어왔습니다. 화상은 그의 머리 꼭대기부터 시작하여 목 주변까지 이어졌습니다. 다른 환자는 턱에 총을 처음 맞은 뒤 휘발유에 흠뻑 젖었습니다. 이후 불이 붙었습니다. 그의 손은 등 뒤로 묶여 있었습니다. 그의 얼굴 절반, 양손에서 팔꿈치까지, 등 절반 정도는 3도 화상을 입었고, 엉덩이부터 다리까지는 완전히 타버렸습니다. 우리의 병동은 이미 70여 명의 환자로 가득 차 있고, 우리가 가진 병상도 이제 여유분이 없습니다. 그뿐만 아니라 우리는 갑자기 많은 산부인과 관련 환자들도 받고 있습니다. 오늘은 3명의 환자가 있었습니다. 트림(Trim)씨가 2명의 출산을 맡았고 내가 1명을 맡았습니다. 다행히 나는 오늘 작은 수술 2건만 잡혀 있었습니다. 병원을 돌면서 환자를 보는 것만으로도 상당히 오랜 시간이 걸립니다. 여기엔 경상 사례는 전혀 없습니다. 한 남성의 경우 귀 뒤쪽 머리에 3.5인치 x 1.5인치 정도 되는 구멍이 생겼습니다. 그의 좌측 두정엽과 측두엽이 구멍을 통해 흘러나왔고 감염이 진행되면서 점점 더 흘러나왔습니다. 그는 침대에 4일 동안 있었는데, 의식도 있었으며 그의 왼쪽 얼굴도 나를 향해 미소를 지을 수 있었습니다. 그의 몸 우측은 머리부터 발끝까지 마비된 상태입니다. 아마 여유가 있었다면 신경학 연구를 위한 놀라운 사례가 될 수 있었을 겁니다. 그는 처음 들어올 당시보다는 상태가 살짝 좋아 보이며 아직 뇌막염의 징후는 보이지 않습니다. 그 부상은 총검에 맞아 생긴 것이었습니다.[40]

1938년 2월 13일, 그는 일본군에게 총에 맞은 뒤 병원에 치료를 받으러 온 환자로부터 시골 마을에서 벌어진 끔찍한 학살에 대한 이야기를 듣고 이에 대한 기록을 남겼다.

---

40) Robert O. Wilson, A letter to wife Marjorie, December 23, 1937, Folder 3875, Box 229, Record Group 11, Special Collection, Yale University Divinity School Library.

2주 전, 6명의 일본 군인이 우리 마을에서 남서쪽으로 몇 마일 떨어진 류랑
챠오六郎橋(Liulangchiao)란 마을에 들어왔습니다. 그들은 늘 하던 대로 강간과
약탈을 저지르기 시작하였습니다. 마을에 있던 몇몇 남성들이 조직적으로 저항
하여 이들 가운데 3명을 살해하였고, 나머지 3명은 달아났습니다. 이 3명은 곧
수백 명의 군인과 함께 돌아와 마을을 포위하였습니다. 500명이 살던 마을엔
300명 정도가 있었는데, 이들은 모두 6명에서 8명씩 떼 지어 묶인 뒤 얼어붙
은 강물에 던져졌습니다. 그리고 그들은 마을을 파괴하여 서 있는 벽이 하나도
없었습니다. 이 이야기는 난징에서 류랑챠오 인근에 있던 단양전丹陽鎭에 다녀
온 사람이 전해주었습니다. 그는 겁에 질린 인근 주민들과 이야기를 나눴고 폐
허도 직접 보았습니다. 그는 돌아오면서 남문 밖 위화타이雨花台에서 보초 업무
를 서던 일본군 병사 2명을 지나쳐 갔습니다. 그는 당시 그의 아내와 아이와
함께 있었습니다. 그가 보초를 지나 50yd 정도 걸었을 무렵 보초를 서던 일본
군 가운데 1명이 태연하게 그의 방향으로 총을 쐈고, 총알이 옆구리를 관통하였
지만 다행히 복막을 통과하지는 않았습니다. 그는 겁에 질려서 빨리 도시를 떠
나 단양전 마을로 돌아가고 싶어 했습니다.[41]

2) 독일인 사업가가 남긴 잔학 행위 기록

함락당한 난징에 남아있던 22명의 서양인 가운데, 독일인 사업가 5
명과 오스트리아인 1명이 있었다. 이들은 난징 안전지대 국제위원회
를 조직하고 운영하는 데 적극적으로 참여하였으며, 일본군의 잔학 행
위로부터 피난민을 보호하기 위해 안전지대 운영에도 힘썼다. 특히,
존 H. D. 래비John Heinrich Detlev Rabe(1882~1950)는 일본군이 난징을 향
해 전진해오자 국제위원회의 회장직으로서 주도적인 역할을 하였다.
래비는 1908년 중국으로 이주하였는데, 처음에는 베이징에 있는 함부
르크 기반 회사에서 일을 하다가, 1911년부터 지멘스Siemens에서 일하
기 시작하였다. 그는 1931년 난징 지멘스 지점의 대표로 부임하였다.

41) Robert O. Wilson, A letter to wife Marjorie, February 13, 1938, Folder 2876,
Box 229, Record Group 11, Special Collection, Yale University Divinity
School Library.

도시가 함락되고 일본군의 잔학 행위가 이어지자, 래비는 줄기차게 일본대사관에 항의 서한을 보내고, 보고서를 작성했으며, 심지어는 히틀러에게 전보를 보내 독일 정부가 일본군이 잔학 행위를 중단하기 위해 개입하길 바라기도 하였다. 1937년 12월 20일 일본 부영사 다나카 마사카즈田中正一(1888~1957)에게 보낸 26건의 잔학 행위에 관한 보고서 표지에 그는 다음과 같이 글을 남겼다.

> 난징 내에서 이어지고 있는 일본군에 의한 잔학 행위가 슬프게도 여전히 이어지고 있다는 사실을 담은 사건 내역이다. 사건 번호는 71번부터 96번까지이다. 어제부터 26건의 사건이 보고되었으며 이 가운데 14건은 어제 오후, 밤 그리고 오늘 일어난 사건들이다. 결과적으로 볼 때 상황이 그다지 개선되지 않은 것으로 보인다. 일본영사관 경비병이 진링대학 정문을 지키고 있던 사이에 일본군이 안에서 강간을 저지른 사건을 제외하면 난징대학의 캠퍼스에서는 별다른 문제가 발생하지 않았다. 현재까지 그 어떠한 대책도 효과적이지 않았기에, 우리는 야간에 18개 피난민 캠프, 대학 병원에 경비가 배치되길 원하며, 낮에도 진링대학 맞은편 우타이산五台山과 난징대학 운동장에 있는 배식 주방에 경비가 배치되길 희망한다.
> 우리는 일본군에 의해 자행되는 질서 교란 행위를 방지하기 위해 더욱 엄격한 조치가 취해지길 바란다. 현재 배치된 헌병 숫자는 현 상황을 통제하기에 충분하지 않다.[42]

학살이 벌어지는 동안 래비는 그의 일상 활동과 그의 주변에서 일어나는 일들에 대해 상세하게 기록을 남겼다. 1937년 12월 15일 일기에 그는 아래와 같은 기록을 남겼다.

> 일본군은 10에서 20명씩 무리를 지어 돌아다니며 상점을 약탈하였다. 내가

---

42) John Rabe, The cover letter for Cases 71-96 to Mr. Tanaka of the Japanese Embassy, December 20, 1937, Enclosure No. 1-c to "The Conditions at Nanking, January 1938," January 25, 1938, 793.94/12674, Box 996, Record Group 59, National Archives II.

직접 보지 않았다면 믿지 못했을 것이다. 그들은 유리창과 문을 부수고 들어가 맘에 드는 건 모조리 가지고 나왔다. 소문에 의하면 배급이 부족하기 때문이라고 한다. 나는 내 눈으로 우리 독일인 제빵사 키슬링(Kiessling)씨가 운영하는 카페가 약탈당하는 걸 직접 보았다. 헴펠(Hempel)의 호텔뿐만 아니라 중산로와 타이핑로의 모든 상점 역시 침입을 겪었다. 일부 일본군은 그들의 전리품을 상자에 넣어 옮기고, 일부는 인력거를 가져와 그들이 훔친 물건을 옮기기도 하였다. (…)

우리는 일본군이 안전지대 거리 곳곳에서 잡아들인 중국인 노동자 200여 명의 무리와 마주쳤는데, 이들은 줄에 묶인 뒤 도시 밖으로 끌려가고 있었다. 어떤 항의도 소용이 없었다.

우리가 법무부(Ministry of Justice) 건물에 머무르게 했던 1천여 명의 비무장 군인 가운데 400~500명 정도는 줄에 손이 묶인 채로 끌려나갔다. 우리는 기관총 사격이 여러 차례 이어지는 걸 들은 뒤 이들이 총살당했다고 생각하고 있다. 이 일들을 겪으며 우리는 공포에 얼어붙었다.[43]

다음날, 그는 추가로 1천 3백여 명이 줄에 묶여 처형장으로 끌려갔다고 언급하였다.

위원회 본부에 있는 사무실에 돌아오자마자, 어린 시종이 나쁜 소식을 들고 왔다. 일본군이 돌아서 1천 3백여 명의 피난민을 포박했다는 것이다. 스마이드, 밀스와 함께 나는 이들이 풀려나게 해달라고 했지만, 소용이 없었다. 이들은 100명의 일본군에 둘러싸여 있었으며, 줄에 묶인 채 총살당하러 끌려갔다. (71쪽)

12월 16일, 래비는 거의 모든 독일인 군사고문관의 가옥이 겪을 정도로 광범위하게 발생한 약탈, 피난민의 고통과 대량 학살에 대한 기록을 남겼다.

대부분의 독일인 군사 고문관 자택이 일본군에 의해 약탈당하였다. 중국인들은 감히 그들의 집 앞에도 얼씬거리지 않는데! 우리 집 정원에도 이미 100명 정

---

43) John Rabe, *Good Man of Nanking: Diaries of John Rabe*, New York: Alfred A. Knopf, 1998, pp. 67-68.

도의 피난민이 머물고 있었는데, 차를 몰고 나가기 위해 정원으로 이어진 정문을 열자 거리 밖에 있던 여성들과 아이들이 무릎을 꿇고 머리를 조아리며 내 정원에 머물게 해달라고 부탁하였다. 이들이 겪는 고통은 상상도 하기 힘들다. (…)

나는 방금 수백 명의 비무장 중국 군인들이 안전지대에서 끌려나가 총살당하기 직전이라는 소식을 들었다. 이 가운데에는 군인들이 들어오게 했다는 이유로 처형되는 50명의 경찰관도 포함되어 있었다.

샤관으로 향하는 길은 군 장비들과 함께 시체들이 널려 있었다. (74–75쪽)

12월 24일, 래비는 난징대학 병원을 방문하였는데, 여기에서 윌슨 박사가 그에게 여러 잔학 행위 사례와 영안실의 시체를 보여 주었다.

윌슨 박사는 이 기회를 이용해 그의 환자 몇 명을 내게 보여주었다. 얼굴에 입은 총검 상처와 유산 때문에 입원한 여성은 잘 버티고 있었다. 어느 뱃사공은 턱에 총을 맞은 뒤 일본군이 휘발유를 끼얹고 불을 질러 몸 대부분에 화상을 입었는데, 몇 마디 말을 하는 것은 가능했다. 하지만 아마도 곧 사망할 것 같다. 그의 피부 가운데 2/3 정도가 불에 탔다. 나는 지하실에 있는 영안실로 가서 어젯밤에 들어온 시체들을 보여 주었다. 그들 가운데에는 눈이 불타 없어지고 머리가 완전히 타버린 사람이 있었는데, 일본군이 휘발유를 끼얹어서 그런 것으로 보였다. 7살로 보이는 소년의 시체도 있었는데 총검에 의한 자상이 4개 있었으며 손가락이 들어갈 만큼 깊은 상처 하나가 배에 있었다. 그는 병원에 들어온 뒤 통증에 의한 신음 한 번 내지 않은 채 이틀 뒤 죽었다. (92쪽)

래비는 1938년 1월 14일 상하이에 있던 지멘스 중국지사 대표이사 빌헬름 마이어Wilhelm Maier에게 편지를 보내 난징의 상황에 대한 소식을 전하였다. 이 편지는 1월 28일 재중 독일대사였던 오스카 P. 트라우트만Oskar Paul Trautmann(1877~1950)에 의해 베를린의 외무부로 전달되었으며, 이 편지에서 발췌된 내용은 1948년 8월 29일 도쿄에서 열린 극동국제군사재판에서 미국인 검사 데이비드N. 서튼David Nelson Sutton(1895~1974)이 증거로 채택하여 직접 읽었다.

우리의 시련은 폭격 이후 일본군이 도시를 점령한 뒤 비로소 시작되었다. 일본군 군사 당국은 그들 군대에 대한 통제력을 잃은 것처럼 보였고, 이들은 이후 몇 주 동안 도시를 약탈하고 2만여 명의 여성과 아이를 겁탈하였으며, 수천 명의 무고한 민간인(전력발전소 직원 43명이 포함되었다)이 잔인하게(기관총을 이용한 대량 살해는 차라리 인도적인 방법이었다) 살해당하였고, 외국인의 집에 침입하는 데에도 망설임이 없었다. 독일인 주택 60채 가운데 40채가 강도를 당하였고 4채는 불에 타 전소되었다. 대략 도시의 1/3이 일본군이 지른 불에 무너졌다. 방화 사건 역시 계속되고 있다. 도시에 침입이나 약탈을 겪지 않은 상점은 없었다. 총에 맞고 죽은 자들의 시체가 도시 곳곳에 널려 있었는데, 시체 매장은 여전히 허용되지 않았다. (우리는 이유를 모른다.) 한 중국군의 시체는 대나무에 묶인 채 12월 13일부터 우리 집에서 50m 떨어진 거리에 놓여 있었다. 안전지대 내 여러 연못에는 총살당한 중국인 시체가 최대 50구 정도 있었는데, 이 역시 매장이 허용되지 않았다. 44)

크리스티안 J. 크뢰거Christian Jakob Kröger(1903~1993)는 카를로비츠Carlowitz&Co.禮和洋行 회사에서 1928년 독일에 수습 엔지니어로 중국에 파견하였다. 그는 중국 북부 여러 도시에서 일했다. 난징으로 간 출장에서, 크뢰거는 중국 산동성 즈푸山東芝罘(현 옌타이煙台) 태생 독일 여성인 에리카 부세를 만나게 된다. 그녀는 난징의 독일대사관에서 타자수로 일하고 있었는데, 그녀를 만나고 사랑에 빠지게 되었다. 결국 그는 1936년 난징에 있는 지사로 파견해달라고 요청하게 되었다. 일본군이 접근해오자, 크뢰거는 회사 업무로 인해 탈출이 불가능했지만 곧 난징안전지대 국제위원회의 회계 담당자로 일하게 되었다. 학살이 벌어지는 동안 그는 보고서와 편지들을 쓰며 난징에서 벌어진 일본군 잔학 행위에 대한 대량의 증언 기록을 남겼다. 그의 보고서 가운데 발췌된 내용은 1946년 8월 30일 극동국제군사재판에서 증거로 채택되어 공개되었다.

---

44) R. John Pritchard and Sonia Magbanua Zaide, *The Tokyo War Crimes Trial, Vol.2, Transcripts of the Tribunal*, pp. 4,593-4,594.

1938년 1월 21일, 크리스티안 크뢰거는 한커우漢口에 머물고 있던 독일 군사고문관 알프레드 스트레키우스Alfred Streccius 중장에게 편지를 썼다.

> 요약하자면, 점령 이후 공포의 시간이 찾아왔습니다. 난징은 무자비한 약탈에 노출되었고 이후 2주간 주민들은 모든 형태의 잔학 행위와 마주쳐야 했습니다. 모든 피난민 캠프는 수색을 당했고, 민간인들은 일본군에게 단 한 발의 총알도 쏘지 않았지만 5천에서 6천 명 정도의 남성이 샤관으로 끌려가 총살당했습니다. 그들이 도시에 입성하자마자, 그들은 보이는 사람에게 모두 총을 쐈지만 약탈할 때에는 총검을 휘둘렀습니다. 피해자의 수를 짐작하기는 어렵지만, 수천 명에 달할 것이며 이 가운데 대부분은 가장 잔혹한 방식으로 살해당하였습니다. 마찬가지로, 강간을 당한 여성과 소녀의 숫자 또한 매우 높습니다.
> 모든 주택은 약탈을 당하였고, 외국인 깃발이 걸려 있다고 일본군이 이를 멈추지는 않았습니다. 대사관은 피해 사항을 담은 정확한 목록을 작성하고 있으며 중장님의 집에서 도난 맞은 물품에 대한 목록은 시종이 이미 작성하였습니다. 정리하자면, 헴펠, 키슬링, 슈멜링(Schmeling)과 에케르트(Echert)씨의 집 4채가 화재로 전소되었으며, 15채의 가옥이 심각하게 약탈당하였고, 24채는 가벼운 수준의 약탈을 겪었으며, 대략 14채는 매우 경미하거나 약탈을 시도했던 것으로 보이는 흔적만 있습니다. 13대의 차량이 도난당했습니다. 미국인과 영국인은 더욱 심한 피해를 입었습니다. 일부 시종들은 집에 침입하려는 일본군을 저지하려다 목숨을 잃기도 하였습니다. 독일인 주택의 경우, 보디엔(Boddien)의 집에서 한 노동자가 살해당했습니다.[45]

『난징의 운명적인 날: 1937년 12월 12일-1938년 1월 13일』이라는 제목을 단 14쪽 분량의 목격 사례 기록에서, 크뢰거는 당시 만연한 일본군 잔학행위와 당시 상황에 대해 자세하게 묘사하였다.

> 도시와 특히 피난민 캠프에 대한 철저한 수색이 12월 14일부터 시작되었다. 버려진 군복들이 많았기에 일본군은 많은 병사가 민간인 복장을 하고 도시 곳

45) Christian Kröger, A letter to Alfred Streccius, January 21, 1938, MSG 160/8, p. 77-79, Bundesarchiv Militärarchiv, Freiburg, Germany.

곳에 숨어 있다고 믿었다. 하지만 이 때문에 모든 형태의 잔학 행위가 허용되었으며 의미 없는 총격 명령이 하루종일 내려졌다. 캠프는 무차별적이자 반복적으로 원할 때마다 수색을 당하였고, 이로 인해 며칠 사이에 재판도 없이 대략 5천에서 6천 명의 남성들이 대부분 강가에서 총살당하였는데, 매장이 번거롭기 때문에 강을 선택한 것이었다. 이 숫자는 과장된 게 아니라 오히려 적게 반영했을 것이다. 오늘도 모든 주민이 등록해야 할 때도 이 같은 수색은 이어졌는데, 이젠 개인 단위로 검사하고 있었다. 이미 도시 함락 초기에 수많은 비무장 군인과 부상병을 무차별적으로 총살하였고, 도시 공무원, 발전소 및 상수도 관련 근로자, 평화로운 주민과 농민들까지 대량으로 살해하였기 때문에, 이후에 이어지는 수백, 수천 명의 학살 역시 이를 정당화할 핑계나 설명이 없었다. 교통부 건물에서는 14일부터 26일까지 30여 명 정도의 노동자와 군인이 손을 묶인 채로 총살당한 뒤, 그 시체가 길에 버려져 있었다. 산시로山西路(Shanxi Road)에서 멀지 않은 곳에 있는 연못엔 50여 구의 시체가 있었다. 어느 사찰에서는 20여 구의 시체를 목격하였고 장수로江蘇路(Jiangsu Road) 끝에도 20여 구의 시체가 있었다. 산에서 총살당한 뒤 파묻힌 사람들은 제외하고도 상황이 이렇다. 말 그대로 남아 있는 포로는 없었는데, 그럼에도 일본군은 이 전쟁포로들이 바과이저우八卦洲(Baguaizhou) 섬이나 다른 지역으로 이송되었다고 주장하였다.

또 다른 어두운 이야기는 수천 명의 소녀와 여성이 강간과 학대를 겪어야 했다는 사실이다. 이런 난동은 어느 군대에서든, 특히 극동에 있다면 더욱 확실히 발생하는 일이지만, 학대, 신체 절단 관 절대 필요치 않은 잔혹한 행위를 소녀와 아이들을 상대로 저지른다는 건 몰상식한 행위이다. 이 모든 행위는 무사도와 고대 사무라이의 행동에 젖어 있는 일본제국군이 저지른 일이다.[46]

19938년 1월 6일, 크뢰거는 미국 외교관이 난징으로 복귀하자마자 상하이에 있는 그의 회사에 편지를 썼는데, 서양인들은 미국과 영국의 군함을 이용해 일본군의 검열 없이 외교 채널을 통해 편지를 밖으로 보낼 수 있었다. 이 편지에서 그는 도시 내 약탈과 화재에 대해 다음과 같이 묘사하였다.

---

46) "Nankings Schicksalstage: 12. Dezember 1937-13. Januar 1938 (Fateful Days of Nanjing: December 12, 1937-January 13, 1938)," BA-NS10/88/ pp. 18-19, Bundesarchiv, Berlin-Lichterfelde.

1937년 12월 20일부터, 일본군이 조직적으로 도시에 방화를 저질렀으며 지금까지는 도시의 1/3 정도가 화재로 파괴되었다. 특히 주요 상점가인 도시 남부 일대가 집중적으로 피해를 입었으며, 우리 집 부근의 가게와 주택 역시 예외는 아니었다. 지금은 화재가 어느 정도 진정되었는데, 일본군이 그전에 놓쳤던 건물만 불을 지르고 있기 때문이다. 불을 지르기 전에, 모든 주택은 트럭을 끌고 온 군인들이 조직적으로 움직이며 완전히 약탈당하였다.[47]

50년 뒤인 1986년, 크뢰거는 그의 기록인 『난징의 운명적인 날: 1937년 12월 12일~1938년 1월 13일』을 다시 작성하여 당시 주서독 중국대사인 궈펑민郭豐民(1930~)에 전달하며 난징대학살 50주기를 추모하였다.

에두아르드 스펄링은 독일 사업가로 1937년에 이미 60대 고령의 나이였고, 상하이에 본사를 둔 네덜란드 회사인 상하이 보험 회사의 난징 대표를 맡고 있었다. 그는 난징 안전지대 국제위원회의 창립 멤버로, 위원회와 안전지대에서 감찰관, 혹은 치안관으로 일하였다. 그는 매일 안전지대 일대를 순찰하면서 여러 잔학 행위 사례를 목격할 수 있었다. 그는 1938년 1월 22일 독일 영사 게오르그 로젠Georg Rosen에게 보낸 편지에서 아래와 같이 밝혔다.

안전지대 내 중국인 가옥을 침입해 여성과 어린 소녀를 강간하고 있으니 이들을 추방해달라는 중국 민간인의 요청으로 출동한 경우가 80회 이상이었습니다. 이는 큰 어려움 없이 해결할 수 있었습니다. 새해 첫날, 몇몇 일본군이 중국인 집에 들어가 제집처럼 행패를 부렸습니다. 어린 소녀의 어머니가 공포에 질려 내게 와서, 무릎을 꿇고 빌며 도움을 요청하였습니다. 나는 여성과 함께 한커우로漢口路 인근에 있는 집으로 갔습니다. 집에 들어서자 일본군 1명이 완전히

47) Christian Kröger, An undated letter as the attachment to Oskar Trautmann's No. 52 Report Verhältnisse in Nanking nach der Einnahme durch die Japaner (Conditions in Nanjing after its fall to the Japaner), January 28, 1938, Auswärtiges Amt Doc No. 2722/1508/38, BA-R9208/2190/ p. 146, Peking II, Politisches Archiv, Auswärtiges Amt, Berlin.

옷을 벗은 채 끔찍하게 울고 있는 소녀 위에 올라타 있었습니다. 나는 이 남자에게 할 수 있는 욕을 다 퍼부었고, 그는 서둘러 바지를 손에 든 채 밖으로 나갔습니다. 이런 사건뿐만 아니라 약탈을 포함한 모든 내용은 보고서가 만들어졌고 이는 국제위원회에 파일로 정리되어 있으니 언제든 보실 수 있을 겁니다.[48]

같은 편지에 그는 대량 학살과 독일인 가옥에 대한 무차별적 약탈에 대해서도 언급하였다.

12월 22일, 피치씨와 나는 안전지대 안에 있는 윈난로雲南路 근처에서 중국 민간인 30명이 손을 묶인 채로 총에 맞아 살해당한 뒤 시체가 되어 연못에 던져진 걸 발견하였습니다. 크뤼거와 하츠씨에 따르면 5백 명 정도의 민간인이 유사한 방식으로 한시문漢西門 밖에서 처형당했다고 합니다. 나는 5천에서 6천에 달하는, 힘없고 무력한 사람들이 잔인하게 살해당했다고 추측합니다.

12월 27일부터 30일까지, 나는 일본대사관의 요청으로 일본영사관 치안관 타카다마 씨와 함께 40채 정도의 독일인 주택을 방문하였는데, 이들 대부분은 약탈을 겪었습니다. 대사 공관을 제외하고, 안전지대 밖에 있는 가옥의 시종과 경비원들은 모두 도망갔으며, 쿤스트 앤 알버스(Kunst&Albers), 하우스 로드(Haus Rohde), 샤펜버그(Scharffenberg), 슈미트(Schmidt&Co.), 슈멜링, 에커트, 키슬링 앤 바더(Kiessling&Bader), 헴펠 씨의 집이 가장 큰 피해를 겪었습니다. 특히 마지막 집 4곳의 경우 가옥이 전소되었습니다. 독일인이 투자한 푸총 호텔(Foochong Hotel)에서는 금고가 깨지고, 음료, 침대, 침구, 빨래, 은 제품 등이 싹 도둑맞았습니다. 일본 치안관은 어디서든 메모를 하며 각 주택의 상태를 상세하게 기록하였습니다. 나의 사택 역시 약탈당했고, 상자와 가방은 강제로 열렸으며 내 모든 겨울옷과 여름옷이 도둑맞았습니다. 중양로中央路에 위치한 센체크(Senczek), 린드만(Lindemann), 부세(Busse), 유스트(Just)씨의 집도 일부 약탈당하였습니다. 나는 일본 치안관 타카다마씨에게 이 집들은 일본군이 들어오기 전에 멀쩡한 상태였다고 맹세할 수 있다고 전했습니다. (위의 편지)

48) Eduard Sperling, A letter to Georg Rosen, January 22, 1938, an attachment to Oskar Trautmann No. 102 Report, "Japanische Ausschreitungen und Plünderungen deutscher Häuser in Nanking (Japanese outrages and plundering of German houses in Nanjing)," February 22, 1938, p. 3, Auswärtiges Amt Doc No. 2718/1789/38, R104842, Peking I, Politisches Archiv, Auswärtiges Amt, Berlin.

2달 뒤인 1938년 3월 22일, 스펄링은 일본군이 난징을 점령한 지 4개월이 지났음에도 불구하고 잔학행위가 계속 일어나고 있다고 하였다.

> 이틀 전, 나는 순찰을 하던 중에 옷을 깔끔하고 예쁘게 차려입은 두 중국 소녀가 인력거를 타고 가는 걸 보았다. 술에 취한 일본군 4명이 인력거를 세운 뒤 매우 무례한 방식으로 이 중국인 소녀를 둘러쌌다. 내가 개입하고 나서야 두 소녀는 어려운 상황을 피할 수 있었다.
> 독일 회사 슈미트의 가옥에서는 중국인 매판買辦인 샤(Xia)씨와 시종이 아내와 함께 지내고 있었다. 거의 매일 일본군은 집으로 침입하여 독일 회사 소유 물건을 약탈하고 파괴하였다. 일본군은 또한 집에 있던 여성도 매우 잔인하게 겁탈하였기에, 매판의 아내가 울면서 도움을 청하였고 더이상 견딜 수 없다고 하였다. 그들은 무릎을 꿇은 채 나에게 그 짐승들의 손아귀에서 벗어나게 해달라고 부탁하였다. 나는 두 가족 모두 우리 집으로 데리고 왔다. 이제 4개월이 지났는데, 이처럼 끔찍한 일들이 여전히 매일같이 벌어지고 있다.[49]

4

1) 미국인 외교관이 기록한 일본군 잔학 행위

난징이 일본군에 함락된 지 3주가 지나, 미국 영사관이 대사관을 재개하기 위해 난징으로 복귀하였다. 1938년 1월 6일 오전 11시, 미국 군함 오아후가 난징 부두에 도착하였다. 군함에서 3명의 승객이 난징에 내렸는데, 3등 서기관 존 M. 앨리슨John Moore Allison(1905~1978), 부

---

49) Eduard Sperling, A letter to Georg Rosen, March 22, 1938, an attachment to Georg Rosen's No. 36 Report "Neue Greueltaten der japanischen Armee. Opiumhandel durch die japanische Armee (Recent atrocities of the Japanese army. Opium trade by the Japanese army.)," March 24, 1938, Auswärtiges Amt Doc No. 2718/2404/38, Bundesarchiv Doc. No. BA-R9208/2215/ p. 225, Peking II, Politisches Archiv, Auswärtiges Amt, Berlin.

영사 제임스 에스피James Espy(1908~1976), 그리고 암호관 아치볼드 A. 맥페이든 주니어Archibald Alexander McFadyen, Jr.(1911~2001)였다. 미국 외교관들은 도착하자마자 미국인 주민들을 만나 현지 상황에 대한 정보를 수집하였다. 동시에 그들은 일본군이 미국인 재산과 이익에 입힌 손실과 손해에 대한 조사를 하였고, 이를 신속하게 한커우에 있던 미국 공사와 워싱턴 D.C.의 미 국무부로 보고하였다. 앨리슨은 하루에 전보를 2~3회 보내기도 하였다.

그들이 도착한 날 오후 5시, 앨리슨은 전보를 통해 보고하였다.

> 도시에 있는 모든 미국인은 안전하고 양호한 상태에 있다. 일본군이 미국인 가옥을 약탈한 사례가 있지만 최근에는 상황이 호전되었다. 건물 자체에 대한 피해는 적은 편이지만 집 안에 따로 보관되지 않은 귀중품은 대부분 도난당하였다. 함께 점심식사를 한 미국인 주민들은 중국 민간인이 무자비하게 살해당하고 여성이 겁탈당했으며, 이 같은 일이 미국인 가옥 안에서 일어나기도 했다는 끔찍한 이야기를 해 주었다. 스탠다드 오일(Standard Oil)과 텍사코(Texaco)의 시설도 침입을 받았고 물건들을 약탈당하였지만 정확히 그 양이 어느 정도인지는 미지수이다.
>
> 도시는 천천히 이전과 같은 상태로 되돌아오고 있다. 대사관에 물은 나오지만 전기는 들어오지 않는다. 식료품 공급은 어쩐 일인지 제한적이다. 일본군은 여전히 제대로 통제되고 있지만 최악이었던 상태보다는 나아진 것으로 판단된다.[50]

1월 8일, 앨리슨은 미국인 기관과 개인이 입은 손실과 피해에 대한 예비 보고서를 전송하였다.

> 대사관을 제외한 다른 미국인 가옥이 입은 손실에 대한 조사를 한 결과, 선저우로神州路에 위치한 북부 감리 감독 선교회(Methodist Episcopal Mission North)의 건물이 화재를 입었는데, 소문에 의하면 난징 함락 이후 며칠 뒤 일본군이 지른 불에 의한 것이라고 한다. 기타 피해를 입은 미국인 소유 건물은 연

---

50) John M. Allison, No. 7 Telegram, 5 pm, January 6, 1938, 393.1115/2447, Box 1795, Record Group 59, the National Archives II, College Park, MD .

합 기독교 선교회(United Christian Mission)가 운영하는 소년 학교의 건물 2 채가 화재의 피해를 입었고, 미국 교회 선교회(American Church Mission)의 본당 건물이 폭격 당시 피격되었다.

텍사코(Texaco) 시설은 12월 30일과 1월 4일 일본군의 침입을 당했는데, 미국 국기는 찢겨 불에 탔고, 사실상 모든 재고 물건뿐만 아니라 직원의 개인 물품까지 다 도둑맞았다. 건물은 큰 손상이 없다. 스탠다드 오일(Standard Oil) 시설과 사택 역시 큰 손상은 없지만 일부 약탈을 당하였다. 미국인 주민들은 일본군이 여러 차례 미국 국기를 끌어내리고 훼손하였으며 미국대사관과 일본대사관의 경고 문구를 완전히 무시하였다고 하였다. 소위 안전지대에 위치한 미국인 가옥은 산발적인 약탈과 절도 행위를 제외하면 전반적으로 크게 피해를 받지 않았다.

나는 여러 차례 일본대사관 측에 구두와 비공식 경로를 통해 항의를 전달하였으며, 우리가 이에 대한 조사를 진행하게 되면 공식적으로 이 문제를 다루길 바란다고 조언하였다.[51]

점점 더 많은 잔학 행위 사례들이 들어오자, 앨리슨은 전보를 통해 보고하느라 바빠졌다. 1월 20일 그는 보고를 통해 "1월 15일 정오부터 오늘 정오 사이 대사관에 15건의 일본군에 의한 미국인 가옥 침입 신고가 접수되었다. 이 불법적인 침입으로 인해 미국 시민과 기관의 소지품을 도난당하였을 뿐만 아니라 이들 건물에 머물고 있던 10명의 중국인 피난민 역시 강제로 연행되었다"고 전했다.[52]

도쿄에 있는 주일 미국대사관이 난징에서의 일본군 잔학 행위에 대한 조사를 시작하자, 앨리슨은 그의 1938년 1월 22일 32호 전보에서 아래와 같은 내용을 전달하였다.

51) John M. Allison, No. 11 Telegram, 4 pm., January 8, 1938, 124.932/553, Microfilm Set M976, Roll 48, RG 59, the National Archives Ⅱ.
52) John M. Allison, No. 27 Telegram, 4 pm., January 18, 1938, 393.115/125, Box 1820, RG 59, the National Archives Ⅱ.

지난 1월 6일 오후 5시에 발송한 전보에서, 나는 현지 미국인 주민들이 "중국 민간인이 무자비하게 살해당하고 여성이 겁탈당했으며, 이 같은 일이 미국인 건물 안에서 일어나기도 했다"고 전한 내용을 보고하였고, 1월 18일 오후 4시에 발송한 32호 전보에서는 미국인 건물 안에 있던 여성이 강제로 끌려간 사건에 대한 내용을 추가로 보고한 바 있다. 나는 이 같은 사건들에 대한 전체 내용이 전보를 통해 전달되는 것은 바람직하지 않다고 생각하지만, 현재 상세한 보고서를 준비하고 있으며 안전한 방식으로 상하이에 전달할 예정이다. 하지만, 분명한 것은 도쿄의 전보에 보고하면서 언급된 내용은 모두 여기에서 진위를 확인한 내용이며, 현재 사무실에는 난징 함락 이후 일본군이 저지른 야만적인 행위와 일본군 장교들이 이를 통제하고자 하는 어떠한 노력도 하지 않았다는 사실을 증언한 관련 미국 시민의 서면 진술서 또한 가지고 있다.[53]

안전한 방법으로 상해에 전달될 예정이라던 상세 보고서는 "1938년 1월 난징 상황"이라는 제목의 135쪽 분량의 보고서였으며, 30건의 동봉 문서가 들어있었고, 에스피 부영사가 작성하였으며, 이 보고서에서 발췌된 내용은 1946년 8월 29일과 30일, 극동국제군사재판에서 증거로 채택되어 공개되었다.

미국인과 독일인 주민을 면담한 후, 에스피는 "그들이 그린 난징에 대한 그림은 일본군의 점령 이후 도시 위에 내려앉은 공포의 시대였다. 그들의 이야기와 독일인의 이야기를 종합해 보면 도시가 함락된 뒤 도시 전체가 일본군의 손 안에 사로잡힌 먹이감처럼 떨어져 버렸으며, 단순히 조직적으로 진행된 전쟁 중에 함락된 정도가 아니라 승리의 대가로 약탈과 폭력을 휘두를 준비가 되어있는 침략군에게 점령당한 것"이라고 평했다.[54] 대학살 시기의 공포를 직접 눈으로 보고 이를 겪었던 미국인과 독일인이 제공한 정보를 기반으로 하여, 에스피는

---

53) John M. Allison, No. 32 Telegram, noon, January 22, 1938, 793.94/12176, Microfilm Set M976, Roll 49, RG 59, the National Archives II.

54) James Espy, "The Conditions at Nanking, January 1938," January 25, 1938, p. 2, 793.94/12674, Box 996, RG 59, National Archives II.

그들이 도착하기 전 난징의 상황이 어땠는지에 대한 종합적인 설명을 할 수 있었다.

　일본군이 난징에 진입하자, 질서가 회복되고 혼란도 끝나게 될 것이라는 기대와 달리 본격적으로 공포 시대가 시작되었다. 12월 13일 밤에서 14일 아침 사이 이미 폭력 행위들이 벌어지기 시작하였다. 소규모의 일본 군인 무리가 돌아다니며 성벽 안에 있는 중국 병사들을 모아 "쓸어버리려" 하였다. 모든 거리와 건물에 대한 꼼꼼한 수색이 이루어졌다. 중국군에 복무한 적이 있는 이전 병사들과 그런 적이 있다고 의심받은 사람들은 모두 조직적으로 총살당하였다. 정확한 기록을 확보하진 못하였지만, 2만여 명이 이러한 방식으로 살해된 것으로 생각된다. 이전에 복무한 경력이 있는 군 출신과 전혀 중국군 복무 경험이 없는 사람을 구분하기 위한 노력은 미비했던 것으로 보인다. 만약 군인인 적이 있다는 의심을 받으면, 그런 사람은 반드시 끌려가 총살당하였다. 중국 정부군의 잔존 세력을 모조리 쓸어버리겠다는 일본의 결심은 바꿀 수 없는 것으로 보인다. (…)
　일본군의 소규모 파견대가 기존 정부군 출신 중국 군인들을 찾아다니고 처형하는 동안, 2~3명, 혹은 그 이상의 일본군으로 이뤄진 작은 무리가 도시 전체를 돌아다녔다. 이들이 저지른 살인 강간과 약탈은 난징에서 최악의 공포가 이어지게 만들었다. 이 군인들이 원하는 일은 무엇이든 해도 된다는 백지 위임장을 받은 것인지, 아니면 일본군이 도시에 진입한 후 완전히 통제에서 벗어난 것인지는 아직 제대로 설명될 수 없다. 우리는 일본군 최고 사령부로부터 최소 2건의 명령이 내려졌다는 사실을 파악했는데, 하나는 군인들을 통제하라는 것이고 다른 하나는 난징 진입에 앞서 어떠한 가옥도 불 타게 해서는 안 된다는 엄중한 명령이 내려졌다는 사실이다.
　그럼에도 일본군은 수천 명 단위로 도시에서 몰려다니며 전례 없는 약탈과 잔학 행위를 저질렀다. 외국인 증인들이 우리에게 전해준 이야기에 따르면, 마치 야만적인 유목민처럼 도시를 마음대로 약탈하라고 그들을 놓아준 것 같았다고 하였다. 남자, 여자와 아이들이 도시 전역에서 셀 수도 없을 만큼 많이 살해 당하였다. 민간인이 아무 이유 없이 총에 맞거나 총검에 찔렸다는 이야기도 들었다. 우리는 난징에 도착한 당일에 일본 측으로부터 전날에 많은 수의 시체를 치워야 했다는 말을 들었다. 그럼에도 여전히 가옥, 연못과 골목 길가에서 시체를 볼 수 있었다. 한 미국 시민은 14명이 있던 중국인 가옥에 일본군이 들이닥친 이야기를 해 주었다. 그는 11명의 시체를 보았으며, 거기 있던 여자들은 살해당하기 전에 겁탈당했다고 하였다. 두 작은 아이와 다른 1명은 살아남았다. 어느 날 대사관 인근에 있는 연못도 시체를 건져내고자 바닥을 긁었다. 그 연못은 민간인 복장을 한 중국인 시체 20~30여 구를 토해냈다.

　군인들은 겁탈할 기회가 있으면 어디서든 현지 여성들을 찾아다녔다. 이 같은 사건을 설명하기 이에 대한 내용을 보고서에 동봉하였다. 외국인들은 일본군의 점령 초기 하룻밤 사이에 강간이 1천여 건 정도 발생하였다고 믿고 있으며, 한 미국인은 미국인 건물 한 곳에서만 하룻밤 사이 이 같은 사건이 무려 30건 발생하였다고 하기도 하였다. (6-9쪽)

약탈 또한 만연하여 도시 내에 거의 모든 건물이 약탈 대상이 되었으며, 외국 국기를 단 건물들도 예외가 아니었고 미국인들이 여전히 살고 있던 건물들도 약탈을 당하였다.

　담장으로 둘러싸인 땅, 가옥, 가게, 건물이 외국인 선교사의 것이든, 외국인 소유이든, 중국인 소유이든, 모든 건물이 정도의 차이만 있을 뿐 무차별적으로 침입을 겪었고 약탈을 당하였다. 미국, 영국, 독일, 프랑스대사관 역시 침입을 겪었고 물건 또한 강탈당했다. 이탈리아대사관 역시 같은 일을 겪은 것으로 알려졌다. 1월 1일 러시아대사관 역시 이상하게 불에 타 훼손되었다. 예외 없이 우리가 살펴보았거나 주민이 알려온 미국인 소유 건물들은 모두 일본군의 침입을 받았으며 자주 반복되었다. 이 같은 침입은 미국인이 아직 살고 있던 주택에서도 벌어졌다. 미국인 주민들과 국제위원회의 다른 멤버들은 보고서를 작성하는 지금 이 순간에도 꾸준히 외국인 시설에 침입하여 약탈할 물건이나 여성을 찾는 일본 군인을 쫓아내고 있다. (10쪽)

몇 주간 이어진 광범위한 규모의 화재 역시 도시의 상당 부분에 최악의 가시적인 물리적 파괴를 가하였다. 에스피는 아래와 같이 언급하였다.

　하지만 난징의 건물들이 겪어야 했던 최악의 시련은 화재로 인한 파괴였다. 이 보고서를 쓰고 있는 지금도 도시 곳곳에서 솟아오르는 불길을 볼 수 있다. 안전지대 내에서는 화재가 발생하지 않았다. 그럼에도 불구하고, 이 안전지대를 제외하면, 방화 혹은 기타 이유로 인한 화재가 도시 곳곳에서 무작위적으로 발생하였다. 많은 거리에서 불에 타 무너진 주택과 빌딩을 볼 수 있으며, 간간히 전혀 불타지 않은 건물들을 발견할 수 있었다. 한 거리에서 외벽에 불에 탄

상태로 서 있지만 건물의 안쪽과 다른 곳은 화마를 피해 멀쩡한 건물들을 여러 개 발견할 수 있다.

　　도시 남단 쪽이 화재로 인해 가장 큰 피해를 입었다. 이 지역은 도시의 상업 지구가 위치한 곳으로, 조사 결과 불타 무너진 건물과 주택으로 가득한 구역이 계속 이어지고 있었다. 각 구역마다 단지 10채 남짓한 건물만이 아직도 서 있었다. 상하이 자베이閘北(Zhabei)의 경우 화재로 인해 도시의 한 구역이 완전히 불타 무너진 것과 달리, 난징은 중심가를 향하고 있는 건물들이 불에 타 파괴되었고 그 뒤에 있는 건물들은 불에 타진 않았다. (12-13쪽)

　　1938년 1월 24일, 미국인이 운영하는 기관인 난징대학교 농업 기구 상점에서 근무하던 여성 직원이 납치되어 일본군이 임시로 머물던 건물로 끌려갔다. 그녀는 풀려나기 전에 3차례나 겁탈을 당해야 했다. 이 사건이 앨리슨에게 신고가 되자, 그는 개인적으로 이를 조사해 보기로 하였다. 1월 26일, 난징대학에 교수로 있던 릭스와 함께, 앨리슨은 여성을 데리고 임시 막사로 가 강간범을 찾고자 하였다. 하지만 이들이 건물에 발을 들여놓자마자 어느 일본군 병사가 달려와 앨리슨과 릭스의 뺨을 마구 때렸다. 곧바로 앨리슨은 릭스와 여성을 데리고 일본대사관으로 가 강력하게 항의하였다. "앨리슨 사건"으로 알려진 이 사건은, "파나이 사건"과 함께 미일간 외교적 갈등의 주요 원인이 되었다. 이 사건은 결국 일본 특사인 오카자키 카쓰오岡崎勝男(1897~1965)가 앨리슨에게 공식적인 사과를 전달하며 마무리되었다.[55]

2) 영국 외교 문서에 기록된 공포의 시대

　　미국인 영사단이 난징에 도착한 지 3일 후인 1938년 1월 9일, 독일 외

---

55) John M. Allison, No. 40 Telegram, 2 p.m., January 27, 1938, 123 Allison, John M./161, Box 355, RG 59, the national Archives II, and John M. Allison, *Ambassador from the Prairie*, Boston: Houghton Mifflin Company, 1973, p. 41.

교관과 함께 영국 외교관도 영국 군함 크리켓Cricket에 탑승하여 영국대사관을 다시 운영하는 임무를 가지고 난징으로 돌아왔다. 영국 영사단은 영사 험프리 I. 프리도-브룬Humphrey Ingelram PrideauxBrune(1886~1979), 무관인 윌리엄 A. 로밧-프레이저 중령William Alexander Lovat-Fraser(1894~1978), 대리 공군 무관인 존 G. 월저 중령John Gustave Walser(1896~1965)으로 구성되어 있었다. 영국 영사와 무관, 독일 외교관 3명은 난징 입성이 허락되었으나, 월저의 경우 상하이에 있는 일본 당국으로부터 그가 도착할 것이란 소식을 전달받지 못했다는 이유로 그의 입성은 불허하였다. 월저는 영국 함선 비Bee에서 지내다가 1월 12일 영국과 일본 당국 간의 합의에 이르자 난징에 들어갈 수 있었다. 하지만 로밧-프레이저와 월저가 도시 곳곳을 돌아다니자, 프리도-브룬 영사는 그들이 일본인을 화나게 할 것을 우려하여 1월 16일 영국 군함 아피스Aphis를 통해 상하이로 돌아가도록 하였다. 이 때문에, 프리도-브룬 영사는 2주 뒤 어니스트 W. 제프리Ernest William Jeffery(1903~1989)와 월터 H. 윌리엄스 Walter Henry Williams(1899~?)가 1월 27일 돌아와 대사관 업무를 인계할 때까지 난징에 체류하는 유일한 영국 외교관이 되었다. 프리도-브룬은 1938년 1월 29일 상하이로 떠났다.

그의 미국인 동료들과 마찬가지로, 프리도-브룬 역시 전반적인 상황을 이해하기 위한 정부를 수집하였고, 영국의 기업과 시민이 겪은 손실과 손해를 확인하고자 조사에 나섰다. 1월 13일, 그는 공포의 시대를 살고 있는 난징의 상황에 대해 보고하였다.

여기 상황은 우리가 예상했던 것보다 훨씬 어렵고 비정상적이다. 도시 점령 이후 초반 2주간 벌어진 잔학 행위는 그 성격과 규모 면에서 놀라울 정도다. 군의 무질서함은 천천히 나아지고 있지만 그와는 별도의 살인 사건이나 다른 악랄한 행위들은 여전히 이어지고 있다. 지난 3일간 독일인과 미국인이 살면서 이들 국기를 걸어 놓은 주택들도 일본군이 강제로 침입하였고, 한 미국인 주택에서는 미국대사관과의 사전 합의 없이 중국인 1명을 강제로 연행해 데려갔다.

도시는 완전히 군의 지배하에 놓여 있다. 일본군은 악에 받쳐 있었으며 우리를 향해 심하게 적대적이었다. 그들은 독일 외교관이 나와 함께 난징에 도착한 것은 별난 행동이었다며 나의 독일 동료에게 충고하였다. 대사관 관리들은 현 상황에선 친절하고 도움이 되어 주었다. 대사관의 자치 위원회가 1월 1일 정식으로 발족한 뒤 일본군 당국도 마지못해 이를 승인하였다. 내가 알기로는 이 조직은 여전히 자리를 잡기 위해 노력 중이며 효과적으로 작동하기까지 어느 정도 시간이 더 걸릴 수 있다.

대부분 하층민인 중국인들은 안전지대에 모여 들었다. 이들은 20만 명 정도로 추산된다. 안전지대 위원회의 독일인과 미국인 멤버들은 찬사를 받아 마땅하다. 그들의 존재를 통해 안전지대를 확보할 수 있었고 개개인에 대한 공격 역시 이들의 용감한 개입이 이어지며 피할 수 있었다. 이 조직을 없애려는 강력한 움직임이 있지만 일본인이 이를 최종적으로 해결하고 싶다면 서둘러 제대로 된 합의를 맺어 도시에 남아있는 민간인과 행정조직을 보살피는 방법밖에 없을 것이다.

군대는 외교관을 제외한 외국인의 난징 복귀를 강력히 반대하고 있는 상황이며, 위에서 언급한 상황에서 영국인의 복귀는 권장할 만하지 않으며 큰 의미도 없을 것이다. 기업 활동 역시 추가 조치가 취해진 뒤에나 다시 가능할 것 같지만 언제 그렇게 될 지는 지금 예측하기 힘들다.[56]

1월 21일, 프리도-브룬은 또 다른 전보를 보내어 현지 상황이 눈에 띄게 개선되지 않고 있다고 하였다.

지난 한 주간 현지 상황이 눈에 띌 정도로 개선되지는 않았다. 난징은 여전히 군사 활동을 제외하고는 완전히 숨죽인 채로 있다. 군대는 계속 도시를 오가고 있으며 딱히 통일된 상황에 처해 있지는 않은 듯하다. 지난주 미국대사관은 일본군이 약탈과 유괴를 목적으로 미국인 건물에 진입하는 행위에 대한 대응으로 바빴다. 도쿄에 강력한 항의를 하였으며, 외국인 건물과 재산을 더 잘 보호하라는 훈령이 내려진 것으로 알고 있다.

여전히 민간 행정기구를 수립하거나 중국인의 생명과 재산을 보호하기 위한 어떠한 시도도 이뤄지지 않은 듯하다. 일본군은 안전지대에 있는 피난민들이

---

56) Consul Nanking, A telegram to the British Embassy in Shanghai, 5:18 p.m. January 13, 1938, ADM116/3882, Yangtze Records, Public Record Office, London.

도시 내 자신들의 집으로 돌아가 달라고 마지못해 설득을 하기도 했다. 매우 적은 수의 사람만이 이 말을 믿고 돌아갔다가 바로 재앙을 마주하게 되었다.[57]

1월 22일, 그는 현지 영국 기업 가운데 하나인 국제 수출 상사International Export Company가 겪은 일에 대해 언급하였는데, "피해는 경미하였으나 주민들은 겁에 질려 있었고 학대를 당하였다. 거주지에서 소녀가 납치당하는 일 역시 난징 곳곳에서 벌어지고 있었기에 여기도 예외가 아니었다"고 하였다.[58] 1938년 1월 29일 난징을 떠나면서, 그는 도시 내 상황에 대해 간략하게 분석하였다.

중앙에서 제대로 된 통제를 하지 않아 군은 여전히 무법하게 움직였다. 예로 강간을 들 수 있다. 낭인浪人들이 나타나기도 했으며 이들은 문제를 더 심각하게 만들곤 하였다.

25만 명의 중국인 민간 피난민 문제는 심각하였다. 일본군은 안전지대 위원회에 2월 4일까지 피난민들이 방출되어야 한다고 경고하였다. 이들 중 대부분은 갈 곳이 없고 생필품도 제공하지 않으면서 일본 당국이 성급한 행동을 취할 경우, 폭동이나 다른 잔학 행위로 문제가 확대될 수 있었다.

일본군은 외국인이 그들의 행동을 주시하려 하면 폭력적으로 강하게 거부하였다. 특히 미국과 독일대사관에 대한 악감정이 있었다. 이 같은 상황은 대사관을 담당하는 후쿠이(Fukui)씨의 무능력 때문에 개선될 기미를 보이지 않았다.[59]

대사관 업무를 인수인계한 후, 제프리는 일본인의 약탈을 겪은 영국 국민이 제출한 수많은 요구안을 처리하였으며, 일본 정부의 보상을 받기 위해 일본 측과 겨루기도 하였다.

57) Consul at Nanking, A telegram to the British Embassy, January 21, 1938, ADM116/3882, Yangtze Records, Public Record Office, London.
58) Robert G. Howe, No. 128 telegram to the Foreign Office, January 22, 1938, FO 371/22085, Public Record Office, London.
59) Robert G. Howe, No. 220 telegram to the Foreign Office, February 1, 1938, File 1371, FO 371/22146, Public Record Office, London.

3) 독일 외교관이 보낸 난징 대학살에 관한 보고

1938년 1월 9일, 게오르그 F. 로젠Georg Friedrich Murad Rosen(1895~1961), 파울 H. 샤펜버그Paul Hans Hermann Scharffenberg(1873~1938), 알프레드 M. 휘르터Alfred Mathias Peter Hürter(1904~1988) 등 3명의 독일 외교관이 영국 외교관들과 함께 영국 군함 크리켓을 타고 난징으로 복귀하였다. 1936년 독일과 일본이 방공협정을 맺으면서 동맹국이 되었지만, 로젠은 일본에 대한 심한 반감을 가지고 있었기에 도착한 후 일본 당국과 심각한 설전을 벌였다. 로젠은 1936년 11월부터 난징에서 일해왔고, 중산릉원中山陵園(Sun Yat-sen Memorial Park)에서 산책을 하는 습관을 가지고 있었다. 1월 13일, 그가 크뢰거와 함께 차를 타고 도시의 동문인 중산문中山門을 빠져나가려다, 일본대사관 측 관리와 서양 측 외교관과의 연락을 담당하던 일본군 장교 혼고 타다오本鄕忠夫(1899~1943)에게 제지를 당하였다. 로젠은 일본 측 인사들과 격렬한 언쟁을 벌이며, 이동의 자유를 박탈당했다고 불평하였다.[60]

난징으로 돌아오자마자, 독일 외교관들은 정보를 수집하기 시작하였다. 1월 13일, 로젠은 영국 해군을 통해 발송한 그의 첫 전보에서 난징에 거주하는 독일인들이 입은 피해와 손실에 대해 간략하게 보고하였다. 같은 날 이 전보를 보낸 뒤 바로 상세한 내용을 담은 보고서를 발송하였는데, 여기에는 61개의 독일인 가옥 목록과 함께 각 가옥별로 입은 피해에 대해 간략하게 언급하고 있었다.[61]

---

60) Georg Rosen, "Beziehungen der Dienststelle Nanking zu den japanischen Machthabern (Nanjing Office's relation with the Japanese authorities)," January 15, 1938, Auswärtiges Amt Doc No. 2722/1002/38, Bundesarchiv Doc. No. BA-R9208/2208/ pp. 209-213, Peking II, Politisches Archiv, Auswärtiges Amt, Berlin.

61) Georg Rosen, "Deutsches Eigentum in Nanking (German property in Nanjing),"

1월 15일, 도시 내 독일인과 미국인으로부터 얻은 정보를 근거로 하여, 로젠은 그의 첫 잔학 행위 보고서를 작성하였다. 그는 그들이 난징에 도착하기 전, 일본인들이 "무책임한 학살 때문에 도로 곳곳에 마치 '청어'처럼 널려 있던 민간인, 여성, 아이의 시체를 치우기 위해" 열심히 작업했음을 언급하였다.[62] 그리고 사례를 언급하며 살인에 대해 보고하였는데, 이 가운데는 1938년 1월 9일 독일 외교관이 도착하기 몇 시간 전에 벌어진 사건도 있었다.

> 어느 부사관의 거역할 수 없는 판단에 따르면, 일본군에게 비무장한 군인을 난리법석 떨지 않고 죽이는 건 명예의 문제이며 남자가 이런 일을 하는 게 여기선 당연하다고 한다! 1월 9일 아침, 우리가 귀환하기 몇 시간 전, 크뢰거씨와 하츠(오스트리아인)씨는 우리 대사관 바로 옆에서 무사도를 실천하는 모습을 목격하였다. 영국 의화단 배상 위원회(British Boxer Compensation Commission) 빌딩과 "바바리아 광장(Bavarian Platz)" 사이에 난 대사관 길 왼쪽에 살짝 얼어붙은 연못이 있었는데, 민간인 복장을 한 중국인 1명이 엉덩이까지 물에 차는 연못 안에 서 있었다. 연못 앞엔 일본 군인 2명이 소총을 들고 서 있었고, 그들 뒤에 서 있던 장교가 명령을 내리자 그 중국인이 쓰러질 때까지 총을 쐈다. 시체는 오늘도 그 연못 안에 잠겨 있으며, 난징 주변의 많은 연못과 웅덩이는 시체로 오염되어 있었다. (222-223쪽)

로젠에 따르면, 여성과 소녀를 겁탈하는 사례 역시 빈번하였다. 그는 신뢰할 만한 정보원으로부터 얻은 확실한 증거를 가지고 여러 사건에 관해 보고하였다.

January 13, 1938, Auswärtige Amt Doc No. 2722/1509/38, Bundesarchiv Doc. No. BA-R9208/3189/ pp. 297-298, Peking II, Politisches Archiv, Auswärtiges Amt, Berlin.

62) Georg Rosen, "Zustände in Nanking. Japanische Greuel (Conditions in Nanjing. Japanese atrocities)," January 15, 1938, Auswärtige Amt Doc No. 2722/1001/38, Bundesarchiv Doc. No. BA-R9208/2208/ p. 220, Peking II, Politisches Archiv, Auswärtiges Amt, Berlin.

많은 일본군이 대사의 공관에 침입하여 여기에 머물던 여성을 데려가고자 하였다. 미국 선교사가 운영하는 병원엔 여성들이 꾸준히 입원하였는데, 가장 최근의 환자는 어제 입원하였다. 여성들은 끔찍한 강간을 겪은 뒤 그 이후엔 총검에 의한 자상과 다른 부상으로 인해 생명에 위협을 느껴야 했다. 한 여성의 목은 반쯤 잘려 나갔는데, 윌슨 박사는 이 불운한 환자가 아직 살아있다는 사실에 놀라움을 표했다. 한 임신한 여성은 몸 곳곳에 총검이 찔리면서 태아도 살해당했다. 또한 병원에는 학대당한 사춘기 소녀들이 상당수 입원하였는데, 한 소녀의 경우 20번 연달아 강간을 당하기도 하였다. 12일에 영국인 동료인 프리도-브룬 영사, 무관인 로밧-프레이저 중령, 공군 무관인 월저 중령과 함께 브리티쉬 아메리칸 토바코(British-American Tobacco)의 파슨스(Parsons)씨의 집을 방문하러 가던 중 골프채가 몸에 꽂힌 채로 죽어 있는 중국 여성의 시체를 발견하였다. 진링대학의 피난민 캠프는 밤마다 일본군이 침입해 피해자를 끌고 나가거나 이들의 친척을 포함한 주변인에게 범죄적 욕망을 풀고자 하였다. 강간 사건이 벌어질 때 공범들이 피해자의 남편이나 아버지를 붙들고 있으면서 그들의 가족이 모욕당하는 걸 강제로 보게 하였다. 이 같은 사건에 장교도 연루되어 있다는 사실은, 예를 들어, 중국인 기독교 신자들을 독일 고문관의 집에서 머물게 하며 보호하려고 한 매기 신부와 같은 사람들이 목격하고 증언하였다. (220-222쪽)

광범위하게 발생한 화재의 경우, 로젠은 주요 상점가가 폐허로 변했다고 보고하였다.

수 주간 이어진 공포의 시기, 일본군은 난징 타이핑로 일대와 "포츠담 광장" 남쪽의 주요 상업지구를 철저하게 약탈한 후 돌더미로 만들어 버렸다. 피해를 덜 입은 몇몇 건물만 곳곳에 서 있었다. 일본군의 점령이 시작된 지 1달이 넘게 지났는데도 일본군에 의한 방화는 여성과 소녀에 대한 유괴와 겁탈과 마찬가지로 오늘날까지 이어지고 있다. 이런 점을 고려하면, 일본군은 여기 난징에서 치욕의 기념탑을 세운 셈이다. (220-221쪽)

로젠은 1월 20일 추가로 항복한 중국군과 민간인에 대한 대량 학살과 관련된 보고를 하였다.

우리가 영국 군함 비를 탑승한 채로 12월 18일부터 20일까지 난징 앞에 정박해 있을 때, 일본군 소장인 콘도(Kondo)가 영국 제독 홀트(Holt)에게 난징을 지나 양쯔강 하류에 있는 커다란 섬에 "치워야 할" 중국군이 3만 명 정도 있다고 말하였다. 일본인이 "치운다"거나 "닦아버려야 한다"고 부르는 행동은, 무장하지 않은 상대를 학살하는 행위이며 인도적인 전쟁을 수행하기 위한 가장 절대적인 원칙에 위배된다. 기관총 사격뿐만 아니라 더 개인적인 살해 방식도 선택되었는데, 이 가운데에는 휘발유를 끼얹은 뒤 불을 지르는 것도 있었다.

비무장 상태이거나 무방비 상태에 있던 수많은 중국 군인들이 안전지대로 몰려들었는데, 이들은 몇몇 경찰관만으로 저지할 수 없었다. 일본군은 여기를 습격하면서, 수상해 보이는 민간인이 있으면 같이 끌고 갔다. 일반적으로, 일본군은 이마에 남은 헬멧 자국, 소총을 어깨에 메거나 군장을 등에 메면서 생긴 자국 등 군인의 특징에 주목하였다. 외국인 증인들은 일본군이 이들의 안전을 보장하고 일할 기회를 줄 것이라며 이들을 안전지대 밖으로 유인한 뒤 살해하는 것도 목격하였다. 재판이나 이와 유사한 과정이 있었던 적은 없었으며, 혹여나 전쟁 중 혹은 문명에서 지켜져야 할 모든 관습을 흉내내며 이를 존중하는 척하더라도 이는 절대 적절하지 않았다. 12월 13일, 첫 일본군 수색대가 도시에 나타났다. 그들은 남쪽 광화문光華門을 통해 성내로 진입하였다. 공포의 시대는 이때부터 시작되어 이후 몇 주간 지속되었고, 이에 대해서는 이미 보고를 한 바 있다. 하지만 나는 일본군의 정책을 보여주는 사례로 지역 발전소에서 일하던 54명 가운데 43명의 노동자가 작업을 위해 지원하였다가 일본군에 의해 살해당했던 사건을 언급하고 싶다. 심지어 이 발전소는 국영 기업이었다. (204–205쪽)

로젠은 한커우에 있는 독일 대사, 상하이 주재 총영사, 그리고 베를린의 외무부에 보고하느라 바쁜 나날을 보냈다. 그는 효율적으로 일하면서 새로운 정보를 얻거나 최근에 사건이 생기면 즉각 이를 보고하였다. 1938년 2월 26일, 로젠은 난징의 동쪽 교외에 있는 마을들의 농부들이 제출한 2건의 탄원서를 송부하였는데, 이 탄원서들은 일본군의 잔학 행위에 관한 것으로 탄원서 끝에는 살해당한 마을 주민과 겁탈당한 여성과 소녀들의 목록이 첨부되었다.[63]

---

63) Georg Rosen, "Japanische Greueltaten in der Umgegend von Nanking (Japanese Atrocities in the Surrounding Area of Nanjing)," February 26, 1938, Auswärtige

또 다른 독일 외교관인 파울 샤펜버그는 독일대사관의 1등 서기관으로, 1938년 1월 13일부터 3월 21일까지 총 8차례 상황 보고를 발송하였다. 그의 1938년 1월 13일 보고서에서, 그는 한 중국인이 그의 집에서 살해당하였고 독일 고문관 오스카 폰 보딘Oskar von Boddien의 자택에서 중국인 노동자가 총살당했다고 보고하였다. 이 보고서에서 그는 이에 대해 자세한 내용을 담았다.

> 약탈은 국적에 상관없이 모든 건물에서 발생하였다. 약탈자들은 거의 뒤쪽 울타리를 통해 침입해왔다. 예를 들면, 내 집 옆에 있는 프랑스대사관의 경우 대나무 담장 뒤에 커다란 구멍이 세 개 있었다. 이 대사관은 그나마 경미하게 약탈을 당하였다. (…)
>
> 일본인이 난징에 들어온 이후 일본군의 행동에 대해서는 침묵을 지키는 게 최선이었는데, 이들의 행동은 나에겐 징기스칸처럼 보였다. 말 그대로 모든 걸 파괴하고 있다! 어느 일본군 장교가 이야기하길, 그들이 상하이에서 난징으로 진격하는 동안 보급 부대는 선봉대를 따라잡을 수가 없었고, 이 때문에 이들이 광분한 전사들처럼 약탈에 달려든 것일 수도 있다. 이들은 집이 비어 있으면 바로 불태워 버렸다. 나는 이들에게 "살아남은 자들은 난징의 예쁜 소녀를 가질 수 있다"와 같은 식의 약속이 있었다고 생각한다. 이로 인해 여기에 사는 모든 여성은 이에 대해 끔찍하게 여겼다. 이 문제를 직접 목격한 신사들과 이야기하는 것은 매우 어려운 일인데, 이들은 이 잔인함이 주는 공포에 압도당했기 때문이다.
>
> 내가 여기 도착했을 때, 나는 타이핑로와 같은 거리가 완전히 파괴될 거라는 건 상상도 할 수 없었다. 그때 난 스스로를 설득하느라 애를 먹었다. 거기 있던 모든 집은 불에 타 무너져 내렸다. 게다가, 오늘도 도시 곳곳에서 여전히 불길이 솟아오르고 있다.[64]

Amt Doc No. 2722/1811/38, Bundesarchiv Doc. No. BA-R9208/2208/ pp. 113-120, Peking II, Politisches Archiv, Auswärtiges Amt, Berlin.

64) Paul Scharffenberg, "Lage in Nanking am 13. Januar 1938 (Conditions in Nanjing, January 13, 1938)," enclosure to Trautmann's No. 67 report, "Lage in Nanking Mitte Januar 1938 (Conditions in Nanjing, mid-January 1938)," February 1, 1938, Auswärtiges Amt Doc No. 2722/1612/38, BA- R9208/2190/ pp. 85-86, Peking II, Politisches Archiv, Auswärtiges Amt, Berlin.

1938년 2월 10일의 보고에서, 샤펜버그는 현지 자선 단체인 홍만자회의 사체 매장 활동에 대해 묘사하였다.

> 홍만자회는 아직도 길가에 누워 있는 셀 수 없이 많은 시체들을 매장해도 좋다는 허가를 받았다. 예를 들어, 며칠 전에는, 손이 전선으로 묶여 있는 시체 120구가 쉬뢰더 박사(Dr. Schr der)의 집 근처 연못에서 나왔다. 래비씨가 이를 직접 목격하였다. 주석: 나 또한 일본군이 이들 연못에서 그들의 취사도구로 물을 뜨는 장면을 여러 차례 목격하였다. 맛있게 드세요! 날이 풀리면 최악의 상황이 될 것이다.[65]

1938년 3월 4일, 그는 홍만자회가 수천 구의 시신을 꾸준히 매장하고 있다고 보고하였다.

> 사체를 도심에서 가져 나오기 위한 작업이 계속 진행되고 있다. 이제, 홍만자회는 샤관에 3만 구의 시신을 물을 수 있다는 허가를 받았다. 하루에 소화 가능한 수는 600구이다. 사체들은 석회를 뿌린 뒤 멍석으로 말아 두어 다리만 밖으로 빠져나왔다. 이들 시체는 이후 옮겨진 뒤 도시 안쪽 공동묘지에 석회와 함께 매립되었다. 지금까지 1만 구 정도가 매립되었다고 한다.[66]

샤펜버그는 1938년 6월 19일, 일본 총영사 하나와 요시타카花輪義敬

---

65) Paul Scharffenberg, "Die Lage in Nanking am 10. Februar 1938 (The Conditions in Nanjing, February 10, 1938)," an enclosure to Trautmann's No. 132 report, "Lage in Nanking in der ersten Halfte Februar 1938 (Conditions in Nanjing, the First Half of February 1938)," February 23, 1938, p. 3, Auswärtiges Amt Doc No. 2718/2081/38, R104842, Peking I, Politisches Archiv, Auswärtiges Amt, Berlin.

66) Paul Scharffenberg, "Zur Lage in Nanking am 4. März 1938 (The Conditions in Nanjing, March 4, 1938)," enclosure to Trautmann's No. 216 report, "Lage in Nanking Anfang März 1938 (Conditions in Nanjing, Early March 1938)," March 22, 1938, p. 2, Auswärtiges Amt Doc No. 2718/2608/38, R104842, Peking I, Politisches Archiv, Auswärtiges Amt, Berlin.

(1892~?)가 난징의 일본대사관에서 주최한 저녁 만찬에 참석하였다가 식중독으로 사망하였다. 그는 1938년 6월 말에 은퇴할 예정이었다.

4) 난징대학살에 관한 서양인 기록의 중요성

난징이 함락당할 때 난징에 잔류해 함락 당시와 그 이후에 벌어진 대학살을 경험한 외국인들, 그리고 최악의 대학살이 발생한 직후 난징으로 복귀한 서양 외교관들은 값을 매기기 힘들 정도로 방대한 양의 1차 자료를 남겼다. 적시에 게재된 신문 기사, 목격담, 외교 전보와 문서, 그리고 중립국의 일개 개인으로서 공포의 시대를 살아가며 느낀 내적 감정과 반응을 기록한 사적인 편지와 일기 등이 있다. 특히 일본의 가까운 동맹국이었던 독일 국민이 남긴 기록은 이들의 중립성, 객관성과 신뢰성을 의심할 여지가 없다. 타당성과 신뢰성을 이유로 3명의 미국인 선교사가 극동국제군사재판장에서 증언하게 되었고, 추가로 3명의 미국인이 서면을 통해 진술서를 제출하였으며, 일부 미국인과 독일인의 기록이 검사의 증거로 채택되어 재판정에서 낭독되었다.

이 기록들은 상세한 정보를 전달하고, 서로 다른 시기 여러 곳에서 발생한 다양한 사건들을 다루고 있다. 이들은 미래 세대의 독자와 연구자에게 난징대학살과 이를 둘러싼 문제들을 더욱 정확히 비추며 검토할 수 있는 가능성과 기회를 제공하고 있다.

이 기록들의 가치는 일본의 우익 인사들이 난징대학살의 존재 자체를 부정할 때 더 의미가 깊어진다. 그들의 주장은 기본적으로 세 가지 주요 이슈에 집중되어 있다. "난징의 인구와 학살 피해자 수와의 관계, 대학살 피해자 수, 그리고 매장 기록에 대한 신뢰성이다. 이들 논란이 되는 이슈는 어제 오늘의 일이 아니다. 이들 주장은 1948년 2월 18일 극동국제군사재판에서 일본측 변호인단이 제출한 최종 변론에 나오는 내용이다. 1948년 11월 11일, 재판장 윌리엄 F. 웹William Flood Webb(1887~1972)은 난징대학살에 관한 재판장 판결을 낭독하였다. 판결은 10개국으로부터 온 판사들이 만장일치로 채택하였는데, 이들은 호주의 웹, 캐나다의 에드워드 S. 맥도갈Edward Stuart McDougall(1886~1957), 중국의 메이주아오梅汝璈(1904~1973), 프랑스의 앙리 베르나르Henri Bernard(1899~1986), 네덜란드의 버나드 V. A. 룔링Bernard Victor Aloysius Röling(1906~1985), 뉴질랜드의 에리마 H. 노스크로프트Erima Harvey Northcroft(1884~1953), 필리핀의 델핀 J. 하라니아Delfin J. Jaranilla(1883~1980), 소련의 이반 M. 자랴노프Ivan Michyevich Zaryanov(1894~1975), 영국의 윌리엄 D. 패트릭William Donald Patrick(1889~1967), 그리고 미국의 마이런 C. 크래머Myron Cady Cramer(1881~1966)이다. 인도의 라다피노드 팔Radhabinod R. Pal(1886~1967)이 검사의 증거 가운데 일부의 신뢰성을 의심하며 이의를 제기하였지만, 그는 "무엇이든 증거에 반하는 주장이 수용된다 하더라도, 난징에서 벌어진 일본군의 행위는 잔혹하였으며 이 같은 잔혹 행위가 3주간 격렬하게 지속되었고, 베이츠 박사가 증언한 바와 같이 총 6주간 심각하게 이어져 왔음에는 의심의 여지가 없다. 2월 6일이나 7일이 되어서야 상황이 나아지기 시작하였다"고 밝혔다.[67]

난징대학살과 관련된 이슈는 이후 20여 년간 합의가 이뤄진 것처럼 보였으나, 1970년대 초반부터 일본이 "100명 죽이기 대회"에 대한 신뢰성에 의문을 제기하면서 논란이 되기 시작하였다. 1980년대 초기, 일본에서 수정주의자들이 부상하면서, 극동국제군사재판에서 언급되었다가 그때까지 휴면 상태로 남아있던 오래된 논란들을 우익들이 끄

---

67) Radhabinod R. Pal, "The dissenting opinion of the member for India" in *The Tokyo War Crimes Trial, Vol. 21, Separate Opinions*, edited by R. John Pritchard and Sonia Magbanua Zaide, New York: Garland Publishing Inc., 1981, p.1,099.

집어내어 극동국제군사재판의 판결에 도전하고자 하였다. 이 같은 상황에서, 해당 분야의 연구자와 학자들은 일본군의 전시 야전 일기, 미국인과 영국인 기자, 미국인 선교사, 독일 사업가, 그리고 미국, 프랑스, 독일 외교관들이 남긴 서면 기록을 찾아내고 모아 출판하고자 하였다. 한편 1980년대에 들어서면서 난징 지방 정부가 1946년 적군 범죄 조사 결과 기록을 최초로 출간하며, 아직 생존해 있던 대학살 생존자와 목격자들을 찾아 인터뷰를 하고, 이들의 인터뷰 내용을 모아 출판하는 한편, 난징대학살 기념박물관을 건설하는 등 초대형 사업을 추진하게 되었다.

　중립국의 시민들이 대학살의 시대를 살아가며 남긴 서면 기록들은 극도로 중요한 증거이자 난징대학살 연구를 위해 가치를 따질 수 없는 소중한 1차 사료이다. 더 큰 의미에서 보자면, 이 기록들은 난징대학살 당시 벌어진 사건들을 좀 더 정확한 시선으로 바라볼 수 있게 해주며, 연구자들이 이들을 더욱 잘 이해할 수 있게 도와준다. 중국인 희생자의 증언이나 목격담, 그리고 일본 군인이 작성한 전시 일기와 같은 다른 1차 사료들을 함께 이용한다면, 이들 서면 기록은 난징대학살 연구에 중요하고 필수적인 기여를 하게 될 것이다.

The Nanjing Massacre Recorded by the American, British and German Nationals

by *Suping* Lu
University of Nebraska-Lincoln, USA

1

1) Sino–Japanese Hostilities

On the night of July 7, 1937, a Japanese infantry company was conducting a maneuver near Lugou Bridge蘆溝橋 about 8 miles southwest of Beijing. They alleged that gun shots were heard at 10:40 p.m., while claiming one of their soldiers was found missing. Assuming that the soldier might be abducted by the Chinese troops stationing in Wanping 宛平, a small walled city nearby, the Japanese demanded to conduct a search inside Wanping. The Chinese turned down the search demand, but agreed to have a joint investigation. While negotiations were still going on overnight, Japanese troops launched sudden attacks at Wanping at around 4:40 a.m. on July 8, even though by that time the missing soldier, Kikurou Shimura志村菊次郎, who had lost his way for about 20 minutes, had been found. In response, Chinese troops fought back. The incident known as the "July 7 Lugou Bridge Incident 七七蘆溝橋事變" thus triggered the outbreak of all-out military confrontations between China and Japan, which continued for the following eight years.

While hostilities were in progress in North China, with Japanese troops capturing Beijing on July 29 and Tianjin on July 30, tensions quickly built up down south in the Shanghai area. On August 9, two Japanese marines were alleged to have attempted to make a forced entry into the Hongqiao Airfield 虹橋機場 in the western suburbs of Shanghai. They exchanged fire with Chinese guards at the airfield, and subsequently, both marines and one Chinese guard were killed in the shooting incident. While several rounds of negotiations were under way, attempting to seek a diplomatic solution, both sides rushed reinforcement troops into Shanghai. War broke out inevitably on August 13. Fierce fighting first went on in the urban areas with the Chinese on the offensive until August 23, when Japanese reinforcement of two divisions landed at the mouth of the Yangtze north of Shanghai. Chinese troops rushed northward to counter-attack Japanese landing operations. Fighting thus shifted to the rural regions, with the Chinese on the defensive. War continued for three months, inflicting heavy casualties on both sides. Japanese troops were better equipped and trained, supported by effective artillery shelling, naval bombardment, and aerial bombing. Chinese defenders, however, resisted persistently in spite of heavy casualties and gradual losses of their positions until November 5, when newly arrived Japanese reinforcement of the 10th Army landed at Hangzhou Bay 杭州灣 south of Shanghai and the 16th Division landed a few days later on the Yangtze coast northwest of Shanghai, threatening the rear of Chinese troops with an imminent encirclement. Shanghai fell to the Japanese on November 12.

Due to the lack of effective communication and coordination, Chinese troops' hasty westward retreat proved to be chaotic, without setting up any meaningful defense lines or organizing effective counter attacks west of Shanghai. Meanwhile, the Japanese swiftly pursued fleeing Chinese troops along three routes across the Lower Yangtze Valley toward Nanjing, capturing Suzhou蘇州 on November 19, Wuxi無錫 on November 25, and Changzhou常州 on November 29. On December 9, Japanese troops reached Nanjing's suburbs, surrounding the city on three sides before Japanese commander Iwane Matsui松井石根 issued an ultimatum, demanding Chinese Nanjing Garrison Commander Tang Shengzhi唐生智 to surrender the city without condition by noon the following day. The Chinese commander gave no response. The Japanese launched final assaults at 2 p.m. on December 10. After fierce fighting, Chinese troops soon lost most of their positions outside the walled city. Japanese planes then bombarded Chinese positions along the city walls on the southern part of the city. In spite of Chinese defenders' desperate efforts to resist at several of the southern gates and street fighting, Japanese troops broke into the city from the south by the nightfall of December 12. It triggered the collapse of Chinese defense, and Nanjing was brought under Japanese control on December 13, 1937.

2) Japanese Atrocities in Nanjing

Immediately after capturing Nanjing, Japanese troops rounded up large numbers of surrendered Chinese soldiers and civilians, and mass-executed them at the locations in the eastern, southern and western suburbs of the city, as well as inside the city, while a lot more people were slaughtered along the bank of the Yangtze north of Nanjing. Many of the Chinese soldiers escaped into the Safety Zone established by German and American nationals in the city, and discarded their uniforms and changed into civilian clothes. Japanese soldiers combed the Safety Zone and other districts in the city to round up male civilians capable to shoulder weapons. Each person was checked for marks or signs which might indicate the individual had served in the military. Consequently, many laborers who had calluses on their palms were executed along with soldiers. Shinju Sato佐藤振壽, a Japanese photography correspondent of *The Tokyo Nichinichi Shinbum*東京日日新聞, who was embedded in the Japanese troops entering Nanjing, described a mass execution he had witnessed in the eastern part of the city in his memoir:

> When the night was over, it was the morning of December 14.······
>
> At this moment, a correspondent ran over to tell me that something seemed to have happened at the Officers Moral Endeavor Association 勵志社. Although unaware of what had happened, I took my camera with me as we went there to find out.
>
> At our destination, there was a big gate with guards on both sides. I took a photo of its complete view.
>
> Once inside the gate, I saw a military barracks building, and in front of the building was a square, in which over 100 people sat. With their hands bound behind their backs, they appeared to be captured wounded soldiers. In front of them, two big pits about five square meters in area and three meters deep had been dug.
>
> In front of the right pit, a Japanese soldier held a Chinese rifle. He made a Chinese soldier kneel down by the pit while he placed the rifle muzzle to the back of the Chinese soldier's head and pulled the

trigger. As the rifle fired, the Chinese soldier fell forward, like an acrobatic performance, down to the bottom of the pit, becoming a corpse.

In front of the left pit, a Japanese soldier, with his upper body naked, held a rifle fixed with the bayonet, calling out, "next," while he pulled up a sitting captive. He ordered the captive to walk toward the pit, shouted "ya!" and suddenly thrust the bayonet into the back of the Chinese soldier, who instantly fell into the pit.[1]

Japanese troops were turned loose to search, abduct and rape women and girls at their will. American missionary James Henry McCallum (1893~1984) estimated that "at least 1,000 cases a night and many by day. In case of resistance or anything that seems like disproval there is a bayonet stab or a bullet. We could write up hundreds of cases a day."[2] If victims' husbands, fathers, brothers, sons, or other family members attempted to protect them, their protectors would be relentlessly killed. As late as March 22, 1938, three months after Japanese occupation of the city, Eduard Sperling, a German businessman, reported a rape / murder case:

Recently, the following was reported to me and confirmed by Dr. Bates, a member of the International Relief Committee: A Japanese soldier broke into a house and violated a young girl, but was disco-vered by a Japanese gendarme and expelled from the house. Fiercely

---

1) 佐藤振壽 (Shinju Sato), "從軍とは步くこと (Following the Troops on Foot)" in 南京戰史資料集 II (*The Nanjing Battle History Related Source Materials, Vol. II*), 南京戰史編輯委員會編纂 (edited by Nanjing Battle History Editing Committee), 東京: 偕行社 (Tokyo: Kaikosha), 1993, pp. 609-611.

2) James H. McCallum, A letter wife Eva, December 19, 1937, Correspondence of James Henry&Eva Anderson McCallum, Disciples of Christ Historical Society Library, Nashville, TN.

bitter, the same soldier came back in the evening and shot dead the whole family of four in cold blood. —Brutal Murder—.[3]

Looting was rampant. It was reported that there was scarcely a piece of property in Nanjing that was not broken into and ransacked by Japanese soldiers, and many residences were repeatedly looted. Whether it was a building belonging to an American Christian university, or it was a foreign church compound, or it was simply a Chinese residence, they were all entered without discrimination and looted to different degrees. The American, Belgian, British, French, German, and Italian Embassies all fell victim to Japanese looting. Christian Jakob Kröger, another German businessman in the city described the rampant looting from the German perspective:

> the situation became more threatening after the city was captured due to the complete indiscipline of the Japanese army. Nanjing was unrestrictedly presented to the troops to plunder for full ten days, and virtually no house had been spared, not even the European and American ones, or only with very few exceptions. Even the ambassador's residence was "plundered." During a period of about two hours, when I was absent, unfortunately the small car was taken from our garage, together with some tires and a camera belonging to me. The damage was registered with the Japanese Embassy, like all the looted houses. Likewise, I will have it

3) Eduard Sperling, A letter to Georg Rosen, March 22, 1938, an attachment to Georg Rosen's No. 36 Report "Neue Greueltaten der japanischen Armee. Opiumhandeldurch die japanische Armee (Recent atrocities of the Japanese army. Opium trade by the Japanese army.)," March 24, 1938, Auswärtiges Amt (Foreign Ministry) Doc No. 2718/2404/38, Bundesarchiv (Federal Archives) Doc. No. BA-R9208/2215/ p. 225, Peking II, Politisches Archiv (Political Archives), Auswärtiges Amt, Berlin.

registered with Dr. Rosen. Overall, I estimate the damage in German houses alone to about $300,000 to $400,000.[4]

Widespread burning started on December 19, and continued for weeks. In many cases, directed by their officers, Japanese soldiers looted the shops empty with military trucks before setting fire to those shops to cover their looting. A large area of the business district was burned down in this manner. Georg Friedrich Murad Rosen, top German diplomat in Nanjing, reported to German Foreign Office in Berlin on January 15, 1938: "In the course of weeks' reign of terror, the Japanese have transformed the business district of the city, namely, the district around Taiping Road and the whole area south of the so-called Potsdamer Platz, after extensive looting, into a heap of rubbles from which only a few isolated externally less damaged buildings stand out. The burnings by the Japanese military have continued to this day, more than a month after the Japanese occupation, so have the abducting and rape of women and girls."[5] Meanwhile, Christian Kröger provided detailed description in terms of the extent of the destruction by arson in the city:

> Under Japanese rule, the image of the city has changed com—

---

4) Christian Kröger, An undated as the attachment to Oskar Trautmann's No. 52 Report Verhältnisse in Nanking nach der Einnahmedurch die Japaner (Conditions in Nanjing after its fall to the Japanese), January 28, 1938, Auswärtige Amt Doc No. 2722/1508/38, BA-R9208/2190/ p. 146, Peking II, Politisches Archiv, Auswärtiges Amt, Berlin.

5) Georg Rosen, "Zustände in Nanking. Japanische Greuel (Conditions in Nanjing. Japanese atrocities)," January 15, 1938, Auswärtige Amt Doc No. 2722/1001/38, Bundesarchiv Doc. No. BA-R9208/2208/ pp. 220-221, Peking II, PolitischesArchiv, Auswärtiges Amt, Berlin.

pletely. No day goes by without new arson. Taiping Road, East Zhon-gshan Road, Guofu Road, and Zhujiang Road now have their turn. The whole South City and Confucius Temple are completely plundered and burned down. In terms of percentage, it can be said that 30 to 40% of the city has been burned down.[6]

According to the judgment issued by the International Military Tribunal for the Far East in 1948,

> Estimates made at a later date indicate that the total number of civilians and prisoners of war murdered in Nanking and its vicinity during the first six weeks of the Japanese occupation was over 200,000. That these estimates are not exaggerated is borne out by that fact that burial societies and other organizations counted more than 155,000 bodies which they buried. They also reported that most of those were bound with their hands tied behind their backs. These figures do not take into account those persons whose bodies were destroyed by burning or by throwing them into the Yangtze River or otherwise disposed of by the Japanese.[7]

The Tribunal's judgment gives an account of the violation of women:

> There were many cases of rape. Death was frequent penalty for the

6) "Berichteinesdeutschen Augenzeugenüber die Vorgänge in Nanking in vom 8. Dezember 1937 bis 13. Januar 1938 (Report of a German eyewitness about the events in Nanjing from December 8, 1937 to January 13, 1938)," an attachment to Oskar Trautmann's No. 113 Report "Die Vorgänge in Nanking vom 8. Dezember 1937 biszum 13. Januar 1938 (The events in Nanjing from December 8, 1937 to January 13, 1938)," Auswärtige Amt Doc No. 2718/1955/38, R104842/ p. 146194, Peking I, Politisches Archiv, Auswärtiges Amt, Berlin.
7) R. John Pritchard and Sonia Magbanua Zaide, The Tokyo War Crimes Trial, Vol. XX Judgment and Annexes, New York: Garland Publishing Inc., 1981, p. 49, 608.

slightest resistance on the part of a victim or the members of her family who sought to protect her. Even girls of tender years and old women were raped in large numbers throughout the city, and many cases of abnormal and sadistic behavior in connection with these rapings occurred. Many women were killed after the act and their bodies mutilated. Approximately 20,000 cases of rape occurred within the city during the first month of the occupation. (pp. 49,605–49,606)

In terms of the looting and burning committed by Japanese soldiers in Nanjing, the judgment stipulates:

Japanese took from the people everything they desired. Soldiers were observed to stop unarmed civilians on the road, search them, and finding nothing of value then to shoot them. Very many residential and commercial properties were entered and looted. Looted stocks were carried away in trucks. After looting shops and warehouses the Japanese soldiers frequently set fire to them. Taiping Road, the most important shopping street, and block after block of the commercial section of the city were destroyed by fire. Soldiers burned the houses of civilians for no apparent reason. Such burning appeared to follow a prescribed pattern after a few days and continued for six weeks. Apparently one-third of the city was thus destroyed. (p. 49,606)

2

1) American and British Correspondents Broke the News Concerning the Nanjing Massacre to the World

When Nanjing was under siege, and underwent its fall and ensuing massacres, there were 27 Westerners in the fallen city. After Japanese soldiers wantonly committed atrocities toward the disarmed Chinese soldiers and civilian residents, however, it was not the Chinese, but the five American and British correspondents, who first broke the news concerning Japanese atrocities to the world and put the Nanjing Massacre under the global spotlight even when the massacres were still under way.

These correspondents remained in Nanjing with the intention of covering the siege and the anticipated fall of the city, but they were unintentionally in the position that enabled them to witness the initial stage of the mass executions and killings, as well as other atrocities. Due to the fact that there were no telephone, telegraph, or mail services in the city, they were eager to leave for Shanghai to send out dispatches to their respective news agencies. Consequently, they got permission to depart by Japanese gunboats. Four of them decided to leave on December 15. Around 4 p.m. that day, American and British gunboats USS *Oahu* and HMS *Ladybird* arrived in Nanjing. Both gunboats had gone to the location about 28 miles upstream from Nanjing to rescue the survivors of USS Panay that had been attacked and sunk by Japanese planes on December 12. The gunboats were in the process of transporting the dead, wounded, and other survivors to Shanghai. Eventually, Archibald Trojan Steele (1903~1992) of *The Chicago Daily News*, Frank Tillman Durdin (1907~1998) of *The New York Times*, Arthur von Briesen Menken (1903~1973) of the Paramount Newsreel boarded USS Oahu, while the British journalist Leslie C. Smith of Reuters went on board of HMS *Ladybird*. The two gunboats, however, did not depart from Nanjing harbor until early morning of December 16. Meanwhile, Charles Yates McDaniel (1906~1983) of the Associated Press left for Shanghai by Japanese destroyer *Tsuga* 栂 on December 16 afternoon.

As soon as he boarded USS *Oahu*, Steele managed to persuade the naval radio operator to cable out his dispatch to Chicago while the gunboat was still anchored in the Nanjing waters. Because of the international time difference, Steele's report was able to make its appearance on the front page of *The Chicago Daily News* early morning on December 15, 1937. In this first report under the title, "Japanese Troops Kill Thousands: 'Four Days of Hell' in Captured City Told by Eyewitness; Bodies Piled Five Feet High in Streets," Steele told his American readers,

> I have just boarded the gunboat Oahu with the first group of fore-igners to leave the capital since the attack began. The last thing we saw as we left the city was a band of 300 Chinese being methodically executed before the wall near the waterfront, where already corpses were piled knee deep. ······
>
> It was like killing sheep. How many troops were trapped and killed it is difficult to estimate, but it may be anywhere between 5,000 and 20,000.
>
> With the overland routes cut off, the Chinese swarmed to the river through the Hsiakwan gate, which became quickly choked. Emerging via this gate today I found it necessary to drive my car over heaps of bodies five feet high, over which hundreds of Japanese trucks and guns had already passed.[8]

Steele did not feel that he had fully expressed himself in this December 15 report. He continued to write and from December 17, 1937 to February 4, 1938 he published four more Nanjing related articles. In

---

8) A. T. Steele, "Japanese troops kill thousands: 'Four days of hell' in captured city told by eyewitness; bodies piled five feet high in streets," *The Chicago Daily News*, December 15, 1937, p. 1.

the last one of his Nanjing series, Steele recounted,

> As the Japanese moved slowly through the streets with machine guns and rifles shooting any who ran or acted suspiciously, the defeated and dispirited troops milled into the so-called safety zone, which was one of the last districts to be mopped up. In the streets there was pandemonium.······
>
> The Japanese searched the city with a fine-tooth comb for soldiers and "plain-clothes men." Hundreds were plucked from refugee camps and executed. Condemned men were herded in groups of two or three hundred to convenient places of execution, where they were killed with rifles and machine guns. In one case a tank was brought up to dispatch a group of several hundred captured men.
>
> I witnessed one mass execution. The band of several hundred condemned men came marching down the street bearing a large Japanese flag. They were accompanied by two or three Japanese soldiers, who herded them into a vacant lot. There they were brutally shot dead in small groups. One Japanese soldier stood over the growing pile of corpses with a rifle pouring bullets into any of the bodies which showed movement.
>
> This may be war to the Japanese, but it looked like murder to me.[9]

Menken was the other correspondent who was able to send out atrocity news wire through the *Oahu* radio operator. His report appeared in *The Boston Globe* on December 16, under the title, "Cameraman reveals carnage in Nanking."[10] On the following day, The Chicago Daily Tribune published another version of Menken's report with more details, in which

---

9) A. T. Steele, "Reporter likens slaughter of panicky Nanking Chinese to jackrabbit drive in U. S.," *The Chicago Daily News*, February 4, 1938, p. 2.
10) Arthur Menken, "Cameraman reveals carnage in Nanking," Boston Globe, December 16, 1937, p. 16.

he stated, "All Chinese males found with any signs of having served in the army were herded together and executed."[11]

The other three correspondents cabled their eyewitness reports after they arrived in Shanghai. McDaniel's account is in diary form, which, again because of the international time difference, first appeared in print in *The Seattle Daily Times* on December 17, while The *Boston Globe* and *The Chicago Daily* Tribune printed it on December 18 with minor variations. His description is concise, graphic, but powerful:

> Dec. 14 Watched Japanese throughout city looting. Saw one Japanese soldier who had collected $3,000 after demanding civilians in safety zone to give up at bayonet point. Reached north gate through streets littered with dead humans and horses. Saw first Japanese car enter gate, skidding over smashed bodies. Finally reached waterfront, boarded Japanese destroyer; told Panay has been sunk.
>
> Dec. 15 Chinese thankfulness siege over became despairing disillusionment. Went with embassy servant to look for her mother. Found her body in ditch. Embassy office boy's brother also found dead. This afternoon saw some of the soldiers I helped disarm dragged from houses, shot and kicked into ditches. Tonight saw group of 500 civilians disarmed soldiers, hands tied, marched from safety zone by Japanese carrying Chinese "big swords." None returns. Many Chinese seized, led away despite Japanese flags placed in houses and huts.
>
> Japanese soldiers attempted to enter American embassy, where I was living, but when I refused entry they withdrew. The embassy Chinese staff was marooned without

11) Arthur Menken, "Witness tells Nanking horror as Chinese flee," *Chicago Daily Tribune*, December 17, 1937, p. 4.

water and fearful to step outside, so spent an hour filling buckets from the street well and bringing into the embassy.

Dec. 16   Before departing for Shanghai, Japanese consul brought "no-entry" notices, which posted on embassy property. En route to the river, saw many more bodies in the streets. Passed a long line of Chinese, hands tied. One broke away, ran and dropped on his knees in front of me, beseeching me to save him from death. I could do nothing. My last remembrance of Nanking: Dead Chinese, dead Chinese, dead Chinese.[12]

In his first report published in The New York Times on December 18, Durdin provided more details along with his analytical comments:

Thousands of prisoners were executed by the Japanese. Most of the Chinese soldiers who had been interned in the safety zone were shot en masse. The city was combed in a systematic house-to-house search for men having knapsack marks on their shoulders or other signs of having been soldiers. They were herded together and executed.

Many were killed where they were found, including men innocent of any army connection and many wounded soldiers and civilians. I witnessed three mass executions of prisoners within a few hours Wednesday. In one slaughter a tank gun was turned on a group of more than 100 soldiers at a bomb shelter near the Ministry of Communications.

A favorite method of execution was to herd groups of a dozen men at entrances of dugouts and to shoot them so the bodies toppled inside. Dirt then was shoveled in and the men buried. ······

Civilian casualties also were heavy, amounting to thousands. The only hospital open was the American-managed University Hospital and its facilities were inadequate for even a fraction of those hurt.

Nanking's streets were littered with dead. Sometimes bodies had to

12) C. Yates M'Daniel, "Newsman's Diary Describes Horrors in Nanking," The Seattle Daily Times, December 17, 1937, p. 12.

be moved before automobiles could pass.

The capture of Hsiakwan Gate by the Japanese was accompanied by the mass killing of the defenders, who were piled up among the sandbags, forming a mound six feet high. Late Wednesday the Japanese had not removed the dead, and two days of heavy military traffic had been passing through, grinding over the remains of men, dogs and horses.

The Japanese appear to want the horrors to remain as long as possible, to impress on the Chinese the terrible results of resisting Japan.[13]

As Steele, Durdin did not stop at his December 18 account. After publishing another report on December 19 in *The New York Times*, "Foreigners' role in Nanking praised," he dispatched another lengthy article from Shanghai through air-mail on December 22, though it did not make to the press until January 9, 1938. This article, which fills a whole page in *The New York Times*, offers a comprehensive presentation of the battles at Nanjing from the perspective of warfare strategies, as well as the detailed descriptions of Japanese atrocities Durdin had observed in the three days:

In taking over Nanking the Japanese indulged in slaughters, looting and raping exceeding in barbarity any atrocities committed up to that time in the course of the Sino—Japanese hostilities. The unrestrained cruelties of the Japanese are to be compared only with the vandalism in the Dark Ages in Europe or the brutalities of medieval Asiatic conquerors.

The helpless Chinese troops, disarmed for the most part and ready

13) F. Tillman Durdin, "Butchery Marked Capture of Nanking," *The New York Times*, December 18, 1937, p. 10.

to surrender, were systematically rounded up and executed. Thou—sands who had turned themselves over to the Safety Zone Committee and been placed in refugee centers were methodically weeded out and marched away, their hands tied behind them, to executive grounds outside the city gates.

Small bands who had sought refuge in dugouts were routed out and shot or stabbed at the entrances to the bomb shelters. Their bodies were then shoved into the dugouts and buried. Tank guns were sometimes turned on groups of bound soldiers. Most generally the executions were by shooting with pistols.

Every able—bodied male in Nanking was suspected by the Japanese of being a soldier. An attempt was made by inspecting shoulders for knapsack and rifle butt marks to single out the soldiers from the innocent males, but in many cases, of course, men innocent of any military connection were put in the executed squads. In other cases, too, former soldiers were passed over and escaped.

The Japanese themselves announced that during the first three days of cleaning up Nanking 15,000 Chinese soldiers were rounded up. At the time, it was contended that 25,000 more were still hiding out in the city.

These figures give an accurate indication of the number of Chinese troops trapped within the Nanking walls. Probably the Japanese figure of 25,000 is exaggerated, but it is likely that about 20,000 Chinese soldiers fell victim to Japanese executioners.

Civilians of both sexes and all ages were also shot by the Japanese. Firemen and policemen were frequent victims of the Japanese. Any person who, through excitement or fear, ran at the approach of the Japanese soldiers were in danger of being shot down. Tours of the city by foreigners during the period when the Japanese were consolidating their control of the city revealed daily fresh civilian dead. Often old men were to be seen face downward on the pavements, apparently shot in the back at the whim of some Japanese soldier.[14]

---

14) F. Tillman Durdin, "Japanese Atrocities Marked Fall of Nanking after Chinese Command Fled," *The New York Times*, January 9, 1938, p. 38.

Smith was the only British journalist in the group, and like his American counterparts, he dispatched his news wire to the United Kingdom as soon as possible. His report, "Terror in Nanking: Looting and murder; the conquerors' brutality," appeared in London *Times* on December 18. His accounts are similar to those of his American colleagues:

> No mercy was shown. The hopes of the populace gave place to fear and a reign of terror followed. Japanese searched houses and began a wholesale looting of property along the main streets, breaking into shops and taking watches, clocks, silverware, and everything portable, and impressing coolies to carry their loot. They visited the American University Hospital and robbed the nurses of their wrist watches, fountain pens, flashlights, ransacked the buildings and property, and took the motor-cars, ripping the American flags off them. Foreign houses were invaded and a couple of German shops looted. Any sympathy shown by foreigners towards the disarmed Chinese soldiers merely served to incense the Japanese.
>
> Young men who might have been soldiers and many police constables were assembled in groups for execution, as was proved by the bodies afterwards seen lying in piles. The streets were littered with bodies, including those of harmless old men, but it is a fact that the bodies of no women were seen. At the Hsiakwan gate leading to the river the bodies of men and horses made a frightful mass 4 ft. deep, over which cars and lorries were passing in and out of the gate.[15)]

On December 19, another of Smith's reports was printed in *The Peking Chronicle*, an English newspaper published by the British in Beijing. Because Beijing was already under the Japanese rule, the focus of this report is more on the last stage of the Nanjing siege than Japanese

---

15) "Terror in Nanking: Looting and murder; the conquerors' brutality," *The Times* (London), December 18, 1937, p. 12.

atrocities.[16)]

2) Other Media Coverage in English

After the departure of the five correspondents, the Japanese allowed nobody to leave Nanjing. The eye-witness accounts of the conditions in Nanjing after December 16 did not make it to the English media until after the American, British, and German diplomats returned to Nanjing to re-open their perspective embassies on January 6 and 9, 1938 when it was possible to smuggle out atrocity accounts through diplomatic channels. As the atrocity eyewitness accounts written by the American missionaries still in the city, kept on trickling out of Nanjing, they were collected and published in newspapers. The next detailed atrocity report was published in London on January 28, 1938 by *The Daily Telegraph and Morning* Post. Under the title of "Japan's Reign of Terror in China: First Authentic Description," the report in fact is a collection of eyewitness account excerpts by Miner S. Bates, Ernest H. Forster, and John G. Magee, though their identities were kept hidden.

> One missionary writing from Nanking on Jan. 11, says that, while walking with the Japanese Consul General, he saw bodies in every street. This was four weeks after the occupation of the city on Dec. 13. The letter declares:
> "A little boy died in hospital here this morning from seven bayonet wounds in the stomach. I saw a woman yesterday in hospital who had been raped 20 times, after which the soldiers had tried to cut off her

---

16) "Fall of Nanking vividly retold by eye-witness," *The Peking Chronicle*, December 19, 1937, pp. 1&18.

head with a bayonet, but had inflicted only a bad throat wound." ......

Other witnesses describe similar atrocities on a vast scale. In several cases husbands were bayoneted or shot, while attempting to defend their wives.

Missionaries recount how they themselves have been threatened with revolvers when attempting to interfere.

One American missionary, writing on Dec. 19, says that Chinese were marched off and shot in droves. Some 300 were taken in one batch to a pond and shot as they stood in the icy water. This letter adds:

"Another big batch was forced into a mat shed ringed by machine-guns. The shed was then set on fire, all inside being burnt to death."[17]

American missionary George A. Fitch of YMCA was the first American allowed to leave Nanjing on February 20, 1938. After a brief stay in Shanghai, he left for the United States on a tour to give speeches on Japanese atrocities in Nanjing across the States. On his way to America, he was invited by Governor Wu Tiecheng吴鐵城 (1888~1953) of Guangdong Province in South China to talk about Nanjing to an inner circle of people on March 1 in Guangzhou. After Fitch's departure, the content of his speech was published in Hong Kong by The *South-China Morning Post* on March 16, with Fitch's name kept anonymous. "The Rape of Nanking," the title of this report, was used for the first time to label the atrocious behaviors of Japanese troops in Nanjing. In his speech, Fitch told his audience:

Zone headquarters protested, and was assured that the men were

---

17) "Japan's reign of terror in China: First authentic description; Americans tell of atrocities; children killed; girls attacked," *The Daily Telegraph and Morning Post* (London), January 28, 1938, p. 15.

merely required for labouring work for the Japanese Army. The protest was carried to the Japanese Embassy, and its bearers, returning to- wards dark, found the thirteen hundred prisoners roped together. They were carrying no hats, no bedding, and none of their possessions; it was plain what was intended for them. They were marched off, not one of them making a murmur, and executed down at the riverfront.

On the fourth day of occupation another thousand men were taken out from the neutral zone camps for execution. Among them were fifty city police from the four hundred and fifty police that the city had previously assigned to the zone. Strong protests were again lodged, but it was apparent that the Japanese Embassy itself was powerless with the Japanese Military. Any Chinese with short hair, with callouses on his hands from pulling a boat or ricksha, or with other marks of toil, had in these marks of identification his own death warrant.[18]

Three days later on March 19, *The China Weekly Review*, an English weekly published by the Americans in Shanghai printed another set of atrocity accounts authored by American missionaries. It includes the excerpts of the protest letters Bates presented to the Japanese Embassy from December 14 to 27, 1937.

> December 16. In our ———— Compound more than thirty women were raped last night by soldiers who came repeatedly and in large numbers. I have investigated this matter thoroughly and am certain of the correctness of the statement. The situation all through this section of the city is pitifully indeed. ......
>
> December 18. Misery and terror continues everywhere because of the violence and robbery of the soldiers. More than

---

18) "The Rape of Nanking: American eyewitness tells of debauchery by invaders; unarmed Chinese butchered," *The South China Morning Post* (Hong Kong), March 16, 1938, p. 17.

17,000 poor persons, many of them women and children, are now in our buildings hoping for safety.

......

December 21. This afternoon seven persons were taken from our ———— Building by soldiers. These included members of our own staff. There was no accusation or fact of their being Chinese soldiers, but they were simply seized for forced labor without regard for your proclamation. Near the entrance to your Embassy, a woman was raped this afternoon by two soldiers.

......

December 25. New parties of stray soldiers without discipline or officers are going everywhere stealing, raping and taking away women ....

December 27. Beginning more than a week ago we were promised by you that within a few days order would be restored by replacement of troops, resumption of regular discipline, increase of military police, and so forth. Yet shameful disorder continues, and we see no serious effort to stop it.[19]

The *Reader's Digest* obtained another group of personal records of Japanese atrocities. The magazine published in its October 1938 issue excerpts of Fitch's letters, Bates' reports and most importantly, the letters Robert O. Wilson, the only surgeon in Nanjing during the massacre days, wrote to his wife from December 18, 1937 to May 3, 1938.

December 18.
TODAY marks the sixth day of the modern Dante's Inferno, written in huge letters with blood and rape. Murder by the wholesale and

---

19) "Nanking -what really happened- and the Japanese Paradise" *The China Weekly Review* (Shanghai), Supplement (March 19, 1938): 10-11.

rape by the thousands of cases. There seems to be no stop to the ferocity and lust of the brutes……. They bayoneted one little boy, killing him, and I spent an hour and a half this morning patching up another little boy of eight who had five bayonet wounds including one that penetrated his stomach. I think he will live.

One girl I have is a half-wit. She didn't have any more sense than to claw at a Japanese soldier who was taking away her only bedding. Her reward was a bayonet thrust that cut half the muscles of one side of her neck……

Christmas Eve
One man who just got in today says he was a stretcher-bearer, one of 4,000 men marched to the banks of the Yangtze and machine-gunned. S___ says that the big trenches built for tank traps were filled with the bodies of dead and wounded soldiers and when there weren't enough bodies to fill them so the tanks could pass, the Japs shot the people living around there indiscriminately to fill up the trenches. He borrowed a camera to go back and take pictures to bear out his statement……

February 13
Six Japanese soldiers entered a town some miles southwest of here, and proceeded with their usual system of rape and looting. The men of the town organized some resistance, killed three of the soldiers. The other three escaped but soon returned with several hundred who quickly threw a cordon around the town. Three hundred inhabitants were all tied together in groups of six or eight and thrown into the icy river. The Japanese then leveled the town so that there was not a wall standing.[20]

20) "We were in Nanking," *The Reader's Digest*, Vol. 33 (October 1938): 41-42.

3

1) Eyewitness Accounts by American Missionaries

After five correspondents left, there were still 22 Westerners in the city. Of the 22, 14 were Americans. They were Miner Searle Bates (1897~1978), Grace Louise Bauer (1896~1976), George Ashmore Fitch (1883~1979), Ernest Herman Forster (1896~1971), Iva M. Hynds (1872~1959), John Gillespie Magee (1884~1953), James Henry McCallum (1893~1984), Wilson Plumer Mills (1883~1959), Charles Henry Riggs (1892~1953), Lewis Strong Casey Smythe (1901~1978), Hubert Lafayette Sone (1892~1970), Clifford Sharp Trimmer (1891~1974), Minnie Vautrin (1886~1941), and Robert Ory Wilson (1906~1967). Except Hynds, a 65-year old nurse at the University of Nanking Hospital in 1937, whose record has not yet been discovered, all the other 13 Americans left behind written records in one form or another about that unforgettable massacre period. The major part of their archival materials can be located in the Yale Divinity School Library's Special Collection, and Disciples of Christ Historical Society Library in Nashville, TN (recently moved to Bethany, WV). Other places that also hold records belonging to some of them are Harvard Yen-ching Library, Harvard Houghton Library, Columbia University's Union Theological Seminary Burke Library, Stanford University Hoover Institution, the Library of Congress, the National Archives II at College Park, MD, Presbyterian Historical Society Archives in Philadelphia, General Commission on Archives and History of the United Methodist Church in Madison, NJ, and Episcopal National Historical Archives at Austin, TX.

After the war, Bates, Magee, and Wilson testified in person as prosecution's witnesses in the court of the International Military Tribunal for the Far East in Tokyo, while Fitch, McCallum, and Smythe submitted written testimonies to the tribunal.

Bates had been a professor of history at the University of Nanking, an American institution, since 1920. It was in Nanjing that he met and married his wife, Lilliath Gertrude Robbins (1893~1982), a Canadian girl teaching English at Ginling College. In late November 1937, when the university relocated to Chengdu (成都) in West China, he stayed behind and assumed the chairmanship of university's Emergency Committee to look after the buildings and equipment on campus. Meanwhile, he played an active role in organizing the International Committee for Nanjing Safety Zone and setting up the Safety Zone to shelter and feed refugees under the reign of terror. He regularly and vigorously filed protests to the Japanese Embassy against Japanese atrocities committed on campus, sent atrocity reports to the American Embassy, and drafted numerous conditions reports. When he was able to send mails out after American diplomats returned, he regularly wrote to his wife and children in Shanghai, as well as his friends. On February 3, 1938, he wrote to his wife Lilliath:

> Meanwhile, military crime has greatly jumped, especially outside the Zone. We have full details of over 20 cases of rape per day, some wounds and murder; and actual total must be several times as many. One woman of 72 from Middle School was raped last night. I just received a fine-looking man with a bayonet stab in the chest, given on Tai Ping Lu when he didn't comply fast enough with a soldier's order to kneel in the snow before showing his pass. Two girls from

the University were killed the first night of return to their home, when they refused soldiers' demands. And so on for a long series every day! There are not a few hideous cases of sadism, but it's mostly plain animal lust and violence.[21]

Bates also kept his friends updated concerning the conditions in Nanjing, in particular, the atrocities Japanese soldiers committed to the city and its residents:

More than ten thousand unarmed persons have been killed in cold blood. Most of my trusted friends would put the figure much higher. There were Chinese soldiers who threw down their arms or surrendered after being trapped; and civilians recklessly shot and bayoneted, often without even the pretext that they were soldiers, including not a few women and children. Able German colleagues put the cases of rape at 20,000. I should say not less than 8,000, and it might be anywhere above that. On University property alone, including some of our staff families and the houses of Americans now occupied by Americans, I have details of more than 100 cases and assurance of some 300. You can scarcely imagine the anguish and terror. Girls as low as 11 and women as old as 53 have been raped on University property alone. On the Seminary Compound 17 soldiers raped one woman successively in broad daylight. In fact, about one-third of the cases are in the daytime.

Practically every building in the city has been robbed repeatedly by soldiers, including the American, British and German Embassies or Amba-ssadors' residences, and a high percentage of all foreign property. Vehicles of all sorts, food, clothing, bedding, money, watches, some rugs and pictures, miscellaneous valuables, are the main things sought. This still goes on, especially outside the Zone. There is not a store in Nanking,

21) M. S. Bates, A letter to wife Lilliath R. Bates, February 3, 1938, Folder 8, Box 1, Record Group 10, Special Collection, Yale University Divinity School Library, New Haven, CT.

save the International Committee's rice shop and a military store. Most of the shops after free-for-all breaking and pilfering were system-atically stripped by gangs of soldiers working with trucks, often under the observed direction of officers, and then burned. We still have several fires a day. Many sections of houses have also been burned deliberately. We have several samples of the chemical strips used by soldiers for this purpose, and have inspected all phases of the process.[22]

Magee went to Nanjing in 1912 as an Episcopal minister. Except for spending furloughs in the United States, he did missionary work on his post for 38 years, and did not leave Nanjing for the United States until 1940. Like Bates, he also met and married his wife Faith Emmeline Backhouse (1891~1975), a British missionary associated with the China Inland Mission, in Nanjing. After the Sino-Japanese hostilities broke out in the summer of 1937, he sent his wife and children back to his hometown, Pittsburgh, Pennsylvania. When Japanese troops approached Nanjing, he not only served as a member of the International Committee for Nanjing Safety Zone and got involved in establishing the Safety Zone, he also founded and chaired the International Red Cross Committee of Nanjing and set up a Red Cross Hospital to shelter and provided medical care for the wounded Chinese soldiers. Under the reign of terror when mass-executions and killings were rampant, Magee kept on writing to his wife letters he could not mail out at the time almost on daily basis to vent out his emotions and anger. These diary letters record the terrible massacre period he had lived through with detailed descriptions of

22) M. S. Bates, A letter to his friends, January 10, 1938, Box 103, Record Group 8, Special Collection, Yale Divinity School Library.

atrocious cases he had witnessed. On December 19, 1937, he told Faith:

> The horror of the last week is beyond anything I have ever experienced. I never dreamed that the Japanese soldiers were such savages. It has been a week of murder and rape, worse, I imagine, than has happened for a very long time unless the massacre of the Armenians by the Turks was comparable. They not only killed every prisoner they could find but also a vast number of ordinary citizens of all ages. Many of them were shot down like the hunting of rabbits in the streets. There are dead bodies all over the city from the south city to Hsiakwan. Just day before yesterday we saw a poor wretch killed very near the house where we are living. So many of the Chinese are timid and when challenged foolishly start to run. This is what happened to that man. The actual killing we did not see as it took place just around the corner of a bamboo fence from where we could see. Cola went there later and said the man had been shot twice in the head. These two Jap. Soldiers were no more concerned than if they had been killing a rat and never stopped smoking their cigarettes and talking and laughing.[23]

He described what he had seen in the streets and at the harbor by the Yangtze:

> About Tuesday night (Dec. 14th) I met with two groups of men being forced along the street, all tied together four by four. One man had no trousers on. A great many of them (it was just dusk when I met the first group so I could distinguish them) —there must have been between 5,000 and 6,000 of them. For several days we could hear the route of machine guns as these men (not only these 6,000) in different parts of

23) John G. Magee, A letter to wife Faith E. Backhouse Magee, December 19, 1937, Folder 2, Box 263, Record Group 8, Special Collection, Yale University Divinity School Library.

the city were being murdered. There is no way of finding out how many have been butchered but my guess is 20,000 including those killed in the streets. There may have been more or may have been less⋯⋯. On the bund there were three great piles of charred bodies— partially burned. I imagine a great many of the fires that have been started by Japanese during the last four or five days have been for the purpose of burning up the dead that they have slaughtered. As I write two fires are burning − one towards Hsiakwan and one towards the south. (ibid.)

He also told her the widespread looting that lasted for a whole week up to then:

The Japanese have been looting Nanking of everything they can lay hands on during this whole week. They even took a motor car from the German Embassy and have entered the American Embassy a number of times to be kicked out each time. Even officers are looting. Yesterday they came to the house (Hansen's) where I am and attempted to take out a remaining motor car (two others had already been taken from here). With this group were two Ronin (Japanese civilian rascals). I pointed at the sign put up by the Japanese Consul General and also the U.S. Embassy sign and tried to close one side of the big gate. A Japanese pushed me back and he went into the garage but this remaining car was broken so they left it. One of the Ronin asked me in good English for my passport, which I showed, and he said "Thank you." The looting has continued for days and they keep taking the scanty food of the people and then bedding and every kind of article they can lay hands on. One cannot leave a motor car for a second or it will be gone. (ibid.)

The most important and unique contribution Magee made to documenting the Nanjing Massacre is that he used a 16 mm movie camera to film atrocity victims mostly inside the University of Nanking Hospital. These footages are the only video image evidence of Japanese atrocities in Nanjing. In order to help audience understand the images in the footages, he wrote detailed captions for each of the 57 cases he had shot. Quoted below is Case 2, Film 5:

> (2) Wu Chang—teh was a member of the police force in Nanking attached to headquarters. He was caught up on December 26 by Japanese soldiers who claimed that he was a soldier, and taken to a place opposite the Capitol Theatre. He was kept here for several hours while about 1,000 men were being collected, and was then marched off with them to the Han Chung Gate where they were ordered to sit down. In groups of 70—80, the men were forced to go outside the city gate where each was shot down with machine guns. Fortunately for Wu, his group was the last to go. By this time it was dark, and when the machine guns began he fell down feigning death, though uninjured. The Japanese then gathered fuel and began to burn the bodies, some of them using picks to draw the wood into a pile. As a soldier came to Wu, he saw that he was still breathing, and hit him in the back with a pick—axe and then pulled some wood over his body. After lighting the fire, the soldiers left, and Wu was able to get out of the pile before the fire reached him. He had to remain outside the city for ten days, but succeeded on the third attempt in getting into the city gate disguised as a beggar. The picture was taken on February 15, when the wound had practically healed.[24]

Mills went to China in June 1912, working for YMCA in a number of cities before he started serving as a pastor of the Northern Presbyterian Mission in Nanjing in 1932. He played a leading role in initiating and organizing the International Committee for Nanjing Safety Zone in November 1937. After the city was captured by the Japanese, he made

24) Case 2, Film 5, Folder 7, Box 263, Record Group 8, Special Collection, Yale University Divinity School Library.

painstaking efforts to safeguard his church compound, which shelter refugees outside the Safety Zone. He was elected to be the vice chairman of the international committee, and when the committee chairman, John Rabe, left for Germany on February 23, 1938, he performed chair's responsibilities, but let Rabe retain the chairmanship title. Mills filed protests with the Japanese Embassy constantly, and as other Americans in Nanjing, he wrote diary letters to his wife, Harriet Cornelia Seyle Mills (1889~1998), and his daughters, who were in Shanghai. On January 9, 1938, he described the horrors in Nanjing to his wife:

> since the Japanese came in it has been hell. I think all of us feel that is the only word to describe what took place during the first ten days or two weeks of Japanese occupation. Cold blooded murder of soldiers taken after the capture of the city, and of many innocent civilians alleged to be soldiers, the shooting also of many without even that excuse, the raping of women on a widespread scale, and the wholesale robbing of the people combined with the deliberate destruction of large sections of the city, there is no other word for it all than the one I used.[25]

Mills told her the losses their own family suffered from Japanese looting:

> There is scarcely a house or building of any sort in Nanking that has not been entered and robbed by Japanese soldiers. A few foreign houses have escaped, but very few. For some reason our own house fared better than Elmian. As I wrote you in my postscript to the other

---

25) W. P. Mills, A letter to wife Nina, January 9, 1938, Box 141, Record Group 8, Special Collection, Yale Divinity School Library.

letter our chief losses there are your wardrobe trunk smashed, the mattress on your bed taken off in a truck by soldiers, and Angie's bicycle. Of course the fact that I had sent you so many things to Kuling helped. Wang—si—fu did his best to protest the place, but a Chinese can do little against a Japanese these days, and of course I could not stay on the place all of the time.[26]

On December 24, 1937, Mills presented a protest to the Japanese Embassy concerning that the American Embassy compound had been broken in and looted:

On December 23rd at 2:30 p.m. three Japanese soldiers came to the west compound of the Embassy and stated that they wanted to borrow cars. Mr. Wu, one of the clerks at the Embassy, explained to them that the cars were all out of order, and that in any case, requests for the use of cars should be made through the Japanese Embassy, rather than by the military directly. These soldiers then went away without giving further trouble.

However on the same day, between 6:30 and 9:30 p.m., small groups of seven or eight armed Japanese soldiers came to the Embassy at least four times. On at least one of these occasions the soldiers were actually accompanied by an officer. The soldiers took away altogether three motor cars. These cars were the property of Mr. C. W. Aldridge (License No. 5033), Mr. Menken (License No. 1255) and Mr. Hansen (License No. 218). The cars were pushed out of the Embassy compound by the soldiers and then towed away by a motor truck which they had brought with them. Four or five bicycles, two oil lamps, and some flash lights, were also taken off by the soldiers. Furthermore, on one of the four occasions mentioned above, the soldiers under command of their officer, searched practically everyone

26) W. P. Mills, A letter to wife Nina, January 10, 1938, Box 141, Record Group 8, Special Collection, Yale Divinity School Library.

who was sleeping in the main office building of the Embassy and robbed them of their money and certain personal effects.[27]

Smythe arrived in Nanjing in 1928 to be a professor of sociology at the University of Nanking, a position he held until 1951. He chose to go to Nanjing partially because of his newly-wedded wife, Margaret Lillian Garrett (1901~1986), born on March 7, 1901 in Nanjing to American missionary parents who were still living in China, and she simply wanted to return home after receiving education in the United States. During the massacre days, Smythe served as the secretary of the International Committee of Nanjing Safety Zone, and he and Rabe rotated to present conditions reports along with a list of atrocity cases to the Japanese Embassy. In addition to drafting reports and committee documents, he also wrote diary letters to his wife on a daily basis, though he could not mail the letters out at the time. On December 23, he told her the mass executions:

> The J. took 200 men out of the camp at the RLTS[28] and shot them. Some of them were probably soldiers, but people there say over half of them were civilians. We were in hopes the fury of the Japanese Army had been vented and we would have no more shooting. One man came back to tell the tale. He was wounded and partly burned. We have not been able to clear up whether that was the same as another report or not. But another man came in today with his face all

---

27) W. P. Mills, A letter to the Japanese Embassy, December 24, 1937, Enclosure No. 15-F to "Conditions of American Property and Interests in Nanking," February 28, 1938, (Department of State File No. 393.115/233), Box 1821, 1930~1939 Central Decimal File, Record Group 59, the National Archives II.

28) Rural Leaders Training School農業專修科 of the University of Nanking.

burned and probably his eyes burned out. His report was that 140 of them had been bunched together and then gasoline thrown on them and then set on fire! Horrible! Whether they are the same group or not we do not know. The group that were shot were reported to have been covered with gasoline and the bodies burned. The man that escaped was down underneath and later got away.[29]

A few days later on December 27, terror continued:

Well, after two weeks of Japanese occupation, this sorry mess still continues. It is discouraging to the best of spirits. We had begun to hope a better day was arriving. But 3 women were raped at the U. of N.[30] and one carried off last night, 27 were raped at the B.T.T.S.,[31] a man taken from duty at the UH[32] to carry things for an officer, flag taken down at RLTS, and today they wanted to carry off our iron-roofed wool building. Rabe this noon got to Sing Kai K'o[33] just in time to see them setting fire to the Mutual Co., that good store east of the Circle, found the new Market in ruins and the State Theatre also burned. Now they are clearing out the stores on the West side of the street north of Sing Kai K'o preparatory to burning them. During the registration process at UN yesterday, they had over 200 men volunteer that they had either been soldiers or military laborers (term used not clearly distinguished for forced civilian labor) on the promise that if they volunteered they would be allowed to work, instead of being shot as they would if they did not confess. This morning a man came to the University with five bayonet wounds and said the group of them were

29) Lewis S. C. Smythe, A letter to wife Mardie and kids, December 23, 1937, Box 103, Record Group 8, Special Collection, Yale University Divinity School Library.
30) The University of Nanking金陵大學.
31) Bible Teachers Training School for Women金陵女子神學院.
32) The University of Nanking Hospital鼓樓醫院.
33) Sing Kai K'o新街口(Xinjiekou), a main square in the center of downtown Nanjing.

marched out to Ku Ling Sze[34)] and there used for bayonet practice by 130 Japanese soldiers. He fainted from his wounds, and when he awoke the Japanese had left, so he made his way back. Wilson thinks one wound is so serious he will not live. That was our diet for lunch this noon when we all reported! Some we had already had for breakfast![35)]

At 5 p.m. on December 19, 1937, Smythe presented a list of 55 atrocity cases which took place from December 15 to 16. In the cover letter that accompanied the case list, he wrote:

> I am very sorry to have to present to you herewith a continuation of the "Cases of disorder by Japanese soldiers in the Safety Zone," being cases numbered 16 to 70. As indicated in the note, these are only a part of the cases that have come to our attention. Mr. Sperling (our Inspector-General), Mr. Kr ger, Mr. Hatz, and Mr. Riggs spend a good deal of their time escorting Japanese soldiers out of houses. These men do not have time to even dictate most of their cases.
>
> I am also very regretful to have to report that the situation today is as bad as ever. One officer did come over in our area near Ninghai Road and cuff a large number of soldiers that were committing disorders. But that does not stop it![36)]

However, Smythe's unique contribution to documenting the Nanjing

---

34) Ku Ling Sze古林寺(Gulin Si), Gulin Temple.
35) Lewis S. C. Smythe, A letter to wife Mardie and kids, December 27, 1937, Box 103, Record Group 8, Special Collection, Yale University Divinity School Library.
36) Lewis S. C. Smythe, The cover letter for 70 atrocity cases to the Japanese Embassy, December 19, 1937, Enclosure No. 1-b to "The Conditions at Nanking, January 1938," January 25, 1938, 793.94/12674, Box 996, Record Group 59, National Archives II.

Massacre is that he designed and conducted a survey on the war damage and human losses in the Nanjing area in the spring 1938. The result of that survey is a brochure under the title, "War Damage in the Nanking Ares." The survey consists of two parts: urban areas and rural regions, with 32 tables, charts, and naps attached at the end. The survey is valuable in that it helps keep the detailed war damage and loss data, including deaths, injuries, rape victims, and damage and losses in monetary terms from looting and burning, which otherwise might be lost. However, "due to the nature of sampling data, as well as the under-reporting of deaths, injuries and rape out of fear of Japanese retaliations as Smythe indicated in his analysis, the figures of deaths and injuries were only the estimated numbers which are much lower than the reality."[37]

Minnie Vautrin went to China in 1912 to be a missionary educator, but she did not join the Ginling College faculty in Nanjing until September 1919. Upon Japanese approach toward Nanjing, Ginling College decided to relocate first to Shanghai and Wuchang, and then to Chengdu. Vautrin chose to stay behind to head the college's emergency committee to safeguard the buildings and equipment on campus. When Japanese troops were at the city gates, she quickly mobilized her staff to turn the campus into a refugee camp for sheltering woman and children. At the most dangerous moment of the reign of terror, Ginling College admitted more than ten thousand women and children. In addition to drafting conditions reports and letters to both the Japanese and American

37) Suping Lu, They Were in Nanjing: The Nanjing Massacre Witnessed by American and British Nationals, Hong Kong, China: Hong Kong University Press, 2004, p. 148.

Embassies, Vautrin kept detailed day-to-day diaries.

In her December 17, 1938 diary entry, she revealed how she herself had been slapped by a Japanese soldier when the soldiers came to the campus to abduct young girls:

> As we finished eating supper, the boy from Central Building came and said there were many soldiers on campus going to dormitories. I found two in front of Central Building pulling on door and insisting on its being opened. I said I had no key. One said —"Soldiers here. Enemy of Japan." I said —"No Chinese soldiers." Mr. Li, who was with me, said the same. He then slapped me on the face and slapped Mr. Li very severely, and insisted on opening of door. I pointed to side door and took them in. They went through both downstairs and up presumably looking for Chinese soldiers. ⋯⋯. We later realized their trick—to keep responsible people at front gate with three or four of their soldiers carrying on this mock trial and search for Chinese soldiers while the rest of the men were in the buildings selecting women. We learned later they selected twelve and took them out at side gate.[38]

On January 26, 1938, Vautrin ventured to a mass execution site in a valley not far from the campus, and saw with her own eyes dozens of charred bodies scattering by the ponds.

> When coming away from the ruins, I met a woman I know, and she asked me if I knew of the large number of bodies over in a pond in the Yang valley. I told her I had heard something of them and would like to go over, whereupon she offered to go with me. Soon we met her husband and he said he would go with me and my servant. We found the pond. At its edge there were scores of black charred bodies and among them

---

38) Minnie Vautrin, December 17, 1937 Diary, Minnie Vautrin Papers, Disciples of Christ Historical Society Library.

two empty kerosene or gasoline cans. The hands of the men were wired behind them. How many bodies there were, and whether or not they were machine gunned first, and then burned, I do not know, but I hope so. In a smaller pond to the west were perhaps 20–40 more charred bodies. The shoes I saw on several men looked like civilian shoes not soldiers. All through the hills are unburied bodies.[39]

She recorded on January 20, 1938 what she had heard about large heaps of massacre victim bodies outside a city gate:

Mr. Gxxx of Red Cross Society said that when he went out to get rice on January 17 he saw great heaps of bodies of men outside the Han Chung Road. The people in vicinity said they were brought there about December 26 and killed by machine guns. Probably the men who admitted at time of registration that they had been soldiers at one time and were promised work and pay if they confessed.[40]

Vautrin was extremely observant, and on a visit to the local Red Swastika Society on April 15, 1938, she gathered information that the society was in the process of burying a huge number of massacre victim bodies:

After the meeting when calling at the headquarters of the Swastika Society, they gave me the following data —
From the time they were able to encoffin bodies, i.e. about the middle of January to April 14, their society had buried 1,793 bodies found in the city, and of this number about 80% were civilians; outside the city

39) Minnie Vautrin, January 26, 1938 Diary, Minnie Vautrin Papers, Disciples of Christ Historical Society Library.
40) Minnie Vautrin, January 20, 1938 Diary, Minnie Vautrin Papers, Disciples of Christ Historical Society Library.

during this time they have buried 39,589 men, women, and children and about $2\frac{1}{2}$% of this number were civilians. These figures do not include Hsia Gwan and Shan Sin Ho which we know were terrible in the loss of life.[41]

Wilson was born on October 5, 1906 in Nanjing to American missionary parents. He grew up and went to school there until he reached high school age in 1922, and then he enrolled at a high school in Princeton, NJ, before attending Princeton University. After he graduated from Princeton in 1927, he continued his education at Harvard Medical School, and got MD in 1933. He did his residency training at St. Luke's Hospital in New York City, where he met and married his wife Marjorie Elizabeth Jost (1908~2004). As soon as he completed the residency, he brought his newly-wedded wife along to return to Nanjing in January 1936 to serve as a Methodist missionary doctor at the University of Nanking Hospital. After hostilities broke out and Japanese planes started air-raids over Nanjing, Wilson sent his wife and newborn baby girl away, while he decided to stay on his post in the hospital. During the massacre days, with large numbers of doctors and nurses evacuating westward to the interiors, he was the only surgeon in town. The atrocity victims who kept coming into the hospital required surgical treatment, and kept Dr. Wilson extremely busy. Sometimes, he had to do a dozen surgeries a day. This experience enabled him to witness the results of Japanese atrocious behaviors at close range. During those dark days when the atrocities went on day after day, he kept on writing to his wife the letters he was unable

---

41) Minnie Vautrin, April 15, 1938 Diary, Minnie Vautrin Papers, Disciples of Christ Historical Society Library.

to mail out. He described one case after another he had treated with scientific precision of his profession. On December 15, 1937 he wrote:

Another case was that of a barber bayoneted by Japanese soldiers. The bayonet had cut the back of his neck severing all the muscles right down to the spinal canal, through the interspinous ligaments. He was in shock and will probably die. He is the only survivor of the eight in the shop, the rest having all been killed.

The slaughter of civilians is appalling. I could go on for pages telling of cases of rape and brutality almost beyond belief. Two bayoneted cases are the only survivors of seven street cleaners who were sitting in their headquarters when Japanese soldiers came in and without warning or reason killed five or six of their number and wounded the two that found their way to the hospital. I wonder when it will stop and we will be able to catch up with ourselves again.[42]

He continued on December 18:

Today marks the sixth day of the modern Dante's Inferno, written in huge letters with blood and rape. Murder by the wholesale and rape by the thousands of cases. There seems to be no stop to the ferocity, lust and atavism of the brutes. At first I tried to be pleasant to them to avoid arousing their ire but the smile has gradually worn off and my stare is fully as cool and fishy as theirs. ······ One man I treated today had three bullet holes. He is the sole survivor of a group of eighty including an eleven year old boy who were led out of two buildings within the so-called Safety Zone and taken into the hills west of Tibet Road and there slaughtered. He came to after they had left and found the other seventy-nine dead about him.[43]

---

42) Robert O. Wilson, A letter to wife Marjorie, December 15, 1937, Folder 3875, Box 229, Record Group 11, Special Collection, Yale University Divinity School Library.

On December 23, he described the conditions of the atrocity cases admitted into the hospital that afternoon:

> Two patients were admitted this afternoon whose condition represents about the last word of fiendish, unmitigated, atavistic brutality. One is the sole survivor of 140 led from one of the refugee camps to the hills where they were first sprayed with a few shots and then soaked with gasoline and set afire. His head is burned to a hideous fixed stare minus the eyes, which are burned out. He actually walked to the hospital. The burn extends from the top of the head and encircles his neck. The other was shot in the jaw first and then soaked in gasoline. He was then set afire. His hands had been bound together behind his back. He has a third degree burn of half his face, both hands half way to the elbows, half his back and from his hips down both legs are completely burned. Our auxiliary hospital is now full with over seventy patients and every bed we have is filled. In addition we are suddenly getting a lot of obstetrics cases. We had three today. Trim delivered two and I delivered one today. Fortunately I had only two small operations. It takes a fair share of the day just to make rounds and see everybody. There are practically no light cases. I have one man with a hole in the side of his head back of his ear about three and a half by one and a half inch in size. A considerable portion of his left temporal and parietal lobes have oozed through the hole and more comes off with the infection daily. He has been there for four days and is still conscious and can even smile with the left side of his face. His right side is paralyzed from head to toe. He would be a marvelous case for neurological study if I had the time. He seems if anything slightly better than when he came in and has no sign yet of meningitis. The injury was a bayonet slash.[44]

43) Robert O. Wilson, A letter to wife Marjorie, December 18, 1937, Folder 3875, Box 229, Record Group 11, Special Collection, Yale University Divinity School Library.

44) Robert O. Wilson, A letter to wife Marjorie, December 23, 1937, Folder 3875, Box 229, Record Group 11, Special Collection, Yale University

On February 13, 1938, he wrote about a horrible massacre at a rural village he heard from a man who himself was shot by a Japanese soldier and came to the hospital for treatment:

Two weeks ago six Japanese soldiers entered the town of Liu—langchiao some miles southwest of our town. They proceeded with their usual system of rape and looting. Some of the men in the town organized some resistance and killed three of the soldiers, the other three getting away. The three soon returned, with several hundred who quickly threw a cordon around the town. A town of 500 inhabitants, it had only about 300 at the time. These 300 were all tied together in groups of six to eight and thrown in the icy river. They then leveled the town so that there wasn't a wall standing. The story was told me by a man who had gone from Nanking to Tanyangchen, a village just beyond Liulangchiao. He talked with the few terrified inhabitants of the surrounding territory and saw the ruins. Coming back he passed two soldiers on sentry duty at Yuhwatai just outside of South Gate. He was with his wife and child. They had passed the sentries about fifty yards when one of them casually shot in their direction, the bullet going through his flank but fortunately not entering the peritoneum. He is anxious to get out and return to Tanyangchen.[45]

2) Atrocity Reports by German Businessmen

Among the 22 Westerners in the fallen Nanjing, there were five German businessmen and one Austrian. These Germans were actively involved in organizing and working for the International committee for Nanjing Safety

Divinity School Library.

45) Robert O. Wilson, A letter to wife Marjorie, February 13, 1938, Folder 2876, Box 229, Record Group 11, Special Collection, Yale University Divinity School Library.

Zone, as well as maintaining the Safety Zone to protect refugees against Japanese atrocities. In particular, John Heinrich Detlev Rabe (1882~1950) played the leading role by chairing the international committee when war got close to Nanjing. Rabe went to China in 1908, first working for a Hamburg based company in Beijing, and switching to Siemens in 1911. He was transferred to Nanjing in 1931 to be the representative of Siemens there. After atrocities were committed by Japanese soldiers following the city's fall, Rabe worked incessantly, filing protests to the Japanese Embassy, drafting reports, and even sending a telegram to Hitler, hoping the German Government would intervene to stop the Japanese atrocities. In presenting 26 atrocity cases to Japanese Vice Consul Masakazu Tanaka 田中 正一(1888~1957) on December 20, 1937, he wrote in the cover letter:

> Herewith is the sad continuation of the story of disorders by Japanese soldiers in Nanking, cases Nos. 71 to 96. You will note that of these 26 cases reported to us since yesterday that 14 of them occurred yesterday afternoon, night and today. Consequently there does not seem to be much improvement in the situation.
>
> Although rape by Japanese soldiers occurred in Ginling College last night while one of your Consular Guards was at the gate, there was no trouble on the main campus at the University of Nanking. Since no other method has worked to date, we earnestly hope that the sentries may be placed tonight and henceforth at the 18 Refugee Camps, University Hospital, and in the day time at our soup kitchens at: Wutaishan, opposite Ginling College and on the University athletic field.
>
> We wish that much more stringent measures could be taken at once to stop this disorder amongst Japanese troops. The number of military police you have are not going to be enough to cope with the situation.[46]

46) John Rabe, The cover letter for Cases 71-96 to Mr. Tanaka of the Japanese Embassy, December 20, 1937, Enclosure No. 1-c to "The Conditions at

During the massacre period, Rabe kept a detailed record of his daily activities and happenings around him. In his December 15, 1937 diary entry, he recorded,

> The Japanese march through the city in groups of ten to twenty soldiers and loot the shops. If I had not seen it with my own eyes I would not have believed it. They smash open windows and doors and take whatever they like. Allegedly because they're short of rations. I watched with my own eyes as they looted the caf of our German baker Herr Kiessling. Hempel's hotel was broken into as well, as was almost every shop on Chung Shang and Taiping Road. Some Japanese soldiers dragged their booty away in crates, others requisitioned rickshas to transport their stolen goods to safety. ……
>
> We ran across a group of 200 Chinese workers whom Japanese soldiers have picked up off the streets of the Safety Zone, and after having been tied up, are now being driven out of the city. All protests are in vain.
>
> Of the perhaps one thousand disarmed soldiers that we had quartered at the Ministry of Justice, between 400 and 500 were driven from it with their hands tied. We assume they were shot since we later heard several salvos of machine-gun fire. These events have left us frozen with horror.[47]

On the following day, he mentioned another 1,300 people had been tied up, and led away to be executed:

> No sooner am I back in my office at Committee Headquarters, than

Nanking, January 1938," January 25, 1938, 793.94/12674, Box 996, Record Group 59, National Archives II.

47) John Rabe, *Good Man of Nanking: Diaries of John Rabe*, New York: Alfred A. Knopf, 1998, pp. 67-68.

my boy arrives with bad news — the Japanese have returned and now have 1,300 refugees tied up. Along with Smythe and Mills I try to get these people released, but to no avail. They are surrounded by about 100 Japanese soldiers and, still tied up, are led off to be shot. (p. 71)

On December 16, Rabe recorded widespread looting, which had happened to almost all the German military advisors' residences, as well as refugees' misery and mass executions:

Almost all the houses of the German military advisors have been looted by Japanese soldiers. No Chinese even dares to set foot outside his house! When the gates to my garden are opened to let my car leave the grounds — where I have already taken in over one hundred of the poorest refugees — women and children on the street outside kneel and bang their heads against the ground, pleading to be allowed to camp on my garden grounds. You simply cannot conceive of the misery. ……

I've just heard that hundreds more disarmed Chinese soldiers have been led out of our Zone to be shot, including 50 of our police who are to be executed for letting soldiers in.

The road to Hsiakwan is nothing but a field of corpses strewn with the remains of military equipment. (pp. 74-75)

On December 24, Rabe visited the University of Nanking Hospital where Dr. Wilson showed him several atrocity cases and dead bodies in the morgue:

Dr. Wilson used the opportunity to show me a few of his patients. The woman who was admitted because of a miscarriage and had the bayonet cuts all over her face is doing fairly well. A sampan owner who was shot in the jaw and burned over most of his body when someone poured gasoline over him and then set him on fire managed to speak a few words, but he will probably die in the course of the day. Almost two-thirds of his skin is burnt. I also went down to the morgue in the basement and had them uncover the bodies that were delivered last night. Among them a civilian with his eyes burned out and his head totally burned, who had likewise had gasoline poured over him by Japanese soldiers. The body of a boy, maybe seven years old, had four bayonet wounds in it, one in the belly about as long as your finger. He died two days after being admitted to the hospital without ever once uttering a sound of pain. (p. 92)

Rabe sent a letter to Wilhelm Maier, director of the executive board of Siemens Chins Co, in Shanghai on January 14, 1938, to update his company's office there about the conditions in Nanjing. This letter was dispatched on January 28, by the German Ambassador to China, Oskar Paul Trautmann (1877~1950), to the German Foreign Office in Berlin, and excerpts of the letter were read by American prosecutor David Nelson Sutton (1895~1974) as the prosecution's evidence on August 29, 1948 in the court of the International Tribunal for the Far East in Tokyo:

Our real hardship, however, began only after the bombardment, i.e., after the capture of the city by the Japanese. The Japanese military authorities apparently lost authority over their troops, who for weeks plundered the city after its capture, violated about 20,000 women and girls, slayed thousands of innocent civilians (among them 43 workers of the power plant) in a brutal manner (mass murder by machine gun fire was among the humanitarian methods of execution) and did not shy away from also entering into foreign homes. Of 60 German homes, about 40 were more or less robbed and four were completely burned down. Approximately one third of the city has been destroyed through fire by the Japanese. Cases of arson still occur. There is no store in the city which was not broken in or plundered. Corpses of shot and murdered people still lie around in the city,

> where burial was not permitted to us. (We do not know why) The
> corpse of a Chinese soldier, shackled to a bamboo bed lies about 50
> meters from my house since December 13th. Various ponds in the
> zone contain up to fifty corpses of Chinese who had been shot, which
> we are not allowed to bury.[48]

Christian Jakob Kröger (1903~1993) was a trained engineer who was dispatched to China in 1928 by Carlowitz&Co. 禮和洋行. He had worked in several cities in North China. On a business trip to Nanjing, Kröger got acquainted with Erika Busse (1911~1956) who, born in Zifu, Shandong Province (山東芝罘, present-day Yantai 煙台) to German parents, worked as a typist in the German Embassy in Nanjing, and fell in love with her. Consequently, he requested to be transferred to his company's Nanjing branch in 1936. At the approach of Japanese troops, Kröger was kept from evacuating by company's business, though he soon devoted himself fully to working for the International Committee for Nanjing Safety Zone as the committee's treasurer. During the massacre period, he wrote reports and letters, leaving behind a large number of eyewitness accounts concerning Japanese atrocities in and around Nanjing. The excerpts of one of his reports were read on August 30, 1946 as the prosecution's evidence in the court of the International Military Tribunal for the Far East.

On January 21, 1938, Christian Kröger wrote a letter to Lieutenant General Alfred Streccius, a German military advisor then in Hankou:

> In short, the days of horror came after the occupation. Nanjing was
> made available for wanton looting and over the course of two weeks

---

48) R. John Pritchard and Sonia Magbanua Zaide, *The Tokyo War Crimes Trial, Vol.2, Transcripts of the Tribunal*, pp. 4,593-4,594.

the residents were subjected to all forms of atrocity. All refugee camps were searched, and although the civilian population did not fire a single shot at the Japanese, around 5,000 to 6,000 civilian men were taken out to be shot in Xiagwan. As soon as they entered the city, they shot anyone they saw, but during the plundering, they were even quicker with their bayonets. The number of these victims cannot be estimated, but it runs into the thousands, many of whom were massacred in the cruelest possible way. Likewise, the number of women and girls raped is incredibly high.

All the houses were looted, nor were the Japanese soldiers stopped by foreign flags. The Embassy is compiling an accurate list, and your servant has already made a list of the things that were stolen from your house. In summary, 4 houses belonging to Hempel, Kiessling, Schmeling and Echert were burned down, 15 houses were badly looted, 24 were lightly looted, and approx. 14 were intact or showed only evidence of "initial looting". 13 cars were stolen. The Americans and British suffered even more damage. Several servants paid the price of their lives to be loyal to their masters. As far as I know, for Germans, a coolie was killed in Boddien's house.[49]

In an extensive eyewitness account of 14 pages under the title, "Nankings Schicksalstage: 12. Dezember 1937~13. Januar 1938 (Fateful Days of Nanjing: December 12, 1937-January 13, 1938)," Kröger described in detail the conditions and Japanese atrocities prevailing:

The rigorous search of the city and, in particular, the refugee camps began immediately on December 14. Many discarded uniforms gave the Japanese an indication that many more soldiers remained hidden in the city, albeit safely in civilian clothes. Under this motto, however, all cruelties were allowed and countless, completely pointless shootings

---

49) Christian Kröger, A letter to Alfred Streccius, January 21, 1938, MSG 160/8, p. 77-79, Bundesarchiv Militärarchiv, Freiburg, Germany.

were the order of the day. The camps were searched completely indiscriminately and repeatedly, as often as desired, so that in the course of a few days without any summary court, and although not a single shot was fired from the civilian population, an estimated 5,000 to 6,000 men were shot, mostly by the river, in order to spare themselves the trouble of burial. This number is probably too low rather than too high. Even today, when every resident has to register, this selection continues, even if it is now only on an individual basis. If already the first military occupation of the city was marked by the senseless shooting of many disarmed persons or wounded soldiers, workers of the city administration, the Power Plant and Waterworks, of peaceful inhabitants and peasants in large numbers, then the subsequent massacre of many hundreds and thousands can in no way be excused or even explained. At the Ministry of Transportation, from the 14th to 26th, the corpses of about thirty coolies and soldiers, tied up and shot, lay by the street. In a pond, not far from the Shanxi Road, there are about 50 corpses; in a temple, I saw about 20 and at the end of Jiangsu Road there are still about 20 dead, quite apart from those who were shot in the mountains and simply covered over. There are apparently no prisoners of war, even if today they still want to make us believe that many of those who were led away were interned on Baguazhou Island or were otherwise transported away.

Another very dark chapter is the abuse and rape of many thousands of girls and women. Rampaging of this kind certainly occurs in any army, especially in the Far East, but the abuses, mutilations and completely unnecessary cruelties inflicted upon underage girls and even young children are senseless. All of this is done by the Imperial Japanese Army in the spirit of Bushido and the ancient samurai.[50]

On January 6, 1938, Kröger wrote a letter to his company's office in Shanghai as soon as American diplomats returned to Nanjing, and the

---

50) "Nankings Schicksalstage: 12. Dezember 1937-13. Januar 1938 (Fateful Days of Nanjing: December 12, 1937-January 13, 1938)," BA-NS10/88/ pp. 18-19, Bundesarchiv, Berlin-Lichterfelde.

Westerners could mail out letters through diplomatic channel by American or British gunboats without being censored by the Japanese. In this letter he recounted the looting and burning in the city:

Since December 20, 1937, the Japanese began to systematically burn down the city and this has so far been so successful that about one third of the city has been burned down, especially the South City, the main business district, as well as the individual commercial buildings and residential districts near our house. The burning has diminished some—what now, that is, at present they burn down only a few houses that they have overlooked or otherwise missed. Before burning, all the houses had been plundered completely by organized squads with trucks.[51]

Almost 50 years later in 1986, Kröger retyped his account, "Nankings Schicksalstage: 12. Dezember 1937~13. Januar 1938," and sent it to Chinese Ambassador to West Germany Guo Fengmin 郭豐民 (1930~) in commemoration of the 50th anniversary of the Nanjing Massacre.

Eduard Sperling was a German businessman already in his sixties in 1937, working as the Nanjing representative for the Shanghai Insurance Company, which was a Dutch company headquartered in Shanghai. He was a founding member of the International Committee for Nanjing Safety Zone, and worked diligently for the committee and the Safety Zone in the capacity of Inspector General, or Police Commissioner. In performing his daily duty of patrolling around the Safety Zone, he was able to witness

---

51) Christian Kröger, An undated letter as the attachment to Oskar Trautmann's No. 52 Report Verhältnisse in Nanking nach der Einnahme durch die Japaner (Conditions in Nanjing after its fall to the Japanese), January 28, 1938, Auswärtiges Amt Doc No. 2722/1508/38, BA-R9208/2190/ p. 146, Peking II, Politisches Archiv, Auswärtiges Amt, Berlin.

quite a few atrocity cases. He indicated in a letter to the German Consul Georg Rosen dated January 22, 1938,

> In more than 80 cases, I was brought in by the Chinese civilian residents to drive out Japanese soldiers who invaded the homes in the safety zone and were terribly raping women and young girls. I did that without difficulty.
>
> On New Year's Day, some Japanese soldiers made themselves particularly comfortable. The mother of a young pretty girl, called me in horror, begging and crying on her knees that I should help her — I went with her to a house near Hankou Road. When I entered the house I saw the following: a Japanese soldier lay completely undressed on a young pretty girl who cried terribly. I yelled at this guy in all terrible languages, wishing him "Happy New Year," and in no time, his pants still in his hands, he hurried away. Reports have been made of all these cases, including the looting, which are kept in the files of the International Committee and can be consulted at any time.[52]

In the same letter he reported the mass executions and rampant looting of German residences in the city:

> On Dec. 22, with Mr. Fitch, I saw near Yunnan Road in the so-called safety zone, 30 dead civilian Chinese who were handcuffed, shot and then thrown into the water. According to Messrs. Kr ger and Hatz, about 500 civilians are reported to have been shot in a similar manner outside Hanxi Gate. I estimate 5,000 to 6,000 men, all helpless, defenseless

---

52) Eduard Sperling, A letter to Georg Rosen, January 22, 1938, an attachment to Oskar Trautmann No. 102 Report, "Japanische Ausschreitungen und Plünderungen deutscher Häuser in Nanking (Japanese outrages and plundering of German houses in Nanjing)," February 22, 1938, p. 3, Auswärtiges Amt Doc No. 2718/1789/38, R104842, Peking I, Politisches Archiv, Auswärtiges Amt, Berlin.

people, were brutally murdered.

On December 27–30, I went with the Japanese Consulate Police Officer Takadama, at the request of the Japanese Embassy, to visit about forty German houses, most of which were looted. With the exception of the German ambassador's house, all the servants and guardians of the houses outside the safety zone had run away, worst of all being houses like Kunst&Albers, Haus Rohde, Scharffenberg, Schmidt&Co., Schmeling, Echert, Kiessling&Bader, Hempel. The latter four houses are completely burned down. At the Foochong Hotel, where German capital is invested, the safe was broken up, the whole floor was robbed of drinks, beds, blankets, laundry, silverware, and so on. The Japanese police officer took notes everywhere and wrote down the conditions of the houses in question. My private house was looted too, crates and cases were forcibly broken up and all my winter and summer clothes were stolen. The houses of Senczek, Lindemann, Busse, and Just —located on the Central Road— were partially looted. I told the Japanese police officer, Mr. Takadama, that under oath I can swear that most of the houses were still in order when the Japanese troops entered. (ibid)

Two months later on March 22, 1938, Sperling indicated that even though four months had passed since the Japanese captured the city, atrocity cases occurred over and over again:

Two days ago I saw on my inspection round two nice, cleanly dressed Chinese girls riding in rikshas. Four Japanese drunken soldiers stopped the rikshas and in a very low and mean way the two Chinese girls were mobbed. It was not until I intervened that the two girls, one of whom spoke English, were freed from their difficult situation.

In the house of the German company Schmidt & Co. lived the Comprador Mr. Xia and the houseboy with their wives. Almost daily Japanese soldiers broke into there, plundered and destroyed the possessions of the German company. Japanese soldiers also raped the women in a very mean way, so that the Comprador's wife wept and asked for help, for they couldn't stand

it any longer. On their knees they asked me to free them from the claws
of the beasts. I took both families into my house.

Now, after nearly four months, such brutal cases are still happening,
as can be seen daily.[53]

4

1) Japanese Atrocities Documented by
American Diplomats

About three weeks after Nanjing fell to the Japanese, an American
consular group returned to the city to reopen the U. S. Embassy. Around
11 a.m. on January 6, 1938, USS Oahu reached Nanjing harbor. The
gunboat landed three passengers at Nanjing: Third Secretary John Moore
Allison (1905~1978), Vice Consul James Espy (1908~1976), and Code
Clerk Archibald Alexander McFadyen, Jr. (1911~2001). As soon as they
arrived, the American diplomats met with the American residents in the
city for information concerning the local conditions. Meanwhile, they also
conducted investigations on the losses and damage inflicted to the
American property and interests by Japanese soldiers, and reported to
American Ambassador in Hankou and Secretary of State in Washington

---

53) Eduard Sperling, A letter to Georg Rosen, March 22, 1938, an attachment to
Georg Rosen's No. 36 Report "Neue Greueltaten der japanischen Armee.
Opiumhandel durch die japanische Armee (Recent atrocities of the Japanese
army. Opium trade by the Japanese army.)," March 24, 1938, Auswärtiges
Amt Doc No. 2718/2404/38, Bundesarchiv Doc. No. BA-R9208/2215/ p. 225,
Peking II, Politisches Archiv, Auswärtiges Amt, Berlin.

D.C. in a timely manner. It is not uncommon that Allison sent out two or three dispatches within a day.

At 5 p.m. on the same day of their arrival, Allison reported in a cable:

> All Americans in city are safe and well. There has been con—siderable looting of American property by Japanese soldiers though the situation has improved of late. Buildings have been but slightly damaged while contents left unguarded have generally been looted. American residents with whom I had lunch tell an appalling story of wanton killing of civilian Chinese and violation of women, some taking place in American property. Standard Oil and Texaco installations entered and stocks removed though amount taken still unknown.
>
> General conditions in city slowly returning to normal. Embassy has water but no electricity. Food supplies restricted somewhat. Japanese troops still imperfectly controlled but it is believed worst is over.[54]

On January 8, Allison cabled a preliminary report about the losses and damage suffered by American institutions and individuals:

> Further investigation of damage to American property, other than Embassy, disclosed that the main building of the Methodist Episcopal Mission North on Shenchoulu was gutted by fire, reputedly of Japanese origin, a few days after the fall of Nanking. Other pieces of American property damaged, belonged to United Christian Mission where two buildings of boys' school were burned and to American Church Mission where parish house was hit by shell fire.
>
> Texas Company installation on December 30 and January 4 entered by Japanese soldiers, the American flag torn down, burnt and practically all stocks removed as well as personal belongings of em—

---

54) John M. Allison, No. 7 Telegram, 5 pm, January 6, 1938, 393.1115/2447, Box 1795, Record Group 59, the National Archives II, College Park, MD.

ployees. Buildings intact. Standard Oil Company installation and resi-
dence buildings intact though partially looted. American residents have
reported numerous cases of Japanese soldiers tearing down and
mutilating American flags and showing complete disregard for measures
of American or Japanese Embassy proclamation setting forth the
American nature of the property concerned. American property located
in the so-called "safety zone" generally undamaged except for sporadic
looting and pilfering.

I have made several oral and informal protests to the Japanese
Embassy and have informed them that after I have an opportunity to
make full investigations I deem it advisable to take up these various
matters officially.[55]

As more atrocity cases rushed in, Allison was kept busy, sending
cables one after another. On January 20, he reported, "Between noon of
January 15 and noon today there have been reported to this Embassy 15
cases of irregular entry of American property by Japanese soldiers. In
addition to property of American citizens and organizations which was re-
moved during these irregular entries, 10 Chinese women refugees residing
at the properties concerned were forcibly taken away."[56]

In response to an inquiry from the U.S. Embassy in Tokyo concerning
Japanese atrocities in Nanjing, Allison indicated in his No. 32 telegram
dated noon, January 22, 1938:

In my January 6, 5 p.m. I reported that local American residents had
told "an appalling story of wanton killing of civilian Chinese and violation

---

55) John M. Allison, No. 11 Telegram, 4 pm., January 8, 1938, 124.932/553,
Microfilm Set M976, Roll 48, RG 59, the National Archives Ⅱ.
56) John M. Allison, No. 27 Telegram, 4 pm., January 18, 1938, 393.115/125,
Box 1820, RG 59, the National Archives Ⅱ.

of women, some taking place in American property" and in my 27, January 18, 4 p.m. further instances were given of the taking by force of women from American property. I have not deemed it advisable to send full details of such atrocities by telegraph but a detailed report is being prepared which will shortly be forwarded by safe means to Shanghai. It can be said, however, that such facts as reported in Tokyo's telegram under reference have been fully authenticated here and that this office has on file written statements from responsible American citizens testifying to the absolutely barbarous action of Japan—ese troops, whose officers made no apparent effort to control them, after the occupation of Nanking.[57)]

That detailed report to be forwarded to Shanghai by safe means is a 135-page report, which, under the title, "Conditions at Nanking, January 1938," with 30 enclosures and sub-enclosures included, was drafted by Vice Consul Espy, and excerpts of the report were read on August 29 and 30, 1936 in the court of the International Military Tribunal for the Far East.

After interviewing the American and German residents, Espy wrote, "The picture that they painted of Nanking was one of a reign of terror that befell the city upon its occupation by the Japanese military forces. Their stories and those of the German residents tell of the city having fallen into the hands of the Japanese as captured prey, not merely taken in the course of organized warfare but seized by an invading army whose members seemed to have set upon the prize to commit unlimited depredations and violence."[58)] Based on the information provided by the

---

57) John M. Allison, No. 32 Telegram, noon, January 22, 1938, 793.94/12176, Microfilm Set M976, Roll 49, RG 59, the National Archives II.

58) James Espy, "The Conditions at Nanking, January 1938," January 25, 1938, p. 2, 793.94/12674, Box 996, RG 59, National Archives II.

Americans and Germans who went through the horrors of the massacre period and their own observations, Espy gave a comprehensive account of the conditions in Nanjing before their arrival:

no sooner had the Japanese armies gotten into Nanking than instead of a restoration of order and an end made of the confusion that had come about, the reign of terror for the city really began. By the night of December 13th and the morning of December 14th acts of violence were already occurring. Detachments of Japanese soldiers were first of all sent out to round up and "mop up" Chinese soldiers left within the walls. Careful search was made throughout all the streets and buildings of the city. All ex-Chinese soldiers and persons suspected to have been such were systematically shot. Although no accurate records are obtainable, it is estimated that well over twenty thousand persons were executed in this manner. Little effort appears to have been made to discriminate between ex-soldiers and those who had never, in fact, served in the Chinese armies. If there was the slightest suspicion that a person had been a soldier such person was seemingly invariably taken away to be shot. The Japanese determination to "wipe out" all remnants of the Chinese Government forces was apparently unalterable……

Besides the hunting down and execution of all former Chinese soldiers by detachments of Japanese military, small bands of two or three or more Japanese soldiers roamed at will the entire city. It was the killing, raping and looting of these soldiers that perpetrated the worst of the terrors on the city. Whether carte blanche was given to these soldiers to do anything they like or whether the Japanese armies got completely out of control after they entered the city has not been fully explained. We have been told that at least two orders were sent out by the Japanese high command to get the soldiers under control and that before the armies entered the city strict orders were issued that no property was to be burned.

It remains, however, that the Japanese soldiers swarmed over the city in thousands and committed untold depredations and atrocities. It would seem according to stories told us by foreign witnesses that the soldiers were let loose like a barbarian horde to desecrate the city. Men, women and children were killed in uncounted numbers throughout the city. Stories are heard of civilians being shot or bayoneted for no apparent reason. We were informed by Japanese themselves on the day of our arrival at Nanking that many bodies had to be cleaned up the day before. However bodies are still to be seen in houses, in ponds and along the sides of by-streets. We have been informed by an American citizen that a house containing fourteen Chinese in the south city was entered by Japanese soldiers. He said he saw the bodies of eleven persons, the women amongst whom were said to have been raped before being killed. Two small children and one other alone survived. A small pond nearby the Embassy was dragged the other day for corpses. It disgorged some twenty or thirty bodies of Chinese dressed in civilian clothing.

The soldiers are reported to have sought out the native women wherever they could be found to violate them. Reference is made to the enclosures of this report for descriptions of such occurrences. During the early part of the Japanese occupation over a thousand such cases a night are believed by the foreigners here to have occurred and one American counted thirty such cases in one night in one piece of American property. (pp. 6-9)

The looting was so rampant that hardly any house in the city was spared, not even the ones marked with foreign flags, including the houses Americans were still residing in:

Whether the compound, house, shop or building be that of a foreign mission or that of a foreign or Chinese national, all have been entered without discrimination and to a greater or less degree ransacked and looted. The American, British, German and French Embassies are known to have been entered and articles taken therefrom. It has also been reported that the same thing has occurred to the Italian Embassy. The Russian Embassy on January 1st was mysteriously gutted by fire. Without exception, every piece of American property inspected by us or reported upon by the American residents has been entered by Japanese soldiers, frequently time and time again. This has occurred even to the residences in which the Americans are still living. These American residents and the other members of the International Committee have been and up to the time of this report still are constantly driving Japanese soldiers out of foreign properties who have entered in search of loot or women. (p. 10)

The widespread burning, which continued for weeks, resulted in the worst visible physical destruction to a large percentage of the city. Espy commented:

But the worst that the real property of Nanking has suffered is the destruction by fire. At the time of writing this report fires can still be seen in a few places in the city. In the "safety zone" no fires have occurred. Nevertheless, except for this zone, burning through arson or otherwise has been committed at random throughout the city. On many streets there are found houses and buildings that are burnt down, intermittently among others that were not burnt at all. A street will have one, two or more buildings with only charred walls standing while the rest of the buildings along it have not been touched by fire.

The southern end of the city has suffered the worst of the ravages by fire. An inspection of that part of Nanking where the business and commercial section of the city is located showed block after block of burnt out buildings and houses. Many blocks are left with only a dozen or less buildings still standing. Instead of the nearly complete destruction by fire of the entire section of the city such as occurred to Chapei in Shanghai it could be seen that usually just the buildings facing onto the main streets were destroyed while the structures behind had mainly not been burnt. (pp. 12–13)

On January 24, 1938, a female employee was abducted from the Agricultural Implement Shop of the University of Nanking, an American institution, to a building temporarily quartered by Japanese soldiers. The woman was raped three times before she was released. After the case was reported to Allison, he decided to investigate it personally. On January 26, together with Riggs, a professor at the university, Allison accompanied the woman to the temporary barracks to identify the rapists. However, no sooner did they set their feet inside the compound than a Japanese soldier rushed toward Allison and Riggs and slapped both across the face. Immediately, Allison took Riggs and the woman to the Japanese Embassy to lodge a strong protest. The incident known as the "Allison Incident" became another source of the U.S.-Japanese diplomatic crisis after the Panay bombing, and it ended with an official apology rendered to Allison by the special Japanese envoy Katsuo Okazaki 岡崎勝男(1897~1965).[59]

2) Reign of Terror Reported in the British Diplomatic Dispatches

Three days after the American consular group arrived in Nanjing, accompanied by German diplomats, British diplomatic officials on board of HMS Cricket returned on January 9, 1938 to reopen the British Embassy. The British consular group consisted of Consul Humphrey Ingelram Prideaux-Brune (1886~1979), Military Attaché Lieutenant Colonel William Alexander Lovat-Fraser (1894~1978), and Wing Commander John Gustave Walser (1896~1965), acting air force attaché. Consul and Military Attaché,

---

59) John M. Allison, No. 40 Telegram, 2 p.m., January 27, 1938, 123 Allison, John M./161, Box 355, RG 59, the national Archives II, and John M. Allison, Ambassador from the Prairie, Boston: Houghton Mifflin Company, 1973, p. 41.

as well as three German diplomats were allowed to enter the city, while the Japanese refused to grant entry for Walser, alleging that they had not informed by the Japanese authorities in Shanghai of his arrival. Walser was then accommodated on HMS *Bee* and was not allowed to enter until January 12 after an arrangement was made between the British and Japanese authorities. However, because Lovat-Fraser and Walser moved around in the city extensively, Prideaux-Brune was afraid that they might irritate the Japanese, he made an arrangement for the two to return to Shanghai by HMS Aphis on January 16. Thus, Consul Prideaux-Brune was the only British diplomat in town for two weeks until Ernest William Jeffery (1903~1989) and Walter Henry Williams (1899~?) arrived on January 27 to take over the embassy business. Prideaux-Brune left for Shanghai on January 29, 1938.

As his American counterparts, Prideaux-Brune did investigations to collect information about the conditions in general and the damage and losses suffered by British businesses and citizens in particular. On January 13, he reported the Nanjing conditions under the reign of terror:

Situation here is far more difficult and abnormal than we had anticipated. Atrocities committed during first two weeks after occupation of city were of a nature and on a scale which are almost incredible. Condition as regards military unruliness are slowly improving but isolated cases of murder and other barbarities continue. Within last three days houses occupied by Germans and Americans and flying respective national flags have been forcible entered by military and from one American house a Chinese was summarily removed without consulting U.S. Embassy.

2. City is entirely under military domination. Military are in a sinister mood and bitterly hostile towards us. They remonstrated privately with my German colleague for his eccentricity in arriving here in my

company. Embassy officials are friendly and helpful so far as cir—
cumstances permit. Autonomous committee was organized by them
and was accorded grudging recognition by military sometime after its
formal inauguration on January 1st. So far as I can learn it is still in
process of finding its feet and it may be some time before it begins
to function effectively.

3. Chinese mostly of poorer classes are congregated in safety zone.
   Estimated number about 200,000. Work accomplished by German
   and American members of Zone Committee transcends all praise.
   There can be no doubt their presence alone has secured com—
   parative safety zone and many attacks on individuals were aver—
   ted by their continued gallant intervention. There is a strong
   movement to get rid of them and of course only eventual solution
   is for Japanese to undertake care of remaining civilian population
   and civil administration in general so soon as proper arrangements
   can be made.

4. Military are firmly opposed to return of any foreigners except officials
   and it is obvious that in any case in circumstances above described
   it would be inadvisable and quite futile for any British subjects to
   return. Any revival of business activities must depend similarly on
   some measure of modification among Chinese (?) and it is impossi—
   ble to say when that may come.[60]

On January 21, Prideaux-Brune sent out another dispatch, indicating
that there was still no apparent improvement in the local conditions:

There has been no perceptible improvement in the local situation
during the last week. City remains completely dead except as a centre
of military activity. Troops are constantly coming and going and appear
subject to no unified situation inside city. American Embassy has been

---

60) Consul Nanking, A telegram to the British Embassy in Shanghai, 5:18 p.m.
January 13, 1938, ADM116/3882, Yangtze Records, Public Record Office,
London.

much occupied during the past week by cases of soldiers forcing their way into American properties for purpose of abduction or looting. A strong protest has been made in Tokyo and I understand instructions have been sent for better protection to be afforded foreign properties.

There have been no signs of any attempt to develop civil administration or to provide security for Chinese life and property. Half hearted attempts were made to persuade some of refugees in safety zone to return to their homes elsewhere in the city. Only a very few individuals risked experiment and they promptly met with disaster.[61]

On January 22, he reported what had happened to one of British businesses there, International Export Company, "Little damage has been done but inhabitants have been frightened and ill-treated. Abduction of girls from compound continues as in the rest of the city."[62] Upon his departure from Nanjing on January 29, 1938, he provided an analytical summary of the conditions in the city:

Military lawlessness continues due to lack of any centralized control. Major instances are rape. Ronins (civil hangers on of army, adventurers and bravoes) have appeared on scene and are likely to prove a source of further trouble.

Problem of 250,000 Chinese civilian refugees is serious. Japanese have informed Zone Committee that refugees must be dispensed with before February 4th. Most of them have nowhere to go and no means of subsistence and any hasty action by Japanese authorities may lead to rioting and more atrocities.

Japanese continue to resent violently any observation of their

---

61) Consul at Nanking, A telegram to the British Embassy, January 21, 1938, ADM116/3882, Yangtze Records, Public Record Office, London.
62) Robert G. Howe, No. 128 telegram to the Foreign Office, January 22, 1938, FO 371/22085, Public Record Office, London.

After taking over the embassy responsibilities, Jeffery handled a large number of claims filed by the British nationals who had suffered property damage and losses, including wrestling with his Japanese counterparts to seek compensations from the Japanese Government.

3) Reports about the Nanjing Massacre Dispatched by German Diplomats

On January 9, 1938, three German diplomatic officials, namely, Georg Friedrich Murad Rosen (1895~1961), Paul Hans Hermann Scharffenberg (1873~1938), and Alfred Mathias Peter Hürter (1904~1988), returned to Nanjing, along with their British colleagues on HMS Cricket. Even though Germany and Japan became allies under the 1936 Anti-Comintern Pact, Rosen, with intense anti-Japanese attitude, had a serious altercation with the Japanese authorities, soon after their arrival. Rosen had worked in Nanjing since November 1936, and had formed the habit of taking walks in the Sun Yat-sen Memorial Park 中山陵園 in the eastern suburbs. On January 13, when he drove with Christian Kröger out of city's eastern gate, Zhongshan Gate 中山門, he was stopped by the Japanese embassy officials and Tadao Hongo 本郷忠夫(1899~1943), a Japanese military head-quarters staff officer in charge of liaison with Western officials. Rosen

---

63) Robert G. Howe, No. 220 telegram to the Foreign Office, February 1, 1938, File 1371, FO 371/22146, Public Record Office, London.

had a heated argument with the Japanese, complaining that they deprived him of his freedom of movement.[64]

As soon as their return to the city, German diplomats started collecting information. On January 13, Rosen dispatched his first cable through the British Royal Navy, briefly reporting the losses and damage inflicted to the German residences in the city. This cable was followed by a detailed report on the same day, providing a list of 61 German houses with a brief description of the damage sustained to each house.[65]

On January 15, based on the information obtained from the German and American citizens in the city, Rosen drafted his first atrocity report. He first indicated that before their arrival, the Japanese worked feverishly to "remove the dead bodies of civilians, women and children, some like 'herring' on the streets, resulting from the senseless massacres."[66] He then gave detailed account about killings with instances, including the one which took place hours before their arrival on January 9, 1938:

---

64) Georg Rosen, "Beziehungen der Dienststelle Nanking zu den japanischen Machthabern (Nanjing Office's relation with the Japanese authorities)," January 15, 1938, Auswärtiges Amt Doc No. 2722/1002/38, Bundesarchiv Doc. No. BA-R9208/2208/ pp. 209-213, Peking II, Politisches Archiv, Auswärtiges Amt, Berlin.

65) Georg Rosen, "Deutsches Eigentum in Nanking (German property in Nanjing)," January 13, 1938, Auswärtige Amt Doc No. 2722/1509/38, Bundesarchiv Doc. No. BA-R9208/3189/ pp. 297-298, Peking II, Politisches Archiv, Auswärtiges Amt, Berlin.

66) Georg Rosen, "Zustände in Nanking. Japanische Greuel (Conditions in Nanjing. Japanese atrocities)," January 15, 1938, Auswärtige Amt Doc No. 2722/1001/38, Bundesarchiv Doc. No. BA-R9208/2208/ p. 220, Peking II, Politisches Archiv, Auswärtiges Amt, Berlin.

It is a matter of honor for the Japanese army to murder without further ado any unarmed soldier, and any man who, according to the inappellable discretion of a noncommissioned officer, is considered as such a man (and in thousands of cases), is entirely a matter of course here! On the morning of January 9, a few hours before our return, Messrs. Kr ger and Hatz (Austrian) saw the following practical application of the Bushido in the immediate neighborhood of the Embassy: In a partially frozen pond, to the left of the embassy road between the building of the British Boxer Compensation Commission and the so-called Bavarian Platz, a Chinese man in civilian clothes was standing up to his hips in the water. In front of the pond were two Japanese soldiers with rifles and fired shots at the Chinese on command of an officer standing behind them until he fell over. The corpse is still in the water today, as the many ponds and pools in and around Nanjing are contaminated with dead bodies. (pp. 222–223)

According to Rosen, violation of women and girls was rampant. He reported several cases with solid evidence from reliable sources:

Many Japanese soldiers also broke into the residence of the ambassador, with the desire to let them have the women there. In the American missionary hospital, women were constantly admitted, and so far the most recent case was admitted yesterday; women suffered from devastating rape and subsequently bayonet cuts and other injuries that caused serious damage to their health. One woman's neck was cut halfway, so Dr. Wilson himself is astonished that the unfortunate is still alive. A pregnant woman received bayonet cuts in the body through which the expectant child was killed. Also in hospital, many abused adolescent girls have been admitted, one of whom had been raped about 20 times in a row. On the 12th my British colleague, Consul Prideaux-Brune, the British Military Attach Lieutenant Colonel Lovat-Fraser and the British Air Attach Wing Commander Walser, while visiting the house of Mr. Parsons of the British-American Tobacco Company, found the corpse of a Chinese woman, with a golf club wholly driven from below up the body. The Ginling College refugee camp was broken into night after night by Japanese soldiers, either dragging their victims away or satisfying their criminal instincts among other people, including relatives. Cases have been witnessed of accomplices holding husbands and fathers of the victims and forcing them to witness the desecration of their domestic honor. In various cases, the involvement of officers has been proven by, for instance, Reverend Magee, who sought to protect a group of Chinese Christians in the house of a German advisor. (pp. 220-222)

In terms of extensive burning, Rosen reported that the main business streets had been reduced to ruins:

In the course of weeks' reign of terror, the Japanese have transformed the business district of the city, namely, the district around Taiping Road and the whole area south of the so-called Potsdamer Platz, after extensive looting, into a heap of rubbles from which only a few isolated externally less damaged buildings stand out. The burnings by the Japanese military have continued to this day, more than a month after the Japanese occupation, so have the abducting and rape of women and girls. In this regard, the Japanese army here in Nanjing has set a monument of its own shame. (pp. 220-221)

Rosen dispatched another report on January 20, concerning the mass executions of large numbers of surrendered Chinese soldiers and civilians:

When we were on the British gunboat Bee in front of Nanjing from December 18 to 20, Japanese Rear Admiral Kondo told British Admiral Holt that there were still 30,000 Chinese soldiers on the large Yangtze Island downstream of Nanjing who needed to be "cleaned up." This "tidying up" or "mopping up," as the Japanese call it in their statements, consists of murdering the defenseless opponent and contradicts the supreme principles of humane warfare. In addition to machine gun fire, other more individual types of death have also been chosen, such as poring fuel before igniting.

Since a large number of Chinese soldiers — some of them disarmed but defenseless in any case — had fled to the safety zone, which could not be prevented by the few policemen, the Japanese carried out major raids here, with every civilian who was suspected of being a soldier dragged along. In general, attention was paid to the soldier characteristics such as circular helmet imprint on the head, pressure marks of the rifle on the shoulder or of the knapsack on the back, etc. It has been proven by foreign eyewitnesses that the Japanese have also lured a larger number of Chinese soldiers out of the safety zone by promising to do nothing to them and even give them work, and then killed them. Any legal proceedings or such have not been observed anywhere, and indeed, even in the case of a practice which makes a mockery of all customs under war and human civilization, it should not have been appropriate at all. On December 13, the first Japanese patrols were sighted in the city. They apparently entered the city from the south, through Guanghua Gate. The reign of terror, which then began and lasted for weeks, has already been reported, but I would like to add as an example of the Japanese approach that, for example, 43 of the 54 workers of the municipal power plant who had volunteered for work were killed by the Japanese on the grounds that the plant was a state enterprise![67] (pp. 204–205)

Rosen was kept busy, filing reports continuously to the German Ambassador in Hankou, the German Consulate General in Shanghai, and the Foreign Office in Berlin. He worked efficiently, and reported as soon as new information became available or events recently took place. As late as February 26, 1938, Rosen transmitted two petitions filed by the

---

67) Georg Rosen, "Nanking Uebergang (Nanjing transition)," January 20, 1938, Auswärtige Amt Doc No. 2722/1011/38, Bundesarchiv Doc. No. BA-R9208/2208/ pp. 204-205, Peking II, Politisches Archiv, Auswärtiges Amt, Berlin.

farmers from the villages in the eastern suburbs of Nanjing, concerning Japanese atrocities, with two lengthy lists of the villagers killed and women and girls violated attached at the end of the petitions.[68]

Another German diplomat Paul Hans Hermann Scharffenberg, a chancellor at the German Embassy, dispatched eight conditions report from January 13 to March 21, 1938. In his reported January 13, 1938, he indicated that a Chinese was killed in his house and a coolie was shot dead in the house of a German military advisor Oskar von Boddien. In this report, he provided a detailed account:

> Looting has occurred on the property of all nations, regardless of their flags. Looters have almost always broken in through back fences. For example, there are three large holes in the rear bamboo fence of the French Embassy by my house. This embassy is slightly plundered. ······
>
> It is best to be silent about the behaviors of the Japanese since they arrived here, it reminds me too much of Genghis Khan: destroying everything! A lieutenant on the staff told me that during the Shanghai–Nanjing advancing march the supply columns never caught up with the troops, and it is understandable that they have rushed in here like berserkers, and when a house was empty, it was immediately burned down. I am quite certain that they were made promises like those to Negroes in 1918: Everyone who makes it through gets a beautiful girl in Nanjing. So it has been extremely horrible for all the women who stayed here. It is hard to talk about the matter with the gentlemen who have experienced it, for they are overwhelmed again and again by the horror of the bestiality······.

68) Georg Rosen, "Japanische Greueltaten in der Umgegend von Nanking (Japanese Atrocities in the Surrounding Area of Nanjing)," February 26, 1938, Auswärtige Amt Doc No. 2722/1811/38, Bundesarchiv Doc. No. BA-R9208/2208/ pp. 113-120, Peking II, Politisches Archiv, Auswärtiges Amt, Berlin.

When I arrived here, I could not imagine that streets like Taiping Road were completely destroyed. I had to convince myself at that time. Every house there was burned down. Moreover, there is still burning here and there in the city today.[69]

In his February 10, 1938 report, Scharffenberg described the burying activities of the Red Swastika Society, a local charity organization:

And the Red Swastika Society has been given permission to bury the countless bodies that remain lying around. For instance, a few days ago, over 120 bodies, whose hands were still tied together with wire, were fished out of a single pond near Dr. Schr der's house. Mr. Rabe saw it himself. Note: I myself have seen several times that Japanese soldiers have taken water out of these pools in their cookware: Bon app tit! — When warm weather arrives, there will be the worst to be feared.[70]

On March 4, 1938, he reported that the Red Swastika Society continued to bury thousands upon thousands victim bodies:

There is also a lot of work going on to get the bodies out of the city center. Now, the Red Swastika Society has been given permission to

69) Paul Scharffenberg, "Lage in Nanking am 13. Januar 1938 (Conditions in Nanjing, January 13, 1938)," enclosure to Trautmann's No. 67 report, "Lage in Nanking Mitte Januar 1938 (Conditions in Nanjing, mid-January 1938)," February 1, 1938, Auswärtiges Amt Doc No. 2722/1612/38, BA- R9208/2190/ pp. 85-86, Peking II, Politisches Archiv, Auswärtiges Amt, Berlin.

70) Paul Scharffenberg, "Die Lage in Nanking am 10. Februar 1938 (The Conditions in Nanjing, February 10, 1938)," an enclosure to Trautmann's No. 132 report, "Lage in Nanking in der ersten Halfte Februar 1938 (Conditions in Nanjing, the First Half of February 1938)," February 23, 1938, p. 3, Auswärtiges Amt Doc No. 2718/2081/38, R104842, Peking I, Politisches Archiv, Auswärtiges Amt, Berlin.

bury the 30,000 bodies in Xiaguan. One day's workload is 600. They are wrapped in lime in straw mats, so that only legs hang out, and then they are carried away and buried in mass graves in the interior of the city, also in lime. About 10,000 are said to have been taken care of.[71]

Scharffenberg died of food poisoning on June 19, 1938, after a dinner party at the Japanese Embassy in Nanjing hosted by the Japanese Consul General Yoshitaka Hanawa 花輪義敬(1892~?). He was scheduled to retire by the end of June 1938.

5

1) The Significance of the Westerners' Eyewitness Accounts Concerning the Nanjing Massacre

The Westerners, who remained in Nanjing, when the city was under siege, and experienced the fall and ensuing massacres, and the Western diplomatic officials, who returned immediately after the worst massacres were over, left us a huge number of invaluable primary sources: timely news coverage, eyewitness accounts, diplomatic dispatches and documents, as well private letters and diaries which record their inner feelings and reactions under the reign of terror from the perspectives of the individuals

---

71) Paul Scharffenberg, "Zur Lage in Nanking am 4. März 1938 (The Conditions in Nanjing, March 4, 1938)," enclosure to Trautmann's No. 216 report, "Lage in Nanking Anfang März 1938 (Conditions in Nanjing, Early March 1938)," March 22, 1938, p. 2, Auswärtiges Amt Doc No. 2718/2608/38, R104842, Peking I, Politisches Archiv, Auswärtiges Amt, Berlin.

of neutral countries. In particular, the written records left behind by the nationals of Germany, a close ally of Japan, we have no reason to doubt the neutrality, objectivity and reliability of these records. Largely due to their validity and reliability, three American missionaries were chosen to testify in the court of the International Military Tribunal for the Far East, three other Americans offered written testimonies, and excerpts of some American and German accounts were read in the court as prosecution's evidence.

These records provide detailed information, cover a wide variety of events which took place at various locations at different periods of time. They offer the readers and researchers of future generations the possibilities and opportunities to examine the Nanjing Massacre and the issues surrounding it at close range under reasonably accurate light.

The values of these records prove to be more significant when right-wing Japanese keep on denying the existence of the Nanjing Massacre. Their argument basically rests on three major issues: the population of Nanjing in relation to the victim toll of the massacres, the number of massacre victims, and the reliability of the burying records. These controversial issues are in fact nothing new. They originate from the summation submitted to the International Military Tribunal for the Far East on February 18, 1948 by the Japanese defense team. However, after about 9 months' deliberations, these arguments were denied by the tribunal. On November 11, 1948, the tribunal president, William Flood Webb (1887~1972), read the section of the court judgment concerning the Nanjing Massacre. The judgment was reached by the consensus of the judges from 10 countries, namely, Webb of Australia, Edward Stuart McDougall (1886~1957) of Canada, Mei Ju-ao 梅汝璈(1904~1973) of China, Henri Bernard (1899~1986) of France, Bernard Victor Aloysius Röling (1906~1985) of the Netherlands, Erima Harvey Northcroft (1884~1953) of New Zealand, Delfin J. Jaranilla (1883~1980) of the Philippines, Ivan Michyevich Zaryanov (1894~1975) of the Soviet Union, William Donald Patrick (1889~1967) of the United Kingdom, and Myron Cady Cramer (1881~1966) of the United States. Even though Radhabinod R. Pal (1886~1967) of India expressed dissenting opinions, in which he stated his doubts about some of the prosecution's evidence, he indicated, "Whatever that be, as I have already observed, even making allowance for everything that can be said against the evidence, there is no doubt that the conduct of the Japanese soldiers at Nanking was atrocious and that such atrocities were intense for nearly three weeks and continued to be serious to a total of six weeks as was testified by Dr. Bates. It was only after February 6 or 7 that there was a noticeable improvement in the situation."[72]

The issues concerning the Nanjing Massacre appeared to be settled for the following two decades, with no open outcry from the Japanese until the early 1970s when the controversies among the Japanese over the authenticity of the "100-Man Killing Contest." In the early 1980s, with the rise of the Japanese revisionists, the old controversial issues from the International Military Tribunal, which had remained dormant up to then, were picked up by the right-wing circle, who have since continued to challenge the judgment of the International Military Tribunal. Under the circumstances, researchers and scholars in the field attempted to search, collect, and publish Japanese soldiers' wartime field diaries, and the written records left behind by

---

72) Radhabinod R. Pal, "The dissenting opinion of the member for India" in *The Tokyo War Crimes Trial, Vol. 21, Separate Opinions*, edited by R. John Pritchard and Sonia Magbanua Zaide, New York: Garland Publishing Inc., 1981, p.1,099.

American and British correspondents, American missionaries, German busin-essmen, and American, British, and German diplomatic officials. Meanwhile, in the 1980s the Nanjing Municipal Government launched a massive project to first publish the archival material of the 1946 enemy crimes survey result, search and interview the massacre survivors and eyewitnesses still alive then, and then publish the collection of the interviews, as well as establish the Memorial Museum of the Nanjing Massacre.

Apparently, these written records left behind by the nationals of neutral countries, who had lived through the massacre days, are extremely important evidence and invaluable primary sources for the research on the Nanjing Massacre. To a large extent, their records help shed a clearer light over the events of the Nanjing Massacre, and help researchers have a better understanding of them. Together with other primary sources such as the testimonies of Chinese victims and eyewitnesses, and wartime diaries kept by Japanese soldiers, these written records definitely make significant and indispensable contribution to the research literature on the Nanjing Massacre.

Appendix

The Western Nationals in Nanjing
December 13, 1937 - Mid-March 1938

Name	Nationality	Affiliation	Dates in Nanjing
Frank Tillman Durdin	American	The New York Times	Dec. 13 - 15
Charles Yates McDaniel	American	Associated Press	Dec. 13 - 16
Arthur von Briesen Menken	American	Paramount Newsreel	Dec. 13 - 15
Archibald Trojan Steele	American	The Chicago Daily News	Dec. 13 - 15
Leslie C. Smith	British	The Reuters	Dec. 13 - 15
John Heinrich Detlev Rabe	German	Siemens Company	Dec. 13 - Feb. 23
Christian Jakob Kröger	German	Carlowitz&Company	Dec. 13 - Jan. 23
Auguste Zautig	German	Kiesseling&Bader	Dec. 13 - Feb. 28
Richard Hempel	German	North Hotel	Dec. 13 -
Rupert R. Hatz	Austrian	Nanjing Safety Zone	Dec. 13 - Feb. 28
Nicolai Podshivoloff	White Russian	Sandgren's Electric Shop	Dec. 13 -
A. Zial	White Russian	Nanjing Safety Zone	Dec. 13 -
Miner Searle Bates	American	University of Nanking	Dec. 13 -
Lewis Strong Casey Smythe	American	University of Nanking	Dec. 13 -
Charles Henry Riggs	American	University of Nanking	Dec. 13 -
Robert Ory Wilson	American	University of Nanking Hospital	Dec. 13 -
Clifford Sharp Trimmer	American	University of Nanking Hospital	Dec. 13 -
Iva M. Hynds	American	University of Nanking Hospital	Dec. 13 -
Grace Louise Bauer	American	University of Nanking Hospital	Dec. 13 -
Minnie Vautrin	American	Ginling College	Dec. 13 -
George Ashmore Fitch	American	Y. M. C. A.	Dec. 13 - Jan. 29, Feb. 10 - 20
John Gillespie Magee	American	American Church Mission	Dec. 13 -
James Henry McCallum	American	United Christian Missionary Society	Dec. 13 -
Wilson Plumer Mills	American	Northern Presbyterian Mission	Dec. 13 -
Hubert Lafayette Sone	American	Nanking Theological Seminary	Dec. 13 -
Ernest Herman Forster	American	American Church Mission	Dec. 13 -
Bernhard Arp Sindberg	Dane	Jiangnan Cement Works	trips to Nanjing

		Made numerous	since Dec. 23.
John Moore Allison	American	American Embassy	Jan. 6 -
James Espy	American	American Embassy	Jan. 6 -
Archibald Alexander McFadyen, Jr	American	American Embassy	Jan. 6 - Mar. 13
John Mitchell Sheehan	American	USS *Oahu*	Jan. 7, Feb. 17, 23
Humphrey Ingelram Prideaux-Brune	British	British Embassy	Jan. 9 - 29
William Alexander Lovat-Fraser	British	British Embassy	Jan. 9 - 16
Georg Friedrich Murad Rosen	German	German Embassy	Jan. 9 -
Paul Hans Hermann Scharffenberg	German	German Embassy	Jan. 9 -
Alfred Mathias Peter Hürter	German	German Embassy	Jan. 9 -
John Gustave Walser	British	British Embassy	Jan. 12 - 16
James Monroe Dunlap	American	American Embassy (Navy radio operator)	Jan. 19 -
Stanley Bishoprick	American	China Export&Import Lumber Co.	Jan. 23 - Feb. 6
Ernest William Jeffery	British	British Embassy	Jan. 27 -
Walter Henry Williams	British	British Embassy	Jan. 27 -
Raffaele Ferrajolo	Italian	Italian Embassy	Jan. 29 - ?
Prinela Gozio	Italian	Italian Embassy	Jan. 29 - ?
Medical Officer	American	USS *Oahu*	Feb. 17
Harold Thomas Armstrong	British	HMS *Bee*	Feb. 17
Hendrick Bos	Dutch	Dutch Legation	Feb. 8 - 12
James Francis Kearney	American	American Jesuit Mission	Feb. 11 - 13
de la Ferté-Senectère French Air Attaché	French	French Embassy	Feb. 11 - 13
Richard Freeman Brady	American	University of Nanking Hospital	Feb. 21 -
George Atcheson, Jr.	American	American Embassy	March 11 - 13

제국주의 일본군의 간도 한인 학살과 타자의 시선

: 창사(長沙) 《대공보(大公報)》를 중심으로

김주용
원광대 한중관계연구원
동북아시아인문사회연구소 HK 교수

1. 머리말

1920년 10월 2일 새벽 대규모의 마적단과 한인들이 북간도 훈춘 영사분관을 습격했다는 전문이 경원 일본군 수비대에 접수되었다. 이른바 '훈춘사건'이 세상에 공식적으로 알려지는 순간이었다. 3·13운동 이후 지속적으로 성장해온 북간도지역 한인 독립운동단체에게 훈춘사건은 크나큰 재앙이기도 했다. 이 사건을 빌미로 일제는 대규모의 병력을 간도에 파견하였다. 일제의 '간도출병'은 독립운동의 책원지인 간도지역을 '쇄토'하려는 치밀한 계획이자 반인류적 행위의 상징처럼 화석화되었다. 훈춘사건과 '간도출병'은 쌍생아처럼 각 언론에 보도되었다. 특히 국내에서는 『매일신보』가 선봉이 되어 일본군의 간도출병을 정당화하는 다양한 기사를 게재하였다.[1]

훈춘사건과 '간도출병'에 대해서는 일본 연구자들에 의해 논의가 본격적으로 진행되었으며, 한국과 중국학자들이 그 논의를 심화시키

---

[1] 국내 발행 『매일신보』의 보도 양태에 대해서는 황민호, 「1920년대 초 재만독립군의 활동에 관한 『매일신보』의 보도 경향과 인식」, 『한국민족운동사연구』 50, 2007」 참조.

는 방향으로 연구가 전개되었다.2) 그에 비해 '간도출병'의 폐해와 북간도 한인사회를 유린한 경신참변에 대해서는 덜 주목하다가 2000년 이후 '간도출병'으로 인한 경신참변의 폐해를 집중 조명하는 연구들이 나왔다.3) 하지만 중국 현지에서 발생한 사건임에도 불구하고 중국 측 언론 보도에 대해서는 거의 다루지 않았다.4)

필자는 여기에 주목하면서 경신참변5)에 대해 비교적 소상하게 보도하고 있는 창사長沙《대공보大公報》6)(이하《대공보》) 기사를 신문기사를 분석하여 훈춘사건과 경신참변의 전개와 그 영향을 파악하고자 했다.《대공보》는 1915년 발행된 이후 1919년 5·4운동을 계기로 신문의 틀이 크게 바뀌었다. 무엇보다도 백화문을 채택하였으며, 문화운동의 중심에서 당시 많은 신문들이 군벌들의 지배하에 있었지만《대공보》는 외부의 영향력에서 자유롭기 때문에 보다 객관적인 논조의 기사를

---

2) 東尾和子,「琿春事件と間島出兵」,『朝鮮史研究會論文集』14, 1977; 김동화,『중국조선족독립운동사』, 느티나무, 1991; 김주용,「日帝의 間島地域 通信支配體制構築에 관한 연구」,『史學研究』71, 2003; 조원기,「일제의 만주침략과 간도참변」,『한국독립운동사연구』41, 2012; 정예지,「庚申慘變기 조선인 "귀순"문제 연구-북간도를 중심으로-」,『사림』38, 수선사학회, 2011; 김연옥,「일본군의 '간도출병' 전략과 실태」,『일본역사연구』50, 일본사학회, 2019.

3) 김춘선,「경신참변연구」,『한국사연구』111. 한국사연구회, 2000. 박민영,「경신참변의 분석 연구」,『국사관논총』103, 2003.

4) 김춘선의 연구나 김동화의 연구에서는『길장일보』를 주로 인용하였는데 주로 5회 정도의 기사를 분석하여 게재하였다.

5) 경신참변, 경신년대토벌, 간도참변, 간도출병, 간도사변 등으로 쓰이고 있다. 상해임시정부기관지『독립신문』에서는 간도사변으로 통칭했으며, 중국에서는 경신참변, 간도참변이라는 용어가 혼용되었다. 향후 보다 많은 논의를 통해 광란의 학살현장 즉 제노사이드라는 측면을 부각한다는 의미에서 기존에 많이 쓰였던 경신참변보다는 간도 한인제노사이드로 용어가 정리되기를 희망해 본다.

6)《大公報》는 천진, 상해 등에서도 발간되었다. 長沙《대공보》는 1915년 9월 1일 창간되었으며, 1917년 12월 12일부터 세 차례 휴간을 하였으며, 1947년 11월 30일 정간되었다. 이처럼《대공보》는 1915년 창간한 이래 한국독립운동에 관련된 기사를 지속적으로 게재하였다.

많이 내보낼 수 있었다. 특히 외세에 대한 중국에 대한 간섭에 중점을 둔 기사들을 독자들에게 보임으로써 중국이 놓여 있는 현실 즉 신해혁명 이후 공화제에 목말라 있던 중국인들에게 국가의 운명에 대한 길잡이 역할을 수행하였다.[7] 따라서 이 글에서는 일제가 대륙침략을 본격적으로 시도하려 했던 그 시발점이라 할 수 있는 경신참변에 대한 관심, 나아가 이를 중국의 안위와 연결시켜 상세하게 보도했던《대공보》의 기사를 분석하려 했다.《대공보》에는 훈춘사건과 경신참변, 청산리대첩 관련 기사가 38건이다. 이 가운데 중복된 기사를 제외하면 30건의 기사가 약간의 시차를 두고 비교적 상세하게 다루어졌다.

먼저 이 글에서는 먼저 훈춘사건에 대한 기사 분석, 특히 중국측에서 한인과 일본을 바라보는 인식을 통해 중국 대응의 일단을 살피려 했다. 둘째 '간도출병'과 일제가 저지른 한인사회에 대한 반인류적 만행을 언론의 생명인 생생한 보도를 통해 분석하고, 셋째 독립운동기사를 분석해서 한국독립운동에 대한 시각을 교정하려 했다.《대공보》에서는 훈춘사건이 진행되면서 중국에서 자행하고 있는 일본제국주의의 침략의 본질에 대해서 중국의 대응이 필요하다고 역설했다. 요컨대 이 글의 목적은 창사《대공보》에 실린 기사를 통해 훈춘사변과 경신참변의 경과를 중국인의 눈으로 다시 조명함으로써 일제가 교묘하게 포장한 훈춘사건과 연동된 간도침략과 간도지역 한인 대학살제노사이드의 실상을 재정립하려 데 있다.

---

7) 喻春梅,「長沙 大公報與五四新文化運動」,『湘潭大學學報』 제35권 제3기, 2011, 134.

2. 훈춘사건과 중국의 인식

1919년 3·13운동을 기점으로 북간도지역 독립운동세력들의 국내 진공작전은 더욱 치밀하게 진행되었다. 국경선 부근을 중심으로 독립군 세력의 압박이 커지자 일제는 대륙침략의 구실을 만들기 시작하였다. 1920년 4월 28일 봉천일본총영사 아카츠카赤塚은 장작림에게 서북간도 일대에 중국군대를 증파하여 '불령선인단체'의 단속을 요구하였다. 그해 5월부터 8월까지 서북간도에 대한 치안유지가 한반도의 안정을 위해 가장 필수적인 요소라고 인식한 일제에 의해 봉천회의가 3차례 열렸다.8) 봉천회의는 항일독립운동단체의 '토벌'에 초점을 두었다. 하지만 자발적인 협조가 어렵다고 판단한 일제가 장작림을 강요하는 수준에까지 이르렀으며 보다 확실한 방법은 일본군의 출병이었다. '훈춘사건'이 조작되는 시점이다.

1920년 8월에 일제는 '간도지방불령선인초토계획'에 의거하여 간도지역에 출병하여 독립군을 '토벌'하기로 결정했다.9) 하지만 중국령에 대규모의 군대를 파견하기 위해서는 그에 적합한 명문을 찾아야 했다. 두 차례에 걸쳐 진행된 훈춘사건은 일제가 마적을 이용하였다는 데 그 특징이 있다고 할 수 있다. 1920년 10월 2일 두 번째 훈춘사건은 마적 장강호가 대규모의 인원으로 훈춘영사관을 공격한 것을 말한다.10) 이 때 훈춘영사분관에 있던 일본인 섭곡 일가족과 상가 수십 채가 불탔다.11) 훈춘사건이 발생하자 일본 내각에서는 10월 7일 간도출

---

8) 김춘선, 「경신참변연구」, 142.
9) 황민호·홍선표, 『무장투쟁과 외교활동』-한국독립운동의 역사 22-, 106.
10) 박창욱은 2차 훈춘사건의 주역은 마적두목 장강호가 아니라 왕순이었다고 한다. 김춘선도 중국 당안자료에 의하면 훈춘사건에 한인들이 참여하지 않았다고 한다(김춘선, 「경신참변연구」, 147).
11) 조동걸, 「1920년 간도참변의 실상」, 『역사비평』 겨울호, 1998, 50.

병을 결정하였으며,[12) 조선총독부는 훈춘사건을 '과격파 불령선인'의 소행으로 몰고 가려고 언론에 적극 주문하였다.[13)

이러한 분위기는 중국 언론에도 그대로 반영되었다. 창사《대공보》에 훈춘사건에 보도기사는 10월 10일자에 처음으로 나온다.[14)「훈춘 일본영사관이 훼손된 진상, 조선인들의 복수」라는 기사 제목 역시 한인과 연관되어 합있음을 알 수 있다. 이 기사는 10월 2일밤 영사관 일부가 불탔는데 한당(독립군)이 오랫동안 러시아에 머물러 있으면서 이번에 국내의 독립군과 결하여 훈춘사건을 일으켰다는 것이 주요 골자였다. 특히 10월 4일자 동경전보를 인용하여 중국인과 한인, 중국 관리와 병사로 조직된 마적단체가 훈춘영사관을 습격하였으며, 이는 일본외무성에서 발표한 것이라고 했다.[15) 이러한 일제의 태도에 대해 창사《대공보》에서는 일제가 훈춘사건을 지나치게 과장하고 있음도 지적하였다.

> 2일 마적 단체는 훈춘 일본영사관을 습격했다. 그곳에 거류하고 있던 사람들이 강탈당했고 일본 교민 사상자도 10명이나 되었다. 이 단체의 목적을 조사해보니 일본에게 해를 끼치기 위해서였다. 그 지도자는 러시아 계통의 사람인데 한국인도 몇 명 포함되어 있다고 들었다. 그 행동을 보면 남자뿐만 아니라 부녀자까지도 처참하게 죽였다. 이는 결코 마적들의 단순한 행동이 아니라 부득이 과격파의 색채를 띠고 있는 사람들의 소행이라고 여겨진다. 다시 습격을 당했고 민심은 떠들썩했다. 본 사령부는 군사를 보내 도와줄 필요가 있다고 생각하여 국경 수비대 일부를 그날 급히 그 지방에 파견하였다.[16)

---

12) 『日本外交年表竝主要文書』 上, 516. 각의 결정서에는 '자위상 영사관 및 거류민을 보호하기 위해 현재 경찰력으로는 감당하기 어렵기 때문에 불가피하게 군대를 파견한다'고 명시되어 있다.

13) 황민호, 「1920년대 초 재만독립군의 활동에 관한 『매일신보』의 보도 경향과 인식」, 『한국민족운동사연구』 50, 2007, 143~145.

14) 「琿春日領館被毀之眞相, 朝鮮人復讎擧動」, 《大公報》(1920. 10. 10)

15) 위와 같음.

조선군사령부의 출병 선언이라고 하지만, 이 기사에서는 훈춘사건에 한인 독립운동가들이 참여했다는 것을 명확하게 증명하지 못하고 추론하는 선에서 그치고 있음을 알 수 있다. 중국도 이 문제가 심각하다고 판단하여 도윤 타이빈陶彬을 현지에 파견하는 등 빠르게 대처하였다.17) 중국으로서는 일제가 훈춘사건을 빌미로 간도지역을 중심으로 통신선을 신속하게 설치하고 있으며, 자국 영토에서 벌어지고 있는 한국독립운동세력과 일본군과의 충돌을 좌시할 수 없다는 점을 명확하게 인식하고 있었다. 하지만 이를 해결하기에는 넘어야 할 산이 많았다.18) 특히 훈춘사건을 통해 일제가 '간도출병'을 단행한다는 일본 각의 결정이 있자 창사《대공보》는 1920년 10월 16일자와 17일자 걸쳐 간도출병은 시베리아 출병의 비난을 완화시켜 국민적 관심사를 훈춘문제로 집중하려 했다고 주장했다. 또한 그 연장선상에서 일제가 9개 조건을 중국 중앙정부에 제기할 예정이라고 했다. 이를 정리하면 다음과 같다.

> 첫째 일본군대는 영원히 동구에 주둔할 권리가 있다. 둘째 육도구(용정: 필자주), 두도구, 백초구, 국자가 4개의 상업도시는 일본이 전문적으로 조계를 관리하도록 한다. 셋째 경찰을 동불사, 훈춘, 화룡, 흑정자 4곳에 배치하고 반드시 이곳에 일본인을 거주시켜야 한다. 넷째 천보산 은동광은 별도의 주문이 필요하다. 다섯째 중일이 정한 잡거 지역 조약을 폐기하고 이후 연길에 있는 개척민의 소송에 대하여 일본과 공동으로 심의한다. 여섯째 일본영사관과 일본인의 손해에 대해 배상한다. 일곱째 중국군과 경찰 관리를 처벌한다. 여덟째 중국 중앙정부는 반드시 스스로의 잘못을 인정하는 성명서를 발표한다. 아홉째 훈춘사건의 사후 처리에 대해서 중일이 회동하여 처리한다.19)

---

16) 「日本竟在琿春自由行動」,《大公報》(1920. 10. 11).

17) 延邊朝鮮族自治州檔案局 編, 『琿春事件 "庚申年討伐"』, 1985, 16.

18) 김주용, 『일제의 간도 경제침략과 한인사회』, 선인, 2008, 81~83.

19) 「日本對于琿春案之嚴酷條件」,《大公報》(1920. 10. 17)..

창사 《대공보》는 일본이 훈춘사건을 처리하면서 자신들의 입장을 보다 명확하게 관철시킨다고 지적했다. 위에 열거한 아홉 가지 조건은 주권국가로서는 지키기 힘든 것이었다. 특히 첫 번째 요구사항인 군대 주둔 문제는 중국의 주권을 유린하기에 충분하다고 할 수 있는 사안이다. 뿐만 아니라 용정 이하 4곳을 일본 조계지로 한다는 것은 중국 내 일본군이 마음대로 중국영토를 활용하기 위함임은 두말할 필요도 없는 것이다.[20) 중국군과 경찰 관리를 처벌하라는 것은 중국 수비대와 경찰력의 힘으로는 한국독립운동세력을 막을 수 없다는 논리를 내세워 일본군의 '출병'을 정당화하려는 것이었다.[21) 이에 대해서 창사 《대공보》는 자국 입장의 논리를 내세웠다. 한인독립운동가들과 일제에게 문제가 있으며, 그 모든 것이 중국에서 발생하고 있음을 지적하면서 중국인들에게 경각심을 요구하였다.

> 훈춘사건은 본래 한당(독립운동가: 필자)이 일본 정치에 불평을 들고 일어난 것이다. 우리나라 중국영토는 이미 재난을 당했다. 또 트집을 잡아 분풀이하려고 중국에 군대를 보내어 여러 가지 무리한 요구를 하고 있다. 일본 정부는 이치에 맞지 않음을 알고 있지만 고의로 이 일(훈춘사건: 필자)을 확대하여 동아시아의 과격파를 토벌한다는 명목으로 눈과 귀를 혼란시켰으며, 그 방법은 심각할 정도였다.[22)

중국으로서는 일제의 주장을 완전히 무시할 수 없는 상황이었으며, 장작림의 입장에서도 한국독립운동세력은 우호적일 수 없었다. 위의 창사 《대공보》의 기사 역시 한국독립운동세력이 훈춘사건을 일으켰다고 했지만 결코 일본의 입장을 옹호하지 않았다. 그것은 중국이 처한 위치와도 무관하지 않다. 훈춘사건을 의제로 중국과 일본은 북경, 봉

---

20) 『日本外交年表竝主要文書』上, 516.
21) 「琿春事後之雜迅」, 《大公報》(1920. 10. 17).
22) 「日本進兵我國之措詞」, 《大公報》(1920. 10. 18).

천, 훈춘 3곳에서 교섭을 벌였다. 일제는 중국에 공동 출병과 일본인 보호 카드로 압박하였으며, 중국은 공동출병에 대해서 거절하였다.[23] 이렇듯 창사《대공보》에서는 일제가 조작한 훈춘사건의 발생 원인을 한국독립운동세력에서 찾았는데 이것은 당시 일본의 선전과 조작이 어느 정도 '성공'한 것으로도 볼 수 있다.[24]

3. 보복의 억지 그림자, '간도출병'

1920년 10월 추위와 찾아온 일본군들의 무자비한 탄압은 3·1운동 이후 불길과도 같이 번진 만주지역 독립운동의 열기를 무참하게 꺾어 놓았다. 특히 간도지역 독립군에 대한 '토벌계획'은 일제가 봉천군벌인 장작림과의 회의를 통하여 골격을 세웠다. 앞서도 언급했지만 1920년 5월부터 8월 사이에 조선총독부, 조선군사령관, 관동군사령부, 시베리아파견군, 봉천총영사 등이 3회에 걸쳐 봉천회의를 개최하고 항일무장단체에 대하 탄압대책을 강구하였다. 이러한 과정 속에서 8월 경성회의를 거쳐 일본과 중국의 '합동토벌'을 적극 추진하기로 합의하였던 것이다.[25] 창사《대공보》에서는 일제가 간도에 출병하는 명분 가운데 하나를 '현지 주민의 요청' 때문이라고 보도했다.

> 간도 정보에 의하면 천보산 방면에는 반역적인 생각을 가진 조선인의 횡포
> 가 심하고 다시 습격당해서 민심이 매우 흔들리고 있다는 소식을 계속 전했다.

---

23) 「琿春事件日益緊急」,《大公報》(1920. 10. 19).
24) 예컨대 일제는 1921년 4월경부터 군용전화 및 전신선 처분 문제를 놓고 중국 측과 본격적인 협상에 들어가 그해 8월경에 일단락 매듭을 짓는다(김주용, 『일제의 간도 경제침략과 한인사회』, 84).
25) 김춘선, 「경신참변 연구」, 『한국사연구 111』, 142~145.

중국측은 수비대와 경찰력이 부족해서 결국 토벌할 힘이 없었다. 일본 거주민 가운데 지방을 향해 피난 가는 사람이 있었는데 광산회사 대표가 일본에게 군대를 파견해 달라고 요청했다.26)

《대공보》가 정보를 받아서 보도하고 있는 상황에서 구체적으로 간도정보 제공자의 주체를 밝히기는 어렵지만 일본이 제공한 정보를 받은 것으로 생각된다. 뿐만 아니라 동경전보를 인용하여 일본의 군대 출병 상황을 생생하게 보도하고 있다.27) 1920년 10월 7일 새벽녘에 회령을 출발하여 그날밤 용정촌에 출병 군대가 거주하고 있다는 보도였다. 이처럼 훈춘사건과 간도침공 관련 초기 정보 제공을 일본에서 받고 있다고 보는 것이 타당하다.

간도지역에 군대를 출병하기 위한 사전작업이 훈춘사건의 조작이라면, 출병으로 인한 한인사회의 통제의 표본은 일본사령부의 포고문이었다. 1920년 10월 18일 일본군 사령부 명의의 포고문은 간도출병이 훈춘사건과 연계해서 불가피하게 진행되었다는 점을 선전하는데 주요한 목적으로 활용되었다. 《대공보》에는 훈춘지역에 게재된 포고문의 내용을 실으면서 일본 병사들이 지속적으로 중국 땅에 들어오고 있는 상황을 보도하였다. 포고문의 내용이다.

> 무장한 한당과 경계밖의 마적은 훈춘 일본영사관을 공격하여 불태우고 훈춘 일대의 일본교민을 도살했다. 또한 감히 일본 영토(일본영사관)에 함부로 들어와서 소란을 피웠다. 이러한 행동은 사람으로서 지켜야할 도리에 어긋난 것이며 일본의 주권을 침범한 것으로 일본 정부는 스스로 지키기 위한 수단을 사용하지 않을 수 없었다. 우리는 중국의 주권을 존중하며 국민의 권리를 절대 범하지 않을 것이라고 맹세한다. 우리들의 목적은 중국 정부 및 군대와 연합하여 진행하고 서로 도우면서 중국 전 국민의 행복을 바라는 것이다.28)

---

26) 「琿春事後之雜迅」, 《大公報》(1920. 10. 17).
27) 「日本紛紛進兵」, 《大公報》(1920. 10. 16).
28) 「日本增兵不已」, 《大公報》(1920. 11. 1).

간도출병의 원인을 훈춘사건에서 찾고 있다는 것은 이미 일본이 줄기차게 선전하였던 것인데 여기에서 한발 더 나아가 그 군대파견 목적이 중국 국민의 행복을 바라는 것으로 설정되었다. 북경정부와 협의를 지속적으로 추진했지만 실질적으로 일제는 자국 교민을 보호한다는 구실로 이미 간도지역 각 지방에 주둔하였다는 것이다. 뿐만 아니라 주둔군이 아니라 점령군으로 행세하면서 중국관리의 입장을 전혀 반영하지 않고 임의로 이주 한인을 조사하고 단속하였음을 보도하였다.29) 일제는 한 발 더 나아가 조선군사령관 명의로 다음과 같은 포고문을 게시하여 이중적 태도를 견지하였다. 바로 강력한 탄압과 적절한 당근, 그것이었다.

> 훈춘과 간도일대의 반역적인 조선인과 마적, 기타 동맹을 맺은 비적들이 휴대하고 있는 무기를 가지고 훈춘 영사관을 습격하여 잔혹하게 불태우고 제국영토의 무장침입을 기도했다. 제국은 출병시켜 거주의 평안을 보장하고 비적을 통벌하여 제국 영토의 치안을 유지하려고 했다. 이것은 스스로 지키기 위한 어쩔 수 없는 방법이었다. 결코 그 뜻이 없더라도 중국의 주권을 엄격히 존중하고 준수하며 일반 백성의 생명과 신체와 재산에 대해서 조금도 건드리지 않고 중국 관병 및 군부대와의 협조를 유지하여 뜻을 이루려 했다. 그러나 우리 거주민은 박해를 받고 있었고 군사행동에도 제약을 받아 우리 군은 스스로 지키기 위하여 군대를 파견한 것이니 중국 관민은 이 뜻을 헤아려주기 바란다. <u>우리 군은 중국 관병과 함께 마적을 소탕하기를 원한다. 마적을 소탕하여 중국 인민의 복리를 증진시키는데 노력하니 진심을 다해 우리 군을 돕기 바란다.</u>30)

위의 포고문에 대해서 《대공보》는 일본인의 이중성을 간파했으며, 북경 거주 외국인의 말을 인용해서 일본군의 이번 침략이 중일전쟁의 도화선이 될지도 모른다며 경각심을 일깨웠다.31) 이 시점부터 《대공

---

29) 「日本踩躪吉邊之近迅」,《大公報》(1920. 10. 23).
30) 「日本在延邊之橫行」,《大公報》(1920. 10. 27).
31) 「日本在延邊之橫行」,《大公報》(1920. 10. 27).

보》는 훈춘사건과 간도침략에 대한 중국의 대응을 본격적으로 언급했다. 그 대안으로 먼저 중앙정부 차원에서 간도 일대를 세계 여러 나라의 주재원이 상주할 수 있을 정도의 개방도시로 바꾸고 둘째, 길회철도를 시급히 개통하여 그 관리권을 중국이 장악해야 한다고 하였다. 물론 전자는 현실적인 어려움이 있지만 길회철도문제는 반드시 해결함으로써 일본세력의 진출을 더 이상 방관해서는 안된다고 보도하였다.32)

하지만 일본 군대는 간도지역을 자국 영토로 인식하는 듯한 행동을 마음대로 했다. 1920년 11월 1일자 보도에는 우스리스크에서 파견된 일본군 보병부대가 훈춘일대를 정찰하고 또 새로운 부대가 증강되고 있다고 했다.33) 국경부근인 도문의 凉水泉子 부근에 집중적으로 군대가 배치되고 있는데, 심지어 비행기 부대가 주둔하였다고 보도했다.34) 일본이 간도지역 중국측 전화국 및 우체국을 점령하였다는 것은 공공연한 사실이며, 중국 직원들에게도 비인간적 처사를 서슴지 않았다.35) 일본군의 한국독립군에 대한 탄압과 자국내에서 발생하고 있는 일본세력의 치밀한 작전을 중국의 국력과 연관하여 보도했다. 국가의 자국민 보호 범위를 자문하기도 했다.36) 한인뿐만 아니라 중국인들에게도 철저하게 검사를 했고 중국 관병과의 우호관계 증진도 초기와는 달리 무시했다. 일본군대의 행동이 중국 주권을 침해하는 것이며 만국공법을 경시하는 처사라고 지적했다. 하지만 북경정부의 미온적인 태도와 일본의 강경한 자세로 외교회담의 성과는 미미했다.

32) 「日本在延邊之橫行」, 《大公報》(1920. 10. 27).
33) 「日本增兵不已」, 《大公報》(1920. 11. 1).
34) 「吉邊日軍益形橫暴」, 《大公報》(1920. 10. 28).
35) 「吉邊日軍益形橫暴」, 《大公報》(1920. 10. 28).
36) 「中日會剿胡匪韓黨之眞相」, 《大公報》(1920. 11. 5).

4. 경신참변과 한국독립운동의 동향 보도

1) 경신참변의 실상

1920년 10월에 불어 닥친 일제의 이른바 '간도출병'의 광풍은 북간도뿐만 아니라 만주전역의 한인들에게 피해를 주었다. 하지만 중국으로서는 한인들의 피해보다도 자신들의 영토에서 자행되었던 일제의 대륙침략의 실상이 더 큰 위협으로 다가왔음을 두말할 필요가 없다. 일제가 훈춘사건을 조작하여 대규모의 병력을 간도지방에 허락한 것은 주권국가 중국으로서는 치욕 가운데 하나이다. 그만큼 폐해도 컸다.[37]

《대공보》 1920년 10월 28일자에 처음으로 한인 희생자에 대한 기사가 보도되었다.[38] 한인 8명이 숨졌으며, 훈춘 대황구에서 3명이 총살되었다는 것이다. 화룡현 동명학교에 대한 탄압도 보도했다. 일본군이 학교장과 교사 및 학생들을 모아놓고, 교사를 전소시켰으며 부근 12가구도 불태웠다.[39] 좀더 구체적인 보도를 정리하였다.

> ① 마을을 학살하고 집을 불태워 모든 골짜기에 존재하는 것이 하나도 없다. 현재 농작물을 수확한 후 양식과 사료를 마당에 모아놓고 그것을 제멋대로 함부로 쓰며 강탈하여 밥을 지었다. 한인들을 체포하여 두손을 사용해 나사를 단단히 조였으니 이미 잔인함은 극에 달했다. 이것의 목적은 독립군을 토벌하여 없애는 데 있었지만 고통을 받는 사람은 모두 일반

---

37) 경신참변의 피해상황은 각 자료 및 연구서 마다 다르다. 연변조선족자치주당안국에서 1985년 내부자료로 편찬한 『琿春事件 "庚申年討伐"』에 의하면 사망자는 북간도 2,246명, 서간도 804명, 합계 3,050명으로 임시정부 외무부에서 작성한 3,109와 크게 차이가 없다. 『독립신문』 87호에 춘원 이광수가 '3천의 원혼'이라는 시로 경신참변의 참혹함을 묘사한 것처럼 경신참변의 인적피해는 사망자 기준으로 약 3천명 이상으로 파악하는 것이 타당하다고 볼 수 있다.

38) 「吉邊日軍益形橫暴」, 《大公報》(1920. 10. 28).

39) 「日本對于韓人之可暴」, 《大公報》(1920. 11. 3).

평민이었다. 독립군은 촌락에 있지 않고 숲에 있었다. 중국의 평민 또한 그 손해를 입었는데 일본 헌병은 곳곳을 수색하여 집에 있는 돈과 장신구를 직접 가져갔다. 많고 적음을 막론하고 그것을 모두 강탈해 갔다. 평민들은 고소할 방법이 없고 다만 굴욕을 참을 뿐이다.[40]

② 일본군대는 공안국 거리 동남 지방에서 한인독립당을 소탕하고 양민 20명을 총살했다. 부인과 아동을 구타하고 신교와 학교 등 반역자 무리를 불태워버렸다. 민가는 또한 60∼70가구가 있었는데 모두 불타 없어져서 차마 눈을 뜨고 볼 수 없었다. 외국 선교사들이 그만두라고 했으나 횡포는 날이 갈수록 심해졌다. 무고한 부인과 아동 및 백성에게 해를 가했으니 실로 인간의 도리에 어긋나는 것이다.[41]

일본군대의 만행은 여기서 그치지 않았다. 귀화 한인들을 상대로 국적변경을 요구하였으며, 그 강도는 중국 관리들의 범위를 넘어섰다.[42] 한인들이 일본국적에 귀화한 수는 4,603명에 달하였으며, 이 가운데 상당수는 이미 중국에 입적한 귀화 한인들이었다.[43]

한편 일본 육군성에서 파견된 미즈노 대좌는 캐나다 장로파 선교사인 푸터Foote와 접견한 자리에서 다음과 같은 궤변으로 경신참변의 실상을 축소 왜곡했다. 훈춘사건의 책임은 중국에 있기 때문에 불가피하게 군대를 파견한 것이며 가정 및 학교를 파괴한 것은 그 건축물이 마적들의 소굴이기 때문이라는 것이다.[44] 그러면서 미즈노 대좌는 선교사의 역할에 대해서도 다음과 같이 주장했다.

---

40) 「日軍在延吉之殘暴」, 《大公報》(1920. 11. 14).
41) 「琿春案尙多糾結」, 《大公報》(1920. 11. 21).
42) 「日軍又在琿春橫行」, 《大公報》(1920. 12. 2).
43) 김춘선, 『경신참변 연구」 172.
44) 「請看日軍在間島野蠻行動之自白書」, 《大公報》(1920. 12. 11). 푸터의 글은 현재 독립기념관 소장자료로 일부 내용만이 있다. 푸트와의 대화에서 미즈노는 처음으로 장암동 참안에 대해서 언급하였는데 도적들의 사체를 불태웠다고 했다.

선교사의 천직은 아주 뛰어난 작품을 선전하여 복음하는 것뿐만 아니라 다른 나라의 정치참견을 절대 해서는 안된다. 상식이 풍부한 제자가 반역적인 한인 신도를 지원하고 분수를 지켜 만족할 줄 알게 되면 당신의 나라와 일본과의 우호관계 및 본국정치와 당신의 동포에게까지 영향을 미친다. 모든 제자는 외국 각 곳에 주둔하고 있으며, 정치상 뛰어난 지위에 있었고 많은 일본국민은 제자들과 관계가 있었다. 그 결과는 반드시 제자의 본국으로 하여금 일본과 국교상 원만하여 걱정이 적게 있을 것으로 예상된다.[45]

간도지역에서 캐나다 장로교의 세력은 강고한 편이었다. 이동휘가 혜산진을 통해 장백현으로 망명한 것도 그리어슨의 도움이 절대적일 정도로 캐나다 선교사와 간도지역은 물고기와 바다와의 관계였다. 일제로서는 캐나다 선교사들이 부담스러웠다. 따라서 이들에게 자신들의 논리를 강박할 필요가 있었으며, 그것의 실질적 효과 여부를 떠나 만남 자체를 선전하는 것으로 경신참변을 정당화시키고자 했다.

《대공보》에는 3일에 걸쳐 경신참변의 실상을 알린 영국 선교사들의 기사를 게재했다. 비교적 장문이지만 주요 부분을 정리했다.

① 우리는 10월 31일 직접 노루바위(장암동: 필자) 마을로 갔다. 이 마을은 작은 강 유역 꼭대기에 있었는데 그 사이는 12마을이나 떨어져 있었다. 오늘은 일본 천황의 생일이기 때문에 도중에 일본병사와 일본경찰들을 간섭하지 않고 우리는 큰 길로 돌아서 가기로 했다. 갑자기 먼 산에서 짙은 연기가 사방에서 일어나는 것을 보았고 우리들은 그곳으로 가려고 했다. 우리는 목격자로서 29일 이 촌락에서 일어난 실제상황을 들었다. 오늘 동이 틀 때 일본 보병 전체는 군장을 하고 그리스교 신도 마을을 둘러싸고 이는 강 유역의 윗부분에서 시작되었다. 쌓여 있던 보리에 불을 붙여 불태웠고 계속 집에 있는 거주민을 밖으로 나가라고 명령했다. 무릇 남자와 늙은 사람 어린이를 막론하고 즉시 총살했고 그 사람이 죽지 않았으면 불이 난 풀에 그 몸을 넣어 죽지 않은 사람을 죽게 만들었다. 너무 고통스러워서 뛰어오르고 피가 흘러 뒤섞였다. 나머지도 모두 이런 핏자국을 일찍 목격했다. 시체는 순식간에 코타르가 되어버려 구별할 수

---

45) 「請看日軍在間島野蠻行動之自白書」, 《大公報》(1920. 12. 11).

없었다. 사지가 잘린 이도 있었으며, 분산되어 재가되어 나타났다. 이 잔혹한 행동을 할때 죽은 사람의 어머니와 처, 혹은 아들과 딸들을 강제로 벽에 서서 보게 했다. 동시에 방화하여 집을 불태우고 전 마을을 순식간에 죄다 태워버렸다. 맹렬한 불길이 거칠게 솟아오르니 몇 십마일 밖 멀리서도 볼 수 있었다. 한 마을이 끝나면 다시 다른 마을을 불 지르고 산골짜기를 따라 큰 길로 곧바로 가서 급습했다. 일본 병사는 제자리로 되돌아가서 천황을 모시고 생일을 축하했다. 〈중략〉불에 탄 19개의 집을 촬영하고 있을 때 할아버지가 통곡하고 있는 것을 보았다. 노인과 아이, 부인은 잿더미에서 잘린 사지와 부러진 뼈들 및 아직 불에 다 타지 않은 잡물들을 빼냈다. 마을 사람에게 청하여 함께 기도하고 동시에 그들을 도와 시체 한구를 잿더미에 빼내어 이동시켰다. 잘린 다리와 잘린 손을 원하는 곳에 안치하고 사진을 찍으려 했지만 너무 화가나서 사진기를 들 수 없었다. 사진을 겨우 찍었다. 기도할 때 교외의 한인과 중국인들이 함께 보았다. 모두 고개를 숙이고 눈물을 흘리고 있었다. 마을에 있는 예배당과 소학당은 모두 폐허가 되었다. 마을에 새 무덤 31개가 생겼다. 이외에 불 탄 마을은 26개였으며 사망자는 145명이었다.[46]

② 12월 13일 노루바위 마을에 도착하여 교회당과 소학교의 주위에 약 30개의 집이 있었으나 모두 잿더미가 되었다. 어느 한 집에는 곡식이 가득 있는 것 같았는데 계속 연기가 났다. 마을에서 11시간 머물렀다. 또 약간의 잿더미 가운데 부서진 뼈를 찾았다고 했다.[47]

③ 일본군대는 날이 틀 때 이웃마을에서 남자 6명을 데리고 마을에 들어왔다. 체포된 소년들을 한인의 집 앞에 세우고 심문조차 하지 않고 즉시 총살했다. 집에서 체포된 아버지와 아들, 다른 집에서 체포된 형제 2명과 아들 한명 또 한집 한집 수사하여 검거하니 25명이나 되었고 모두 고문을 받았다. 쌓여 있는 시체 2구를 장작으로 덮어놓고 불을 붙여 태워버렸다. 부상이 특별히 없는 사람은 발악하며 일어나 총검으로 찌르려고 했으나 결국 불타 죽었다.[48]

④ 10월 29일 새벽녘 일본군 40명이 성서를 팔았다는 상인을 체포하고 다른 사람들을 영사관 감옥으로 이동시켰다. 수개월 동안 체포된 정치범들을 모두 이곳에 감금하였다. 밤이 깊어지자 체포된 사람들을 마을 부근의 작은 산 꼭대기 거대한 동굴에 이르러 칼로 그들을 베었다. 총검으로

---

46) 「日兵慘殺韓人之報告書」, 《大公報》(1920. 12. 16).
47) 「日兵慘殺韓人之報告書」, 《大公報》(1920. 12. 18).
48) 「日兵慘殺韓人之報告書」, 《大公報》(1920. 12. 21).

사람을 죽여 그 당시는 피바다가 되었다. 사건 후 흙을 아래로 밀어 떨어뜨려 잔혹한 시체를 덮어 매장했다.[49]

　　캐나다 선교사 및 영국 선교사들의 보고는 일제의 잔혹함에 초점을 맞추었다. 잔혹함의 강도를 더 이상 감당하지 못해 미완으로 보고서를 작성하기도 했다.[50] 교회는 독립운동의 본거지였다. 일제로서는 간과할 수 없는 사안이었지만 외교문제로 비화되는 것을 미연에 방지하고 또 정당성을 확보하기 위해 '교인＝독립운동가' 등식을 고착화시키려 했다. 《대공보》에서도 점차 한인의 학살에 무게를 두는 기사가 지속적으로 보도되었다. 여기에는 중국의 현실이 그대로 투영되어 있었다. 일제가 야만적인 방법으로 무고한 한인을 학살했으며, 간도를 일본이 자신들의 영토로 삼으려고 한다고 보도했다.[51] 중국의 영토침략에 대한 선험적 경험에 대한 뼈저린 반성의 기회를 일제의 간도침략에서 찾으려는 자세였다.

　　경신참변은 연변지역에만 국한된 것은 아니었다. 흥경(현 신빈현), 통화, 집안, 유하 등 서간도지역에까지 그 화가 미쳤다. 《대공보》 1921년 1월 6일자는 영국 로이터 통신을 인용하면서 한인들을 잔인하게 학살한 일본군의 행태를 고발했다.[52] 이 기사에서는 일본군이 집안에서 40명을 죽이고 유하현 삼무포(삼원포: 필자)지역에서 80명을 살해했다고 보도했다. 과부와 고아가 속출하고 겨울철을 집없이 지내야 하는 한인들의 고통현장을 생생하게 보도했다. 『독립신문』 87호(1920년 12월 18일자)에는 피해 한인이 1,323명으로 집계하고 있어 당시 서간도 피해 상황을 구체적으로 파악할 수 있지만 《대공보》의 서간도 기사

---

49) 「日兵慘殺韓人之報告書」, 《大公報》(1920. 12. 21).
50) 「日兵慘殺韓人之報告書」, 《大公報》(1920. 12. 20).
51) 「日人在間島之暴行」, 《大公報》(1920. 12. 31).
52) 「日本在奉省殘殺韓人」, 《大公報》(1921. 1. 6).

는 거의 게재되지 않았다. 그렇다고 《대공보》의 경신참변 기사가 신뢰성을 상실했다고 볼 수 없다. 특히 자국민들의 경각심을 고취하기 위해 보다 효과적인 기사를 실었다. 예를 들면 경신참변을 극화해서 보도하는 방식도 취했다. 1921년 1월 11일자에는 1920년 12월부터 다음 해 1월에 발생한 일본군의 한인 학살을 극화해서 다루었는데, 먼저 제1막은 괴로움이라는 제목으로 보도했다. 주된 내용은 일본군대가 한인들을 불태워 죽이거나 강간하는 경우를 중국군에게 통보했지만 중국관헌은 어떠한 보호조치도 취하지 않았다는 점을 강조했다.[53] 이후 《대공보》에는 경신참변의 기사는 거의 보이지 않는다.

2) 한국독립운동세력의 동향과 중국측의 대응

3·1운동은 만주지역 독립운동의 세력 지형도를 새롭게 바꿨다. 바로 독립운동의 르네상스기였다. 물론 일제로서는 간과할 수 없는 현상이었다. 독립운동단체는 한일병탄 이후 만주지역에서 독립운동을 진행하기 위해서 필수적인 부분이 인적자원의 수급과 경비 즉 군자금이라는 점을 절실히 깨달았다. 하지만 이들 독립군들은 소규모 부대를 이끌고 정규군인 일본군과 대결해야 하는 어려운 현실에 직면하였다. 일제가 1920년 10월 16일 중국측에 일본군이 10월 17일 자정을 기해 간도에서 군사작전을 실시하겠다고 일방적으로 통보한 것은 독립군들의 운명과도 직결되는 사안이었다.[54] 《대공보》에서는 동경통신의 기사를 받아 간도지역 한인독립단의 상황을 보도하였다. 훈춘사건과 일제의 군대파견에 대한 일련의 보도 기사 가운데 처음으로 홍범도 부대의 동향에 대해서 언급했다.[55] 홍범도가 300명을 이끌고 신민단과

53) 「慘劇」, 《大公報》(1921. 1. 11).
54) 황민호·홍선표, 『무장투쟁과 외교활동』, 108.

합류하여 삼도구 부근에 주둔하고 있으며,[56] 기관총과 대포 600개를 가지고 있으며 이외에도 군인수는 800명에 이른다고 보도했다. 이때까지도 《대공보》의 기사는 자체 기자를 파견한 것이 아니라 다른 신문 기사를 받아서 쓴 경우가 아닌가 한다.

한국독립운동사에서 가장 큰 전과인 청산리 전투에 대해서는 1920년 11월 3일 기사에 자세하게 보도했다.[57] 4일 뒤 11월 7일에는 보다 자세하게 청산리 전투에 대해 상보를 전했다. 이를 정리했다.

10월 22일 아침 두도구 서남 부근 지방에서 일본병사와 한인독립당 약 400명이 5시간에 걸친 큰 전투를 했다. 한인은 물러나고 일본병사 사망자는 9명, 중상자 12명, 군마는 4마리가 죽었고, 8마리가 중상을 입었다. 한인 사망자 또한 10명 정도 되었다.

두도구방면에 일본군은 토벌부대를 출동시켰다. 21일 삼도구에서 서방과 한국 군대는 교전을 했다. 한국 군대가 공격을 받아 사체 16구가 유기되고 무기를 일본군이 탈취해갔다. 일본군의 전사자는 3명이며 부상자는 4명에 지나지 않았다.

22일 일본군대와 한국군대는 이도구와 봉밀구 사이의 어느 산에서 교전했는데 결국 한국군대는 저서 달아났다. 일본군대의 사망자는 3명, 중상자는 11명이었다. 결론적으로 두도구방면 한국군대는 김좌진파와 홍범도가 군대를 지휘했고 그 힘은 강렬했다. 기관총은 신식이었고, 신무기도 모두 구비되어 있었다.

24일 날이 밝지 않았을 때 일본군대는 헌병을 위로하며 사병 27명을 거느리고 두도구를 향해 출발했다. 화룡현 협피구 부근을 지나가다가 갑자기 한국 군대 100여명을 만나 요격했다. 결국 한국군대는 패주하고 사체 10구와 탄약 12발이 유기되었다.

24일밤 한국 군대는 오도구의 촌민에게 명령하여 일본군대를 쫓아내게 했

---

55) 「間島之韓人獨立團」,《大公報》(1920. 10. 30).
56) 대한독립군 홍범도가 직접 지휘하는 병력이 300~400명이었고 연합부대의 총 인원이 1,600명이라고 사실에 비추어 보아 《대공보》의 기사가 지닌 신빙성은 크게 손상되지 않는다고 볼 수 있다.
57) 「韓黨與日兵之激戰」,《大公報》(1920. 11. 3). 청산리 전투의 서막을 알리는 백운평 전투를 묘사한 것으로 한국 독립군의 폐해와 일본군의 폐해는 기존연구와 자료를 통해서 창사 《대공보》의 신빙성을 엿볼 수 있는 대목이기도 하다.

다. 일본군은 있는 힘을 다해 경비했고 교전은 피할 수 있었다.[58]

청산리 전투와 같이 한국독립운동에 대한 『독립신문』 기사는 1920년 12월 25일자에 청산리전투 내용을 실었다. 이는 『독립신문』의 운영상태가 순탄하지 못한 측면이 크게 작용한 것이다. 이를 감안하더라도 《대공보》의 경신참변과 독립군들의 움직임을 신속하게 보도한 것은 간도지역 참상을 반면교사로 삼아야 한다는 인식이 팽배하였기 때문이라고 짐작한다.

청산리 전투 이후 김좌진과 홍범도의 동정에 대해서도 일정 부분 지면을 할애했다.[59] 청산리 전투를 치르고 일본군의 추격을 피해 밀산 방향으로 이동한 김좌진과 홍범도부대는 전열을 가다듬기 위해 연해주로 목적지를 결정하였다. 1921년 1월 1일자 《대공보》에는 김좌진과 홍범도 명의의 권고서를 발표했다고 했는데 내용은 다음과 같다.

> 각 단체에서 러시아영토로 간 사람은 적지 않다. 부국산업이 완성되지 않았던 이전 우리 군은 일시적인 방법으로 해산을 선언했으나 결코 해산은 쉽지 않았다. 현재 군수품 및 총기, 총알 등 모두 무제한 무대가로 우리 군에 공급해주기로 노농정부와 약속을 했다. 무릇 한민은 원수를 갚거나 마음먹은 일을 이루기 위해 온갖 어려움과 괴로움을 참고 견디며, 모두 한마음으로 목숨을 걸고 영원히 원수를 잊지 말자고 맹세했다.[60]

청산리 전투 이후 독립군 단체 이동과정에 대해서 《대공보》는 독립군이 일본의 물리력을 동원한 대규모 '진압작전'에도 그 뜻을 꺾지 않고 독립운동을 지속적으로 전개하였으며, 일본의 야만적 행동에 결코

---

58) 「間島日軍行動近況」, 《大公報》(1920. 11. 7).
59) 「韓國獨立黨布告與日宣戰」, 《大公報》(1921. 1. 1).
60) 「韓國獨立黨布告與日宣戰」, 《大公報》(1921. 1. 1). 『독립신문』 1921년 1월 27일자에 홍범도와 최진동이 연해주로 이동하다가 密山에서 적과 조우하였다고 보도하였다.

굴복하지 않았다고 보도했다.[61] 러시아 소비에트 정권과 교감한 이후 결빙기를 이용해서 한국독립군이 연길을 공격한 후 바로 국내로 진격하는 계획을 세우고 있다면서 한국 전체가 노농정부를 건설할 것이라고 예측했다.[62] 이어서 청산리대첩으로 사망한 일본인은 600여명이며, 독립군의 사망자는 50여명에 불과하다고 했다.[63]

《대공보》에서는 상해 대한민국임시정부의 움직임도 보도했다. 만주지역 독립단과 상해임시정부와의 연계를 기정사실화하여 시베리아 80만, 만주지역 2백만을 편성하여 육군을 조직하여 일본과 전쟁을 시작한다는 것이다.[64] 다소 수치가 과장되고 인과관계도 맞지 않지만 임시정부가 만주지역 독립군을 움직일 수 있다는 사실을 보도한 것은 고무적인 사실이다. 뿐만 아니라 국무총리 이동휘, 참모총장 이동녕, 교통부총장 문창범이 일찍이 러시아와 교섭하여 많은 무기와 탄약을 준비하였기 때문에 한국이 멀지 않은 시기에 정식 국군을 탄생시킬 것이라는 점도 언급했다. 그러면서 《대공보》는 한국군대가 중국 영토 내에서 일본군과 전쟁을 일으켜서는 안되며 돈독한 우의를 지키기를 희망한다고 했다.

임시정부의 외교노력에 관한 기사도 게재했다. 상해 대한민국임시정부 외무총장대리 신익희가 일본군의 간도침략과 그 만행을 좌시할 수 없고 한인들이 독립운동을 전개하기 위해 어떠한 조치를 취해야 하는 지 북경정부에 발송한 전문을 인용해서 보도했다. 그 내용은 다음과 같다.

---

61) 「朝鮮捷報」, 《大公報》(1921. 2. 1).

62) 「日本稱兵間島之本旨」, 《大公報》(1921. 1. 6).

63) 『독립신문』의 청산리대첩 일본측 사상자가 3,000명이라는 것과는 차이가 많이 있지만 일본측이 주장하는 150명과도 다르기 때문에 좀더 많은 중국측 신문자료의 확보가 시급하다.

64) 「朝鮮獨立團將與日本決戰」, 《大公報》(1920. 11. 6).

중화민국 안 외교총장은 전보를 자세히 보시오. 이번 훈춘 사건의 이익과 손해를 헤아려보면 진상은 분명하지 않으나 우리나라와 관계가 있습니다. 걱정을 끼쳐 드려 매우 유감스럽습니다. 동삼성의 한국 교민을 조사해보니 평소 평화를 사랑하고 국가를 귀하게 생각하나 우리와 일본의 악행으로 인해 독립당을 준비했으나 실로 영토 내에서 권력을 장악하지 못했으니 응당 모두 용서를 해야 할 것입니다. 귀 정부와 관리가 이와 같이 자세히 알지 못하고 동삼성 한인들의 행동을 전문적으로 확실히 알 수 없지만 명백한 답안이 있습니다.[65]

이어 임시정부가 11월 25일 일본과 전쟁 선전포고를 발표했다고 보도하면서 이것이 계기가 되어 일본인이 한인들을 잔인하게 살육했다는 '부정확한 기사'를 실었다.[66]

3·1운동 직후 이대조가 『시대평론』에 중국인들의 각성을 촉구하는 글을 실었듯이 대공보에서는 일제의 간도출병으로 중국에 어떠한 영향을 미치게 되는지 점검하지 않을 수 없었다. 한국의 국치와 3·1운동에 대한 상해지역에서 열린 한국인의 연설을 게재하였다. 한국이 11년 전에 일제에 의해 강점되었고 그 원인은 크게 한국 인민이 스스로를 자각하지 못한 데 있다는 것이다. 가장 큰 '나'인 국가의 일을 문제시하지 않을 때 중국도 한국과 같은 길을 갈지도 모르며 이를 방지하기 위해 중국민들의 제대로 된 현실인식을 강조했다.[67] 이번 '간도사건'의 중요성은 산동사건 못지않기 때문에 북경정부는 이를 인식하여 세계조사위원회를 조직함으로써 중국의 주권을 더 이상 침해받아서는 안된다는 기사도 게재했다.[68] 일제가 북경정부의 어떠한 건의도 받지 않는 상태에서는 국제연맹에 호소하는 것이 당시에는 최선의 길이라고 인식한 것 같다. 초기 《대공보》의 기사에서 중국이 중립을 지켜야

---

65) 「韓政府警告北京政府」, 《大公報》(1920. 11. 21).
66) 「韓國獨立黨布告與日宣戰」, 《大公報》(1921. 1. 1).
67) 「韓國獨立黨布告與日宣戰」, 《大公報》(1921. 1. 1).
68) 「日人在間島之暴行」, 《大公報》(1920. 12. 31).

한다는 애매모호한 태도에서 진일보한 것이다.[69]

일본군대의 행동범위가 중국 주권을 넘어섰다는 기사가 《대공보》에서 이미 12월부터 다루어졌다. 일본군이 개척민을 강요하여 일본국적으로 바뀌는 작업을 전개하고 있는데 불가항력이며 겨우 일본 관리에 항의할 정도선에서 그치고 있다고 보도했다.[70] 12월 24일자 기사에서는 중동선 부근까지 진출한 일본군이 각 지역마다 차단막을 세우고 왕래하는 모든 사람들을 검문하고 있다는 사실을 다루었다.[71] 일본의 특권이 지나칠 정도로 강하기 때문에 이에 대한 중국 측의 대응을 촉구하는 기사였다. 이처럼 《대공보》는 훈춘사건으로 촉발된 일제의 대륙침략이 국지전이 아닌 후일 전면전으로 확전될 수 있다는 인식을 깊게 하고 있었다.

5. 맺음말

경신참변(간도한인 제노사이드) 유적지 가운데 장암동 유적지만이 후손들의 보살핌으로 1920년 10월 이후 일제의 반인류적, 야만적 광풍 속에서 희생당한 한인들의 고난의 역사를 처절하게 말해주고 있다. 그만큼 경신참변의 유적지도 세월의 무게를 견디지 못하고 대부분 사라져버렸기 때문에 장암동 유적지는 그러한 의미에서 각별하다. 일제의 학살의 현장이기 때문이다.

위에서 살펴본 창사 《대공보》는 중국 동북지역에서 자행되고 있었던 일제의 만행을 좌시할 수 없다는 당시 중국의 분위기를 대변한 듯

---

69) 「我國當嚴守中立」, 《大公報》(1920. 11. 6).
70) 「日軍又在琿春橫行」, 《大公報》(1920. 12. 24).
71) 「朝鮮獨立團將與日本決戰」, 《大公報》(1920. 11. 6).

하다. 그 보도의 특징과 앞으로의 과제를 정리하였다.

먼저 《대공보》는 초기 훈춘사건을 보도하면서 일본측의 정보를 받아서 게재하는 보도태도를 견지하였다. 한인들이 훈춘사건에 연루되어 있고 일본은 이를 바로잡기 위해 '간도출병'을 단행한다는 일본측의 입장을 여과없이 게재하였다. 《대공보》는 먼저 이를 중국 독자들에게 알리는 일이 중요하였기 때문에 사실관계를 확인하지 않고 보도한 감이 없지 않다. 물론 당시 불가피한 상황이기도 했지만 훈춘사건이 어떠한 파장을 일으키게 될 지 명확하게 인식한 것은 아니었다. 뿐만 아니라 《대공보》는 중국은 한인과 일본의 갈등이기 때문에 중립을 지키면서 사태를 주시하고 해결해야 한다고 문제의 해법까지 제시했다.

둘째 보도내용이 간도출병을 계기로 점차 바뀌기 시작했다. 일본군대가 중국 동북지역을 마음껏 유린하는 사실을 접하면서 충격에 빠진 중국인들의 인식이 그대로 반영된 것이다. 서북간도는 더 이상 중국인 관리들의 통치 범위를 벗어나고 있다는 점을 재차 강조하면서 북경정부의 강력한 대응의지를 주장했다. 여기에는 《대공보》가 신문화운동의 선봉이라고 자임하면서 1920년 8월에 창사에 文化書社가 설립되면서 양 기관이 경쟁적으로 애국주의 열풍을 고취시키고 있었다는 점에서 경신참변에 대한 보도는 중국인들에게 일본제국주의의 중국 침략에 대한 경각심을 불어넣기에는 아주 적합한 것이었다.

셋째 경신참변의 실상을 보도하면서 장로회 선교사들의 경험담을 게재했다. 제3자이자 치외법권을 가진 외국 선교사들의 눈으로 본 일제의 참혹함을 중국 독자에게 그대로 전달하면서 피해는 한인에게 집중되었지만 정작 일제의 침략 무대가 중국 영토란 점을 독자들에게 주지시켜 주었다. 간도침공의 목적이 일본이 간도를 자신들의 영토로 삼으려고 한다는 데 있다고 보도함으로써 중국인에게 영토침략이 가져온 폐해를 주지시켜 주었다. 1920년 중국은 공화제에 대한 열기가 어느 때보다도 고조되고 있는 시점이었고, 일제의 간도침략은 신해혁명 이후 지속되어온 혁명의 열기를 외세가 또 꺽을 지도 모른다는 역사의 교훈을 독자들에게 알려 주기 위해《대공보》는 그 어느 신문 보다도 많은 경신참변 기사를 게재한 것으로 보인다.

참고문헌

『獨立新聞』

『大公報』

陸軍省, 『間島事件關係書類』 上, 「間島事件ニ關スル朝鮮軍參謀指示事項」

『日本外務省特殊調査文書』 13(영인본; 고려서림, 1989)

金正柱, 『朝鮮統治史料』 2 韓國史料硏究所, 1970

이범석, 『우둥불』, 사상사, 1971

황민호, 「1920년대 초 재만독립군의 활동에 관한 『매일신보』의 보도 경향과
　　　　인식」, 『한국민족운동사연구』 50, 2007」

東尾和子, 「琿春事件と間島出兵」, 『朝鮮史研究會論文集』 14, 1977

김동화, 『중국조선족독립운동사』, 느티나무, 1991.

金泰國, 『滿洲地域 '朝鮮人 民會' 研究』, 國民大 博士學位論文, 2002

김주용, 『일제의 간도 경제침략과 한인사회』, 선인, 2008

김춘선, 『북간도 한인사회의 형성과 민족운동』, 고려대학교 민족문화연구원, 2016

김춘선, 「경신참변연구」, 『한국사연구』 111, 한국사연구회, 2000.

문백란, 「캐나다 선교사들의 북간도 한인사회 인식」, 『동방학지』 144, 연세대
　　　　학교 국학연구원, 2008

조원기, 「일제의 만주침략과 간도참변」, 『한국독립운동사연구』 41, 독립기념
　　　　관 한국독립운동사연구소, 2012

정예지, 「庚申慘變기 조선인 "귀순"문제 연구-북간도를 중심으로-」, 『사림』
　　　　38, 수선사학회, 2011

황민호·홍선표, 『무장투쟁과 외교활동』 -한국독립운동의 역사 22-, 독립기념
　　　　관, 2008.

조동걸, 「1920년 간도참변의 실상」, 『역사비평』 겨울호, 1998

延邊朝鮮族自治州檔案局 編, 『琿春事件 "庚申年討伐"』, 1985

김연옥, 「일본군의 '간도출병' 전략과 실태-간도출병사 자료를 중심으로」,

『일본역사연구』 50, 일본사학회, 2019

동학농민혁명기 일본군의 동학농민군 학살

성주현
1923 제노사이드 연구소

1. 머리말

동학농민혁명은 아는 바와 같이 1894년 1월 10일(음) 전북 고부군에서 첫 기포를 하여 이듬해인 1895년 봄까지 이어졌다.[1] 조선 후기는 이른바 '민란의 시대'라고 불릴 만큼 전국적으로 농민들이 중심이 되어 대정부 항쟁을 전개하였다.[2] 17세기 말부터 전개된 농민항쟁은 임술민란 등을 거치면서 동학농민혁명으로 이어졌다. 농민항쟁과 동학농민혁명이 전개되는 과정에서 정부는 이를 진압하기 위해 회유와 탄압 등 강온 작전을 통해 무마하려고 하였다. 이 과정에서 농민항쟁과 동학농민혁명을 주도한 세력뿐만 아니라 이에 참여한 일반 농민층도

---

1) 물론 동학농민혁명의 시기에 대해서는 연구자에 따라 관점을 달리하고 있다. 특히 '고부기포'를 동학농민혁명보다는 민란으로 인식하는 사례도 적지 않다.(김양식, 「동학농민혁명에 관한 역사교과서 서술 내용의 문제점과 개선 방향」, 『동학학보』 24, 동학학회, 2012; 배항섭, 「동학농민전쟁 연구」, 고려대학교 대학원 사학과 박사학위논문, 1996 등 참조) 필자는 동학농민혁명은 사발통문을 작성하는 시기부터 이미 시작되었다고 본다.(성주현, 「사발통문의 재검토와 '고부기포'」, 『한국민족운동사연구』 77, 한국민족운동사학회, 2013 참조)

2) 조선후기 민란에 대해서는 배항섭, 『조선후기 민중운동과 동학농민전쟁의 발발』, 경인문화사, 2002를 참조할 것. 민란의 성격과 동학농민혁명으로 이어지는 관계를 잘 분석하였다.

적지 않게 희생되었다.

고부에서 동학농민혁명이 발발하자 조선 정부는 초기에 "엄격히 조사하여 등급을 나누고 구별하여 등문"하게 할 것과 "제창한 사람 외에 일체 속임을 당하였거나 위협에 못 이겨 추종한 사람들은 될수록 공정하게 하고 일일이 깨우쳐주어 각각 생업에 안착하게 하여 조정에서 보살펴주는 뜻을 표시하라"[3]고 하여, 주도자에게는 엄격한 조사 방침을 내리고, 참가 농민들을 적절히 효유할 것을 시달하였다. 또한 3월 금산에서 동학교인들이 폐정을 요구하는 통문을 돌리자 "중민衆民은 효유曉諭 안업安業케 하고, 거수渠首를 체포하여 효수梟首"[4]할 것을 정하였다. 그러나 3월 들어 동학농민혁명이 점차 거세게 확대됨에 따라 내무부는 "진압鎭壓 초제剿除할 것"[5]으로 보다 강경하게 대응하면서 동학농민군은 정부군과 일본군에 의해 '포살砲殺', '총살銃殺' 당하는 등 희생자가 늘어갔다.

동학농민혁명 당시 희생된 동학농민군의 수효는 기록에 따라 상당한 차이를 보인다. 동학농민군 희생자 수에 대해서는 아직 구체적으로 밝혀진 바는 없지만 많게는 '30, 40만의 다수', '20만 이상의 다수'에서 적게는 '수만 명'으로 기록하고 있다. 이처럼 동학농민군 희생자는 그 범위가 크다. 이는 역설적으로 확인이 불가능하다는 의미이기도 하다. 126년 전 역사적 사건, 즉 동학농민혁명에 대한 다양한 기록이 남아 있지만, 이들 기록에서 희생자의 수효를 추적하는 것은 지나간 일일 뿐만 아니라 그 필요성을 느끼지 못하였기 때문일 것이다. 그렇지만 동학농민군을 진압하는 과정에서 '학살'이라는 의미를 부여하는 연구 성과는 적지 않았다.[6] 조경달은 "근대 일본이 해외에서 저지른 최초

---

3) 『고종실록』 31권, 고종 31년 2월 15일 자.
4) 『고종시대사』 3, 고종 31년 3월 23일 자.
5) 『고종시대사』 3, 고종 31년 4월 2일 자.
6) 이와 관련된 연구는 주로 강효숙이 일본군의 진압 과정에서 살펴보고 있다. 강

의 대학살 행위"[7]라고 밝힌 바 있으며, 박해순 역시 동학농민혁명은 "강격한 일본군대에 의해 학살당하는 운명"[8]이라고 하였다. 또한 최근 동학농민군 진압에 참여한 바 있는 일본군의 기록을 통해 그들의 행위가 '학살'임을 밝혀낸 바 있다.[9]

동학농민혁명으로 희생된 동학농민군의 수효를 정확하게 밝힌다는 것은 중요한 의미가 있겠지만, 사실상 이는 불가능하다고 할 수 있다. 그럼에도 불구하고 희생자에 대해서는 많은 관심을 가지고 있다. 이 글에서는 기존의 연구 성과를 토대로 동학농민군의 희생자에 대해 살펴보고, 그 연장선에서 일본군의 동학농민군 학살과 관련성을 추적해 보고자 한다.

효숙, 「청일전쟁에 있어 일본군의 동학농민군 진압」, 『인문학연구』 6, 원광대학교 인문학연구소, 2005; 강효숙, 「제2차 동학농민전쟁 시기 일본군의 농민군 진압」, 『한국민족운동사연구』 52, 한국민족운동사학회, 2007; 강효숙, 「제2차 동학농민전쟁과 일본군」, 『전북사학』 30, 전북사학회, 2007; 강효숙, 「일본군 제19대대 동로군, 제18대대 원산수비대의 강원도 농민군 탄압」, 『동학학보』 37, 동학학회, 2015; 신영우, 「1894년 일본군의 동학농민군 학살」, 『제노사이드와 한국근대』, 경인문화사, 2009 등이 있다.

7) 조경달은 "더욱 중요한 과제는 근대 일본 최초의 본격적 대외침략사의 해명이라는 시각에서 갑오농민전쟁의 전모를 해명하려는 작업일 것이다"라고 밝히고 있다. 조경달, 『이단의 민중반란』, 역사비평사, 2008, 330.

8) 박해순, 『1894 일본조선침략』, 나눅, 2019, 293.

9) 박맹수, 「일본군의 동학농민군 학살기록」, 『한국독립운동사연구』 63, 독립기념관 한국독립운동사연구소, 2018; 신진희, 「일본군 병사의 눈으로 본 동학농민군 진압」, 한일민족문제학회 제79회 학술발표회 발표문, 2020. 9. 26.

2. 동학농민혁명과 동학농민군의 희생자 현황

동학농민혁명이 반봉건 반외세의 기치로 전개되었다는 사실은 이미 많은 연구를 통해 밝혀졌다. 반봉건은 성리학 이데올로기의 조선 정부에 대한 저항이었으며, 반제국은 조선에 지배력을 강화하려는 일본에 대한 투쟁이었다. 이로 인해 동학농민혁명은 조선 정부뿐만 아니라 일본으로부터도 진압과 탄압의 대상이었다.

조선 정부는 동학농민혁명의 첫 시발인 고부기포가 일어났을 때, 주도 세력에 대해서 '엄격하게 조사하여 처벌할 것'과 참여 농민에 대해서는 '효유하여 생업에 종사케 할 것'을 지침으로 삼았다. 그렇지만 고부기포에 이어 무장에서 동학농민군이 포고문10)을 선포하고 다시 기포를 하자 '진압 초제할 것'으로 보다 강경하게 대응하였다. 이는 조선 정부가 동학농민군을 효유하기보다는 진압하는 데 더욱 초점을 두었다고 할 수 있다. 그럼에도 불구하고 관군은 고부 황토현11)과 장성 황룡촌12)에서 동학농민군에게 패배하였다. 이후 승세를 잡은 동학농민군은 전주성을 무혈로 점령하였다. 전주성이 점령당하자 정부는 청군 파병을 요청하였고, 그 결과 톈진조약에 의해 청군과 일본군이 각각 백석포와 인천으로 진출하였다.

청일 양군의 출병과 전주성 전투로 인한 동학농민군의 열세 등 복합적인 요인에 의해 동학농민군과 정부는 이른바 전주화약을 맺었다. 일본군의 경복궁 점령으로 동학농민군이 총기포를 함에 따라, 조선 정부는 물론 일본군도 동학농민군을 '초멸'하기로 결정하였다. 특히 일

---

10) 정식 명칭은 「茂長東學輩布告文」이다. 이 포고문은 『동비토록』과 『수록』에 실려 있다.
11) 고부 황토현 전투에 파병된 관군은 전주감영의 지방군이다.
12) 장성 황룡촌 전투에 파견된 관군은 중앙에서 파견된 경군이다.

본군은 이른바 '동학농민군 토벌대'라고 불렸으며, 동학농민군을 진압하는 제19대대에게 다음과 같은 훈령을 내렸다.

- 각 부대는 이미 출정하였거나 금후 출정하는 한병과 협력하여 東學徒 征討에 종사하여 화근을 剿滅하여 재발할 후환을 남기지 않기를 요한다.
- 수령이라 인정되는 자는 포승하여 경성공사관에 보내고, 부회뇌동한 자는 귀순케 하여 관대하게 대하고 가혹한 처치를 하지 말라.
- 중앙정부 부내 유력자 및 유력한 지방관과 동학당과의 왕복문서에 대해서는 주의를 기울여 그것을 수취하도록 하라.
- 저번 동학당 진압을 위해 전후 파견된 한병韓兵의 진퇴 조절은 먼저 일본군대의 지에 따르고, 일본군대가 지배한다는 것을 한병의 각 부대장에게 통지하였으므로, 일본 사관은 그 요량으로 한병을 지휘하라.[13]

일본군의 전령에 의하면, '화근을 초멸하여 재발할 후환을 남기지 않기'였던 만큼 동학농민군은 철저한 탄압의 대상이었다. 관군과 일본군의 '초멸 작전'으로 인해 동학농민군의 희생자가 많을 수밖에 없는 상황이었다. 전봉준은 재판 과정에서 공주 우금치 전투 중 동학농민군이 희생 당한 상황을 다음과 같이 언급한 바 있다.

두 번 접전 후에 1만여 명의 군병을 점고하니, 남은 자가 3천 명에 불과하고, 그 뒤에 또 접전 끝에 점고하니 5백여 명에 불과하였다.[14]

이른바 우금치 전투는 동학농민혁명 당시 최대의 전투였을 뿐만 아니라 희생자가 가장 많은 전투였다. 전봉준은 두 차례의 전투에서 1만 명 중 7천여 명, 또 한 차례 전투 후에는 5백여 명만 남을 정도로 많은 희생자가 많았다고 밝혔다. 즉, 공주 우금치 전투에서만 9천 5백여 명이 희생된 것이다. 그렇다면 1894년 1월 10일부터 이듬해 2, 3월

---

13) 《每日新聞》(1894. 11. 18./1894. 11. 19.).
14) 「전봉준공초」

까지 이어진 동학농민혁명 과정에서 얼마나 많은 희생자가 있었을까.

동학농민군 희생자와 관련하여 아직 본격적인 연구가 이루어지지 않은 상황에서, 이 글에서는 일찍이 동학농민혁명을 연구한 한우근이 『동학농민봉기』를 통해 밝힌 동학농민군 학살의 현황을 밝히고자 한다. 희생자 상황을 정리해 보면 아래의 〈표 1〉과 같다.

〈표 1〉 한우근의 『동학농민봉기』에 나타난 희생자 현황[15]

지역 및 전투	동학농민군 희생자 상황	비고
공주 우금치 전투	동학농민군은 6,7일 간의 격전 끝에 드디어 수많은 사상자를 내고 무기를 버린 채 후퇴할 수밖에 없었다.	
해미 방면	동학농민군 수백 명을 붙잡아 그중에 50여 명을 학살	일본군
태안반도	30명의 동학농민군을 학살	일본군
문의지방	동학농민군은 20명의 전사자와 무수한 부상자	일본군
회덕 방면	동학농민군을 습격하여 수십 명을 사살	일본군
보은 청안	동학 접사 동무현 등 4명을 붙들어 살해	일본군
온양 신창 방면	동학농민군을 습격하여 30여 명을 붙들어 살해	관군
청산 옥천 방면	동학농민군도 습격을 받아 3백여 명이나 학살. 동학 접주 정원준, 서도필 등 9명은 포살.	일본군, 관군
유구 방면	동학농민군을 습격하여 동학 접주 최한규 이하 27명을 살육	일본군, 관군
대흥읍	19명을 체포 살해	일본군, 관군
직산	접주 황성도 이하 6명 살해	일본군, 관군
진천	두령 박명숙 등 2명 살해	일본군
대천	두령 최창규 등 2명 살해	일본군
공주 달동	접주 장준환과 지명석 살해	일본군
덕산 방면	동학농민군 186명 전사자를 내고 후퇴하는 도중 쓰러진 자가 수십 명	진주/ 일본군
섬거	도접주 김이갑 참수, 동학도 27명 총살	일본군,

---

15) 〈표 1〉의 동학농민군 희생자와 관련된 내용은 한우근, 『동학농민봉기』, 세종대왕기념사업회, 1978, 244-278을 참고하였다.

지역 및 전투	동학농민군 희생자 상황	비고
		관군
광양읍	동학농민군을 수색해 90여 명 학살	일본군
순천	김우경 권성택 김영구 김영우 남정일 외 94명 총살, 효수, 타살	일본군, 관군
순천 사항리	41명 살해, 정흥서 효수	관군
광양성	김인배 유하덕 효수, 박홍서 이하 40여 명 포살	관군
하청역 부근	동학농민군 9명 살해	일본군
보성	동학농민군 두령 11명 살해, 양성좌 허성각 허용범 등 효수	일본군
장흥부	김보열 김성한 정현흠 김시언 구자익 등 효수, 박태지 김규매 살해	일본군
장흥 보춘동	7명의 동학농민군과 7명의 동학 혐의자 체포(살해)	일본군
장흥 해창산	동학농민군 11명 포박(살해)	일본군
장흥군 주위	51명의 동학농민군 포박(살해)	일본군
광양 순천 일대	각기 1백 명 내외 무차별 학살	일본군
광주光州	전수길 효수, 허인 주윤철 박원화 장살, 정수해, 이병조, 이규석 포살, 동학당 3명 포살	관군
담양	이문영 채통민, 장대진 임송도 포살	관군
동복	157명 포살, 5명 고문치사, 최자충 노익호 전경선 압송 중 사망	관군
화순	왕일신 김용보 조번개 김자근 포살, 최성칠 최범구 고문치사	관군
함평	접주 전경오 이춘익 이재민 이곤진 김성필 김인호 김성오 김서현 노덕팔 김치오 정원오 정권서 김경선 윤경오 포살, 동학당 이두련 등 5명 포살, 거괴 윤정보 장경삼 박춘서 정평오 김시환 윤찬진 김경문 박경중 포살, 동학당 이재복 김원숙 포살	관군
무안	접주 배정규 박순서 포살, 거괴 김용문 김자문 정어삼 장용진 조덕근 고문치사	관군
능주	7명 포살	일본군
영광	적괴 종문수 오태숙 효수, 최준숙 등 9명 포살, 거괴 강경수 포살, 이현숙 효수	관군
옥과	거괴 전재석 김낙유 황찬묵 포살	관군
무장	김병윤 효수, 김경석 사망	관군
우진영	정동관 사망	관군
남평	5명 포살	관군
고창	동도 2명 포살	관군
나주	강도수 정사심 이화삼 등 13명 포살, 접주 최국서 등 3명 포살	관군
죽포	2명 포살	관군

지역 및 전투	동학농민군 희생자 상황	비고
오산	1명 포살	관군
여정	3명 포살	관군
장호원 음성	수십 명의 전사자	일본군
청산 옥천	동학농민군 수백 명 학살	일본군
해주 서쪽	15명의 전사자	일본군
강릉	20명 살해	관군, 민보군
봉평 창촌	윤태열, 정창호 이창문 김대영 김희열 용하경 오순영 이화규 등 13명 효수 또는 포살,	일본군
평창	즉사 70명, 포로 10명 총살	일본군
홍천 내면	5백여 명 남김없이 토벌	관군
청두리	권성오 등 12명 포살	관군
정선, 여랑	이중집 등 14명 포설	관군
백운포	접주 위승국, 접사 심성숙 등 17명 포살	관군
원당리	오덕현 등 3명 포살, 차기석 피체(총살)	관군
약수포 신배 응봉	김치실 등 11명 포살, 박학조 피체(총살)	관군
홍정 삼리 등지	임정호 등 38명 포살	관군

위의 〈표 1〉에서 보는 바와 같이, 많게는 5백 명에서 수백 명의 동학농민군이 희생되었고, 한두 명의 동학농민군 지도자까지 희생되었다. 동학농민군의 희생은 포살과 총살, 효수, 살해 등과 같은 학살의 결과였다.[16)]

---

16) 동학농민군 학살은 이들 외에 참수斬首, 목살木殺, 돌살突殺, 타살打殺, 소살燒殺 등이 있었다. 이들 학살 방식은 주로 일본군이 사용하였다. 참수斬首는 꺾은 나무로 손발을 묶어 두고 엎드리게 하여 머리를 밑에 받쳐 지탱하게 한 후에 통옥桶屋의 죽할도竹割刀와 비슷한 것에 둔도鈍刀로 잘라 죽인다. 자르는 것이 끝날 때까지 5~6회에 이른다. 머리는 밧줄에 머리카락을 묶어 떨어지지 않게 하였다. 목살木殺은 나체로 엎드려 눕게 하고서 복부腹部에서부터 점차 상부上部로 이르게 하여 죽음에 이르도록 한다. 그 후에 2회 거듭하였다. 돌살은 착검한 총을 돌격하여 찔러 죽이는 형식, 타살은 총이나 몽둥이로 때려 죽은 형식, 소

김상기는 1931년 《동아일보》에 연재한 「동학과 동학란」에서 "막대한 생명이 희생되었고"라고 한 바 있다. 김상기는 '막대한 희생'이라고 한 것은 "통사나 천도교서 같은 데에는 동학교도의 희생자만 기십만이라고 하였음"이라는 사실을 근거로, 천도교에서 기록한 것을 원용하고 있다.17) 그는 동학농민혁명 시기 동학농민군의 희생을 '기십만'으로 인식하였고, 이를 '막대한 희생'이라고 표현하였다.

이외에도 희생자와 관련된 상황이 적지 않았는데, 몇 가지를 살펴보면 다음과 같다.

> 호남 지방에서는 우금치 전투를 전후하여 도처에서 동학농민군의 접주나 두령이 일본군과 관군에 의해서 학살되었다. 그리고 위에서 알려진 지방 외에도 얼마나 많은 동학농민군 내지 일반 농민이 학살되었는지 정확하게 알 수 없다.18)
>
> 그들은 이미 해산한 사람까지도 수색하여 효수, 총살, 타살을 서슴지 않았으며, 그들의 목적이 단순한 병란의 진압에 있는 것이 아니라, 동학당을 송두리째 뿌리 뽑겠다는 그들의 전략을 그대로 드러낸 것이다.19)
>
> 우금치 전투 이래의 전사자와 각처에서 붙들려 학살 당한 사람은 막대한 수에 이른 것으로 추산된다.20)
>
> 동학농민군에 대한 관군의 가차 없는 처형상을 나타내고 있다. 우금치 전투를 전후하여 도처에서 동학농민군의 접주나 두령이 일본군과 관군에 의해서 학살, 얼마나 많은 동학농민군 내지 일반 농민이 학살되었는지 정확하게 알 수 없음21)
>
> 정적情迹이 드러난 자는 일일이 적발하여 용서 없이 사형에 처할 것22)

살은 불에 태워 죽이는 형식이었다.(신진희, 「일본군 병사의 눈으로 본 동학농민혁명」)

17) 《동아일보》(1931. 10. 4.).
18) 한우근, 『동학농민봉기』, 248.
19) 한우근, 『동학농민봉기』, 253.
20) 한우근, 『동학농민봉기』, 256.
21) 한우근, 『동학농민봉기』, 258.
22) 한우근, 『동학농민봉기』, 276.

이처럼 관군과 일본군은 단순히 병란을 진압하는데 그치지 않고, 동학농민군이 재기할 것을 염려하여 '용서 없이', 또는 '가차 없이' 등과 같은 초멸 작전으로 동학 세력을 뿌리를 뽑고자 했다. 이로 인해 동학농민군의 희생자가 많았음을 알 수 있다.

동학농민군 희생자에 대한 구체적인 공식 기록은 없지만, 이와 관련하여 처음으로 기록을 남기기 시작한 것은 천도교단이었다. 그동안 이단으로 불렸던 동학은 1905년 12월 1일 천도교로 전환한 후, 근대적 종교의 틀을 갖추면서 동학농민혁명에 대해서도 관심을 가졌다.

동학농민혁명 당시, 통령으로 전봉준과 함께 생사고락을 같이 했던 손병희는 희생자들에 대한 신원을 누구보다 강하게 인식하였을것이다. 손병희는 동학농민혁명에 대해 "정부는 무고한 백성을 벌하고, 재산을 빼앗고, 부녀자를 빼앗고 있었으므로 정부를 넘어뜨리고 새로운 정부를 세워서 악정을 고칠 목적"[23]으로 일으켰다고 말한 것처럼, 동학농민혁명의 정당성을 주장한 바 있다.

이러한 인식의 연장선에서 천도교단 내에서는 동학농민혁명에 대한 기록을 남기기 시작하였다. 그렇지만 일제 강점 직후 기록인 「본교역사」에는 희생자뿐만 아니라 동학농민혁명에 관한 내용이 전혀 언급되어 있지 않다.

> 布德 三十五年 甲午 十二月 二十七日에 神師—知時 象이 回測하여 不可 現身安居 故로 遂乃避居 于東峽 洪川 等地하사 過歲焉하시니, 其時 陪行者는 孫秉熙 金演局 孫秉欽 孫天民 林鶴仙也러라.[24]

---

23) 「손병희 신문조서(제1회)」; 국사편찬위원회 홈페이지[http://db.history.go.kr/item/level.do?setId=1195&itemId=hd&synonym=off&chinessChar=on&page=1&pre_page=1&brokerPagingInfo=&position=275&levelId=hd_011r_0010_0060]
24) 「본교역사(속)」,《천도교회월보》32(1913. 3.), 23.

「본교역사」는 《천도교회월보》가 창간된 1910년 8월부터 연재를 시작하였는데, 동학농민혁명이 일어난 1894년인 포덕 35년조에 동학농민혁명에 대한 내용을 서술하지 않았다. 다만 동학농민혁명 이후 당시 교단의 최고책임자였던 해월 최시형과 교단 지도부가 강원도 홍천 등지로 피신하고 있다는 것만 기록하고 있다.

그렇다면 왜 동학농민혁명에 대해 언급하지 않았을까 하는 의문이 든다. 아마 그때까지만 해도 동학농민혁명에 대한 인식이 거의 없었고, 일제강점기라는 시기에 동학농민혁명을 기록하는 것이 용이하지 않다고 판단하였기 때문으로 보인다. 그뿐만 아니라 무단통치기 조선총독부는 동학의 정통을 계승한 천도교에 대해서 경계와 감시를 늦추지 않았다. 이러한 상황들이 동학농민혁명에 대한 기록을 남기지 못하는 요인으로 작용하였다고 본다.

그렇지만 3.1운동 이후 문화운동이 전개되면서 천도교단은 동학농민혁명에 대해 보다 적극적으로 평가하고 있다. 1920년 천도교청년회에서 개최한 천도교교리임시강습회의 교재로 사용하기 위해 발행한 『천도교서』에는 동학농민혁명 내용에 상당한 지면을 할애하였다.

道人이 錦山 珍山에서 起하였다가 官隷의 侵害로 因하여 殺傷이 八千餘에 達하다", "各 郡守 宰가 다시 政權을 執함에 道人을 殺함으로서 爲事하니 其 斬殺 絞殺 焚殺 埋殺 砲殺 投水殺한 慘狀과 其 父母 妻子 兄弟를 連하여 坐罪됨과 其 家産 田地 畜物의 沒收함은 萬古에 無한 大虐政"[25]

이렇듯 『천도교서』에서는 동학농민혁명 당시의 참상을 적극적으로 밝히고 있다. 특히 동학농민혁명에 참여한 각지의 주요 인물을 정리하기도 하였다.[26]

---

25) 『천도교서』 포덕 35년조.
26) 『천도교서』는 동학농민혁명 당시 참여자 명단을 처음으로 기록하였으며, 이후

또한 동학농민혁명에서 희생된 교인을 확인하고 '순교록'을 만들었다. 『천도교서』의 부록으로 첨부된 '순교록'은 현재 남아 있지 않아 희생자의 현황을 확인할 수는 없지만, 희생자에 대한 본격적인 기록이라고 할 수 있다. 이를 계기로 천도교 신파의 기관지 《신인간》에서는 동학농민혁명의 역사적 의미를 밝히거나, 이를 연구의 주제로 확장하기도 했다.[27]

1935년 간행된 『천도교창건사』와 1938년 간행된 『동학사』에는 이와 관련된 내용이 다음과 같이 각각 기록되어 있다.

其餘 各郡 道人이 官吏에게 被殺된 者―合하여 二十萬 以上에 達하니, 實로 空前의 大慘變이었다.[28]

東學軍으로서 官兵, 日兵, 守城軍, 民包軍에게 當한 慘殺 光景은 이루 말할 수 없었다. 그 中에 가장 慘酷한 곳이 湖南이 第一에 居하였고 忠淸道가 其次이며, 또는 慶尙, 江原, 京畿, 黃海 等 諸道에도 殺害가 많았었다. 前後 被害者를 計算하면 무릇 三四十萬의 多數에 達하였고[29]

위의 인용문에서는 동학농민혁명 중 20만 명 또는 30~40만 명이 희

발행된 『천도교창건사』와 『동학사』에서 이를 참고하였다.
27) 일제강점기 《천도교회월보》와 《신인간》에 게재된 동학농민혁명 관련 글은 다음과 같다.
  임연 譯, 「동학당 봉기, 일청전쟁의 도화선, 조선 대중의 일규」, 《천도교회월보》 249(1931. 9.); 이학인, 「동학란의 가치, 동양 최초의 민중운동」, 《천도교회월보》 255(1932. 5.); 장운용, 「동학란의 민중운동의 가치」, 《신인간》 7(1926. 11.); 첩봉산인, 「갑오혁명운동과 최해월 전봉준」, 《신인간》 11(1927. 3.); 백인옥, 「갑오동란의 조선민중운동의 가치」, 《신인간》 11(1927. 3.); 박사직, 「동학당의 갑오혁명난의 측면」, 《신인간》 16(1927. 9.); 박사직, 「동학당의 갑오혁명란의 일 측면」, 《신인간》 17(1927. 10.); 편집실, 「동학난 당시의 격문」, 《신인간》 40(1929. 10.); 이학인, 「동학란의 가치」, 《신인간》 55(1932. 5.).
28) 이돈화, 『천도교창건사』 제2편, 천도교중앙종리원, 1933, 69.
29) 오지영, 『동학사』, 영창서관, 1938, 154.

생되었다고 밝히고 있다. 그런데 『동학사』와 『천도교창건사』에서 언급하고 있는 희생자에 대해 과장이 많을 것이라고 하고 있다. 하지만 이에 비해 조경달은 "각 전투에서 나온 희생자 수로 따져볼 때 이 숫자는 과장된 것처럼 생각되지만 실로 사실에 가까울 것이다. 왜냐하면 연합군은 전투 이외의 국면에서도 동학도를 색출하여 살해하였기 때문이다"라고 하여, 상당히 많은 동학농민군의 희생이 있었다고 보고 있다.

3. 일본군의 동학농민군 학살 양태

동학농민혁명 시기 희생된 동학농민군은 〈표 1〉에서 본 바와 같이 관군보다 일본군에 의해 희생된 빈도수가 훨씬 높다. 이는 동학농민군의 희생은 일본군이 주도하였으며, 이러한 점에서 '학살'이었음을 알 수 있다. 조경달은 일본군이 동학농민군을 학살하게 된 근본적인 요인을 다음과 같이 밝힌 바 있다.

> 본래 농민군 토벌에서 일본군과 조선군은 공동작전을 취하게 되어 있었으나 그 지휘권은 일본 측에 있었다. 그 때문에 조선군 장병은 일본군 장교의 지휘를 받을 뿐만 아니라 그 군율에도 따라야 했다. 농민군 토벌에 대한 기본 방침은 9월 24일 남부 병참감부에서 나온 가와카미 소로쿠 병참 총감의 전보에 나타나 있다. 그 전보에는 "동학당에 대한 처지는 엄열을 요한다. 향후 모조리 살육해야 할 것이다"라고 쓰여 있었다. 이는 농민군을 모두 죽여 없애라는 지시였다.[30]

위의 인용문에서 확인할 수 있듯이, 가와카미川上操六 총감의 전보는 '동학당은 모조리 살육'할 것을 지시하는 내용이었다. 이에 따른 일본

---

30) 『주한일본공사관기록』 1, 국사편찬위원회, 1986, 147-148 및 154; 165 방위청 방위연구소 도서관 소장, 『남부병참감부 진중일지 메이지 27년 10월 5일자 및 11월 19일』, 43; 조경달, 『이단의 반란』, 324-324. 재인용.

군의 동학농민군 진압 작전은 서울에서 중로와 서로 두 방향으로 부대를 파견하여 동학농민군을 서남단으로 몰아 진멸하는 것이었다.[31] 그리고 동로는 동학농민군이 북상하여 러시아로 들어갈 경우 국제적 분쟁으로 이어질 수 있기 때문에 철저하게 차단하였다. 이렇듯 일본군은 동학농민군 완전 섬멸을 목적으로 하였기 때문에 일본군에게 동학도라고 하면 학살의 대상이었다.

동학농민혁명 당시 일본군의 보고문서를 정리한 『주한일본공사관기록』[32]을 통해 동학농민군의 학살 관련 기록을 정리해보면 〈표 2〉와 같다.

〈표 2〉 『주한일본공사관기록』에 나타난 동학농민군 학살

일자	지역	학살 내용	비고
1894.09.28.	문경	敵 2명 死亡, 부상자 多數	
10.14.	충주 단월	匪魁 3명 체포	
10.15.	청풍	匪魁 1명 擊殺, 匪徒 4명 포획, 비류 약 30명 殺害	
10.16.	곤지암	匪魁 2명 체포	
11.10.	공주	3명 죽이고 21명 포박	
11.11.	진주	즉사 186명	수곡동 전투
11.21.	당진 승전곡	전사 3명, 부상자 미상	승전곡 전투
11.22.	공주 부근	전사자 6명, 부상자 미상	능암 일대
11.23.	문의	전사자 7명, 부상자 미상	문의전투
11.25.	홍주	전사자 200여 명, 부상자 미상	홍주성 전투
11.26.	회덕	전사자 30여 명, 부상자 미상	증약 전투

31) 동학농민혁명 당시 일본군의 동학농민군 진압 작전은 일제 강점 직전 의병에 대한 남한대토벌작전에 그대로 적용되었다.
32) 일본군이 동학농민군을 학살한 보고문서는 『주한일본공사관기록』 1권과 6권에 수록되어 있다.

일자	지역	학살 내용	비고
	주안		
11.12.	청산	동학당 10명 붙잡아 6명 銃尻로 打殺	
11.02.	괴산	사상자 300여 명	
12.01.	청산	전사자 3명	석성 전투
11.27.	재령	적 5명 생포, 15명 죽임	諸□村
12.19.	해주	적 즉사자 12명, 포로 9명	신야성
12.10.	옹진	적 11명 죽이고 巨魁 2명 연행	
12.23.	해주	賊 즉사자 12명, 포로 9명	해주 서쪽
11.28.~29.	홍주	賊 수천 명 살상	홍주전투
12.10.	홍주	적도 수십 명 호송, 즉시 처형할 것	일본군 지시사항
12.11.	태안	賊 100명 체포, 84명 생포	
12.12.	태안	首魁 30명을 총대로 타살	
12.04.	청산	敵軍 사상자 미상	문암 전투
12.02.	영동	賊徒 전사 40명, 부상 미상	양산 전투
12.04.~05.	공주	賊徒 전사자 37명, 부상자 미상	우금치 전투
12.05.	금산	賊徒 전사자 6명, 부상자 미상	
12.07.	문의	賊徒 전사자 1명, 부상자 미상	智面村 전투
12.09.	청주	賊徒 전사자 20여 명, 부상자 미상	청주 전투
12.10.	고산	賊徒 전서자 13명, 부상자 미상	農山 전투
12.10.	연산	賊徒 전사자 50명쯤, 부상자 미상	
12.11.	논산	賊徒 전사자 20명, 부상자 미상	황화대 전투
12.12.	진안	賊徒 전서자 18명, 부상자 미상	
12.13.	고산	賊徒 전사자 11명, 부상자 미상	粟谷邑 전투
12.14.	고산	賊徒 전사자 16명, 부상자 미상	
1895.01.06.	풍천	賊徒 즉사 2명	
01.07.	사리원	東學徒 巨魁 李順西 체포 총살	
01.08.	사리원	賊 즉사자 7명, 부상자 7,8명	
01.05.	광양	東學徒 25명 죽임	전라좌수영과 합동
01.04.	순천	首級 41수 베어 죽임	
01.06.	광양	魁首 丁弘西 포박하여 梟首	
01.10.	보성	東學徒 9명 포박, 죽임	
01.11.	보성	東學徒 11명 포박, 죽임	
01.18.~19.	보성	18일 東學徒 巨魁 梁成佐 許成甫 許用範 체포	

일자	지역	학살 내용	비고
		후 19일 효수	
	장흥	18일 東學徒 巨魁 金寶烈 金成漢鄭德欽 金時彦 具子益 등 체포 후 19일 梟首, 19일 朴允之 金達每 죽임	
1894.12.09.	하동 옥곡	東匪 48명 총살, 巨魁 金以甲 참수하여 효수	하동 정의군 합동
12.11.	하동	魁首 6명 머리 베임, 魁首 김인배 유하덕 체포 처형	
1895.01.17.	장호원	賊徒 수십 명 죽임	
02.20.	금산	賊 25명 사망	대둔산 전투, 조선군과 합동

이외에도 히로키白木 중위는 옥천에서 금산까지 동학농민군을 추적하여 20~30명씩 죽인 일이 세 번이나 있었다.[33] 증약에서는 동학농민군 24명을 체포하고 이 중 8명을 살해하였으며, 청산 부근에서는 많은 동학농민군을 쏘아 죽였다.[34]

한편 일본군의 지휘를 받은 관군과 민보군은 동학농민군 학살에 동원되었다. 이에 따라 일본군과 관군 등 진압군에 잡힌 동학농민군은 대부분 즉결 처분되었다. 후비보병 제19대대 미나미 고시로南小四郎의 『동학당정토책전 실시보고』에 의하면 일본군이 지휘한 조일연합군의 지휘 아래 관군과 민보군은 해남 지역에서 250명, 강진 지역에서 320명, 장흥 지역에서 300명, 나주 지역에서 230명을 처형하였다. 이밖에도 함평, 무안, 영암, 광주, 능주, 담양, 순창, 운봉, 장성, 무장 등지에서도 30~50명이 처형되기도 하였다.[35] 순천에서는 150명이 포살당하였으며, 광양에서는 80명이 처형당했다.[36] 일본군은 미나미 소좌南少佐

33) 『주한일본공사관기록』 6, 국사편찬위원회, 1991, 29.
34) 『주한일본공사관기록』 6, 국사편찬위원회, 1991, 29.
35) 『주한일본공사관기록』 6, 62.
36) 조경달, 『이단의 반란』, 327-328.

의 지휘 아래 그들의 전략대로 끝까지 동학농민군을 추격하면서 수색, 학살 작전을 전개하였던 것이다.[37]

최근 한 연구[38]에 의하면, 동학농민군을 진압한 일본군 제19대대 병사의 기록인 쿠스노키 비요키치楠美大吉의 「종군일지」[39]를 분석한 바 있는데, 동학농민군의 진압 상황을 정리해 보면 〈표 3〉과 같다.[40]

<표 3> 쿠스노키 비요키치의 동학농민군 진압 활동

날 짜	장 소	동학농민군 피해 규모	비 고
1894.11.14.	경기 이천	접주 김기룡 체포 및 총살, 부녀자 13명 체포	
11.17.	충청 가흥	동학농민군 민가 소각, 동학농민군 18명 전사, 접주 이경원 총살	
11.20.	충청 청풍	동학접주 집 소각	
11.22.	충청 제천	접주 1명 총살	
11.23.	충청 청풍	민가 수십 호 소각	
12.16.	경상 상주	박용래 체포 및 추방	
12.18.	경상 개령	김광한, 이준서 외 수십 명 총살	
12.19.	경상 김천	동학농민군 공격 10명 총살	
12.23.	경상 안의	마을 수색, 동학농민군 8명 총살	
1894.12.26.	전라 남원	순창으로 병사 파견(전봉준 수색), 교룡산성 사원, 민가 소각	
12.31.	전라 곡성	동학농민군 가옥 수십 호 소각, 동학농민군 10명 체포하여 조선인을 소살	
1895.01.02.	전라 옥과	조선인이 체포한 동학농민군 5명을 고문 후 총살, 시체 소각	

37) 한우근, 『동학농민봉기』, 250.
38) 신진희, 「일본군 병사의 눈으로 본 동학농민군 진압」. 지난 2020년 9월 16일 한일민족문제학회에서 발표된 글이다.
39) 「종군일지」는 쿠스노키 비요키치楠美大吉가 동학농민군 진압에 참여한 1894년 7월부터 1895년 12월까지 기록한 일기이다. 원제는 「明治二十七年日淸交戰從軍日誌」이다.
40) 〈표 2〉의 내용은 신진희, 「일본군 병사의 눈으로 본 동학농민군 진압」의 발표문에서 관련 내용을 재구성한 것이다.

날 짜	장 소	동학농민군 피해 규모	비 고
01.03.	전라 동북	동복현감이 동학농민군 12명을 체포하여 일본군에 넘김	
01.04.	전라 능주	동학농민군 7~80명 체포하여 고문, 가벼운 자는 민보군에 넘기고 무거운 자 20명 정도 총살(제1중대)	
01.05.		민보군을 위장시켜 동학농민군 수백 명 체포, 가벼운 자 추방, 중한 자 수십 명 총살	
01.07.	전라 장흥	동학농민군과 전투(석대벌 전투), 동학농민군 수십 명 전사	
01.08.		동학농민군과 전투(석대벌 전투), 동학농민군 수십 명 전사, 부상자 헤아릴 수 없음	
01.09.		동학농민군 8명 생포, 3명 타살(1차), 48명 타살, 부상자 10명 체포 후 소살(2차)	
01.11.		동학농민군 수색하여 남자 체포 고문, 죽청동에서 동학농민군 16명 고문한 후 8명 석방 8명 총살 후 불태움	
		동학농민군 18명 전사, 11명 부상	시라키 중위
01.12.		월림동 대접사 이법헌 집 수색, 동학농민군 11명 총살, 3명 소살	
01.14.		동학농민군 17명 총살, 동학농민군 17세 소년 최동 체포	
01.15.	전라 해남	동학농민군 1백여 명 소살	후비보병 제18대대 제3중대
01.17.	전라 강진	조선인 시체가 밭에 수십 구 발견, 개와 새의 먹이	
01.18.		동학농민군 모주리 잡아 죽였는데 3백여 명 넘어	
01.19.	전라 해남	접주 이동식, 김춘래 형제 등 3명 체포, 최동과 함께 나주로 이송	
01.22.		동학농민군 16명 붙잡아 해남성 밖에서 총살	
01.29.		동학농민군 수색, 도일동 접사의 집 소각	
01.31.		동학농민군 7명 붙잡아 해남성 밖에서 돌살	
02.04.	나주	나주성 남쪽의 작은 산에 사람 시체 산을 이룸	

〈표 3〉에 의하면 일본군 쿠스노키는 1894년 11월 14일부터 1895년

2월 1일까지 경기도, 충청도, 경상도, 전라도 등지에서 동학농민군을 학살하는 데 적지 않게 참여하였다. 쿠스노키 부대는 동학농민군을 체포한 후 고문하였을 뿐만 아니라 총살과 소살 등으로 학살하였다. 특히 장흥 석대벌 전투에 앞서 동학농민군의 진세에 대해 "하얀 옷의 동학농민군이 마치 흰 눈이 쌓인 것처럼 물결을 이루며 대지를 진동했다"라고 기록하기도 하였다. 장흥 석대벌 전투 이후 쿠스토키 부대는 동학농민군을 색출하여 매일 12명을 죽였고, 103명이 넘는 사람이 죽었다고 하였다. 쿠스노키 부대가 나주에 도착했을 때, 나주성 남쪽의 작은 산에는 동학농민군의 시체가 산처럼 쌓여있었다고 하였다. 이 작은 산에 버린 시체만 680여 명이나 되었으며, 사람의 기름이 하얗게 얼어 있다는 목격담도 기록하였다.[41]

또한 나카오카 겐이치長岡憲一의 「진중일지」[42)에서도 동학농민군 1894년 11월 14일 동학농민군 2명을 잡아 1명은 교살하고 1명은 목살하였다. 24일에는 동학농민군 4명 중 2명은 목살하고, 2명은 참살하였다. 12월 3일에도 동학농민군 3명을 사로잡아 목살하였다.[43]

그렇다면 일본군은 동학농민군을 어떻게 학살하였을까. 일본군 동학농민군을 총살할 뿐만 아니라 참살, 목살, 돌살, 소살, 타살 등 다양한 방법으로 학살하였다. 일반적으로는 총살 또는 포살이었지만, 잔인하게 학살한 사례도 적지 않았다. 참살斬殺은 꺾은 나무로 손발을 묶어 두고 엎드리게 하여 머리를 밑에 받쳐 지탱하게 한 후에 통옥桶屋[44]의 죽할도竹割刀[45]와 비슷한 것에 둔도鈍刀로 잘라 죽인다. 자르는 것이 끝날 때까

---

41) 『종군일지』; 신진희, 「일본군 병사의 눈으로 본 동학농민군 진압」 참조.
42) 「진중일지」는 나카오카 겐이치長岡憲一가 동학농민군 진압에 참여한 1894년 7월부터 1896년 6월까지 기록한 일기이다.
43) 신진희, 「일본군 병사의 눈으로 본 동학농민군 진압」, 9.
44) 일본의 오케야おけや로 '통·우물 벽 등을 만들거나 통 등의 수리를 하는 사람이나 집'을 뜻한다.

지 5~6회에 거듭한다. 머리는 밧줄에 머리카락을 묶어 떨어지지 않게 한다. 목살木殺은 나체로 엎드려 눕게 하고서 복부에서부터 점차 위쪽으로 이르게 하여 죽음에 이르도록 한다. 그 후에 2회 거듭한다. 돌살突殺은 착검한 총을 돌격하여 찔러 죽이는 것이고, 타살打殺은 총이나 몽둥이로 때려죽이는 것이고, 소살燒殺은 불에 태워 죽이는 것이다.[46]

쿠스노키의 『종군일지』에는 위에서 언급한 학살에 대해 생생하게 기록하고 있다. 돌살을 할 때는 동학농민군을 일렬로 세워놓고 착검한 총으로 돌격하여 찔러서 죽였으며, 소살은 살아있는 동학농민군의 몸에 불을 붙여 죽이기도 하였다. 이와 같은 방법으로 일본군이 동학농민군을 학살한 것에 대해 박맹수는 다음과 같이 밝힌 바 있다.

> 동학농민군 탄압에 동원된 이 같은 학살 방법은 역사상 유례를 찾아볼 수 없을 뿐만 아니라, 그 잔인성에 있어서 상상을 초월하는 방법이 아닐 수 없다.[47]

동학농민혁명기 일본군의 출병은 '거류민을 보호한다'는 명분이었지만, 동학농민군을 진압하는 과정은 '학살'이었다. 그것도 잔인한 방법을 동원하여 동학농민군뿐만 아니라 조선인까지도 겁박하였다. 이러한 일본군의 학살에 대해 '선전포고도 없이 자행된 국제법상 불법인 대학살'[48]이라고 지적하였다.

---

45) 대나무를 자르는 칼.
46) 신진희, 「일본군 병사의 눈으로 본 동학농민군 진압」 및 박맹수, 「일본군의 동학농민군 학살기록」, 206.
47) 박맹수, 「일본군의 동학농민군 학살기록」, 206.
48) 井上勝生, 「일본군에 의해 최초의 동아시아 민중학살-동학농민전쟁, 청산되지 않은 가해 책임-」, 『동학농민혁명의 동아시아의 책임』, 동학농민혁명기념사업회, 2002 참조.

4. 맺음말

이상으로 동학농민혁명기 동학농민군의 희생과 일본군의 동학농민군 진압 과정에서의 학살에 대해 살펴보았다. 이를 정리하면서 맺음말을 대신하고자 한다.

성리학 이데올로기의 조선 정부에서는 동학농민혁명은 탄압의 대상이었다. 초기 고부기포가 일어났을 때, 주도세력은 엄격한 처벌의 대상이었고, 일반 참여자는 효유의 대상이었다. 하지만 무장기포 이후에는 초멸의 강경 대응으로 전환되었다. 더욱이 일본의 출병으로 지휘권을 확보한 일본군은 동학농민군을 '초멸'의 대상으로 인식하면서, 동학농민군의 희생은 크게 늘어날 수밖에 없는 상황으로 전개되었다. 이에 따라 동학농민군을 진압하기 위해 파병된 일본군은 '토벌대'라 불렸다.

당시 동학농민군의 희생자에 대한 현황은 현재까지 구체적으로 밝혀진 바가 없다. 다만 천도교단과 관련된 연구에 의하면 20만 또는 30~40만으로 추정하고 있다. 그런 의미에서 '학살'이라고 할 수 있다.

동학농민혁명기 동학농민군의 학살은 일본군이 주도하였다. 거류민을 보호한다는 명분으로 출병하였지만, 전투 경험이 많은 후비보병을 선발하였다. 일본군의 전령에 의하면, '화근을 초멸하여 재발할 후환을 남기지 않기'였던 만큼 동학농민군은 철저한 탄압의 대상이었다. 관군과 일본군의 '초멸 작전'으로 인해 동학농민군의 희생자가 많을 수밖에 없는 상황이었다.

이들에게는 "전략대로 끝까지 추격하면서 수색·학살 작전"으로 동학농민군을 남쪽으로 몰아넣었다. 그리고 이른바 총살이나 포살뿐만 아니라 목살, 돌살, 소살 등 잔인한 방법으로 동학농민군을 학살하였다.

이런 의미에서 동학농민혁명기 일본군의 행위는 '선전포고도 없이 자행된 국제법상 불법인 대학살'이라고 할 수 있다.

'제2의 제암리 사건' 장암촌 학살의 실태와 여파*

김연옥

육군사관학교 군사사학과 부교수

1. 머리말

1920년 10월 7일, 일본 정부의 공식적인 '출병' 승인과 함께 독립군의 활동을 절멸시키려는 일본군부는 '간도출병'을 단행했다. '출병' 계획단계에서부터 이미 군인 세력뿐만 아니라 배후에서 독립군을 후원하는 한인촌의 세력까지도 섬멸시킬 것을 계획한 '출병'이었으므로 한인촌의 피해는 막심하고 잔혹했다.

특히 이목이 집중되었던 곳이 바로 장암촌獐巖村(또는 장암동)이었다. 일본 군부 내에서 '장암촌(또는 장암동) 사건'을 어떻게 인식했는지를 보여주는 언급으로는 육군 대신이 조선군사령관에게 암호문으로 보낸 전보안電報案의 내용이 주목된다. "간도 방면의 불령선인 토벌은 철저히 행하는 것은 물론이지만, 그와 동시에 <u>무고한 중국인과 양민良民인 조선인의 생명과 재산에 위해危害를 가해 그 때문에 국제 간 문제가 되거나 혹은 열국列國의 오해를 사는 것과 같은 일은 또다시 작년의 제암리 사건과 같은 결과를 낳게 될 것이므로</u> 이 점에 관해서는 특별히 주의해 주길 바란다. 또한 이러한 사건으로 중국 관헌 또는 외

---

* 이 글은 〈김연옥, 「1920년 북간도 장암촌 학살 재검토」, 『일본학』 52, 동국대학교 일본학연구소, 2020〉에 수록된 내용을 보완한 것임.

국인의 출장 파견지에서 하등何等의 문제가 되거나 또는 문제가 될 것으로 고려되는 건은 시기를 놓치지 말고 그 진상을 보고해야 할 것이다. 그러한 때는 사전에 내가 임기臨機의 조치를 취할 경우가 많을 것이다."[1] (밑줄 강조, 인용자) 이 사료를 통해 일본 군부 내에서 '장암촌 사건'이 이른바 '제2의 제암리사건'으로 비화될 수 있음을 우려하고 있었던 것을 확인할 수 있다.

그렇다면 학계에서의 연구 동향은 어떠한가? 조동걸의 연구를 시작으로 김춘선, 조원기, 김주용[2]에 이르기까지, 사료 역시 일본 자료뿐만 아니라 중국 당안 자료 및 논설 자료의 활용 등으로 연구의 폭이 계속 확장되고 있다. 한편으로는 캐나다 선교사들의 간도 활동을 규명하면서 그중의 한 사례로 장암촌이 다뤄지고 있다[3]. 즉, 장암촌 학살 사건의 경우, 간도참변(또는 경신참변)의 맥락 속에서 일부 단편 사례로만 다뤄질 뿐, 장암촌 학살 실태만을 집중적으로 분석한 사례는 거의 찾아보기 어려운 실정이다.

그러면 왜 장암촌 사건을 단독 재조명할 필요가 있을까? 장암촌 학살 실태를 보고한 마틴 선교사의 기록에서 "다음에 기술하는 사실은 그것을 중국 길림성 남부의 간도 모든 지역에 적용되는 예증이다"[4]라

1) 아시아역사자료센터アジア歷史資料センター 소장자료, C06031226700, 「間島方面出兵に關する件」, 원문 사료상 페이지 1230~1233. (1920년 10월 31일 작성, 11월 2일 전보 접수)
2) 조동걸, 「1920년 간도참변의 실상」, 『역사비평』 45, 역사비평사, 1998; 김춘선, 「경신참변 연구」, 『한국사연구』 111, 한국사연구회, 2000; 정예지, 「경신참변庚申慘變기 조선인 "귀순"문제 연구 -북간도를 중심으로-」, 『史林』 38, 수선사학회, 2011; 김주용, 「경신참변에 대한 중국 언론의 반응: 長沙『大公報』를 중심으로」, 『한국민족운동사연구』 70, 한국민족운동사학회, 2012; 조원기, 「일제의 만주침략과 간도참변」, 『한국독립운동사연구』 41, 한국독립운동사연구소, 2012 등.
3) 문백란, 「캐나다 선교사들의 북간도 한인사회 인식-합방 후부터 경신참변 대응 시기까지를 중심으로-」, 『동방학지』 144, 국학연구원, 2008.
4) 조선군사령부, 김연옥 옮김, 『간도출병사間島出兵史』, 경인문화사, 2019, 311.

는 표현처럼, 장암촌 학살은 간도참변의 대표적 사례였고, 파급력도 상당했던 사건이었던 것이다.

그렇다면 왜 그동안 장암촌 학살 사례는 그 비중에 비해 덜 부각되었던 것일까? 그동안에는 사료의 제약이 큰 요인이었다고 하겠다. 최근에는 조선군사령부의 '간도출병' 의도와 주요 경과를 개괄적으로 정리한 『간도출병사』가 한글로 번역됨으로써 사료적 접근이 수월해지고 있다.

그러나 간도참변의 실태에 관해서는 『간도출병사』만으로는 불명확한 부분이 많다. 『간도출병사』5)는 일본군 내부의 보고자료이므로, 국제적 비난의 표적이 될 학살 문제에 대해서는 최대한 축소 기록하거나 은폐하려는 의도가 전제되어 있다고 봐야 할 것이다. 예를 들면 『간도출병사』에서도 장암촌 학살 사례가 일부 제시되어 있지만, 선교사들의 항의서와 그에 대한 미즈마치水町 대좌의 답변을 수록하는 것에 그치고 있기 때문에, 『간도출병사』만으로는 장암촌 학살 사건의 실태를 제대로 파악하기 어렵다. 즉, 장암촌 '출병' 목적은 무엇이었으며, 학살 실태가 어떠했는지, 선교사들의 항의 및 고발에 의한 여파는 어디까지 확산되었으며, 어떤 파급 효과를 가져 왔는지, 최종적으로는 어떻게 봉합되었는지에 대한 일련의 과정은 『간도출병사』만으로는 드러나지 않는다.

바로 이 지점이 이 글에서 장암촌 학살 실태를 집중적으로 재검토하려는 문제 의식의 출발점이다. 즉, 이 글에서는 『간도출병사』를 활용하지만 거기에만 머무르지 않고 아시아역사자료센터アジア歴史資料センター에서 추가적인 여러 사료를 찾아 보완함으로써, '군軍' 및 외

5) 『간도출병사』에 대한 간략한 소개 및 특징은 경인문화사 출간 번역서의 머리말 또는 김연옥, 「일본군의 '간도출병' 전략과 실태」, 『일본역사연구』 50, 일본사학회, 2019를 참조할 것.

무성의 시각을 입체적이고 다양한 각도에서 그려낼 것이다. 또한 이 사건이 세계적으로 알려짐으로 인해 불러 온 파장 및 그 대응에 대해서도 제시할 것이다. 이러한 작업이 또 하나의 '독립군'이었던 한인촌의 아픔과 희생을 되새기고 새로운 자료의 활용을 확대하는 계기로 이어져 나가길 기대해 본다.

2. 「장암소탕상보」로 본 학살의 실태

먼저 새로운 자료인 「장암소탕상보」[6]라는 기록을 토대로 장암촌 학살 실태를 고증하고자 한다. 본격적인 검토에 앞서 이 문서의 특징에 대해 간략히 소개해 두고자 한다.

「장암소탕상보獐巖掃蕩詳報」란 「재간도 교회당 등 소각한 증거서류 송부 건在間島教会堂等燒却したる証拠書類送付の件」이라는 제목의 사료 속에 첨부되어 있는 별지別紙 자료에 포함되어 있다. 문서의 본래 구성은 (1) 명동학교 소각 건 보고 (2) 장암동 소탕 보고 (3) 남평동 사건 보고의 세 가지 사안에 대한 보고를 묶으려 했던 것인데, (3) 남평동 관련 자료 수집이 미완성되면서 (3)에 대해서는 추후 보고하기로 하고 (1), (2) 만 보고하는 형태로 작성되었던 자료이다.[7] 즉, "장암촌 소탕"에 대한 언급이 제목 상에는 드러나 있지는 않고, 부록 자료로 「장암소탕상보」가 첨부되는 형태로 구성되어 있으므로 눈에 띄지 않는 자료인 셈이다. 하지만 내용적으로는 일본군과 헌병경찰 주도 하의 장암동 '초토화' 작전의 당시 실태를 알 수 있는 1급 사료이다. 참고로 『간도출병

---

6) 아시아역사자료센터, C06031231700, 「在間島教会堂等燒却したる証拠書類送付の件」. 이하 편의상 「장암소탕상보」로 칭함.
7) 〈장암소탕상보〉의 첫 페이지 내용임.

사』에도 장암동 토벌 상황과 관련한 부록 문서가 있지만,「장암소탕상
보」와는 뉘앙스가 현격히 다르다. 이 항에서는 새로운 사료인「장암소
탕상보」를 토대로 장암촌 학살 실태를 재조명하고자 한다. 먼저 긴 사
료 인용이지만, 재검토 논의의 핵심 사료이므로 제시해 두고자 한다.

【사료 1】[8]
제2호
소탕상보掃蕩詳報 제출 건
　　大正9년[1920] 11월 1일
　　　　[발신] 보병 제15연대 제3대대장 오오카 다카히사大岡隆久
　　　　[수신] 제19사단장 다카시마 도모타케高島友武
　　　　　　장암촌 소탕 상보를 별지와 같이 제출함

장암소탕상보獐巖掃蕩詳報
1. 일반적 정황
장암 부근에서 불령선인 수백 명이 집합하여 조만간 남양평南陽坪의 병참을
습격할 것이라고 떠들고 있으며, 그 지역 소학교에서 그것에 대해 거듭 논의
하는 중임. (병참사령부 통보)

2. 참가 부대의 병력
長: 스즈키鈴木 대위
보병 장교 이하 72명
憲兵 하사 이하 3명
警察官 2명

3. 임무 개요
스즈키 대위는 오는 30일 제11중대 조장曹長 이하 20명과 제12중대의 주력
으로 후방 연락선을 확보하기 위해 장암 부근에서 불령단을 소탕할 것임.

---

8) 아시아역사자료센터, C06031231700,「在間島教会堂等燒却したる証拠書類送付の件」.
　　이하 편의상「장암소탕상보」로 칭함.

4. 행동 경과 개요

30일 오전 0시 30분 소탕대掃蕩隊는 용정촌 병참부 앞에 집합해, 지난 29일 억류했던 5명의 불령선인을 안내[자]로 삼아 장암으로 향함. 그런데 도중에 그들은 명령에 불복하고 도망을 꾀하였으므로 그들을 사살함. 우선 남양평 수비대를 향해 전진함.

오전 4시 40분 남양평에 도착해, 남양평수비대 대장과 경찰관으로부터 그 후의 정황에 대해 듣고, 또한 1명의 조선인 [길]안내자를 얻어 장암으로 전진함. 오전 6시 30분 장암[촌]을 포위하고 토벌을 개시하려고 하자, 적들이 우리의 기획을 알아채고 사방으로 흩어진 상태였는데, 먼저 대허문촌大墟門村 방향으로 퇴산退散했고, 다음으로 약 30명의 적들은 동산촌東山村 방향으로 일렬종대로 하여 퇴거하였음. 이에 따라 시오노이리鹽野入 소대 및 오카베岡部 소대에 명하여 그들을 사격하게 하니, 적의 사상자는 십 수명인 듯하며 열을 흩트리며 퇴산退散함. 그들 비적匪賊 중에는 약간의 병기兵器를 휴대한 것으로 보임.

그 사이 마쓰우라松浦 소대로 하여금 헌병 및 경찰관과 협력하게 하여 그 지역 수색을 행하게 하자, 적의 잔당은 우리의 행동을 방해하고 오히려 저항을 기획했으므로 모두 체포하고 그 행동을[=수색] 계속 이어나감.

가옥 내에서는 병기 등으로 보이는 것은 없으나, 국민회, 의군단, 대한국독립기념 등이라고 쓰인 종이 조각이 붙어 있었음. 또한 대한국 독립을 위한 자금 모집에 무기를 동원하여 강제로 집행하였고, 수령한 영수증(금액 5000엔~300엔) 및 과격파가 사용하는 피복被服 일부를 곡물 속에 은닉해 둔 것 등의 다수 증거를 발견하였음. 불령 행동의 증적證跡이 확실함. 조사 결과, 불령단의 사무소였던 학교 2동과 기숙사로 사용되었던 가옥 12동을 소각함. 소각한 가옥에서는 모두 소총 탄약의 파열음이 들렸음.

토민土民들의 말에 따르면 이들 비적은 국민회 회장 마용하馬龍河의 부하로 올 봄부터 독립기금모집을 강제로 집행하였다고 함.

그 우두머리(토인들의 말에 따르면 오늘 아침 부상 당함)는 그 부하 십 수명과 함께 오늘 동산촌東山村 방향으로 퇴각한 것 같다고 함.

오전 9시에 행동을 종료함.

5. 피아彼我 손해 정도

적의 손해: 유기된 사체 24구
그 외에 사상자 십여 명이 있는 듯함
우리측 손해: 30년식 군도軍刀 1개 파손 외에 손해는 없음

<u>6. 발사로 소모된 탄사耗彈: 소총 실탄實包 370</u>

[7. 인용 생략]

8. 참고할 사항

<u>경찰관의 통보에 의하면 적의 사상자는 36명으로, 장암촌 내의 조선인 9명 외의 나머지는 대개 다른 마을의 사람들인 듯하며, 그중에는 다음과 같은 유력자 불령선인이 있다고 함.</u>

·국민회 본부 회장   양도헌梁道憲

·이기홍李基鴻 순사 살인범   이동빈李東彬

·국민회 주뇌자主腦者   최설崔卨

장암 토벌이 전해지자 동산 제창병원 원장 민산해閔山海, 세관장稅關長(서양인) 폿푸우스씨는 같은 지역 촌민으로 기독교 신도이므로 이 마을을 방문하여 조위금弔慰金 200엔을 주었다고 함.

* ( ) 괄호는 원문사료 내용, [ ] 괄호 및 사료설명, 밑줄은 인용자에 의한 추가, 이하동일

위 내용을 차례대로 분석해 보자.

먼저 보고 일자가 1920년 11월 1일이라는 것에서 10월 30일 장암 '소탕' 작전 개시 이후 거의 곧바로 보고한 자료였음을 확인할 수 있다. 한편 보고 경로는 보병 제15연대 3대대 대대장 오오카가 조선군 19사단장 다카시마에게 직접 보고하는 형태를 띠고 있다. 여기서 보병 제15연대는 무엇일까? '간도출병' 주요 지대支隊인 이소바야시磯林 지대·기무라木村 지대·히가시東 지대의 배속이 아니다. 보병 15연대는 "이소바야시 지대의 노흑산老黑山 및 나자구羅子溝 방면 초토 관계상 해당 지대의 후방 연락선과 혼춘 경비에 필요한 병력의 부족"에 따라 보병 제28여단 중 일부를 차출한 병력이었다. 이들은 블라디보스토크에서 승선하여 10월 16일 포시예트만Posyet Bay으로 상륙, 19일 혼춘에 도착했고, 21일부터 제19사단장의 지휘로 배속되었다.[9]

---

9) 조선군사령부, 『간도출병사』, 44.

제15연대에 내려진 훈령을 보면, 초기에는 "불령선인을 위압할 목적으로 혼춘, 양수천자, 국자가를 지나 회령으로 가는 경로상의 시위示威"를 하는 것이 주된 임무처럼 제시되어 있었지만, 단서조항에서 "단, 상황이 불가피할 때에는 일시적으로 다른 목적으로 사용할 수 있음"[10]이라고 명시함으로써 다른 목적으로 동원할 가능성을 열어 두었던 것이다.

실제로 15연대의 주력 임무는 19사단장 지휘 하로 배속되면서 바뀐다. 15연대 주력을 혼춘에 두고 이소바야시 지대장의 지휘하에 편입시킨 후, 혼춘 경비 및 해당 지대支隊의 노흑산 및 나자구 방면에서의 행동 사이에 그 후방 연락선의 엄호掩護를 맡게 되었고, 더불어 대대장이 지휘하는 2중대가 용정촌으로 파견되었다. 그리고 용정촌으로 파견된 부대는 "29일과 30일에 걸쳐 용정촌 남방 수칠구水七溝 및 장암동 부근에서 여러 차례 연락선을 위협하는 적도를 토벌하고 장암동에서는 그 20여 명을 사살하고 가옥 12호를 소각"[11]하였다고 기록하고 있다. 『간도출병사』의 이 언급과 【사료 1】의 1~3 항목의 내용에서 "후방 연락선을 확보하기 위해" "스즈키 대위 이하 헌병과 경찰관 등 약 78명"의 주력 병력으로 "남양평 병참 습격" 소문을 명분 삼아 출동 태세를 갖췄던 것이 같은 맥락상 실태였음을 확인 가능하다.

다음은 실제 토벌의 정황을 구체적으로 살펴 보자. 【사료 1】의 4항목 행동경과개요 내용은 크게 두 부분으로 나뉜다. 즉, 군인과의 교전, 민간인 마을 수색·'토벌'이다.

일본군 토벌대는 10월 30일 밤 0시 30분 용정촌에서 출발해 4시 40분에는 남양평에 도착, 이어 동틀 무렵인 6시 30분에 장암촌에 도착했던 것이다. 동틀 무렵 기습 공격이 가능하도록 자정 무렵인 0시 30분

---

10) 조선군사령부, 『간도출병사』, 45.
11) 조선군사령부, 『간도출병사』, 91.

에 출발을 계획한 치밀함을 엿볼 수 있다.

그러나 막상 '토벌전'을 개시하려 하자 이미 독립군은 일본군의 계획을 눈치채고 사방으로 흩어진 상태로, 대허문촌大壚門村이나 동산촌東山村 방향으로 퇴각했기 때문에, 시오노이리 소대와 오카베 소대에게 사격을 명하여 '소탕' 작전을 전개했고, 그 과정에서 적의 사상자가 십수명이 나온 듯하다고 기록하고 있다.

다음으로 민간인 마을 '토벌' 정황을 살펴 보자. 사료상에 분명히 기록되어 있는 것처럼 "가옥 내에 병기 등으로 보이는 것은 없었는데"도 불구하고 독립 자금을 모은 행적 등 '불령스러운' 행적이 있다는 이유만으로 헌병과 경찰, 군의 협력하에 마을 전체를 수색하여 모두 체포하고, 학교 건물 2동과 가옥 12동을 소각하였다. '불령 소굴'로 재활용될 여지를 근절하려는 철저한 조치였다.

6시 30분에 도착한 후 9시에 종결하기까지 약 2시간 30분 동안에 "소총 실탄 370발"을 소모했다는 기록에 유의해 볼 필요가 있다. 실탄 소모량과 더불어 사상자 수에도 주목해야 할 것이다. 【사료 1】의 항목 8에서는 "경찰관의 통보에 의하면 적의 사상자는 36명"으로, 항목5에서는 피아의 손해 정도를 "유기된 사체 24구 및 십여 명의 추가 사상자"로 보고했다. 항목5에서 칭하는 24구+10여 명의 사상자가 항목8에서 제시된 36명의 숫자와 일치함을 의미하는지는 위 기록만으로는 단정하기 어렵다. 즉, 경찰관 측에서 통보한 "36명"의 사상자가 교전 과정에서의 군인 사상자 수도 포함한 사상자 수인지, 한인촌에서의 민간인 사상자 수만을 의미하는지는 불명확하다. 개인적 견해로는 군대와 경찰의 보고 계통이 다르므로, 항목5에서 제시한 "24구+10여 명의 사상자"는 군인 사상자를 의미하는 것으로, 항목8에서 제시한 경찰관 측 통보의 "36명" 숫자는 한인촌의 민간인 사상자 수로 보는 것이 타당할 것으로 추측된다. 즉, 교전 과정에서는 최소 34명 이상, 한인촌 수색 과정에서는 36명 이상의 사상 피해가 발생한 것으로 추론해 볼 수 있다.

설령 경찰관 측이 통보한 "36명"이 전체 사상자 수라고 하더라도, 여기서 주목할 사실은 그 과정에서 일본군이 실탄 "370발"을 소모했다는 점이다. 이 숫자는 교전지와 한인촌 두 곳에서 총 소모된 수를 의미할 것이다. 가령 "370발" 중 절반은 교전 중에, 절반은 한인촌에서 소모했다고만 가정하더라도, 항목4의 표현처럼 "가옥 내에서는 병기 등으로 보이는 것이 없는" 무장武裝하지 않은 민간인 마을 수색과 '토벌'에 130발 이상을 사용한 셈이 된다. 비무장한 민간인을 향해 많은 실탄을 소모했던 상황은 참살 현장을 연상시키기에 충분한 근거가 된다고 할 것이다.

소총 사격의 생생한 피해 현장은 【사료 1】의 항목8에 끝부분에도 언급되어 있듯이 "민산해", 즉 마틴S.H.Martin 선교사 등이 달려와 목격하고 한인들을 위로했으며 이 참상을 세계에 알리는 시작이 되었다. 구체적인 내용은 다음 절에서 살펴 보자.

3. 선교사들의 보고서에 나타난 학살 실태

황급히 장암촌으로 달려와 학살 현장을 목격한 선교사들의 보고 내용은 『간도출병사』〈부록 제12〉에 갑·을·병·정甲乙丙丁호 4통의 보고서로 수록되어 있다. 『간도출병사』에서는 위 4통의 보고서를 "모두 간도에 있는 선교사들에게 보낸 것"[12]으로 설명함으로서 간도 주변 지역의 선교사들에게 공유한 자료 정도로 서술하고 있지만, 후술하겠지만, 위 자료는 장암촌 학살의 급박하고 참담한 상황을 간도 주변 선교사들에게 최대한 신속하게 전달했을 뿐만 아니라 동시에 캐나다 장

---

12) 조선군사령부, 『간도출병사』, 106.

로파 전도본부로도 보고됨으로서 국제적 항의 및 여론을 환기시키는 기능을 하였다.

〈부록 제12〉의 갑·을·병·정甲乙丙丁 4개 보고서 중 특히 장암동(장암촌) 학살과 관련한 내용을 집중적으로 다룬 자료는 정丁이므로, 정丁 자료 중에서 핵심적인 내용만을 발췌 인용한 후 풀어가고자 한다.

【사료 2】[13]

(丁) 장암동 도살屠殺사건

다음에 기술하는 사실은 중국 길림성 남부의 모든 지역에 적용되는 예증이다. (…)

우리들은 10월 31일(일요일) 날이 막 밝을 무렵, 함께 북경마차를 타고 용정촌을 출발하여 용정촌에서 12리 떨어진 작은 계곡의 곡저谷底에 위치한 장암동으로 향했다. (…) 이하 10월 30일에 해당 마을에서 실제 발생했던 사항들을 다수 목격자들의 견문대로 기술하고자 한다.

날이 밝을 무렵 무장한 일본 보병의 일대一隊가 기독교 마을을 빈틈없이 포위하고 골짜기 안쪽 방향에 있는 볏단을 쌓아놓은 곳에 방화하고 촌민 일동에게 집밖으로 나오라고 명령하였다. 촌민들은 가능한 한 [친자관계를 숨기고자] 아버지라고 부르지 못하고 자녀라고 부르지 못했고, 눈을 마주칠 때마다 그를 사살했고, 반사半死인 채로 쓰러져 활활 타오르는 건초 더미에 덮여 금새 식별할 수 없을 정도로 불타버렸다. 그 사이 어머니도, 아내도, 자녀들도 마을 내 성년 남자 모두가 강제 처형을 당하는 것을 목격했다. 가옥은 전부 불타버리고 그 일대가 연기로 뒤덮여 市(용정촌)에서도 그 불길을 분명히 볼 수 있었다. 일본 병사는 이렇게 한 후 이 지역을 떠났다. [일본 병사들은] 곡지谷地와 본가도本街道 사이에 있는 촌락 중 기독교도가 있는 집을 전부 불태워 버린 후 천장절 축하연 길에 올랐다. (…)

내 옆에서 몇 명이 시체에 부착된 흙을 털어내었는데, 몇 곳에 총탄 흔적이 있었고 사지가 구부러지고 수축되고 검게 그을린 노인의 시체가 드러났다. 소각을 면한 것은 머리부분 뿐이었고 순백의 두발로 뒤덮여 있었다. 우리들은 시체 및 기타 분묘 2곳을 촬영한 후 곡단谷端을 향했다. 곡단에서는 화재가 36시간 계속되었음에도 불구하고 아직도 육체가 계속 타면서 악취가 나고, 가옥의 기둥이 타서 쓰러지면서 나는 굉음이 들렸다.

다음으로 우리들은 불탄 19채의 집을 촬영하였고, (…)그 사이 나는 이교도

---

13) 조선군사령부, 『간도출병사』, 311-315.

들의 도움으로 타고 남은 곳에서 시체 한 구를 운반해 왔다. (…)시체의 신체 일부와 다리 하나가 없어서 그것을 찾아 나섰으나 상당히 떨어진 곳에 뉘어 있었으며, 이것을 4번 촬영하였다. 그 사이 많은 부인들이 목 놓아 울었고, 나 역시 그러한 모습을 목격하니 분노를 참을 수 없었다. 짙은 연기가 자욱해서 필요한 촬영시간 중 사진기를 확실하게 붙고 있을 수 없는 정도가 되었다. (…)찬송가 합창이 끝난 후 노인들은 기도를 올리고, 여자들은 그들의 사랑하는 자들의 묘 앞에서 애통해 하면서 앉아 있었다. 이교도인 중국인과 조선인 등의 대군집大群集은 머리를 숙여 눈에 고인 눈물을 참으면서 계속 지켜보았다. 큰 나무 아래에 있는 교회당은 지금은 한 줌의 재로 돌아갔고, 2동으로 구성되었던 학교의 큰 건물도 마찬가지의 운명에 처해졌다. 나는 이어 분묘를 세어보니 31개였다. 각호各戶는 그 죽은 자의 집 곁에 매장되었다.

타버린 시체를 끌어내고 그것을 매장하는 데 하루 종일이 걸렸다. 모두 부인과 어린 아이들이 스스로 이를 행하였다. 나는 그들과 이별을 고하고 집이 불타고 사람들이 사살된 **다른 2곳 마을을 방문**하는 것으로 하였다. 가는 도중 만난 사람들은 나에게 부상을 입었지만 다행히도 죽음은 면한 자를 문안해 주기를 청하였다. 나는 전부 불탄 가옥 19채, 무덤 및 시체 36구를 목격했다. 나는 용정촌으로 돌아오자마자 만취한 일본 병사와 마주쳤고, 시가지에 일본국기로 펄럭이는 것을 보았다. (…)

내일은 페르소나 孃, 화이트로 孃(간호부장)과 나는 다시 장암동을 방문하여 부상자의 처치 및 상심자의 위문을 행하고자 한다.

1920년 10월 31일 S.H.마틴

【사료 2】에서 특히 주목되는 내용은 두 번째 단락이다. 마을 내 성인 남자는 모두 강제처형 되었고, 반사半死 상태인 채로 태워져 가는 가족의 모습을 목격하게 하는 비극의 생생한 현장을 그대로 기술하고 있다. 세~네 번째 단락에서는 가옥이 불타고 시체를 태우는 악취가 36시간 이상 지속되고 있는 실태, 신체 부위가 분절되어 나뒹구는 참담한 상황, 그 현장을 사진에 담아낸 언급이 기술되어 있다. 【사료 1】에서의 사상자 수와 관련되어 주목되는 내용으로는 【사료 2】의 끝부분에서 장암촌에서는 가옥 19채, 교회당 2곳, 분묘 31개가 소실燒失되었고, 다른 인근 마을에서는 가옥 19채 소실, 시체 36구를 목격했다는 기록이다. 교전 중 사망자를 운반해 와서 합사한 단계가 아닌 마을에 있

던 남성 위주의 사상자였을 정황을 고려해 보면 실제 피해자 수는【사료 1】,【사료 2】에 언급된 사상사 수를 웃돌 것이다.

영어 원문 편지에서 "The Norapawie Massacre"[14]로 표현되었던, 마틴 선교사의 (丁) 보고서는 커다란 반향을 불러일으켰다. 처음에는 〈부록 제13〉의 형태로 짧은 형태의 반박으로 대응했지만, 장암동 실태에 대한 별도의 반박자료를 〈부록 제14〉로 따로 제시할 정도로 장암동 학살에 대한 항의가 거셌던 것이다.

이하에서는 마틴, 푸트 선교사들의 보고를 계기로 국제적으로 이 사건이 전세계로 보도되면서 반박·대응 논리를 만드는 데 고심해야 했던 일본 육군성, 외무성의 실태를 시간순으로 재구성해 보기로 하자.

4. 육군성 미즈마치 대좌의 대응

장암촌 학살 사건 발생 후, 마틴과 푸트를 중심으로 한 선교사들은 각지에 이 실태를 알리고자 하였다. 주요 보고 루트에는 선교사들의 파견 본부인 캐나다 토론토의 장로파 전도본부가 포함되어 있었다.

선교사들의 강력한 항의에 대해 일본 측은 어떤 대응을 했을까? 먼저 이 항에서는 육군성의 대응 조치 및 논리를 살필 것이다.

우선 선교사들의 4건 보고서에 대해 반박하기 위한 자료 작성에 돌입했다. 『간도출병사』〈부록 제13, 제14〉가 일본 육군 측에서 만든 장암동 사건에 대한 "변박辨駁" 자료이다. 논리의 핵심은 "갑을병정 모두 과장되게 우리 군의 잔학 행위를 발설한 것이고, 우리 군의 행위를 중상하려 한 것인데, 사실은 모두 반대이다", "(오히려) 일본군의 출정으

---

14) 예를 들면 아시아역사자료센터, C06031225600, 〈間島出動の帝国軍隊の行動に対する非難弁騒材料取調方に関する件 (1)〉 사료 1014쪽에서 확인 가능.

로 간도 지방의 치안이 양호한 상태를 회복해 일본 병사들의 주둔을 바라고 있는 여론이 간도 도처에서 제기되고 있다", "불령한 행동을 한 명확한 증거가 있는 경우에만 불가피하게 토벌하였을 뿐이다"라는 식이었다.15)

육군성은 문서상으로 항변할 뿐만 아니라 현지 대응을 위한 전담 인력을 파견하는 조치를 취했다. 일본 육군은 선교사들을 진정시키고 일본군의 행동을 '양해'시키기 위해 11월 4일 전담 장교의 파견을 결정하고, 11월 9일부로 약 1개월 체재 예정으로 보병 대좌 미즈마치水町竹三16) 이하 5명의 장교를 파견하였다. 이들에게는 "간도선전반"이라는 임무가 부여되었고, 11월 18일에 경성에 도착했고, 11월 25~26일에는 이틀간에 걸쳐 간도 용정촌에 도착해 외국인 선교사와 접촉했고, 통신원 우드를 조종해서 일본에 대해 유리한 인상을 얻을 수 있도록 힘썼다고 한다.17)

『간도출병사』에서는 이들 "간도선전반"의 성과에 대해 "단시일 동안 양호한 성적을 거두고 ", "미즈마치 대좌가 간도에 들어간 지 수일 후에 용정촌에 있는 외국인 선교사에게 준 각서는 국지적으로는 쌍방 간에 숨김없는 의사소통을 하는 데 이용하는 바가 컸다고는 해도, 내외의 여론을 극심하게 자극시켰다(부록 제17)"18)라고 평가하였다. 즉, 단시일 내에 선교사들의 항의로 촉발된 여론을 '진정'시킨 듯 보였으나, 〈부록 제17〉이라는 자료를 통해 내외 여론이 극심하게 자극되었음을 암시하고 있는 것이다.

그러면 문제가 되었던 〈부록 제17〉자료란 어떤 내용인가? 형식적

---

15) 조선군사령부, 『간도출병사』, 316-329.
16) 미즈마치 다케조みずまち たけぞう, 생몰 연도는 1875~1960. 최종 계급은 일본 육군 소장, 만주국군 중장.
17) 조선군사령부, 『간도출병사』, 114.
18) 조선군사령부, 『간도출병사』, 115.

으로는 미즈마치가 선교사들에게 보내는 서신書信 형식을 취하고 있지만, 내용상으로는 선교사들의 항의에 대한 미즈마치의 입장을 밝힌 일종의 성명서였다. 지면의 제약 상 핵심 요점만 요약하면, ① 일본군 출동의 결과로 '불령선인'과 가옥 및 교회 등이 피해를 입은 것은 유감스럽지만, 모두 '불령한' 무리의 소굴로 이용되었기 때문에 필연적인 결과였다, ② 특히 장암동 사건에서 일본군 토벌대가 이 마을에서 불에 반쯤 탄 시체를 방치한 것에 대해 어떤 외국인이 그것을 일본군의 잔악한 행위의 증거라고 칭하며 촬영하여 널리 세계적으로 선전하려 한다고 하는데, 이것은 사실을 매우 심하게 날조한 것이다, ③ 선교사들이 종교의 범위를 이탈하여 '불령한' 조선인들에게 어떤 원조를 직·간접적으로 제공하는 것은 선교사들의 본국과 일본의 우의 관계를 파괴하는 것이므로 이를 자각하고, 일본 정부에 협조해 주기를 바란다는 내용이었다.

즉, 일본 측의 잘못은 없으며 선교사들의 '월권적' 태도를 압박하는 듯한 내용이 주를 이루는 것이었다. 그런데 문제는 〈부록 제17〉의 논리에서 제시했던 예시적 비유가 논란의 '화근禍根'으로 부상했다. 그 예시 비유 부분을 중심으로 발췌 인용하면 다음과 같다.

【사료 3】[19]
[부록 제17] 미즈마치 대좌가 용정촌 외국인 선교사에게 보내는 각서覺書

1. 이에 우리 토벌대가 현재 상황에서 확실한 증거가 있고 소재지 주민들의 증언에 의거하여 간단한 심리를 거쳐 그들을 처형에 부친 것은 정세상 불가피한 바였으며, 다소의 양민들도 오인하여 사살한 경우가 있음은 피하기 어렵다고 하더라도, 결코 일본군의 본의가 아니었습니다. <u>또한 조선군 사령관이 토벌 실행시 작년 영국의 다이야 장군이 인도 암리차르Amritsar에서 행한 듯한 무고한 다수의 양민을 학살하는 것과 같지는 않으며,</u>

---

19) 조선군사령부, 『간도출병사』, 343-350.

최선의 주의를 기울였음은 10월 16일 고시告示, 병졸들에게 내린 주의서, 제19사단장의 고시告示에 비추어 보아도 명백합니다. 사람들은 혹은 우리 토벌대가 간단한 심리審理[만으]로 불령한 무리들을 처형한 사실이 인도人 道에 위배되는 부분이 있다고 하며, 이러한 것은 당시 불온 상태와 일본인 의 손해를 가볍게 여기고 우리 토벌대의 심리 상태를 이해하지 않고, 단 순히 피상적 관찰로 그들에게 인도人道라는 명분 하에 자기의 이익을 위해 일본을 비방하는 것이라고 말하지 않을 수 없습니다.

2. <u>여러분들의 본국 영토 내에서는 다수의 이민족이 있고, 자칫 잘못하면 여 러분들의 본국에 대해 반역을 시도하는 것이 될 수 있음도 사실입니다. 일례를 들자면, 인도에서 최근 Non Coapeiatou Moreneut(비협동운동) 과 같은 것이 바로 이것입니다. 이 운동은 실로 장래 영국의 인도 통치상 의 일대 화근이 될 것입니다. 만일 여러분들이 조선의 조선독립운동 또는 배일사상에 대해 유형 혹은 무형으로 원조를 했다고 하면, 그랬을 때는 우리 일본의 불교도들도 역시 인도의 비협동운동에 대해 반영적反英的 원 조를 제공할 정당한 이유를 발견하게 되는 셈입니다. 아일랜드愛蘭문제에 대해서도 마찬가지입니다.</u>
   <u>영일 양국 모두 곤란한 민족적 문제를 가지고 있는 것에 대해 우리는 여 러분들과 함께 서로 간에 동정을 표하고, 각각 본국을 위해 유해할 수 있 는 언동을 절대로 피해서 서로 간에 격의 없는 협동자세를 취하는 것이 실로 각각의 국익을 위하는 것이 될 뿐만 아니라 우리들 개인의 이익을 초래하는 것도 될 것입니다.</u>
   1920년 11월 28일, 용정촌에서 대좌 미즈마치水町

밑줄 친 부분이 논란이 되는 언급이었다. 상세한 분석은 후술後述할 것이다. 그런데 문제는『간도출병사』에서는 장암동 학살 사건에 대한 언급이 여기서 끝난다는 점이다. 즉, 〈부록 제17〉 자료가 어떤 맥락에 서 어떻게 논란이 되었고, 결국 어떻게 종결되는지를『간도출병사』만 으로는 파악할 수가 없는 것이다.『간도출병사』기록 이후의 공백 부분 은 아시아자료센터에서 찾은 사료로 메울 수 있다. 새롭게 찾은 사료 를 토대로 다음 장에서는 위 사안의 논의 상황을 복원해 보고자 한다.

5. 영국 및 캐나다 전도본부의 항의

11월 28일 발표된 〈부록 제17〉의 미즈마치 '각서'는 '우드'라는 통신원을 통해 빠른 속도로 외부에 알려지게 되었다. 우드와 그의 행적에 대해서는 "미즈마치 대좌와 함께 간도에 갔던 국제통신원 우드로부터 곧바로 일본 내에서 발행되는 영자신문에 타전打電되어 그 전문全文이 게재되었고, 이어 일본 내외의 각 신문으로 전재轉載되어 각종 논의를 불러일으켰다"[20]고 언급되어 있다. 여기서 '국제 통신원 우드'란 아마도 Junius B. Wood(1877~1957)를 칭하는 것으로 보인다.[21]

미즈마치의 입장문이 '의도치 않게' 전세계적으로 알려지게 되면서 이에 대해 강력하게 항의해 온 곳이 바로 영국 대사와 캐나다 전도본부였다. 차례대로 검토해 보기로 하자.

1) 영국 대사의 항의

영국 대사의 항의 서신 원문은 확인되지 않지만, 미즈마치-육군성-외무성 상호 간에 주고받은 전보 내용을 통해 그 내용을 확인할 수 있다.

먼저 미즈마치가 육군차관에게 12월 1일을 시작으로 연일 전보로 보고했던 기록이 확인이 되는데, 〈부록 17〉의 성명서를 발표한 11월 28일 직후, 우드를 통해 각 신문에 전재轉載되면서 즉시 '항의' 반응이

---

20) 아시아역사자료센터, C06031225600, 〈間島出動の帝国軍隊の行動に対する非難 弁騒材料取調方に関する件 (1)〉 사료 1061.

21) 그는 1907~1934 기간 동안 시카고 데일리 뉴스의 외국특파원(a foreign correspondent for *the Chicago Daily News*)으로 활동했다. 우드의 활동에 대해서는 이하 기록을 참조. [https://www.u-46.org/cms/lib/IL01804616/Centricity/Domain/3280/Wood%20Junius%20B.%201896%20Bio.pdf#search='Junius+B.+Wood'] ; 아시아역사자료센터, B02030992800 (〈外国新聞記者, 通信員関係雑件/米国人ノ部 第四巻〉 항목 자료임).

있었다고 짐작된다. 그중 주목되는 문서인 12월 5일과 6일의 미즈마치와 육군차관이 주고받은 전보를 검토할 것이다. 그중 먼저 육군차관이 미즈마치 대좌에게 12월 5일 보낸 전보 내용부터 살펴 보자.

【사료 4】[22]
　貴官이 선교사들에게 교부한 각서로 발표한 내용에서 "우리 불교도가 인도의 비공동운동 협조, 등등"이라고 언급한 것이 영국 대사를 아프게 자극한 것 같은 데, 영국 대사가 외무대신을 방문하여 그것에 대해 질문하였다. 이에 대해 외무 대신은 일단 그 부분은 미즈마치 개인의 의견으로 정부는 조금도 관련하여 아는 바가 없을 뿐만 아니라 번역에도 오류가 있는 듯하다. 상세한 것은 조사한 다음 회답하겠다고 답신해두었다고 한다. 貴官의 본래의 임무를 고려하여 앞으로 이러한 문제를 일으키지 않도록 더욱 주의하기를 바란다.

전보 내용의 포인트는 (1) 영국 대사가 외무대신을 만나 "질문" 형식의 사실상 '항의'를 했다는 점, (2) 외무대신은 정부의 견해와는 무관한 미즈마치 개인의 의견일 뿐이라고 선을 긋고 있다는 점, (3) 차후 이런 일이 없도록 강하게 주의를 주고 있는 점이다.

육군차관의 전보에 대해 미즈마치 대좌가 다음 날 12월 6일 보낸 답변(전보)은 "영국 대사를 격노하게 하여 누를 끼친 점은 송구하기 짝이 없습니다. 그러나 위 사항은 순전히 영자신문의 선전에 의한 것으로, 영국 측이 화를 내는 것은 아마도 전보 번역 상의 오류에 기인한 것으로 생각됩니다"[23]라는 내용이었다. 그러자 이에 대해 육군차관이 미즈마치 대좌에게 12월 6일 다시 전보를 보냈는데, 그 내용은 다음과 같다.

<hr>

22) 아시아역사자료센터, C06031228300 〈水町大佐の交付したる覚書の件〉, 사료 63.
23) 아시아역사자료센터, C06031228300, 사료 59. 미즈마치는 본인의 교부한 각서로 인해 영국대사를 "격노"하게 했다고 표현하고 있다.

【사료 5】24)
영국 대사 건은 외교상 문제가 될 것은 아니지만, 위 건은 영국의 약점을 지적했기 때문에 영국 대사가 놀란 것에 의한 것으로 인도에 관한 언급과 같은 것을 각서覺書의 공문서로 발표한 것은 외교 관례상 적당하지 않은 사항이라고 한다. 따라서 앞으로는 이러한 종류의 공표해야 할 외교상 중대한 각서覺書는 미리 대신大臣에게 청훈請訓해 주길 바란다. 또한 이러한 종류의 사항을 공표하기 위해서는 貴官이 직접 각서 등을 작성하지 말고, 담화를 하거나 우드로 하여금 자발적으로 통신하게 하는 형식을 취하는 것도 하나의 방법일 것이다.

앞에서 제시했던 12월 5일 전보 내용보다 구체적인 내용이 추가되었다. 첫째는 인도의 사례처럼 '민감한 사항'을 그것도 각서와 같은 공문 형식으로 발표한 것이 외교적 관례에 어긋난다는 점, 둘째는 각서와 같이 중대한 양식으로 발표할 때는 단독 행동이 아니라 대신에게 미리 훈령을 청하여 지시에 따르라는 점, 셋째는 직접적, 직선적인 행동이 아닌 담화나 통신원을 통한 간접적 전달 방침으로 제안한 것이다.

12월 5일 자 전보 내용에 비해 주목해야 할 내용은 두 가지이다. 하나는 영국 대사의 심기를 건드린 인도 문제이고, 또 다른 하나는 '각서' 부분이다.

먼저 '각서'문제를 살펴 보자. 각서라고 하면 한국어 현대적 어법으로는 법률적 으로 거래조건이나 계약에 수반되는 기록의 의미가 강하지만, 미즈마치가 의도한 각서覺書의 의미는 오보에가카키おぼえがき로, 영어로는 'memorandum', 즉 외교 문서의 비공식적 견해서의 뉘앙스로 표현했을 것으로 보인다. 그러나 그의 의도와 다르게 캐나다 장로파 전도본부 및 영자신문에서는 미즈마치 '스테이트먼트statement', 즉 공식적인 성명서로 표현하고 있다는 점이 커다란 인식 차이를 보이고 있다. 외교라인의 문서 취급상의 차이이기도 할 것이다. 문서의 표현

24) 아시아역사자료센터, C06031228300, 사료 57-58.

방식뿐만 아니라 사실은 외무대신에게 청훈請訓하는 절차를 생략하고 독단 행동을 한 점도 크게 문책하고 있는 점도 주목된다. 이 부분은 뒤에서 재차 논증하고자 한다.

다음으로 인도 관련 언급을 살펴 보자. 〈부록 17〉 사료에서 인도는 2번 언급되고 있다. 1919년 영국의 다이야 장군의 인도 암리차르Amritsar에서의 양민 학살과, 1920년의 "비협동운동"이다. 예시 자체가 민감한 사항을 언급한 것이었기 때문에 "격노激怒"반응을 불러일으킨 계기가 되었을 수 있지만, 두 가지 예시의 앞뒤에서 언급한 멘트가 화를 부추겼을 것으로 보인다. 즉, 암리차르 건에 대해서는 "조선군사령관이 토벌 실행 시 작년 영국의 다이야 장군이 인도 암리차르에서 행한 듯한 무고한 다수의 양민을 학살하는 것과 같지 않다"라고 하며 영국의 양민 학살과 일본군의 양민 학살의 질적인 차이를 영국 사례에 견주고 있다. 또한 1920년 본격화되기 시작했던 간디의 비폭력·불복종운동(사료상으로는 '비협동운동')에 대한 예시 역시 "만일 여러분들이 조선의 조선독립운동 또는 배일사상에 대해 유형 혹은 무형으로 원조를 했다고 하면, 그랬을 때는 우리 일본의 불교가들도 역시 인도의 비협동운동에 대해 반영적反英的 원조를 제공할 정당한 이유를 발견하게 되는 셈입니다"라고 언급하며 간도의 선교사들의 행동이 반일적反日的 원조와 연결될 수 있다고 '은근 압박' 또는 '강한 경고'를 내포한 '민감한' 발언이었던 것이다.

2) 캐나다 전도본부의 항의

영국 대사에 이어 일본 외무성 측에 강력한 항의를 한 것은 캐나다 장로파 전도본부 측이었다. 선교사들로부터 간도 참상에 대해 보고를 받고 있던 캐나다에서는 두 가지 양상으로 여론을 형성했다. 하나는 캐나다 오타와에 있는 시미즈 총영사에게 답변과 조치를 요구하는 것, 다른 하나는 신문을 통해 전도본부의 입장을 밝히며 선교사들의 입장을 대변·지지하는 것이었다.

특히 《토론토 그로브The Globe》 신문을 통해 12월 초순 미즈마치 성명서가 영어로 공개되면서 캐나다에서의 여론이 악화되기 시작했다. 또한 캐나다 전도본부는 1920년 12월 4일 자 서면으로 오타와 주재 시미즈 총영사에게 미즈마치 대좌의 스테이트먼트에 관한 제국 정부의 설명을 요구했다.

신문을 통한 여론의 확산과 전도본부의 항의에 대해 황급히 일본 외무성 측은 본격적인 대응책 마련에 고심해야 했다.

먼저 국제 여론의 악화를 막기 위해 《토론토 그로브》 신문에 반박 기사를 투고했다.

12월 8일 자 시미즈 총영사의 이름으로 기고된 글은 "The Globe의 편집자에게: 당신의 신문 독자들은 11월 30일 보고서와 관련된 사건에서 "일본에 의한 학살이 지금 보고 된다", "선교사들이 중국 기독교인의 많은 마을이 전멸되었다고 말한다"라는 제목의 보고서를 읽고 놀라게 될 것입니다. 그리고 <u>유사한 성격의 보고서가 향후 언론에 전달될 가능성이 있으므로 독자들에게 이와 관련해 발생한 몇 가지 사건에 대해 알리고 싶습니다"</u>[25]라는 문구로 시작하고 있다.

주요 내용은 "한국의 반란군, 중국 비적, 러시아 볼세비키"로 구성된 군중들이 일본영사관을 공격하고 건물을 불태우고 일본인을 포함한 주민을 학살했다는 점과, 그 증거 역시 가지고 있으며, 일본 정부는 일본인 보호를 위해 중국 당국에 조치를 취해줄 것을 요구했지만, 아무런 효과가 없었기에 불가피하게 일본인을 보호하기 위해 행동한 것

---

25) 아시아역사자료센터, B08090345300, 〈琿春二於ケル朝鮮人暴動一件/外国ノ態度輿論ノ部 항목 〈分割4〉, 하단 페이지 151.

〈그림 1〉《토론토 그로브》신문에
게재한 일본측 반박 기사
출전: アジア歴史資料センター
B08090345300

일 뿐임을 강조하고 있다. 마지막 문구에서는 미국의 저명한 작가 찰스 H. 셰릴씨의 표현을 인용하며 "'카이사르의 것은 카이사르에게 바쳐라'라는 표현을 기억하여, 외국 정부 시스템을 파괴하는 선교적 방법은 반反기독교적이며 변화가 필요하며 선교사들도 마찬가지"라는 입장으로 매듭짓고 있다.26)

즉, 잔혹한 학살은 일본군에 의한 것이 아니라 오히려 한·중·소의 연합 군중 세력에 의한 학살이며, 그런 반란군 한국인을 돕고 있는 선교사들의 행동에 문제가 있다는 입장이었기 때문에, 이 기사의 타이틀이 "일본, 공식 부정A Japanese official Denial"으로 제시된 것으로 보인다.

다음으로 12월 4일 자 전도본부의 서신에 대한 답신으로 시미즈 총영사는 12월 11일 자 일본 정부의 공표문을 전도본부로 통고했다. 참고로 일본 정부의 공식 입장은 같은 날 신문으로 공표되었다. 그 내용은 다음과 같았다. "간도에서 미즈마치 대좌가 외국인 선교사에게 보낸 통고에 관해 마치 제국 정부의 책임 하의 성명인 것으로 간주되어, 신문지 상에 이것저것 비평되고 있는데, 위 통고에 대해서 정부는 하

---

26) 아시아역사자료센터, B08090345300, 〈琿春二於ケル朝鮮人暴動一件/外国ノ態度 輿論ノ部 항목 〈分割4〉〉, 하단 페이지 151.

등의 관여도 알고 있는 것도 없는 바이며, 필경 위는 미즈마치 대좌 한 사람의 사적인 견해에 불과하다."[27]

시미즈 총영사의 답변을 받긴 했지만, "미즈마치의 사적 견해에 불과"하다는 입장만 고수할 뿐, 구체적인 진상 규명에 대한 답변은 없이 선교사의 정치적 간여干與에 대한 항의만 강조하는 일본 외무성의 입장에 대해 전도본부는 《토론토 그로브》신문지 상에 전도본부의 입장을 발표했다. 《토론토 그로브》1920년 12월 15자 기사에, "일본군대가 범한 군사적 광폭狂暴에 대해 선교사가 항의하기에 충분한 이유가 있는 것으로 본부는 확신한다는 취지와, 1919년 3월 독립소요사건 이후 만주 조선의 선교사들은 조선인의 반일적 운동에는 전적으로 거리를 두고 있다는 점과, 일본군의 광폭함의 예증으로 1920년 10월 31일 자 S.H.마틴의 "학살"이라는 제목으로 잔인하고 잔혹한 광경을 기술한 보고서를 기재하였고, 끝으로 일본이 1919년 3월의 소요를 반성하며 세계를 향해 선언한 바를 지금은 간도에서 어기고 있는 중"[28]이라고 입장을 표명했다.

미즈마치의 독단적인 성명서 발표 단계에서부터 전도본부는 육군성의 조사에 대해 불신하는 입장을 표명했기에[29] 육군성 루트가 아닌 시미즈 총영사의 외무성 루트를 통해 일본 정부의 공식적인 답변을 듣고자 거듭 편지를 보냈다.

시미즈를 포함한 외무성 관계자들 간의 기본적인 대응 방침을 다음의 세 가지였던 것으로 보인다. 첫째, "간도 선교사들이 보낸 4통의

27) 아시아역사자료센터, C06031225600, 〈間島出動の帝国軍隊の行動に対する非難 弁騒材料取調方に関する件(1)〉, 1061-1062.

28) 아시아역사자료센터, C06031225600, 〈間島出動の帝国軍隊の行動に対する非難 弁騒材料取調方に関する件(1)〉, 1057-1058.

29) 아시아역사자료센터, B08090343800, 〈琿春ニ於ケル朝鮮人暴動一件/水町大佐ノ 「ステートメント」ノ部 항목 〈分割2〉〉, 151.

보고서에 각각의 사건 일시, 장소 등이 지적되고 있으므로, 이에 대해 일반적, 추상적 해명을 시도하는 것은 도리어 불이익이 될 것이므로" 섣부르게 답신하기보다 사실에 입각한 진상을 제시하여 전도본부의 양해를 얻어 낼 것, 둘째, 전도본부로부터 시미즈 총영사에게 토론토 방문을 요구하므로 경우에 따라서는 시미즈 총영사가 토론토로 출장 가서 간담懇談을 나누는 것이 득책일 수 있음을 고려할 것, 셋째, 일본 군을 향한 국제 일반 여론의 오해가 확산되는 것을 풀기 위해 별도의 추가적인 조치를 취할 필요가 있다는 점이 합의된 듯하다.30)

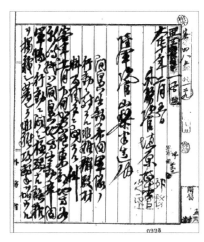

〈그림 2〉 외무성 내 합의사항을
유추하게 하는 외무차관이
육군차관에게 보낸 서신
출전: 아시아역사자료센터, C06031225600

이러한 방침에 따라 외무차관을 통해 육군성에 "간도 지역에 출동한 일본군 수뇌부에게 회람한 후에 해명에 필요한 적확한 구체적인 사실을 조사하시는 편이 마땅하며, 그렇게 해 주시기를 바랍니다"라고 요청하였다.31)

그러나 이에 대한 육군성의 답신은 1921년 5월 12일 시점에서도 여전히 아무런 답변이 없었다. 오타와 총영사 시미즈가 외무대신 백작 우치다 고사이에게 보낸 1921년 5월 12일 자 서신에서 "이후 전도본부로부터 서신이 올 때

---

30) 아시아역사자료센터, C06031225600, 〈間島出動の帝国軍隊の行動に対する非難 弁騷材料取調方に関する件(1)〉, 998-1005.

31) 외무차관 하코하라 마사나오埴原正直가 육군차관 야마나시 한조山梨半造에게 보낸 1921 년 2월 5일 자 서신에서 확인할 수 있다. 아시아역사자료센터, C06031225600, 〈間島 出動の帝国軍隊の行動に対する非難弁騷材料取調方に関する件(1)〉, 998-1005.

마다 해당 통첩(=육군성 답신)이 미도착했는가 라는 추신이 [빠짐없이] 기재되고] 있으므로 저로서는 다소 마음이 괴로운 바입니다. 앞으로 계속 끄는 것은 심히 면목 없는 모양새를 주게 될 것이라 염려되므로 이러한 사정을 알고 계셔야 하고, (만약) 선교사들의 보고서 속에 기재되었던 사항에서 심하게 사실 진상과 다른 점이 있다면 가능한 한 서둘러서 의견 제시를 해 주시기를 바랍니다."[32]라고 외무대신에게 강하게 호소할 만큼 진전이 없는 상황이 지속되었던 것이다.

한편 일찍부터 제기되었던 시미즈 총영사와 전도본부와의 간담은 1921년 3월 말 구체화되었다. 3월 30일 시미즈가 전도본부의 암스트롱에게 보낸 답변 서신에서 "다가오는 이사회 연례 회의에서 토론토를 방문한 것과 관련하여 귀하의 희망 사항에 응할 수 있을 것 같습니다. 만나서 얘기하기를 기대합니다"[33]라는 내용을 통해 확인 가능하다. 다만, 이후 실제 면담의 성사에 대해서는 사료상에는 보이지 않는다.

면담의 성사 여부는 확인하기 어렵지만, 대화를 시도한 노력이 캐나다 전도본부와 시미즈 측의 '긴장'을 다소 완화시킨 듯 보인다. 오타와 총영사 시미즈가 외무대신 백작 우치다 고사이에게 보낸 1921년 6월 14일 자 서신에서 일련의 갈등과 대응이 일단락된 보고를 확인할 수 있기 때문이다. 시미즈와 전도본부 측의 왕래 서신(6월 6일, 6월 11일)을 보면, 일본 측의 장암동 사건 보고서(해명서)가 "여러분의 선교사들과 우리 군 당국이 얼마나 오해를 받았는지 보여주기에 충분하다고 생각합니다"라고 하여 초기에 비해 상당히 완화된 어조로 '인정'했던 점과 "오해의 원인을 제거하기 위해 노력을 기울여야 한다고 생각합니다"[34]라는 답변에서 일단 '진화鎭火'되었던 것으로 보인다.

---

32) 아시아역사자료센터, B03041610600, 〈朝鮮人ニ対スル施政関係雑件/輿論ノ部 항목〉, 하단 페이지 456.

33) 아시아역사자료센터, B08090343800, 〈琿春ニ於ケル朝鮮人暴動一件/水町大佐ノ「ステートメント」ノ部 항목〈分割2〉〉, 152.

그러나 장암촌 사건은 여기에서 그치지 않고 선교사들의 네트워크를 통해 간도의 학살 사례가 널리 공유되면서 타 지역에서의 배일排日 운동으로 이어졌다. 첫 번째 예시로는, 1920년 1월 3일 자 마닐라 총영사가 외무대신에게 보낸 보고서에서 "일본군의 간도에서의 행동에 관해 미국인의 거동을 비난하는 논설"을 첨부한 것을 들 수 있다. 발단은 앞서 언급했던, 미즈마치가 선교사들에게 보낸 서신 형태의 '각서'에서 비유를 들었던 "아일랜드" 문제가 '화근'을 제공한 것으로 보인다. "아일랜드는 영국의 영토이고, 조선은 일본에 속한 것임을 기억해야 할 것이고" "아일랜드 및 조선 문제에 관해 유해한 선동 운동을 허가하지 말아야 할 것이다"35)라는 사설을 예시로 동향을 보고하고 있음을 확인할 수 있다. 두 번째 예시로는, 1920년 2월 1일 외무차관이 육군차관에게 보낸 보고서에서 홍경현興京縣에서의 영미 선교사들에 의한 배일 운동에 대한 기록을 들 수 있다. 선교사들의 배일 행동 중 주목되는 내용으로는, "일본은 횡포한 비인도적 수단으로 조선을 점령하려 하고 있다", "영미 양국의 주된 임무는 유럽 각국과 협의하여 세계평화 방침에 의해 일본에 대해 공동으로 선전포고해야 한다", "조선독립운동은 유럽 각국에서도 가치 있는 것으로 인정되고 있다"36)고 지적하였다.

---

34) 아시아역사자료센터, B03041610700, 〈朝鮮人二対スル施政関係雑件/輿論ノ部 항목〉, 하단 페이지 530~531.

35) 아시아역사자료센터, B08090345300, 〈琿春二於ケル朝鮮人暴動一件/外国ノ態度 輿論ノ部 항목 〈分割4〉〉, 하단 페이지 152쪽.

36) 아시아역사자료센터, B08090345300, 〈琿春二於ケル朝鮮人暴動一件/外国ノ態度 輿論ノ部 항목 〈分割4〉〉, 하단 페이지 161~165쪽.

이다. 물론 진실의 수용은 정파적 입장에 따라 왜곡될 여지도 존재하지만, 기존 연구와 증언 등은 학살의 정황을 알려 주기에 충분하다. 관동대진재 당시의 한인 학살은 엄연한 사실로 존재한다. 그러나 관동대진재를 바라보는 최근의 상황은 크게 우려된다. 일본 사회의 우경화와 함께 한인 학살 자체를 부정하려는 사회적 분위기가 퍼지고 있기 때문이다. 이른바 역사 수정주의의 대두와 함께 한인 학살을 부정하려는 움직임이 사회적으로 팽배하게 퍼지고 있다.

'망각하려는 세력'에 대항하기 위한 장치가 필요하다. 100년을 기억한다는 것은 '한인이 학살 당했다'는 피해만을 강조하려는 것이 아니다. 일본 군대와 경찰, 자경단의 야만을 새삼 주장하려는 것도 아니다. 이른바 반일 의식에 바탕을 둔 과도한 민족주의에 동조하기 위함도 물론 아니다. 한일 양국이 역사적 진실을 공유하고 부조리한 과거를 거울삼아 평화 체제를 구축하는 일이 역사학 본연의 임무이기 때문이다. 한인 학살 문제는 근대 이후 제국과 식민지라는 부조리한 한일 양국의 과거사의 모순을 잘 드러낸다. 역사적 진실을 제대로 밝히는 작업이 무엇보다 중요하다.

문제는 여기에 그치지 않는다. 관동대진재 당시의 한인 학살에 대한 한국 사회의 대응과 인식도 문제이다. 물론 한국 사회 저변에는 교과서 기술과 미디어 보도 등을 통해 학살의 역사적 진실이 비교적 잘 알려져 있다. 관동대진재 당시의 한인 학살은 일본의 야만성을 상징하는 사건으로 기억되고 있다. 그러나 문제는 한인 학살이 어렴풋한 기억으로 머물고 있다는 점이다. 해방 이후 한국 정부는 일본 사회에 한인 학살을 둘러싼 진상과 책임 소재 규명을 제대로 표출하지 않았다. 관동대진재 문제는 군대 위안부와 강제 동원 피해에 비해 상대적으로 주목받지 못했다. 한국 역사학계에서 한인 학살을 다루는 연구자가 소수에 불과하다는 사실도 이를 잘 말해 주고 있다.

관동대진재의 한인 학살 문제의 역사적 진실은 해결되지 못한 채여전히 현재 진행 중이다. 이런 의미에서 학살 현장에 대해 증언한 조인승 할아버지의 '외침'은 지금도 진실이 온전히 밝혀지지 않았다는 사실을, 이 문제에 좀 더 천착해야 한다는 새로운 과제를 우리에게 던지는 것이다. 할아버지의 외침에 대해 이제 한국 사회가 응답할 차례이다. 한인 학살 100년의 진정한 역사적 의미를 재음미하고 새롭게 출발해야 할 시점이다. 본문에서는 이런 문제의식 위에서 관동대진재 당시의 한인 학살이 그동안 어떻게 기억되었는지, 그리고 1990년대 이후 역사 수정주의의 대두와 함께 어떻게 망각되는지 일본의 배타적인 풍조에 대해서 검토하고, 기억을 올바로 계승하려는 연대와 연구의 가능성을 전망하겠다.

2. 학살의 기억, 관련 연구 성과

지금까지 관동대진재 한인 학살 연구는 학살의 실태와 그 배경을 밝히는 데 초점을 맞추어 진행되었다. 기존 연구의 특징 가운데 하나는 재일조선인 연구자를 중심으로 연구가 이루어졌다는 점과 '관동대진재 ○○년' 같이 기념할 만한 절목에 연구가 집중적으로 이루어졌다는 점이다. 기존 연구 성과에 대해서는 다나카 마사타케田中正敬와 최근 간행된 성주현 등의 연구에 상세하게 언급되어 있으므로, 이 글에서는 주요 성과에 대해서만 언급하겠다.[2]

---

2) 기존 연구 현황에 대해서는 田中正敬, 「近年の関東大震災史研究の動向と課題-現在までの10間を対象に」, 関東大震災80周記念行事実行委員会 編, 『世界史としての関東大震災-アジア・国家・民衆』, 日本経済評論社, 2004; 田中・専修大学関東大震災史研究会 編, 『地域に学ぶ関東大震災-千葉県における朝鮮人虐殺その解明・追悼はいかになされたか』, 日本経済評論社, 2012; 田中正敬, 「関東大震災時の朝鮮人虐殺をめぐる論点」,

한인 학살 연구가 본격적으로 시작된 것은 40년을 맞이한 1963년 무렵이었다. 먼저 자료집으로는 강덕상姜德相과 금병동琴秉洞이 편찬한 『관동대지진과 조선인』[3])과 조선대학교가 편찬한 『관동대지진에서의 조선인 학살의 진상과 실태』[4])이 간행되었다. 전자는 정부 관계 문서를 중심으로 사건을 파악할 수 있는 기본 자료를 망라했다. 관동대진재 한인 학살을 파악할 수 있는 기본 자료집이다. 후자의 자료에는 전자와 중복된 부분도 있지만, 각 지역 별로 자료가 정리되었다. 학살 현장을 체험한 조선인의 증언도 다수 수록되었다. 이 두 자료집은 재일 조선인의 노력과 끈기로 이루어진 진실 규명을 위한 소중한 자료집으로 연구의 기반을 제공했다.

자료집 간행을 계기로 관련 연구도 본격적으로 이루어졌다. 주축이 된 연구자는 관련 자료를 편찬한 강덕상이었다. 강덕상은 일련의 논문과 저서를 통해 유언비어의 진원지와 학살의 진상을 밝히는 데 공헌했다.[5]) 일본인들의 연구도 진전되었다. 1963년에는 『노동운동사 연구』와 『역사평론』 등의 잡지에서도 관동대지진 당시 학살에 대한 특집을 기획했다. 잡지 특집은 이후에도 50년, 60년, 70년, 80년, 90년을 계기로 이루어졌다.[6]) 70년 당시에는 자료집도 편찬되어, 마쓰오 쇼이치松尾

『歷史地理敎育』 809, 2013; 성주현, 『관동대지진과 식민지 조선』, 선인, 2020 등을 참조.

3) 姜德相・琴秉洞編, 『現代史資料6　關東大震災と朝鮮人』, みすず書房, 1963.

4) 朝鮮に関する研究資料編集委員会編, 『關東大震災における朝鮮人虐殺の真相と実態 (朝鮮に関する研究資料第9集)』, 朝鮮大学校, 1963.

5) 姜德相, 「大震災下の朝鮮人被害者数の調査」, 『労働運動史研究』37, 1963; 姜德相, 「関東大震災における朝鮮人虐殺の実態」, 『歴史学研究』278, 1963; 姜德相, 「つくりだされた流言」, 『歴史評論』157, 1963; 姜德相, 『関東大震災』, 中公新書, 1975; 姜德相, 「関東大震災-もう一つの虐殺-習志野騎兵連隊における朝鮮人虐殺」, 『季刊三千里』23, 1980; 姜德相, 『新版 関東大震災-虐殺の記憶』, 青丘文化社, 2003.

6) 「特集 関東大震災50周」, 『歴史評論』281, 1973; 「特集 関東大震災」, 『歴史地理教育』356, 1983; 「特集 関東大震災の時代」, 『季刊 三千里』36, 1983; 「特集 関東大震災」, 『歴

章一가 감수한『관동대지진 정부 육해군 관계 사료』가 간행되었다.[7]

연구의 진전과 함께 유언비어의 발생 원인을 둘러싼 논쟁도 이루어졌다. 논쟁은 유언비어의 '자연 발생설'과 '의도적 날조설'로 구별된다. 마쓰오 다카요시松尾尊兌는 유언비어가 민간에서 자연 발생했다고 주장했고,[8] 강덕상은 관헌이 의도적으로 날조 유포했다고 강조했다.[9] 마쓰오는 일본인의 책임을 규명하는 것이야말로 당시의 일본 제국주의를 비판하는 것이라는 입장이었지만, 강덕상은 멸시를 스스로 체화한 일반 민중이 유언비어에 편승하기도 했다는 점과 그 배후인 관헌의 존재를 중시해야 한다는 문제의식이었다. 물론 유언비어 전파에 관헌이 수행한 역할을 중시하고, 일반인이 유언비어를 믿고 학살에 가담했다는 점에서는 양자의 주장이 일치한다. 이 논쟁은 일본인과 조선인의 입장의 차이를 드러내는 것으로 확증할 수 있는 관련 사료의 검증이 필요할 것이다.

조선인의 체험담과 목격자의 증언을 기록하는 활동도 본격적으로 이루어졌다. 이를 주도한 것은 일조협회日朝協會였다. 1963년에는 '일조협회 조선인 희생자 조사 위령 특별위원회'가 발족했고, 후나바시船橋와 혼죠本庄의 현지 조사가 진행되었다. 지진과 재해 50년에는 도쿄와 사이타마 현埼玉県에서 학살을 목격한 사람들을 대상으로 취재한 서적이 간행되었다.[10] 이를 통해 사건을 경험한 일본인들의 증언과 자경

史地理教育』506, 1993;「特集 関東大震災と朝鮮人虐殺事件」,『歴史評論』521, 1993;「特集 関東大震災時の朝鮮人虐殺」,『歴史地理教育』809, 2013.

7) 松尾章一監修・平形千惠子・大竹米子編,『政府・戒厳令関係史料(関東大震災政府陸海軍関係史料1巻)』, 日本経済評論社, 1997; 松尾章一監修・田崎公司・坂本昇編,『陸軍関係史料(関東大震災政府陸海軍関係史料2巻)』, 日本経済評論社, 1997; 松尾章一監修・田中正敬・逢坂英明編,『海軍関係史料(関東大震災政府陸海軍関係史料3巻)』, 日本経済評論社, 1997.

8) 松尾尊兌,「関東大震災下の朝鮮人暴動流言に関する二・三の問題」, 日本朝鮮研究所,『朝鮮研究』33, 1964.

9) 姜徳相,「関東大震災下『朝鮮人暴動流言』について」,『歴史評論』281, 1973.

단 사건의 실상 등이 밝혀졌다. 치바 현千葉県에서도 1970년대부터 본격적으로 조사가 이루어졌고, 1983년에『이유 없이 살해당한 사람들』로 정리되어 출판되었다.[11] 도쿄 스미다구墨田区의 구 요쓰기바시四ツ木橋에서의 학살 사건에 대해 조사해 온 단체는 한국에서의 녹취 조사를 바탕으로 1992년『바람아! 봉선화 노래를 실어 불어라』라는 책을 간행했다.[12] 이 밖에도 오충공吳充功 감독이 만든 다큐멘터리 영화 제작도 소중한 성과이다.[13] 조선인 체험자의 귀중한 증언을 수록한 성과는 물론, 가해자의 입장에 선 일본인의 증언을 영상으로 채록한 노력은 매우 소중하다.

관련 연구의 진전과 더불어 관동대진재 한인 학살을 이른바 '3대 테러 사건'의 하나로 바라보려는 시각을 둘러싼 논쟁도 촉발되었다. 이 논쟁은 시오다 쇼베에塩田庄兵衛와 이마이 세이이치今井清一가 한인 학살을 가메이도 사건亀戸事件, 아마카스 사건甘粕事件과 동일하게 위치 지우는 것에 대한 강덕상의 비판에서 비롯되었다.[14] 이 논쟁은 중국인 학살 문제와도 연관되어 논쟁의 여지는 여전히 남아있지만, 강덕상의 주장을 소개하면 다음과 같다.

10) 日朝協会豊島支部編,『民族の棘 関東大震災と朝鮮人虐殺の記録』, 日朝協会豊島支部, 1973.

11) 千葉県における関東大震災と朝鮮人犠牲者追悼・調査実行委員会,『いわれなく殺された人々』, 青木書店, 1983.

12) 関東大震災時に虐殺された朝鮮人の遺骨を発掘し追悼する会,『風よ 鳳仙花の歌をはこべ』, 教育史料出版会, 1992.

13)「隠された爪跡-関東大震災朝鮮人虐殺記録映画」, 1983;「払い下げられた朝鮮人-関東大震災と習志野収容所」, 1986.

14) 이에 대해서는 塩田庄兵衛,「関東大震災と亀戸事件」,『歴史評論』158, 1963; 今井清一,「大震災下の諸事件の位置づけ」,『労働運動史研究』37, 1963; 松尾章一,「関東大震災の歴史研究の成果と課題」,『法政大学多摩論集』9, 1993; 姜徳相,「三大テロ史観について」, 関東大震災70周記念行事実行委員会,『この歴史永遠に忘れず-関東大震災70周記念集会の記録』, 日本経済評論社, 1994 등을 참조

나는 관동대진재 시 발생한 3대 학살 사건 또는 다하라 히로시田原洋가 주장하는 4대 학살 사건을 병렬시켜 생각하는 것은 옳지 못하다. 조선인 학살 사건은 민족 문제라는 것을 강조하고 싶다. 일본사에서는 관동대진재의 조선인 사건, 가메이도 사건, 오스기 사건을 병렬하여 3대 테러 사건이라고 부르는 사람들이 많다. 또 일본인 사이에는 동북 지방 사투리를 말하는 사람이 죽었다, 또는 중국인이 죽었다, 오키나와 인이 죽었다는 사실을 강조하여 일본의 대외 관계 또는 아시아인 차별의 문제로서 이런 사건을 배외주의 일반으로 확대 해석하려는 경향이 있다. 그러나 나는 이에 반대한다. 이는 시야를 역사적으로 확장시키는 일이 아니다. 하나하나의 사건은 그 본질이 다르다. 조선인 사건을 다른 사건과 병립시키는 것은 역사적인 의의와 사실을 손상시키고 관헌의 은폐 공작과 한 축을 이루는 것이라고 말해도 좋다.……마지막으로 또 한 번 강조하고 싶다. 오스기 사건, 가메이도 사건은 관헌에 의한 권력 범죄, 밀실 범죄, 일본 민족 내부의 계급 문제이다. 이에 반해 조선인 사건은 관민 일체의 더욱이 일반 민중이 가담한 민족 범죄이다. 그리고 일본인의 일부, 중국인, 오키나와인의 문제는 일본과 조선과의 모순에 의해 일어난 파생적인 일로, 지금까지도 계속되는 일본의 배외 내셔널리즘의 희생이 된 사건이었다. 이것들을 결코 동일하게 논해서는 안 된다.[15]

강덕상은 한인 학살의 성격을 명료하게 지적했다. 즉, "한인 학살은 일본 관민 일체의 범죄이고, 민중이 동원되어 직접 학살에 가담한 민족적 범죄이자 국제 문제이다"라며 다른 사건들과의 차별성을 명확하게 밝혀야 한다고 강조했다. 또 강덕상은 "관동대진재 당시 왜 계엄령이 공포되고 군대가 출동했는가?"라는 문제를 생각할 때 가장 중요한 것은 계엄 행위를 조선의 민족 해방 투쟁사와 분리해서는 안 된다는 점을 여러 차례 강조했다. 한인 학살은 계엄령 아래 자행되었다는 점을 잊어서는 안 된다는 시각을 제시한 것이다.

한인 학살 문제는 일본 제국주의의 식민지 지배의 문제를 피하고서는 이해할 수 없으며, 동시에 조선 민중의 해방 투쟁과 분리하고서

---

15) 강덕상, 「관동대지진 조선인 학살을 보는 새로운 시각-일본 측의 '3대 테러사건' 사관의 오류」, 『역사비평』 47, 역사문제연구소, 1999.

는 그 역사적 자리매김이 어렵다. 학살과 식민지 지배, 민족 해방 투쟁의 고양은 명확한 인과 관계로 결합된다. 관동대진재에서의 한인 학살 사건은 1905년 이후의 식민지 지배와 이를 보완한 일본 민중이 강력한 적, 조선 민중을 두려워한 것에서 발생한 집단 살인이고, 민족 범죄였다. 한일 간의 부조리한 관계 속에서 필연적으로 돌출한 또 하나의 잔혹한 사건이었다.

한인 학살에 대한 연구 성과에도 불구하고 여전히 해명해야 할 영역이 많다. 무엇보다 희생자에 대한 조사 연구는 아직 충분하다고 할 수 없다. 정확한 희생자 통계도 불분명하다. 안타깝게도 일본에서는 지금까지 일본 정부가 한인 희생자에 대해 조사한 사료는 발견되지 않았다. 앞으로 동아시아라는 화두에 편승해 학살을 둘러싼 한·중·일 공동 심포지엄 등이 자주 열릴 듯하다. 관동대진재라는 동일 시간과 장소에서 발생한 학살이었기 때문에 중국인을 포함한 연구 시야의 확장이라는 측면에서는 환영할 일이다. 한인과 중국인 학살의 공통점과 차이점 등을 규명하면 학살의 전체상을 파악할 수 있을 것이다. 그러나 이런 연구 경향은 강덕상이 강조한 '사건의 본질'을 충분히 인식한 위에서 이루어질 필요가 있다. 한인 학살 문제는 일본인과 중국인 학살 문제와 달리 식민지 지배의 문제와 결코 분리될 수 없기 때문이다.

3. 학살의 망각, 역사 수정주의의 공격

최근 일본 사회에서는 관동대진재 당시의 한인 학살에 대한 역사 부정론이 급격히 확산되고 있다. 군대 위안부 연구자를 비롯해 제국 일본이 자행한 부조리를 지적하는 연구자에 대한 조직적 위협도 가해지는 상황이다. 이에 대항할 수 있는 시민운동 세력의 고령화 현상도 눈에 띈다. 역사 부정론은 관동대진재 한인 학살 문제에 대해서도 마찬가지로 작동되고 있다. 그들은 관동대진재 당시 6천 명이라는 한인 희생자는 과장된 것이고, 설령 학살 당한 한인의 경우에도 이는 정당한 방어 행위였다고 주장한다. 역사 부정론의 대표적인 사례는 넷우익 Net右翼[16]의 혐오 발언hate speech 공격과 도쿄 도지사 고이케 유리코小池百合子의 한인 희생자에 대한 추도사 송부 거부 사태다.

이런 움직임은 관동대진재에만 국한된 것이 아니고, 식민지 지배 전체를 부정하는 네오 내셔널리즘과 밀접히 관련되어 있다. '혐한'의 언설을 무차별적으로 유포하는 넷우익이 거리를 활보하고 있다. 혐한과 배외주의 운동은 일부 계층의 '일탈 행위'로만 간주할 수 없다. 넷우익의 선전에 따라 역사 부정론에 암묵적으로 동조하는 일반 시민이 증가하고 있기 때문이다. 한인 학살에 대한 반성과 추모에 대한 반발도 같은 맥락이다. 이를 이해하기 위해서는 1990년대 이후 일본 사회에서 대두한 역사 수정주의의 움직임과 넷우익과의 관련성을 살펴볼 필요가 있다.

90년대 이후의 사회경제적 위기감이 팽배해진 상황을 틈타 일본에서는 역사 수정주의가 전면에 대두되었다. 대표적으로 '자유주의 사관 연구회自由主義史觀研究會'와 '새 역사 교과서를 만드는 모임新しい歷史教科書をつくる會'은 '건전한 내셔널리즘의 복권'이라는 명분을 내걸고 저돌적인 활동을 펼쳤다. '자유주의 사관 연구회'는 주지하듯이 90년대 초부터 일본의 전쟁 책임 문제에 관한 사회적 움직임에 반대하는 인사들

---

16) 넷우익이란 2005년을 기점으로 등장한 용어로 '인터넷을 중심으로 우익적, 민족파적 언론 활동을 활발히 전개하고 있으며 기존의 우익, 민족파 단체, 조직에 소속되어 있지 않은 사람'으로서, 요컨대 기존의 우익과는 별개의 새로운 현상을 말한다. 넷우익의 개념 정의와 특성에 대해서는 谷崎晃, 『ネット右翼とサブカル民主主義マイモクラシー症候群』, 三一書房, 2007; 寶島編輯部, 『ネット右翼ってどんなヤツ? 嫌韓, 嫌中, 反テロ市民, 打倒バガサヨ』, 寶島社, 2008 등을 참조.

을 중심으로 결성되었다. 소위 '문화인'으로 분류되는 네오 내셔널리스트들은 종래의 역사관을 '도쿄 재판 사관', '코민테른 사관', '자학 사관', '암흑 사관'으로 규정했다. 일부 매스컴이 이에 호응했고 정계와 사회운동계, 학계, 교육 현장에서도 이런 풍조를 지지하는 모임이 생기는 등 파장이 적지 않았다.17)

역사 수정주의는 교과서 영역으로도 확대되었다. 이들은 교과서가 근·현대사 부분에서 일본의 제국주의적 침략과 식민지 지배, 전쟁 책임, 전쟁 범죄 등을 과도하게 강조하여 전체적으로 일본의 '어두운' 면만을 부각시키고 있다고 비판했다. 한인 학살 문제는 당연히 일본의 치부를 드러내는 것으로 받아들여졌다. 또한 그들은 인터넷 홈페이지를 통해 일선 학교 교사들에게 자신의 주장을 유포하면서 지지 계층을 확대했다. 중학교 역사와 공민 교과서를 독자적으로 편집하여 2005년 주변 국가들의 반대에도 불구하고 문부성의 검정을 통과했다. 교육 현장에서는 히노마루日の丸 계양과 기미가요君が代 제창의 의무화를 통해 국가에 대한 일본식 '애국심'을 강요하는 등 전쟁을 미화하고 국가를 위해 목숨까지도 버릴 수 있는 '국민 만들기'에 분주하다.18)

---

17) 이들 단체의 등장 배경과 활동에 대해서는 개번 매코맥, 「일본 '자유주의사관'의 정체」, 『창작과 비평』 98, 창비, 1997; 정재정, 「횡행하는 국가전략적 역사교육론의 망령-역사교과서 비판과 '자유주의사관'」, 『일본의 논리』, 현음사, 1998; 후지나가 다케시, 「현대 일본 반동세력의 한국사 인식-일본형 역사수정주의가 등장하기까지」, 『역사비평』 44, 역사문제연구소, 1998; 정진성, 「일본의 신민족주의운동」, 『국제지역연구』 가을호, 서울대학교 국제지역원, 1998; 한상일, 「자유주의사관」, 『일본 지식인과 한국-한국관의 원형과 변형』, 오름, 2000 등을 참조.

18) 역사·공민 교과서에 대한 비판은 上杉聰·君島和彦·越田稜·高嶋伸欣著, 『いらない!「神の國」歷史·公民敎科書』, 明石書店, 2001; VAWW-NETジャパン編, 『ここまでひどい!「つくる會」歷史·公民敎科書-女性蔑視·歷史歪曲·國家主義批判』, 明石書店, 2001; 和仁廉夫, 『歷史敎科書とアジア-歪曲への反駁』, 社會評論社, 2001; 小森陽一·坂本義和·安丸良夫編, 『歷史敎科書何が問題か-徹底檢証Q&A』, 岩波書

최근 이에 관한 사회학적 연구는 일본 사회에서 상대적으로 소외당한 계층의 '박탈감'이 표출된 것이 넷우익이며, 일본 사회에서 이른바 '불안형 내셔널리즘' 또는 '마이 데모크라시 증후군'이 출현한 것이라고 경고한다. 이들의 주장이 기존 우익 인사들뿐만 아니라 전쟁을 경험하지 못한 전후 세대의 역사 인식에 직접 영향을 미쳐 넷우익을 창출하는 데 크게 기여했다는 심각한 문제가 있다. 요컨대 90년대에 대두한 교과서 문제를 둘러싼 역사 수정주의는 혐한·배외주의 운동의 원류라고 말할 수 있다. 역사 수정주의는 지식인 계층이 주도하는 시민 운동이고 넷우익은 인터넷을 중심으로 한 운동이라는 점에서 차이가 있지만, 일본 사회에서 전개된 90년대 이후의 변화 양상을 반영하고 있다는 측면에서는 근원적으로 상통한다.[19]

역사 수정주의에 찬동하는 논조는 관동대진재 당시 6천 명의 한인 학살은 없었고 추도식에 추도사를 보낼 수 없다는 논리로 표출되었다. 한인 학살은 없었다는 주장이다. 한인 추도식은 관동대진재 50년째가

店, 2001; 永原慶二, 『歴史教科書をどうつくるか』, 岩波書店, 2001); 子どもと教科書全國ネット21編, 「教科書攻撃のウソを斬る-新しい歴史教科書をつくる會」がねらうもの』, 青木書店, 2001; 俵義文, 『徹底検証あぶない教科書-「戦争ができる國」をめざす「つくる會」の実態』, 學習の友社, 2001; 이충호, 「일본의 교과서 검정과 중학교 역사교과서 왜곡-후소샤扶桑社를 중심으로」, 『역사와 실학』 19·20, 역사실학회, 2001; 신주백, 「일본 우익 역사교과서의 교사용지도서에 나타난 역사인식-아시아 태평양전쟁관, 인간관, 미래관을 중심으로-」, 『동방학지』 127, 연세대학교 국학연구원, 2004; 이규수, 「일본 중학교 교과서의 '보통 일본인' 만들기」, 『아시아연구』 8-2, 한국아시아학회, 2006; 이규수, 「일본의 공민교과서 왜곡 구도와 우경화-'종축縱軸의 철학'론 비판」, 『지역과 역사』 18, 부경역사연구소, 2006; 이신철, 『한일 근현대 역사논쟁』, 선인, 2007 등을 참조.
19) 高原基彰, 『不安型ナショナリズムの時代-日韓中のネット世代が憎みあう本当の理由』, 洋泉社, 2006; 近藤瑠漫·谷崎晃·桜井春彦, 『ネット右翼とサブカル民主主義-マイデモクラシー症候群』, 三一書房, 2007; 이규수, 「일본 네오내셔널리즘의 발흥과 역사인식 연구-우경단체 홈페이지 분석을 중심으로-」, 『근대 한·일 간의 상호인식』, 동북아역사재단, 2009 등을 참조.

되던 1973년 도쿄도 의회의 찬성으로 '위령 공원'으로 불리는 스미다구 요코아미쵸横網町 공원에서 공식적으로 열리기 시작했다. 이때 '관동대지진 조선인 학살자 추도비'가 세워졌다. 비석에는 "아시아의 평화를 만든다"는 글귀가 있다.

추도식은 한일 양국의 시민들에 의한 학살에 대한 반성과 추모의 상징이었다. 한인 학살의 역사를 교훈 삼아 아시아의 평화를 구축하자는 의미에서 역대의 보수적인 도지사들도 추도사를 보내왔다. 그러나 현 고이케 유리코 도쿄 도지사는 2017년부터 '관동대지진 조선인 희생자 추도식전'에 추도사를 보내는 것을 거부했다. 여기에는 '소요카제そよ風'라는 신흥 우파 단체가 깊이 관여했다. 이들은 한인 추모식이 개최될 때마다 "관동대진재의 진실을 알린다"는 명목으로 같은 공원에 인접한 '진실한 관동대지진 이시하라쵸石原町 희생자 위령제'라는 집회를 개최하고 있다. 그들이 주장하는 '진실'이라는 것은 일본인 자경단에 의해 6천 명이 살해됐다는 추모비는 잘못된 것이고 일본인 또한 나쁘지 않다는 것이다.

이들 우익 단체는 고의적으로 한인 희생자 추도식과 같은 날 같은 시간에 위령제를 개최했다. 한인 희생자 추도비의 바로 옆에 위치한 '다이쇼 대지진 화재 이시하라쵸 조난자비' 앞이다. 집회에는 "6천 명이라는 거짓말에 우호는 없고 사과는 필요하지 않다", "우리 조상에게 혐오 발언을 그만하라"는 간판도 세웠다. 한인이 일본인에게 혐오 발언 공격을 가했다는 황당한 주장이다. 관동대진재 당시 한인의 '불령 행위'에 자경단이 정당 방위한 것이라고 외친다. 가해자가 피해자로 둔갑한 것이다. 그들의 목적은 한인 희생자 추도식을 방해하기 위한 것이나 다름 없다.

일본의 역사 수정주의는 지식인 계층이 주도하는 시민 운동이다. 넷우익은 이들의 영향을 받아 인터넷을 중심으로 배외주의 운동을 전개하고 있다는 점에서 90년대 이후 보수주의 이데올로기의 변화 양상을 반영한다. 혐한·배외주의 운동의 담론은 90년대에 발생한 역사 수정주의의 연장이다. 역사 수정주의는 자국의 역사 교과서를 개악하는 것에 머물지 않고, 그 정통성을 둘러싸고 주변 국가와의 대립을 불러일으켰다. 주변 국가에 대한 적의를 발동시켜 일본에 거주하는 외국인에 대한 혐오감으로 전화된 것이 그들이 주장하는 프레임일 것이다. 관동대진재 당시의 한인 학살에 대한 부정의 언설도, 추모에 대한 거부감도 같은 맥락에서 이루어지고 있다. 역사 부정론이 팽배한 일본 사회에서 관동대진재 한인 학살의 기억은 왜곡될 가능성이 크다.

4. 기억의 소환, 한일 연대의 가능성

도쿄도는 2020년 9월 1일 관동대진재 97년 추도 행사에 즈음하여 추도식 개최를 허가해 주는 조건으로 추도식 실행 위원회에 "마이크와 스피커 등을 크게 틀지 말라" 등의 내용이 담긴 서약서 제출을 요구했다. 이 요구 사항을 준수하지 못할 경우, 내년부터 개최가 허가되지 않을 수 있다는 내용도 포함되었다. 이에 실행 위원회는 5월 18일 자로 성명을 발표하고, 도쿄도의 요청 철회를 요구했다. 또 변호사 단체인 자유 법조단 도쿄 지부는 5월 28일에, '관동대지진 조선인 학살의 국가 책임을 묻는 모임'은 6월 9일 자로 성명을 내고, 지식인들도 6월 11일 자로 성명을 발표했다. 이후에도 도쿄 변호사회가 6월 22일 자로 성명을 발표했다. 도쿄도에는 항의의 목소리와 3만 명 이상의 서명도 전달되었다.[20]

---

20) 이 서약서에는 공원 관리를 방해하는 행위를 하지 말 것, 중지를 지시했을 경우에는 따를 것, 지시에 따르지 않을 경우에는 다음 년도 이후의 공원 이용이

양심적인 시민 단체의 연대와 활동이 잇따르자 상황은 반전되었다. 도쿄도는 결국 서약서 제출 요구를 철회했다. 도쿄도는 '소요카제' 등 우익 단체가 추도식 20m 가까이에서 확성기를 크게 틀고 "뻔뻔한 조선인, 조선 코리안", "무뢰한 재일조선인이 일본인을 살해하고 집을 불태웠다" 등의 발언에 대해 '부적절한 차별 발언'이라고 인정할 수밖에 없었다. 당연한 이야기이지만 조선인이 희생자 추도식을 방해할 리 없기 때문이다. 추도식을 규제하려는 도쿄도의 의도는 실패로 돌아갔다. 추도식 개최를 둘러싼 공방은 조선인 단체와 일본 시민 단체의 연대를 통해 무사히 진행되었다. 한일 연대를 통해 일본 우익의 방해를 뛰어넘은 사례이다.21)

그렇다면 역사 수정주의의 한인 학살 부정론에 대한 시민 세력 연대의 역사는 어떠했을까? 한일 연대를 통한 한인 학살의 진실 규명의 가능성은 존재하는 것일까? 이 질문에 대답하기 위해, 앞에서 언급한 조건부 추도 행사에 대해 항의 성명을 발표한 자유 법조단의 창설자인 후세 다쓰지布施辰治 변호사의 관동대진재 당시의 활동을 통해 한일 연대의 가능성을 가늠해 보자. 후세는 다양한 형태로 조선과 관계 맺은 인권 변호사이자 '조선인의 벗'으로 기억되는 일본인이다. 그는 관동대진재가 발생했을 때 한인 보호에 앞장섰고, 학살 사건에 대한 조사와 항의 활동에 나섰다. 또 조선의 각 언론사에 "학살의 책임을 통감한다"는 서한을 발송하는 등 양심적 법조인으로서 활동했다.22)

허가되지 않을 수 있다는 점 등의 항목이 명기되었다.

21) 2020년도 추도식 정황에 대해서는 「일 우익 방해 뚫고…간토대지진 조선인 학살 추도식」, 《한겨레신문》(2020. 9. 1.); 「조선인 대학살 협력 단체 '소요카제'」, 《시사IN》(2020. 9. 19.)등을 참조.

22) 후세 다쓰지에 대해서는 平野義太郎, 「人權を守った人々: 布施辰治を中心に」, 『法學セミナー』44, 1959; 岡林辰雄, 「布施辰治の人と業績」, 『法學セミナー』164, 1968; 金一勉, 「布施辰治と在日朝鮮人」, 『日朝関係の視角』, ダイヤモンド社, 1974; 水野直樹, 「弁護士・布施辰治と朝鮮」, 『季刊三千里』34, 1983; 이규수, 「후세 다쓰지布施辰治의 한

1923년 9월 관동대진재가 발생하자 후세는 한인 학살 사건을 조사·고발하기 위해 자유 법조단의 선두에서 활약했다. 자유 법조단은 후세의 제창으로 1923년 9월 20일 제1회 진재 선후책 회의를 개최했다. 후세는 조선인 학살 문제와 관련해 "죽은 조선인 수는 몇천 명인가? 죽은 원인은 무엇인가? 단지 조선인이라는 것만으로 죽었는가 아니면 무슨 혐의가 있어 죽었는가? 하수인은 누구인가? 군인인가 경찰인가 자경단 민중인가? 살해 방법은 어떠했는가? 잔인 가학한 살해, 학살이 아니었는가? 사체는 어떻게 했는가? 하수인의 책임에 관한 수사, 검거 처벌의 실정은 어떤가?"[23] 등의 문제를 제기했다. 후세의 현실 인식은 적확한 것이었다. 그러나 자유 법조단은 당국의 방해 공작으로 학살의 진상을 정확히 규명할 수 없었다.

후세는 유학생들이 10월에 결성한 '도쿄 지방 이재 조선인 후원회東京地方罹災朝鮮人後援會'의 고문으로 추대되었다. 12월에는 '피살 동포 추도회'에서 조선인 학살에 대한 당국의 태도를 비판하면서 이렇게 말했다.[24]

> 생각하면 생각할수록 너무나도 무서운 인생의 비극입니다. 너무나도 가혹한 비극이었습니다. 특히 그중에는 조선에서 온 동포의 마지막을 생각할 때, 저는 애도할 말이 없습니다. 또 어떤 말로 추도하더라도 조선 동포 6천의 유령은 만족하지 않을 것입니다. 그들을 슬퍼하는 천만 개의 추도의 말을 늘어놓더라도 그 사람들의 무념에 가득 찬 마지막을 추도할 수 없을 것입니다. (⋯) 학살은 계급 투쟁의 일단이었습니다. 우리의 동지가 죽음을 당한 것도 6천의 동포가 그런 처지에 직면한 것도 우리가 계급 투쟁에서 패배했기 때문입니다. 우리는 졌습니다. 너무나도 억울합니다. 왜 우리가 졌는지 생각해보기 바랍니다.

국인식」, 『한국근현대사연구』25, 한국근현대사학회, 2003; 大石進, 『弁護士布施辰治』, 西田書店, 2010; 森正, 『評傳 布施辰治』, 日本評論社, 2014 등을 참조

23) 「震災中における朝鮮人殺害の眞相およびその責任に関する件」(大石進, 『弁護士布施辰治』, 2010, 168에서 재인용).

24) 『大東公論』2-2, 1924년 11월.

후세의 연설문은 당시 한인 학살을 규탄하는 문장 중에서 가장 격렬한 것이었다. 학살에 대한 분노와 아쉬움이 추도사 전문에 담겨 있다. 일본인으로서 한인에게 절절한 사죄를 표명한 흔치 않은 내용이었다. 후세는 한인 학살 문제를 인재人災로 인식했다. 1926년 3월 조선을 방문했을 때, 후세는 관동대진재에 대한 '사죄문'을《조선일보》와《동아일보》에 우송했다.25)

> 조선에 가면 모든 세계의 평화와 모든 인류의 행복을 추구하는 우리들 무산계급 해방 운동자는 설령 일본에 태어나 일본에 활동의 근거를 두고 있어도 일본 민족이라는 민족적 틀에 빠져들지 않으며, 또 실제 운동에 있어서도 민족적 틀에 빠져 있지 않다는 것을 증명하기 위해 진재 직후의 조선인 학살 문제에 대한 솔직한 나의 소신과 소감을 모든 조선 동포에게 말하려고 합니다. (…) 일본인으로서 모든 조선 동포들에게 조선인 학살 문제에 대해 마음으로부터 사죄를 표명하고 자책을 통감합니다.

후세는 관동대지진 당시의 한인 학살 문제 규명에 누구보다 적극적이었다. 이는 후세 자신의 신변상의 위험을 감수해야 하는 일이었다. 후세는 학살의 본질을 정확하게 인식하는 일일 뿐만 아니라 한인에게 사죄하는 마음도 진실했다. 조선의 언론과 사회운동가들에게 한인 학살을 공식적으로 사죄했다. 후세는 대구에서도《시대일보》기자와의 대담을 통해 관동대진재 당시의 한인 학살 문제에 대해 이렇게 말했다.26)

> 내가 조선 땅을 밟기는 이번이 두 번째인데 이번 온 중요한 용무는 궁삼면 사건의 조사와 해결 노력에 있습니다. (…) 조선 소감을 말하기 전에 우선 제일 조선 민족에게 말하지 아니치 못할 소감이 있습니다. 그것은, 즉 3년 전에 일어난 진재 변란 중에 생긴 소위 ○○○○○○ 문제의 사죄입니다. (…)나는 이

25) 『朝鮮旅行記』
26) 「一日本人으로서 全朝鮮兄弟에 謝罪 大邱에서 布施辰治氏談」,《時代日報》(1926. 3. 6.)

번 조선에 와서 친히 조선 문제에 헌신함에 있어 조선 전토에 독자를 갖고 있는 귀지를 통해 우선 제일로 한 사람의 일본인으로서 소위 ○○○○○○ 문제 사죄의 성의를 표명하는 바입니다. (…) 저 사건이 있은 이래 처음으로 조선에 온 나는 소위 ○○○○○○ 문제에 대한 사죄의 성의를 표명할 자책을 통절히 느끼는 바입니다.

후세에게 관동대진재 당시의 한인 학살 문제는 하나의 멍에였다. 기사에서 '○○○○○○'에 들어갈 말은 '조선인 대학살'이다. 일본인 후세에게 일본 당국과 자경단이 저지른 학살 사건에 어떻게 대응할지는 하나의 역사적 과제였다. 조선인에게 "사죄의 성의를 표명할 자책을 통절히 느낀다"는 발언에는 그의 진실함이 전달되었을 것이다. 조선인들은 관동대진대 당시의 한인 학살 문제에 대해 '사죄의 성의를 표명할 자책'을 말한 후세에 대한 무한한 신뢰감을 보냈다.

후세의 사례에서도 교훈을 얻을 수 있듯이, 한인 학살 문제에 대한 진실한 사죄와 자책이 한일 연대의 출발점이다. 후세의 사죄와 진상을 밝히려는 노력은 조선인에게도 그 진정성이 전해졌다. 한일 연대의 출발점과 가능성을 잘 보여주는 사례인 것이다. 1923년 9월 1일의 기억을 망각하지 않고 기억하는 자세가 연대의 시작이다. 학살의 실태와 기억을 사회화시키고 전승하는 일이 100년을 맞이하는 올바른 방향일 것이다.

5. 맺음말

관동대진재는 1923년 9월 1일 오전 11시 58분, 관동 지방 남부에서 발생했다. 그 규모는 M7.9, 진원은 사가미만相模灣 서북부(동경139.3도, 북위 35.2도)로 계측되었다. 지진은 오다하라小田原와 네부카와根府川 방면이 가장 격렬했지만, 도쿄와 요코하마橫浜에서는 지진에 의한 화재가 겹쳐 최대의 피해를 입었다. 도쿄는 3일 아침까지 지진으로 인해 발생한 화재가 계속되었다. 지진에 의한 피해는 사망자 99,331명, 부상자 103,733명, 행방 불명 43,746명, 가옥전파 128,266호, 가옥 반파 126,233호, 소실 가옥 447, 128호, 유실 가옥 868호이며 이재민은 약 340만에 달했다.27)

현재 일본에서는 9월 1일을 '방재防災의 날'로 지정해 이날이 가까워지면 언론계와 행정기관은 각 가정에 피난 용구, 긴급 식량의 준비와 점검을 홍보한다. 이날을 맞이해 일본은 재해에 어떻게 대응할 것인가에 대한 역사의 교훈으로 삼고 있다. 그러나 이날을 이런 자연재해의 공포를 상기하는 날로만 지낼 수 없다. 이날은 지진과 화재의 공포보다 더한 백주 대낮의 공공연한 살인으로 충격을 준 날이었다. 지진과 화재에 의한 극심한 혼란 속에서 한인이 폭동을 일으켰다는 유언비어가 어디에선가 흘러나와 계엄령이 발포되었으며 이후 조직적, 계획적인 한인 대량 학살이 자행된 인재人災의 날이었다.

2023년 9월 1일은 관동대진재가 발생한 지 100년이 되는 해다. 앞으로 3년 남았다. 일본 사회 일각에서는 한인 학살이 없었다고 강변하는 세력이 힘을 키워나가고 있다. 왜곡된 주장에 암묵적으로 동조하는 일반인도 늘어나고 있다. 결코 묵과할 수 없는 상황의 연속이다.

최근 강덕상 선생의 연구서『관동대지진』이 복간되었다. 일본 출판사가 절판 선언한 것을 신간사新幹社라는 재일조선인이 운영하는 출판사에서 복간했다. 일본 출판사에서 절판을 선언한 것은 단지 영업상의 어려움은 아니었을 것이다. 조선인 학살의 진상을 알리는 것에 소극적이라고, 아니 정확히 표현하면 알리고 싶지 않아서 절판했다고 판단한다.

관동대진재 한인 학살 100년을 맞이하여 많은 과제가 산적해 있다.

---

27) 『國史大辭典』第3卷, 吉川弘文館, 1982.

연구의 심화와 함께 다양한 활동이 요청된다. 지금 우리는 무엇을 해야 하는가? 한일 간의 역사 문제를 어떻게 청산할 수 있을까? 한인 학살이라는 야만의 역사를 어떻게 기억하고 후대에게 전승할 것인가?

오충공 감독은 "일본에 일본인들이 세운 조선인 학살 추도비와 재일조선인이 세운 추도비가 있지만, 정작 한국 정부가 세운 추도비는 하나 없다"며 "과거 조선인 학살의 진상 규명을 위해 한국인과 한국 정부의 관심과 도움이 필요하다"고 강조했다. 이는 한국 정부에서 그동안 진상을 규명하거나 일본 정부에 아무런 항의도 하지 않았다는 서운함의 표현일 것이다. 그동안 한인 학살 문제에 대해 외롭지만 꾸준하고 힘 있게 문제를 제기해 온 재일조선인과 양심적인 일본인의 운동을 거울삼아 새로운 전환이 필요하다. 여기에는 한국 그리고 더 나아가 북한도 연대하여 일본 정부에 학살의 진상 규명을 요구할 필요가 있을 것이다. 학살 당한 6천여 한인의 죽음을 그냥 묻어두는 것은 역사의 또 다른 범죄이기 때문이다. 남북한과 재일조선인 사회, 그리고 일본 시민 사회의 새로운 연대가 이루어지기를 바란다.

참고문헌

金秉稷編著, 『関東震災白色テロルの真相』 朝鮮民主文化団体総連盟, 1947

吉河光貞, 『関東大震災の治安回顧』 法務府特別審査局, 1949

斉藤秀夫, 「関東大震災と朝鮮人さわぎ」 『歴史評論』 99, 1958

姜徳相・琴秉洞編, 『現代史資料6 関東大震災と朝鮮人』 みすず書房, 1963

朝鮮大学校編・刊, 『関東大震災に於ける朝鮮人虐殺の真相と実態』 1963

姜徳相, 「大震災下の朝鮮人被害者数の調査」 『労働運動史研究』 37, 1963

姜徳相, 「関東大震災における朝鮮人虐殺の実態」 『歴史学研究』 278, 1963

姜徳相, 「つくりだされた流言」 『歴史評論』 157, 1963

松尾尊兌, 「関東大震災下の朝鮮人虐殺事件(上・下)」 『思想』 471, 1963, 476, 1964

越中谷利一, 「関東大震災の思い出」 『越中谷利一著作集』 東海繊維経済新聞社, 1971

日朝協会豊島支部編・刊, 『民族の棘 関東大震災と朝鮮人虐殺の記録』 1973

「特集 関東大震災50周」 『歴史評論』 281, 1973

姜徳相, 『関東大震災』 中公新書, 1975

関東大震災50周朝鮮人犠牲者追悼行事実行委員会編, 『歴史の真実-関東大震災と
　　朝鮮人虐殺』 現代史出版会, 1975

朴慶植編, 『在日朝鮮人関係資料集成 第1巻』 三一書房, 1975

大江志乃夫, 『戒厳令』 岩波新書, 1978

ねずまさし, 「横浜の虐殺慰霊碑」 『季刊三千里』 21, 1980 2月

姜徳相, 「関東大震災-もう一つの虐殺-習志野騎兵連隊における朝鮮人虐殺」 『季
　　刊三千里』 23, 1980

田原洋, 『関東大震災と王希天事件』 三一書房, 1982

千葉県における関東大震災と朝鮮人犠牲者追悼・調査実行委員会, 『いわれなく殺
　　された人々』 青木書店, 1983

平形千惠子・大竹米子, 「地域の掘り起こしと民衆の歴史意識」 『歴史地理教育』 356, 1983

9・1関東大震災虐殺事件を考える会, 『抗はぬ朝鮮人に打ち落とす鳶口の血に夕陽照りにき』 1983

「特集 関東大震災」『歴史地理教育』356, 1983

「特集 関東大震災の時代」『季刊 三千里』36, 1983

関東大震災60周朝鮮人犠牲者調査追悼事業実行委員会編, 『かくされていた歴史-
　　関東大震災と埼玉の朝鮮人虐殺事件-増補保存版』1987

裴昭, 『写真報告 関東大震災朝鮮人虐殺』影書房, 1988

琴秉洞編, 『関東大震災虐殺問題児童証言史料』緑陰書房, 1989

琴秉洞編, 『関東大震災虐殺問題関係史料 II 朝鮮人虐殺関連官庁史料』緑陰書房, 1991

仁木ふみ子, 『関東大震災 中国人大虐殺』岩波ブックレット, 1991

関東大震災時に虐殺された朝鮮人の遺骨を発掘し追悼する会, 『風よ 鳳仙花の歌
　　をはこべ』教育史料出版会, 1992

仁木ふみ子, 『震災下の中国人虐殺』青木書店, 1993

李七斗編, 『関東大震災横浜記録』在日大韓民国居留民団神奈川県本部, 1993

「特集 関東大震災」『歴史地理教育』506, 1993

「特集 関東大震災と朝鮮人虐殺事件」『歴史評論』521, 1993

関東大震災70周記念行事実行委員会編, 『この歴史永遠に忘れず-70周記念集会の
　　記録』日本経済評論社, 1994

猪上輝雄, 『関東大震災 藤岡での朝鮮人虐殺事件』自費出版, 1995

琴秉洞編, 『関東大震災朝鮮人虐殺問題関連史料 朝鮮人虐殺に関する植民地朝鮮
　　の反応』緑陰書房, 1996

松尾章一監修, 田中正敬・逢坂英明編, 『関東大震災 政府陸海軍関係史料III巻』
　　日本経済評論社, 1997

平形千惠子・大竹米子編, 「I巻 戒厳令関係史料」

田崎公司・坂本昇編, 「II巻 陸軍関係史料」

仲間恵子, 「萱原白洞「関東大震災絵巻」に描かれた朝鮮人虐殺-震災下の民衆意識を探
　　る」『大阪人権博物館紀要』1997

伊藤泉美, 「関東大震災と横浜華僑社会」『横浜開港資料館紀要』15, 1997

『江戸東京博物館調査報告書・第10集 関東大震災と安政江戸地震』2000

廣井脩, 『流言とデマの社会学』文春新書, 2001

上山和雄編, 『帝都と軍隊-地域と民衆の視点から』日本経済評論社, 2002

山岸秀, 『関東大震災と朝鮮人虐殺』早稲田出版, 2002

姜徳相, 『新版 関東大震災-虐殺の記憶』青丘文化社, 2003

田中正敬, 「関東大震災はいかに伝えられたか」『歴史地理教育』2003

松尾章一, 『関東大震災と戒厳令』吉川弘文館, 2003

松尾尊, 「関東大震災と救護警戒活動 東京憲兵隊(推定)」『論座』2003

山田昭次, 『関東大震災時の朝鮮人虐殺-その国家責任と民衆責任』創史社, 2003

山田昭次編, 『関東大震災朝鮮人虐殺問題関係史料V 朝鮮人虐殺関連新聞報道史料』
　　　全5巻(1~4, 別巻), 2004

関東大震災80周記念行事実行委員会編, 『世界史としての関東大震災-アジア・国家・民衆』
　　　日本経済評論社, 2004

倉持順一, 「相愛会の活動と在日朝鮮人管理-関東大震災後の「内戦融和」・社会事業と
　　　関連して」『法政大学大学院紀要』53, 2004

田中正敬, 「関東大震災と朝鮮人の反応-その意識を考察する手がかりとして」『人文科
　　　学報〈専修大学〉』35, 2005

丸本健次, 「関東大震災に対する植民地朝鮮での反応」『アジア民衆史研究』10, 2005

宮本正明, 「関東大震災に対する植民地朝鮮での反応」『アリラン通信』36, 2006

今井清一, 『横浜の関東大震災』雄隣堂, 2007

ノ・ジュウン, 「関東大震災朝鮮人虐殺と日本の在日朝鮮人政策-日本政府と朝鮮総督府
　　　の「震災処理」過程を中心に」『在日朝鮮人史研究』37, 2007

今井清一監修, 仁木ふみ子編, 『史料集 関東大震災下の中国人虐殺事件』明石書
　　　店, 2008

関東大震災85周シンポジウム実行委員会, 『震災・戒厳令・虐殺-関東大震災85周朝
　　　鮮人犠牲者追悼シンポジウム』三一書房, 2008

藤井忠俊, 『在郷軍人会-良兵良民から赤紙・玉砕へ』岩波書店, 2009

前沢哲也, 『帝国陸軍高崎連隊の近代史〈上巻〉明治大正編』雄山閣, 2009

在日韓人歴史資料館, 『第7回企画展「関東大震災時の朝鮮人虐殺と国家・民衆」資料と
　　　解説』2010

山田昭次, 『関東大震災時の朝鮮人虐殺とその後-虐殺の国家責任と民衆責任』創史社, 2011

鄭栄桓, 「在日朝鮮人の形成と「関東大虐殺」」趙景達編『植民地朝鮮』東京堂書店, 2011

田中正敬・専修大学関東大震災史研究会編, 『地域に学ぶ関東大震災』 日本経済評論社, 2012

宮地忠彦, 『震災と治安秩序構想-大正デモクラシー期の「善導」主義をめぐって』 クレイン, 2012

藤野裕子, 「関東大震災時の朝鮮人虐殺と向き合う」 歴史学研究会編 『震災・核災害の時代と歴史学』 青木書店, 2012

藤野裕子, 「刑事裁判記録マイクロフィルムの公開について-東京弁護士会・第二東京弁護士会合同図書館所蔵」 『歴史評論』 750, 2012

高野宏康, 「関東大震災の記憶の継承と歴史教育」 『歴史地理教育』 805, 2013

「特集 関東大震災時の朝鮮人虐殺」 『歴史地理教育』 809, 2013

강경자, 「관동대지진 조선인 학살 전후 '불령선인'을 둘러싼 언설과 시책」 『日本文化學報』 86, 2020

강덕상, 「1923년 관동대지진(大震災) 대학살의 진상」 『역사비평』 45, 1998

강덕상, 「관동대지진 조선인 학살을 보는 새로운 시각-일본측의 '3대 테레사건' 사관의 오류」 『역사비평』 47, 1999

강덕상, 야마다 쇼지 장세윤 서종진 외 지음 『관동대지진과 조선인 학살』 동북아역사재단, 2013

강효숙, 「관동대지진 당시 조선인 학살의 의미-민족, 제노사이드」 『전북사학』 52, 2018

김도형, 「관동대지진 한국인 피살자 명부 자료의 분석」 『北岳史論』 12, 2020

김인덕, 「1923년 관동대지진 조선인학살 사건이 재일한인 사회에 주는 현재적 의미-민단과 총련의 주요 역사교재와 『민단신문』의 기사를 중심으로」 『韓日民族問題研究』 33, 2017

김인덕, 「관동대지진 조선인학살과 일본 내 운동세력의 동향-1920년대 재일조선인 운동세력과 일본 사회운동세력을 중심으로」 『東北亞歷史論叢』 49, 2015

김지연, 「다케히사 유메지와 관동대지진 그리고 조선-회화와 사상성」 『아시아문화연구』 21, 2011

노주은, 「관동대지진 조선인학살 연구의 성과와 과제: 관동대지진 85주년에

즈음하여」『學林』29, 2008

노주은, 「關東大地震과 朝鮮總督府의 在日朝鮮人 政策 - 總督府의 '震災處理' 過程을 中心으로」『韓日民族問題研究』12, 2007

다나카 마사타카, 「일본 내 관동대지진 때의 학살사건 진상 규명 운동의 현황」 『韓日民族問題研究』33, 2017

배영미, 「1920년대 두 번의 조선인학살-'나카츠카와 사건, 기모토 사건'-의 실태와 관동대지진 때 학살과의 비교 분석」『韓日關係史研究』67, 2020

서종진, 「일본 중학교 역사교과서의 식민지기 한국관련 기술 분석-3·1운동과 관동대지진관련 기술을 중심으로」『역사교육논집』47, 2011

성주현, 「식민지 조선에서 관동대지진의 기억과 전승」『東北亞歷史論叢』48, 2015

성주현, 『관동대지진과 식민지 조선』선인, 2020

이진희, 「관동대지진을 추도함 - 일본 제국의 '불령선인'(不逞鮮人)과 추도의 정치학」『아세아연구』131, 2008

장세윤, 「관동대지진 때 한인 학살에 대한『독립신문』의 보도와 그 영향」『사림』46, 2003

조경희, 「관동대지진 전후 제국일본의 조선인 대책과 사회사업 사상-'내선융화' 사업을 중심으로」『大丘史學』128, 2017

홍선표, 「관동대지진 때 한인 학살에 대한 歐美 한인세력의 대응」『동북아역사논총』43, 2014

난징대학살 심판과 아시아 부재론

-은폐와 부정-*

유지아

원광대학교 동북아시아인문사회연구소 HK교수

1. 머리말

난징사건은 1937년 12월 13일 일본군이 당시 중국 국민당정부의 수도였던 난징시를 점령하여 중국군과 민에 가한 살육, 약탈, 강간, 방화 등 불법 행위와 비인도적인 행위로 인해 발생하였다. 살해된 인원에 대해서 다수의 일본 학자들은 20만 명 전후라고 추정하고 있으나, 중국의 공식적인 견해는 30만 명 정도라고 주장하고 있어 '난징대학살'이라는 표현이 적절하다. 당시 난징대학살에 대한 사실이 서구에서는 보도되었으나, 일본 정부의 은폐로 인해 일본 내에는 알려지지 않았다. 따라서 일본군이 난징을 점령한 당시에 행했던 학살, 약탈, 방화, 강간 등의 잔학 행위에 대한 사실이 도쿄재판에서 밝혀졌다.

난징대학살에 대한 연구는 살해 인원이나 '편의병便衣兵(평상복으로 갈아입은 병사)' 논란 등 구체적인 사실에 대한 중일 양국의 견해가 다르지만, 현재 일본 자료, 유럽 및 미국인이 작성한 자료, 중국 자료

---

* 이 글은 〈유지아, 「전후 전범재판에서의 난징대학살 심판: 아시아 부재론을 중심으로」, 『한일관계사연구』 제71호, 한일관계사학회, 2021〉에 수록된 내용을 보완한 것임.

등을 검토하여 역사적 사실을 인정하는 단계에 와 있다. 일본 외무성의 홈페이지에도 "일본 정부로서는 일본군의 난징 입성(1937)후, 비전투원의 살해나 약탈 행위 등이 있었다는 것은 부정할 수 없다고 생각한다"고 밝히고 있다.[1] 그러나 여전히 일본 내에서는 난징대학살의 사실 여부에 대한 논쟁이 끊이지 않고 있다.

난징대학살에 대한 전쟁범죄 재판이 개최된 것은 난징군사법정南京軍事法廷과 극동국제군사재판極東國際軍事裁判(이후, 도쿄재판이라 칭함)이다. 그러나 이러한 재판을 통해서도 일본 국민은 최종 판결만을 알게되고 난징대학살에 대한 전체적인 진상을 인식하지 못했다. 그 이유는 난징군사법정에서의 재판은 난징대학살보다는 「百人斬り競爭(100명 죽이기 시합)」[2] 등이 이슈가 되었고, 도쿄재판에서는 검찰 측 증언, 특히 중국인 피해자의 증언 내용 등에 대해 알려지지 않았을 뿐만 아니라, 남경대학살은 과장되었다는 변호인 측의 일본인 증언만 보도되었기 때문이다.[3] 그리고 재판 결과, 난징군사법정에서는 난징대학살의 전쟁범죄로 처형된 B급 전범 타니 히사오谷壽夫(제6사단장)와 직접적인 난징대학살은 아니지만 대량 학살이라는 전쟁범죄로 처형된 C급 전범 다나카 군키치田中軍吉(제6사단보병 제45연대중대장), 무카이 도시아키向井敏明, 노다 쓰요시野田毅 뿐이다. 또한 도쿄재판에서는 난징대학살에 대해 '인도에 반하는 죄'로 마쓰이 이와네松井石根와 히로타 코키広田弘毅를 기소하였으나, 직접적인 지휘나 명령이 아닌 '부작위의 책

---

1) 일본외무성 홈페이지 '아시아역사문제 Q&A' [https://www.mofa.go.jp/mofaj/area/taisen/qa/]

2) "「百人斬り」大勝戰"《東京日々新聞》(현재 《每日新聞》)1937. 12. 5., "百人斬り「超記録」"1937. 12. 12. 에 실린 기사 내용으로 인해 이슈가 된 무카이 도시아키向井敏明)와 노다 쓰요시野田毅 소위의 재판.

3) 笠原十九司, 「日本における南京事件論爭の歷史」(記錄集編集委員會, 『南京事件70周年国際シンポジウムの記録-過去と向き合い, 東アジアの和解と平和を-』), 日本評論社, 2009, 321.

임'이 있다고 판단하여 처형되었을 뿐이다. 결국 일본 국민은 난징대학살의 전체상을 인식하지 못한 상황에서 "난징대학살은 승자의 재판이었던 도쿄재판에서 일본을 악인으로 만들기 위해 만들어 냈다"는 역사수정주의자의 언설이 현재까지도 일본 사회에 영향을 미치고 있다.4)

이에 이 글에서는 전범재판에서 이루어진 난징대학살에 대한 내용을 고찰하고자 한다. 특히, 샌프란시스코강화조약에서도 인정한 도쿄재판의 판결에도 불구하고 도쿄재판을 '승자의 재판'이라고 부정하는 일본부정론자들의 논리를 이용하여, 전범재판에서 심판한 난징대학살 재판이야말로 식민지 지배에 대한 인식 부재와 특권층의 전쟁범죄 면책으로 이어지는 '승자의 재판'이었음을 추적하고자 한다. 그리고 아시아·태평양전쟁 전범재판은 전시 일본군의 범죄 행위를 밝혔다는 점에서는 의의가 있지만, 식민지 지배 하에서의 잔학 행위 등에 대해서는 책임을 추궁하지 않았다는 관점에서 난징대학살을 재조명하고자 한다. 식민지의 강제 연행과 일본군 위안부 문제를 비롯하여, 중국 각지에서 731부대에 의한 인체 실험과 세균전, 독가스전, 삼광작전 등은 분명히 당시의 국제법과 국제 인도법을 위반하는 행위였음에도 불구하고 그 책임을 추궁하지 않았다.5) 이와 같이 도쿄재판의 한계를 지적한 연구에 기반하여 전범재판에서의 아시아 부재에 대해 논하고자 한다.

난징대학살에 대한 선행연구는 여전히 인정론자와 부정론자의 논쟁으로 이어지고 있다. 그 가운데 대표적인 부정론자로는 다나카 마사아키田中正明, 히가시나카노 슈도東中野修道 등이 있다.6) 이들의 기본적인

---

4) 笠原十九司, 「南京大虐殺と日本政治における否定の構造」(記録集編集委員会, 『南京事件70周年国際シンポジウムの記録-過去と向き合い、東アジアの和解と平和を-』), 330.
5) 山田朗編, 藏滿茂明·本庄十喜著, 『歴史認識問題の原点·東京裁判』, 学習の友社, 2008, 55; 田中利幸編, 『再論東京裁判-何を裁き、何を裁かなかったのか-』, 大月書店, 2013, 38.
6) 田中正明, 『"南京虐殺"の虚構』, 日本教文社, 1984, 『南京事件の総括-虐殺否定十五の論拠』, 謙光社, 1987; 東中野修道, 『「南京虐殺」の徹底検証』, 展転社, 1998.

논리는 다음과 같다. 난징 함락 당시 난징의 시민 대다수가 피난을 가면서 인구는 20만, 많아야 25만 명이었으므로, 중국 측이 고집하는 수치의 대학살은 원천적으로 일어날 수 없었다는 것이다. 또한 많은 수의 중국군이 사망하긴 했으나 대부분 전사한 것이며 그 외의 경우도 군복을 벗어던지고 '변의병'으로 탈바꿈하여 적대 행위를 지속한 비합법적 전투요원을 소탕한 것, 도시의 초토화는 일본군을 저지하려 했던 중국군에 물어야 한다는 것이다. 반면, 긍정론자로는 호라 도미오洞富雄, 후지와라 아키라藤原彰 등의 대를 잇고 있는 가사하라 도쿠시笠原十九司가 대표적이다.[7]

이 글은 전범재판에서 난징대학살이 어떻게 논의되고 심판되었는가를 고찰하는 데 목적이 있기 때문에 난징대학살의 부정론과 긍정론보다는 전범재판에서 전개된 난징사건 재판에 대해 중일 자료는 물론 극동국제군사재판 국제검찰국IPS의 심문 자료를 분석하여 역사적 의의를 고찰하고자 한다. 이러한 연구는 도타니 유마戸谷由麻가 대표적이며[8], 도쿄재판에서 '아시아 부재론'의 대표적인 논자인 오누마 야스아키大沼保昭와 우쓰미 아이코內海愛子의 연구도 같은 맥락에서 살펴볼 수 있다.[9] 이와 같은 연구 성과를 기반으로 본고에서는 아시아·태평양전쟁 전범재판에서 왜 제노사이드가 정식으로 심판받지 않았으며, 현재까지도 제노사이드라는 인식이 부족한지에 대해 규명하고자 한다. 논거를 위해 먼저 난징군사재판에서 난징대학살에 대한 재판이 어떻게

---

7) 洞富雄, 『決定版　南京大虐殺』, 德間書店, 1982; 藤原彰, 『南京の日本軍』, 大月書店, 1997; 笠原十九司, 『南京事件』, 岩波新書, 1997.

8) 戸谷由麻, 「東京裁判における戦争犯罪訴追と判決」(笠原十九司·吉田裕, 『現代歷史学と南京事件』), 柏書房, 2006; 戸谷由麻, 『東京裁判-第二次大戦後の法と正義の追求-』, みすず書房, 2008.

9) 大沼保昭, 『東京裁判, 戦争責任, 戦後責任』, 東信堂, 2007; 內海愛子, 『朝鮮人BC級戦犯の記録』, 岩波書店, 2015.

진행되었는지 고찰할 것이다. 그리고 도쿄재판에서 난징대학살을 심판한 소인訴因에 대해 다루고자 한다. 55개의 소인 가운데 난징대학살과 관련한 소인이 어떠한 위치에 있는지 살펴보고, 그 소인이 재판에서 어떻게 적용되며 어떠한 판결이 내려지는지 분석할 것이다. 분석을 위해서는 난징대학살과 관련하여 교수형에 처한 마쓰이 이와네와 히로타 코키의 심리 과정을 살펴볼 것이다. 다음으로 난징대학살 재판이 제노사이드로 다루어져야 함에도 불구하고 난징사건으로 기록된 원인에 대해 도쿄재판이 가지고 있는 한계, 즉 '아시아 부재론'의 입장에서 논하고자 한다.

2. 난징대학살에 대한 전범재판의 시작
   : 난징군사법정

연합국이 일본의 전쟁 책임 처벌을 처음으로 공식 선언한 것은 모스크바 선언 직후인 1943년 11월에 발표한 카이로 선언이었다. 모스크바 선언은 제2차 세계 대전이 한창 진행되고 있던 1943년 10월, 전후 처리에 관한 주요 문제를 조정하기 위하여 모스크바에서 개최한 미국·영국·소련 3국의 외무 장관 회담에서 발표한 선언이다. 그리고 3국의 수뇌는 11월 1일에 '독일의 잔학 행위에 관한 선언'을 발표했다. 이 선언은 범죄가 특정한 지리적 제한을 갖지 않는 '주요 범죄인' 이른바 '독일의 전쟁지도자'에 대해서는 연합국 정부의 공동결의에 의해 처벌한다는 것을 처음으로 규정한 것이다. 이후 모스크바 선언은 일본에도 적용되었다. 그리고 1943년 10월 런던에서 17개국 대표가 참가하여 연합국전쟁범죄위원회The United Nations War Crimes Commission(이하 UNWCC)를 설치하고 1944년 1월부터 정식으로 발족하여 활동을 개시했다.10)

한편, 기존의 행정·군정기관에 의해 자체적으로 전쟁 범죄 조사를 진행하고 있던 중국은 1944년 2월 23일에 사법행정부, 군정부, 외교부 등 관계기관 대표들로 구성된 적인죄행조사위원회敵人罪行調查委員會를 충칭重慶에 설치하고, 일본군의 전시국제법 위반과 중국 및 중국 국민에게 범한 전쟁 범죄를 조사하기 시작했다. 이 위원회는 전쟁 범죄에 관한 조사나 고발 등에 근거가 될 자료를 집약하고, 전범명부 작성을 추진했다. 그리고 같은 해 5월 15일에 UNWCC에 제안하여 충칭에 극동·태평양소위원회를 설치하여 미국, 영국, 중국을 포함한 10개국 대표가 참가하여 조직적인 활동을 개시했다. 그들의 주요 업무는 증거자료의 수집, 법률 문제의 검토 등이었으며, 같은 해 7월부터는 전쟁 범죄인의 구체적인 명부도 작성했다.[11] 이로써 1944년 중반부터 연합국과 중국에서 일본의 전쟁 범죄 조사 및 전범 명부 작성 작업이 본격화되었다.

그러나 이 단계에서는 침략 전쟁을 개시·수행한 형사 책임을 개인에 대해 추궁해야 하는가라는 점에 대해 연합국 차원에서 합의를 하지 못했다. 연합국이 독일과 일본의 주요 범죄를 국제재판에서 「평화에 반하는 죄」와 「인도에 반하는 죄」로 심판하는 방침을 확정한 것은 1945년 6월에서 8월 사이에 개최된 런던회의(미·영·불·소 4개국)에서였다. 이러한 방침에 따라 중국 국민정부는 1945년 12월 6일에 군령부, 사법행정부, 연합국 전쟁 범죄 심사위원으로 구성된 전범 처리 위원회를 설립하였다. 이 위원회는 주로 전범에 대한 체포, 조사 등의 명령을 발포하고 전범명부를 제출하며 심판의 집행 상황을 심사하는 역할을 했다.[12] 또한 1946년 2월부터는 국내외 법률전문가를 초빙하여 심리

---

10) 粟谷憲太郎, 『東京裁判への道(上)』, 講談社, 2013, 18-19.

11) 伊香俊哉, 「中国国民政府の日本戦犯処理方針の展開(上)」(『季刊戦争責任研究』 32), 日本の戦争責任資料センター, 2001, 53.

12) 笠原十九司, 「中国側から見た日本軍の戦争犯罪」(『季刊戦争責任研究』55), 日本の

방법과 판결 기준 등을 심의하여 '전쟁범죄처리변법戰爭犯罪處理辨法' 등
관련 3법을 규정하고, 4월에는 베이징에서의 전범재판을 시작으로 난징
과 상하이 등 다음 〈표 1〉에 나타난 10개 지역에서 전범재판이 열렸다.

〈표 1〉 중국에서의 전범재판

재판지역	건수	피기소수	사형	무·유기형	무죄	기타	재판기간
北京	89	115	31	44	36	4	46.4.16.-48.3.22.
廣東	93	170	48	65	58	1	46.6.7.-47.12.20.
臺北	12	16	1	15	0	0	46.10.-47.12.23.
南京	**28**	**33**	**8**	**18**	**7**	**0**	**46.5.30.-48.4.19.**
漢口	79	162	7	42	102	11	46.6.26.-48.1.29.
徐州	13	35	8	15	3	9	46.6.15.-47.4.30.
齊南	21	24	9	9	6	0	46.8.25.-47.10.1.
太原	11	11	2	4	5	0	46.12.12.-48.3.24.
上海	144	181	13	109	56	3	46.5.15.-49.1.26.
瀋陽	115	136	22	34	79	1	46.7.20.-48.3.12.
합계	605	883	149	355	350	29	

* 출처: 豊田隈雄, 『戰爭裁判余録』, 泰生社, 昭和61年8月, 371.

위의 〈표 1〉에 의하면 중국에서 개정한 전범재판에서 재판을 받은
사람은 883명이고, 그 가운데 유죄 판결을 받은 사람은 504명이다. 중국
은 1946년 4월부터 도쿄재판 시작 직전까지 미국과 합동으로 전쟁범죄
증거 조사를 실시했다. 그러나 항일 근거지에서 일본군이 범한 전쟁범
죄, 즉 '삼광적전燼滅作戰', 강제 연행·강제 노동, 독가스전·세균전 등과
같은 전쟁범죄에 대해서는 국공내전의 영향으로 조사가 미비하여 재판
을 할 수 없었다. 결국, 국민정부는 1946년 10월 25일에 국방부, 사법행
정부, 외교부, 행정원 비서처, 극동 및 태평양분회 등의 대표자를 모아
회의를 개최하여 '전범처리 정책'에 대해 다음과 같이 결정했다.

戰爭責任資料センター, 2007, 50.

(1) 일본의 일반 전범처리에 대해서는 관대·신속을 주안으로 하여,

① 구류중인 전범은 올해 말까지 중대한 범죄 증거를 얻을 수 없는 경우에는 불기소처분하여 석방·귀국시킨다.

② 판결에 의한 형을 받은 전범은 일본내지로 옮겨 형을 집행한다.

③ 그 외 전범재판 자료의 편역·심사업무는 1947년 6월 말에 종결한다.

(2) 극동 및 태평양분회에서 심사를 통과한 자는 즉각 체포하고, 일본으로 귀국한 후에 증거에 의해 확정한 전범에 대해서는 GHQ에 신병을 인도한다.

(3) 난징 외 각지의 대학살사건 관계의 주요 전범은 엄중하게 처벌한다.

(4) 우리나라에 관계한 자라도 도쿄재판 전범이 되어있는 경우는 당분간 인도를 요구하지 않는다.

(5) 이번 항복 수락에 대해서 일본군의 명령 집행을 담당한 직원으로 전범이 된 자의 처리는 도쿄전쟁 범죄 재판이 일단락한 후에 다시 결정한다.

(6) 범죄 증거가 없는 전범 용의자는 신속하게 귀국시킨다.[13]

　　이와 같이 1946년 10월 시점에서 중국은 장개석이 표명한 관대정책에 따라 전범재판의 조기종결 방침을 결정한 것이다. 이는 같은 해 7월부터 국공 양당이 본격적인 내전으로 돌입한 상황이 가장 큰 영향을 미쳤을 것이다. 결국 국공내전의 격화로 국민정부는 군사재판을 더 이상 수행할 수가 없어 졸속한 심리와 판결을 내릴 수밖에 없었던 것이다. 그 대표적인 사례가 남경대학살에 대한 전범재판이었다. 난징대학살은 1937년 7월에 노구교蘆溝橋에서 중일전면전쟁이 발발한 후, 전투가 화북華北에서 상하이전으로 번져 격전을 벌인 끝에 승리한 일본이 중국군을 추격하여 수도인 난징을 공격해 들어갔을 때 일어난 사건이다. 현재까지도 사건의 규모, 조직적 학살 여부, 전시 국제법 위반 여부, 희생자 수 등을 둘러싼 논쟁이 계속되고 있지만, 6주간에 걸친 중국 관민에 대한 대학살이었다는 사실에 대해서는 일반적으로 인정하고 있다. 난징대학살에 대해 일본 국민이 인지하게 된 것은 아시아·

13) 伊香俊哉, 「中国国民政府の日本戦犯処理方針の展開 (下)」, (『季刊戦争責任研究』 33), 日本の戦争責任資料センター, 2001, 72-73.

태평양전쟁에서 일본이 패전한 후 열린 도쿄재판과 난징군사법정에서 였다.

중국은 전쟁이 끝난 1945년 11월, 난징에 남경시적인죄행조사위원회南京市敵人罪行調査委員會를 설치하고 난징사건 기간에 일본군의 죄행을 조사하여 「남경대도살안南京大屠殺案」이라는 전문 조사 항목을 작성했다.[14] 또한 1946년 6월 23일에는 난징시 임시 참의회에 난징대학살사건적인죄행조사위원회가 설치되어 살해당한 인명과 연령, 장소, 살해 방법 등에 대해 구체적으로 조사가 이루어졌다.[15]

전후 직후에는 〈표 1〉에 나타난 10개 지역 가운데 난징법정만이 국방부의 직할로 재판이 진행되고, 다른 지역의 재판은 각 지역의 관할 하에 이루어졌다. 난징전범재판군사법정은 1946년 2월 15일에 '중국육군총사령부재판군사법정'이라는 이름으로 개정하였으나, 같은 해 7월에 '국방부전범재판군사법정'이라고 개칭하여 진행되었다. 먼저 전범처리위원회는 1946년에 난징대학살 관련 전범자 83명의 명부를 공개했는데, 그 가운데 피고의 성명, 계급, 소속 조직이 확실한 전범은 59명이었고, 이 가운데 사단장 이상의 전범은 12명, 하급부대의 지휘관은 47명이었다. 1946년 6월 23일, 중국은 전범자의 체포를 위해 연합군 총사령부에 아사카노미야 야스히코오朝香宮鳩彦王(상하이파견군사령관), 마쓰이 이와네松井石根(중지나방면군사령관), 타니 히사오谷寿夫(제6사단장), 나카지마 게사고中島今朝吾(제16사단장) 등의 전범자 인도를 요청했다.

그러나 연합군 총사령부는 아사카노미야는 황족이기 때문에 불가하다는 입장을 취하는 한편, 마쓰이는 A급 전범자 지명, 나카지마는

---

14) 笠原十九司, 『「百人斬り競争」と南京事件-史実の解明から歴史対話へ』, 大月書店, 2008, 227.
15) 張憲文編, 『南京大虐殺史料集 19-21, 日軍罪行調査委員會調査統計, 上·中·下』, 江蘇人民出版社, 2006.

사망 등의 이유로 다수의 전범자 인도를 거부하였다. 결국, B급 전범 다니 히사오, C급 전범 다나카 군키치, 무카이 도시아키, 노다 쓰요시 등 소수만이 인도되어 재판을 받았다.16) 여기에서 무카이와 노다 소위는 난징대학살 관계보다는 〈그림 1〉에서와 같이 1937년 12월 5일과 12일에 《東京日々新聞》에 게재된 「百人斬り競争(100명 죽이기 시합)」으로 인해 국민정부의 군부나 관료에게 널리 인식되어 있었기 때문에 전범으로 지명되었다.

〈그림 1〉《東京日々新聞》(현재 《毎日新聞》) 1937.12.5.
"「百人斬り」大勝戰", 1937.12.12. "百人斬り「超記錄」"이라는 제목으로 실림.

난징군사법정은 재판장 스메이위石美瑜와 5명의 심판관, 2명의 검찰관으로 구성되어 1946년 7월 3일에 개정했다. 그러나 중국 공산당이 세력을 장악하게 되면서 심양을 제외한 전범재판은 상하이로 이관되어 난징군사법정도 서둘러 종결되었다.17) 그 결과, 난징군사법정에서

---

16) 笠原十九司, 『「百人斬り競争」と南京事件-史実の解明から歴史対話へ』, 228-229.
17) 豊田隈雄, 『戦争裁判余録』, 泰生社, 昭和61年8月, 374.

난징대학살에 대한 전쟁범죄로 심판을 받은 사람은 당시 제6사단장이었던 타니 히사오 뿐이었다. 타니는 변호장에 학살은 나카지마 부대(제16사단)가 일으킨 것으로 자신과 6사단은 관계가 없다고 썼다.[18] 그러나 판결문에서는 다음과 같이 공동 책임을 묻고 있다.

> 범죄 행위를 공동으로 실행한 자는 공동 의지의 범위 내에서 각자가 범죄 행위의 일부를 분담하고 서로 남의 행위를 이용함으로써 그 범죄 목적을 달성하고자 하였기 때문에 발생한 모든 결과에 대해서 공동으로 책임을 저야한다. 피고는 난징을 공동으로 공격한 고급 장교였다. 난징 함락 후 나카지마中島·우지마ᅥ島·스에마쓰末松 등의 부대와 합류하여 각 지구로 나뉘어 침입, 대학살 및 강간 약탈, 방화 등의 폭행을 자행하였고, 붙잡힌 중국 군·민간인 중에서 살해된 자 30만 여명에 달한다.[19]

이어 판결 주문에서는 "타니 히사오는 작전 기간 중 병사들과 함께 원하는 대로 포로 및 비전투원을 학살하고 강간, 약탈, 재산 파괴를 자행하여 사형에 처한다"고 판결하였다. 판결을 받은 타니 제6사단장은 1947년 4월 26일에 총살되었으며, '100명 죽이기 시합'을 벌인 노다 소위와 무카이 소위, 비전투원 300명의 목을 베어 살해한 다나카 대위 등 C급 전범 3명은 1947년 12월 18일에 판결이 내려져 총살되었다. 이와 같이 난징군사법정은 난징사건과 관련하여 4명을 유죄로 판결하여 사형에 처하고 막을 내렸다. 중국이 주도면밀하게 전쟁범죄로서 난징대학살에 대해 조사를 실시하여 자료를 축적한 것에 비하면 허무할 정도로 미비한 결과라 할 수 있다. 이러한 결과를 초래한 원인은 첫째, 장개석을 주석으로 한 국민정부가 공산당과의 내전이 격화되면서 전범재판에 전력을 다할 여유가 없었던 것을 들 수 있다. 둘째는 국민정

---

18) 井上久士訳, 「国防部戦犯裁判軍事法廷の戦犯谷壽夫に対する判決書」, 『南京事件資料集, 2.中国関係資料編』) 1947年3月10日, 297-306.
19) 井上久士訳, 「国防部戦犯裁判軍事法廷の戦犯谷壽夫に対する判決書」, 297-306.

부가 전쟁 재해에서 부흥에 초점을 맞추어 항복 후 일본군과 일본 국민에 대해 '덕으로 원한을 갚는다', '인애관대仁愛寬大' 등 관대 정책을 표명하면서 조기종결 방침을 결정한 것이다. 마지막으로 난징대학살이 도쿄재판에서 심판을 받게 되자 중국 정부는 증거 제출, 증언자 선정 등 전면적인 협력을 하면 난징대학살에 대한 심판을 할 수 있을 것이라는 안이한 생각을 했기 때문이다. 이러한 중국의 기대와는 달리 도쿄재판에서도 난징대학살이 철저하게 심판받는 데는 여러 가지 제약이 있었다.

3. 난징대학살에 대한 전범재판의 종결: 도쿄재판

1) 도쿄재판에서 A급 전범자 소인

미국은 아시아·태평양전쟁이 끝나기 1년 전부터 국무부·육군부·해군부로 구성된 3부 조정위원회SWNCC를 설립하여 전후 일본에 대한 점령정책을 준비했다. 그 내용 중 하나가 전쟁 범죄자 처벌이었다. 미국의 기본 방침은 포츠담 선언에서 제시된 포로 학대를 포함한 통상적 전쟁 범죄와 함께 새로운 개념인 '평화에 반하는 죄'에 따라 전범 용의자를 체포한다는 것이었다. '평화에 반하는 죄'는 1945년 8월 8일에 개최된 런던 회의에서 규정되어 국제군사재판소헌장에 명기된 개념이다. 일본이 패전하자, 연합국총사령부GHQ는 9월 11일에 진주만 공습을 명령한 도조 히데키東条英機에 대한 체포 명령을 내림과 동시에 43명의 전범 용의자에게 구속 출두를 명령했다. 이른바 '제1차 전범 지명'이다. 그리고 같은 해 11월 19일의 '제2차 전범 지명'에 근거하여 11명에게 체포 명령이 내려지고, 이어 12월 2일의 '제3차 전범 지명'에 의해 59명이 체포된다. '제3차 전범 지명'은 정재계에서 황족에까지 체포 명령을 내린 것이 특징이며, 12월 6일에 추가로 9명의 전범 용의자에게 체포 명령을 내리면서 '제4차 전범 지명'이 이루어졌다. 이렇게 전범으로 지명되어 스가모 형무소에 체포·구금된 주요 전쟁 범죄 용의자는 계산 방법에 따라 약간의 차이가 있지만, 육·해군의 군인·정치인·관료·사업가·우익 등 100여 명에 이른다.[20]

전범 지명이 끝나고 12월 8일에 도쿄재판의 준비 및 기소를 목적으로 국제검찰국IPS이 설치되었다. 전범을 재판하기 위한 국제검찰청이 기이하게도 '진주만 공습'과 같은 날에 설치된 것은 맥아더의 의도가 담겨 있다고 추측하는 사람도 있다. 1946년 1월 19일 '극동국제군사재판소의 설립에 관한 연합국 최고사령관의 특별포고(이하, 특별포고)'와 '극동국제군사재판소조례(총17조, 이하 재판소조례)'에 의해 재판소가 설치되었다. 특별포고는 재판소 설치의 법적 근거를 서술한 것으로 연합국이 일본의 지도자를 심판할 수 있는 이유를 다음과 같이 6가지로 설명하고 있다.

추축국가의 불법적인 침략전쟁에 저항한 합중국과 연합국들은, 전쟁범죄인은 재판에 부쳐야 한다는 의미의 선언을 수차례 해왔기 때문에;

일본과 전쟁상태에 있는 연합국 정부는 1945년 7월 26일 포츠담에서 항복조건의 하나로 우리 포로에 대해 잔학 행위를 행한 자를 포함한 모든 전쟁범죄에 대해 준엄한 재판이 이루어져야 한다고 선언했기 때문에;

1945년 9월 2일 일본 도쿄만에서 조인한 일본의 항복문서에 근거하여 천황 및 일본 정부의 명령에 의해 또는 그것을 대표하여 행동한 일본의 조인자는 포츠담에서 위의 선언에 규정된 조건을 수락했기 때문에;

위 항복 문서에 의해 일본 국가를 통치하는 천황 및 일본 정부의 권한은 항복조건 수행을 위해 적당하다고 인정되는 수단을 취할 권한을 부여할 수 있는 연합국최고사령관의 권력 하에 놓이게 되었기 때문에;

아래 서명자는 연합국에 의해 연합국 최고사령관으로 지명되어 일본 군대의

---

20) 粟屋憲太郎, 『東京裁判論』, 大月書店, 1989, 81.

모든 항복을 이행해야 하기 때문에;

　합중국, 대영제국 및 소련연방은 1945년 12월 26일 모스크바회의에서 일본에 의한 항복조건을 이행함에 숙고하고 중화민국의 동의도 얻어서 최고사령관이 항복 조건을 실시하기 위한 모든 명령을 포고해야 한다는 것을 합의했기 때문에; 21)

　위의 문서를 요약하면, 전범 재판을 시행할 수 있는 이유는, 전쟁이 끝나기 전부터 연합국이 포츠담 선언에서 전쟁 범죄자를 재판한다고 선언했으며, 일본은 포츠담 선언을 수락하여 천황 및 일본 정부가 연합국 최고사령관의 지휘 아래 놓이게 되었기 때문이라는 것이다. 또한 같은 문서에 이 재판은 침략전쟁을 계획, 실행한 「평화에 반하는 죄」를 심판하는 것이라고 명기하고 있다. 도쿄재판소는 1946년 2월 18일에 연합국 최고사령관인 맥아더의 명령에 따라 W.F.웹 재판장(오스트레일리아)을 비롯한 11명의 재판관(미국·영국·프랑스·소련·중국·인도·네덜란드·필리핀·뉴질랜드·캐나다에서 각 1명)과 J.B.키난(미국)을 수석검찰관으로 하는 30여 명의 검찰관으로 구성되었다. 재판소조례 제5조는 '사람 및 범죄에 관한 관할'이라는 항목으로 도쿄재판소의 관할에 속하는 범죄를 (A)평화에 반하는 죄, (B)통상적인 전쟁범죄, (C)인도人道에 반하는 죄로 나누어 다음과 같이 설명하고 있다.

　(A) 평화에 반하는 죄, 즉 선전을 포고하거나 포고하지 않은 침략 전쟁 또는 국제법, 조약, 협정 및 보증에 위반한 전쟁의 계획, 준비, 개시 또는 수행 및 위의 모든 행위 중 어느 것이든 달성하기 위한 공통의 계획 또는

---

21) 일본국회도서관 온라인검색[https://ndlonline.ndl.go.jp/#!/detail/R300000001-I0-00006699951-00] Charter of the International Military Tribunal for the Far East (19 Jan 1946) General Orders SCAP (文書名: GHQ/SCAP Records, Government Section = 連合国最高司令官総司令部民政局文書) (課係名等:Central Files Branch) (シリーズ名: National Diet Reports File, 1947-52) (ボックス番号: 2219; フォルダ番号: 4)

공동 모의에 참가.

(B) 통상적인 전쟁범죄, 즉 전쟁의 법규 및 관계의 위반.

(C) 인도에 반하는 죄, 즉 전전 또는 전시 중 행해진 살육, 섬멸, 노예적 혹사, 추방 그 외 비인도적 행위 및 범행지의 국내법에 위반 여부와 관계 없이 본 재판소의 관할에 속한 범죄의 수행으로서 또는 그것과 관련해서 행한 정치적 및 인종적 이유로 인한 박해 행위[22]

이 3개의 죄는 편의상 A급, B급, C급으로 분류된다. 도쿄재판의 피고는 전원 평화에 반하는 죄로 소추되었기 때문에 'A급 전범피고'라고 불린다. 일상적으로 A급 전범을 최고책임자로 이해하는 경우가 있는데 이 분류는 경중이 아니라 죄상의 분류에 지나지 않는다. 인도에 반하는 죄는 나치의 유대인 학살을 상정한 것으로 일본에서는 해당되는 사례가 없다고 판단되어 통례의 전쟁범죄와 거의 구별이 가지 않기 때문에 'BC급 전범'이라는 명칭으로 쓰이고 있다. 수석검사 조셉 키난은 1946년 3월 2일에 집행위원회를 설립하여 14회에 걸친 회의를 진행한 후, 천장절天長節(천황생일)인 4월 29일에 전범으로 지명된 100여 명 중 28명의 피고를 A급 전범자로 정식 기소했다.[23]

기소장에는 전문과 전범사실을 나타내는 55개의 소인訴因(부록 참조)이 제1류, 제2류, 제3류로 나뉘어 열거되어 있다.[24] 소인 중에서 제1류 평화에 반하는 죄는 소인1에서 소인 36을 포함하고 있으며, 이 가운데 "소인1 1928~1945의 전쟁에 대한 공통계획모의"는 전 피고가 소추된 가장 중요한 죄목이다. 여기에서 1928년을 상정한 것은 장작림 폭파사건부터 중국 침략의 공동모의가 시작되었다는 것을 입증하기 위함이다. 제2류 살인은 소인 37부터 소인 52를 포함하고 있으며, 주

---

22) 連合軍総司令部 編, 『戦犯起訴状: 極東国際軍事裁判所条例』, 日本タイムス社, 1946, 3.

23) 粟屋憲太郎, 『東京裁判論』, 85-104. 14회에 걸친 집행위원회의 회의 내용 참조.

24) アジア歴史資料センター, レファレンスコードA08071307800 (126枚目~)[http://www.jacar.go.jp]

로 진주만 공격으로 미국병사와 일반인을 살해한 행위 외에 난징대학
살, 노몬한사건 등 개별적인 전투나 학살 사건이 대상이 되었다. 마지
막으로 제3류 통례의 전쟁범죄 및 인도에 반하는 죄는 소인 53부터 소
인 55까지로 전쟁법규를 위반한 '공동모의', '명령·수권·허가', '법규
존수의 의무 무시'라고 되어 있다. 독일의 뉘른베르크재판에서 소인이
4개 항목이었던 것에 비하면 매우 많은데, 이는 동일한 사안을 국가,
사건별로 세분화하여 분류하는 영미법계의 기소장을 따랐기 때문이
다. 그러나 세분화한 기소장으로 인해 심리가 번잡해지고 판결이 길어
질 수밖에 없었다는 단점을 극복할 수는 없었다. 그리고 결국 판결에
서 적용된 소인은 다음의 10개뿐이었다.[25]

> 訴因01 1928~1945에 전쟁에 대한 공통계획모의
> 訴因27 만주사변 이후의 대중화민국전쟁 수행
> 訴因29 미국에 대한 대동아전쟁 수행
> 訴因31 영국에 대한 대동아전쟁 수행
> 訴因32 네덜란드에 대한 대동아전쟁 수행
> 訴因33 북부프랑스인도령 진주이후 프랑스와의 전쟁 개시
> 訴因35 소련에 대한 장고봉(하산호 전투) 사건 수행
> 訴因36 소련 및 몽고에 대한 노몬한 사건의 수행
> 訴因54 1941/12/7~1945/9/2 사이의 위반행위의 명령·수권授權·허가에
>   의한 전쟁법규 위반
> 訴因55 1941/12/7~1945/9/2 사이의 포로 및 일반인에 대한 조약존수의 책
>   임 무시에 의한 전쟁법규 위반

도쿄재판에서 평화에 반하는 죄로 유죄 판결을 선고받은 자는 피
고 25명(기소된 28명 중 재판 과정에서 2명은 사망, 1명은 심리제외처
분) 중, 24명이다. 그리고 사형이 선고된 피고 7명 중 6명은 평화에 반

---

25) 半藤一利, 保阪正康, 井上亮 (著), 『「東京裁判」を読む』 (日経ビジネス人文庫), 日
    本経済新聞出版, 2012, 42-46.

하는 죄와 통례의 전쟁범죄에 의해 판결을 받다. 위의 판결에서 적용된 소인을 보면, 평화에 반하는 죄의 구체적인 소인은 소인 1, 27, 29, 31-33, 35, 36으로 공동모의와 연합국에 대해 전쟁을 개시하여 평화를 해친 행위에 대한 것이다. 판결소인에서 '소인 28 중일전쟁 이후의 대중화민국전쟁 수행支那事変以後の対中華民国戦争遂行'이 빠졌다는 것은 중국과의 전면전쟁에서 일본의 침략성에 대해 유죄판결을 내리지 않았다는 것이 된다. 반면, 소인 27의 만주사변에서의 침략성에 대한 유죄는 인정되었다. 이는 당시 만주는 중국뿐만 아니라 열강들의 이권이 밀접하게 연결되어 있던 곳이었기 때문에 아시아만의 문제가 아니었기 때문이다. 그리고 제2류 살인에 대한 죄는 통례의 전쟁범죄의 소인에서 심판한다는 명목으로 유죄 판결을 내리지 않았으며, 인도에 반하는 죄는 명확한 소인이 아니라는 이유로 판결을 내리지 않아 전 피고인이 무죄 판결을 받았다. 즉, 도쿄재판에서는 18년 동안(기소장의 1928년 기준) 전쟁을 한 중국과 아시아가 빠져 있을 뿐만 아니라, 일본이 아시아 민중에게 자행한 남경대학살을 비롯한 제노사이드에 대한 심판도 제대로 이루어지지 않았던 것이다.

2) 도쿄재판에서의 난징대학살 판결

도쿄재판은 1946년 5월 3일 오전 11시 20분부터 심리審理가 시작되었다. 2년 7개월에 걸친 아시아·태평양전쟁에서의 전쟁범죄자를 심판하는 서막이 열린 것이다. 재판은 5월 3일과 4일에 재판장에서 전 피고가 출석한 가운데 기소장을 낭독하면서 시작했다. 이 기간 동안 재판은 818회 개정되었으며, 법정 기록은 4만 8천 쪽, 법정에서 증언한 증인은 419명, 제출한 증거 문서는 4천 건에 이른다. 도쿄재판에서 다루어진 죄목은 (A)평화에 반하는 죄, 즉 선전을 포고하거나 포고하지 않은 침략 전쟁 또는 국제법, 조약, 협정 및 보증에 위반한 전쟁의 계획, 준비, 개시 또는 수행 및 위의 모든 행위 중 어느 것이든 달성하기 위한 공통의 계획 또는 공동모의에 참가한 죄로, '통례의 전쟁범죄'와 '인도에 반하는 죄'도 포함되어 있다. 장소는 도쿄도東京都 신주쿠구新宿区 이치가야다이市谷台에 위치한 구舊 육군사관학교 강당을 개조하여 만든 법정이었다. 특기할 만한 사실은 이 재판에서 일본 국민들은 아시아·태평양전쟁에서 일본이 범한 전쟁범죄의 진상을 알게 되었다는 것이다. 전쟁 기간에 일본 정부는 전쟁의 진상을 은폐해 왔기 때문이다. 그 가운데 일본 국민들을 가장 경악하게 한 사건은 난징대학살이었다. 난징대학살에 대한 재판은 1946년 7월부터 8월에 걸쳐 공판이 진행되었다. 이 재판에서는 난징대학살 외에도 중국 각지에서 일본군이 학살을 자행했다는 입증이 이루어졌다. 그 결과 국제검찰국은 1948년 2월 18일의 최종 논고에서 난징대학살을 다음과 같이 정리했다.

> 일본의 점령지 곳곳에서 일어난 포로학대 등의 패턴은 그와 같은 전쟁범죄가 정부의 정책 또는 묵인 하에 저질러졌다는 것을 보여준다. 1937년과 1945년 사이 중국 각지에서는 (1) 학살과 살인, (2) 고문, (3) 강간, (4) 강도와 약탈 및 무분별한 재산손괴, 이 네 부류를 포함한 '인도에 반하는 죄'가 저질러졌으며 그 죄상이 난징에서 극명하게 드러난다. 12월 13일 일본군의 입성과 함께 중국군의 저항이 멈춘 상황에서 6주 남짓한 기간에 걸쳐 "전 군인former soldiers" 및 민간인의 무차별 살상이 저질러졌는데, 현지의 사령관이었던 마쓰이 이와네松井石根 그리고 외무대신이었던 히로타 고키廣田弘毅는 이를 인지하고 있었음에도 실효성이 있는 조치를 취하지 않았다. 잔학행위는 모든 점령지에서 연속적이고 일관적으로 저질러졌던 바, 일선의 장교들은 물론 지휘부 그리고 본국정부가 용인한 일본식 교전방식의 패턴이었음이 명백하다.[26]

---

26) 김석연, 「난징사건과 도쿄재판-미국인 선교사 증언이 남긴 과제-」, 『일본역사연구』 제46집, 2017, 220 번역문 인용. 원문은 일본국회도서관 헌정자료실 검색 "Prosecution and Defense Summations for Cases Tried before the IMTFE, 1948"[https://rnavi.ndl.go.jp/kensei/entry/IPS-26.phpProsecution,]

검찰국의 최종 논고는 도쿄재판의 최종판결과 거의 맥을 같이 한다. 도쿄재판의 최종 판결은 1948년 11월 4일부터 12일까지 2일간의 휴정을 빼면 7일에 걸쳐 재판장이었던 윌리엄 웹 판사의 낭독으로 진행되었다.[27] 판결문은 다수파판사[28]의 의견을 정리한 것으로 일본어로 1,212장, 영문으로는 250장에 달하는 방대한 양이며, A 기초편, B 사실편, C 판정(유죄무죄판정)으로 구성되었다. 그 가운데 난징대학살에 대한 사안은 B의 제8장 통례의 전쟁범죄(잔학 행위)에서 "본 재판소가 제출한 잔학 행위 및 그 외 통례의 전쟁범죄에 관한 증거는 중국에서 전쟁 개시부터 1945년 8월 일본의 항복까지 고문, 살인, 강간 및 기타 아주 비인도적이고 야만적인 성질의 잔인 행위가 일본의 육해군에 의해 마음대로 행해졌다는 것을 입증하고 있다"는 전제하에 판결문을 서술했다. 그리고 잔학 행위는 매우 큰 범위로 모든 전쟁 지역에서 똑같은 공통의 방법으로 행해졌기 때문에, "일본 정부 또는 각각의 관리 및 군대의 지도자에 의해 비밀리에 명령을 받았거나 고의로 허가한 것"이라고 결론지을 수밖에 없다고 명시했다.[29] 이러한 관점은 앞에서 언급한 검찰국의 최종 논고와 같은 맥락에서 판결을 하고 있음을 보여준다. 도쿄재판에서 난징대학살에 대해서는 무차별 살인, 강

---

27) 極東國際軍事裁判所 編, 『東京裁判判決: 極東国際軍事裁判所判決文』, 每日新聞社, 1949. 국립국회도서관 디지털컬렉션 검색[https://dl.ndl.go.jp/info:ndljp/pid/1276125]

28) 판결은 영국, 미국, 죽국, 소련, 캐나다, 뉴질랜드, 필린핀 7개 국의 판사에 의한 다수 판결이다. 판사단의 다수 판결에 대해 고별의견서가 5개 있었다. 필리핀 판사가 동의 의견을 제출했고, 반대 의견으로는 웹판사장(Sir William Flood Webb, 오스트레일리아), 룄링(Bernard Victor Aloysius (Bert) Röling, 네덜란드), 펄(Radhabinod Pal, 인도), 앙리(Henri Bernard, 프랑스)가 개별의견서를 제출했다. 극동국제군사재판소조례에서는 이러한 소수의견의 내용을 낭독하도록 정해져 있었기 때문에 변호인측은 이것을 실행하도록 요구했으나 법정에서 낭독하지는 않았다.

29) 極東國際軍事裁判所 編, 『東京裁判判決: 極東国際軍事裁判所判決文』, 258.

간, 방화 등 몇 가지 사건으로 분류하여 사실 인정을 서술하고 있다. 먼저 일반인에 대한 무차별 살인에 대해서는 다음과 같이 사실을 인정하고 있다.

> 1937년 12월 12일 밤에 일본군이 남문에 도착했을 때에 잔류군 5만 명 대부분은 시의 북문과 서문으로 퇴각했다. 중국병 전부는 난징시를 철수하거나 무기와 군복을 버리고 국제안전지대로 피난했기 때문에 12월 13일 아침 일본군이 난징시에 들어왔을 때 저항은 전혀 없었다. 일본병은 시내를 무리지어 다니면서 여러 가지 학살 행위를 범했다. (…) 일본이 시를 점령한 처음 2,3일 사이에 무차별 살인에 의해 적어도 1만 2천 명의 비전투원 중국인 남녀아이가 사망했다. (…) 남자 일반인에 대한 대량 학살은 중국병이 군복을 벗고 주민 속에 숨어있다는 것을 구실로 자행되었다. 병역 연령의 중국인 남자 2만 명은 이렇게 죽었다. 남경에서 2백 중국리中國里(약 66마일) 이내의 모든 부락은 대체로 같은 상황이었다. 난징에서 도망친 피난민 부락에서도 5만 7천 명 이상이 수용되었다. 그들은 고문을 당하거나 기아로 사망하거나 기관총으로 총살되었다. 무기를 버리고 항복한 중국병은 72시간 안에 양자강 연안에서 기관총으로 총살되었다. 이렇게 포로 3만 명 이상이 살해되었다. 후에 추산에 의하면, 일본군이 점령한 처음 6주 동안 난징과 그 주변에서 살해된 일반인과 포로는 20만 이상이었다고 나타나고 있다. 이 추산이 과장이 아니라는 것은 매장대埋葬隊와 그 외 단체가 매장한 시해가 15만 5천에 달한다는 사실에 의해 입증된다.30)

이 사실 인정 부분에서는 증인의 구두진술서나 선서진술서 등을 인용하여 신빙성을 담보하고 있다. 일본군의 일반인 무차별 학살은 중국이 전투력을 상실하도록 전투가 가능한 인력은 물론 중국군을 지원할 수 있는 여지까지도 소멸시키기 위한 수단이었음을 알 수 있다. 뿐만 아니라, 난징대학살에서는 일본군이 자행한 강간 사건에 대해서도 사실을 인정하고 있다. 그 내용을 살펴보면, 강간을 자행하는 과정에서 희생자나 그들을 지키려고 하는 가족이 조금이라도 저항하면 그 벌로 바로 죽였다고 묘사하고 있으며, 어린 소녀와 노인들조차도 강간

---

30) 極東国際軍事裁判所 編, 『東京裁判判決: 極東国際軍事裁判所判決文』, 260-261.

했다고 사실을 인정하고 있다. 그리고 강간 사건에 대한 결론은 점령 후 처음 1개월 동안에 약 2만 건의 강간 사건이 시내에서 발생했다고 단정하고 있다. 다음으로 중요하게 다룬 잔학 행위는 약탈과 방화 사건인데, 아래와 같이 사실을 인정하고 있다.

> 일본병은 원하는 것은 무엇이든 주민으로부터 빼앗았다. 도로에서 일반인을 불러 몸을 수색하고 가치 있는 물건이 없을 경우에는 사살하는 일도 있었다. (…) 많은 주택과 상점에 침입하여 강탈하였다. 일본병은 점포나 창고를 강탈한 후 방화를 하는 경우도 자주 있었다. 이러한 방화는 며칠 후가 되자 일관된 계획에 따르고 있는 것처럼 생각되었으며, 6주간이나 계속되었다. 이렇게 전 시내의 약 3분의 1이 파괴되었다.[31]

판결문의 사실 인정에 의해 판명된 일본의 난징대학살 사건은 일본이 중국을 침략하면서 실시한 정책, 즉 삼광작전三光作戰을 그대로 수행한 것이라고 할 수 있다.[32] 따라서 일본군이 자행한 난징에서의 잔학 행위는 조직적이며 그리고 기존에 군이 가지고 있던 정책에 따라 실시한 것이라고 말할 수 있다. 이와 같이 도쿄재판 판결문에서는 난징대학살에 대한 사실 인정과 함께 전쟁범죄에 대한 개인의 책임을 판정했다. 먼저 난징대학살과 관련하여 기소된 사람은 마쓰이 이와네, 무토 아키라(당시 마쓰이 참모), 히로타 코키(당시 외교관) 등 3명이다. 앞절에서 설명한 바와 같이 '소인 45 1937년 12월 12일 이후의 난징 공격에 의한 중화민국 일반주민·무장해제병의 불법 살해'는 최종 판

---

31) 極東國際軍事裁判所 編, 『東京裁判判決: 極東國際軍事裁判所判決文』, 261.

32) 중국어의 '모두 죽이고, 모두 불태우고, 모두 빼앗는다'에서 온 말로, 중국인들이 일본의 잔학행위에 대해 묘사하는 용어로 사용되기도 했다. 이러한 작전에 대해서는 일본에서는 중국의 프로파간다이며, 역사사실이 아니라는 주장이 많지만, 가사하라(笠原十九司, 『日本軍の治安戰-日中戰争の実相』, 岩波書店, 2010, 264)는 가해자와 피해자의 사료나 증언이 일치하는 사료에 대해 부정할 수 없는 사실이라고 말하고 있다.

결에서 적용되지 않았기 때문에 이 시기 난징대학살의 전쟁범죄도 개별적인 소인이 되지 못했다. 그리고 제2류 살인에 대한 죄는 통례의 전쟁범죄의 소인에서 심판한다는 명목으로 유죄 판결을 내리지 않았으며, 인도에 반하는 죄는 명확한 소인이 아니라는 이유로 판결을 내리지 않아 전 피고인이 무죄가 되었다. 결국, 3명은 제3류 통례의 전쟁범죄로 판결을 받았다. 이 가운데 무토에 대해서는 1937년 11월부터 1938년 7월까지 마쓰이의 참모장교였고, 그 기간 동안 난징과 그 주변에서 일본군에 의한 잔학행위가 벌어지고 있었던 것을 알고 있었다는 사실에 대해서는 의심의 여지가 없다고 인정했다. 그러나 무토는 하급의 지위에 있었기 때문에 그것을 멈추게 할 수단을 취할 수 없었으므로, 난징대학살 사건에 대해서 책임이 없다고 판결했다.[33] 결국, 난징대학살에 대한 책임으로 인해 선고를 받은 것은 마쓰이와 히로타 2명이다. 먼저, 마쓰이의 전쟁범죄 판결을 살펴보자.

> 마쓰이는 난징에 입성하여 5~7일간 머물렀다. 스스로의 관찰과 보고에 의해 그는 어떤 일이 일어나고 있는가를 알고 있었을 것이다. 그는 헌병대와 영사관원으로부터 자기 군대의 비행이 있다는 정도로 들었다고 인정했다. 난징에 있는 일본의 외교대표자에게 일본군의 잔학행위에 관한 보고가 제출되었고 그들은 이것을 도쿄에 보고했다. 본 재판소는, 마쓰이는 무슨 일이 일어났는가를 알고 있었다는 충분한 증거가 있다고 인정한다. 그는 이런 무서운 사건을 완화하기 위하여 아무것도 하지 않았든지, 무엇인가 했다 하더라도 효과가 있는 행동은 아무것도 하지 않았다. 난징을 점령하기 전에 그는 확실히 자신의 군대에 대해 행동을 엄정하게 하라는 명령을 했고, 그 후에도 같은 취지의 명령을 내렸다. 현재 알려진 바와 같이 그리고 그가 알고 있었던 것과 같이 이러한 명령은 어떠한 효과도 없었다. 마쓰이를 위해 당시 그가 병에 걸렸다는 보고가 있었다. 그의 병은 그가 지휘 하의 작전행동을 지도할 수 없을 정도도 아니었고, 그리고 그들의 잔학행위가 일어나고 있는 동안의 며칠씩이나 난징을 방문할 수 없을 정도의 것이 아니었다. 그는 그 사건들에 대해 책임이 있는 군대를 지휘하고 있

---

33) 極東国際軍事裁判所 編, 『東京裁判判決: 極東国際軍事裁判所判決文』, 306.

었다. 그는 자신의 군대를 통제하고 난징의 불행한 시민을 보호할 의무를 가지고 있었음과 동시에 그 권한을 가지고 있었다. 이 의무의 이행을 태만하게 한 것에 대해 그는 범죄적 책임이 있다고 인정해야 할 것이다. 본 재판소는 피고 마쓰이를 소인 제55에 대해 유죄, 소인 1, 27, 29, 31, 32, 35, 36에 대해서는 무죄를 판정한다.[34]

위의 판결에서와 같이 마쓰이는 난징대학살에 대한 책임만으로 교수형을 선고받은 것이다. 그러나 죄목은 난징대학살에 대한 명령 및 지시 등이 아닌 난징대학살을 막아야 하는 의무를 태만하게 이행했다는 것이다. 이러한 논리는 히로타도 마찬가지다. 히로타에 대한 난징대학살 관련 판정은 다음과 같다.

그를 소인 제55에 대한 범죄에 결부시킬 유일한 증거는 1937년 12월과 1938년 1월 및 2월에 난징에서의 잔학 행위에 관한 것이다. 그는 외무대신으로서 일본군의 난징입성 직후에 이 잔학 행위에 관한 보고를 들었다. 검찰 측의 증거에 의하면 이 보고는 신용할 수 있으며, 이 문제는 육군성에서 조회를 했다는 것이다. 육군성으로부터 잔학 행위를 중지시킨다는 보증을 받았다. 이 보증을 받은 후에도 잔학 행위의 보고는 적어도 한 달간 계속되었다. 본 재판소의 의견으로는 잔학 행위를 멈추게 하기 위해 바로 조치를 강구할 것을 각의에서 주장하지 않고, 또한 같은 결과를 초래하기 위해 그가 취할 수 있는 다른 어떠한 조치도 취하지 않았기 때문에 히로타는 자기의 의무에 태만했다. 몇 백의 살인, 부인에 대한 폭행, 그 외 잔학행위가 매일 벌어지고 있었는데도 위의 보증이 실행되지 않았다는 것을 알고 있었다. 게다가 그는 이 보증만을 바라보며 만족하고 있었다. 그의 부작위는 범죄적 과실에 미치는 것이었다. 본 재판소는 소인 1, 27, 55에 대해서 유죄를 판정한다.[35]

히로타의 난징대학살에 대한 책임에 대해서도 자기 의무에 대한 태만이 적용되었다. 히로타는 2.26사건 이후에 수상에 임명되어 일본

34) 極東国際軍事裁判所 編, 『東京裁判判決: 極東国際軍事裁判所判決文』, 305.
35) 極東国際軍事裁判所 編, 『東京裁判判決: 極東国際軍事裁判所判決文』, 300-301.

이 아시아·태평양전쟁을 계획하고 실행하고 종국에는 패전에 이르는 과정에서 정치와 권력의 가장 중심에 있었던 인물이었기 때문에 공동 모의와 만주사변에 대한 전쟁 책임을 물었다. 여기에서 마쓰이와 히로타에게 적용된 소인55는 "1941년 12월 7일(중국의 경우, 1931년 9월 18일) 이후의 전쟁법규 관례 위반의 방지의무의 무시"인데 이에 대한 논의는 다음 장에서 논할 도쿄재판에서의 아시아 부재와 함께 고찰하기로 한다.

4. 난징대학살 재판에 나타난 아시아 부재

도쿄재판은 평화에 반하는 죄에 대한 규정을 소인 1에 "동아시아 및 태평양, 인도양에 대한 군사적, 정치적, 경제적 지배를 확보하기 위해 이 목적에 반대하는 국가들을 대항으로 침략 전쟁을 수행하는 공동 계획이나 공모에 가담했다"는 이유로 기소했다. 도쿄재판에는 침략 전쟁과 정당한 국익에 의한 전쟁 사이의 명확한 선을 그을 수 있고, 침략 전쟁을 수행하기 위한 포괄적이고 지속적인 공모가 있었으며, 이러한 범죄에 대해 지금까지 국제법에서 국가 행동으로 간주되어 온 활동에 대해 지도자 개개인이 책임을 물을 수 있다는 전제가 깔려 있었다.36) 도쿄재판에서 평화에 반하는 죄가 이렇게 여러 가지 전제를 두고 논의된 데 비해 '인도에 반하는 죄'는 상대적으로 논의가 미흡했다. 원래 '인도에 한하는 죄'는 연합국이 홀로코스트로 알려진 인종 학살의 책임을 나치 지도자들에게 묻기 위해 뉘른베르크 재판에서 정립한 것이다. 그런데 도쿄재판에서는 이러한 유형의 재판이 제대로 이루

---

36) 존 다우어, 『패배를 껴안고 제2차 세계 대전 후의 일본과 일본인』, 민음사, 2009, 593-594.

어지거나 판결이 난 사례가 없다고 해도 과언이 아니다.

도쿄재판에서 일반 시민에 대한 학살 등 비인도적인 전쟁범죄(인도에 반하는 죄)로 재판을 한 것은 난징대학살 사건이 유일하다. 이 재판에서 중지나방면군사령관이었던 마쓰이 이와오가 "위반행위 저지 태만"의 죄, 즉 '부작위不作爲의 책임'으로 교수형에 처해졌다. 마쓰이의 처형 소인은 난징대학살에 대한 부작위 책임 하나였다. 그리고 '평화에 반하는 죄'에서 침략 전쟁의 공동모의 죄로 기소된 히로타 코키도 난징대학살 당시 외상으로서 '부작위 책임'이 있다고 판단하여 유죄 판결을 받았다. 결국, 난징대학살 재판에서 전쟁범죄를 명령하거나 수행했다고 입증된 사람은 없었으며, 마쓰이와 히로타 두 피고의 '부작위의 책임'으로 종결된 것이다.37) 이 '부작위의 책임'에 적용한 소인이 '제3류 통례의 전쟁범죄' 안에 포함되어 있는 소인訴因55인데, 이는 전쟁 기간 중 전쟁법규 관례 위반의 방지 의무를 무시한 사실에 대해서만 추궁하였다.

난징대학살은 앞서 언급한 바와 같이 희생자의 수에 대한 의견이 다르다 하더라도 사건이 발생한 사실 자체는 중일 양국뿐만 아니라 도쿄재판정에서도 인정하는 사실이다. 도쿄재판의 다수파 판결을 부정한 펄 판사도 "본관이 이미 고찰한 바와 같이 증거에 대해 나쁘게 말할 수 있는 사실을 모두 고려한다고 해도, 난징에서 일본군의 행위는 흉폭하고, 이미 베이츠 박사Miner Searle Bates가 증언한 바38)와 같이

---

37) 아와야 켄타로는 피고선정과정에서 아사카노미야 야스히코왕朝香宮鳩彥王가 1937년 12월 2일에 상하이파견군사령관上海派遣軍司令官에 임명되어 직접 난징공략전에 참가했다는 주장도 있었으나 기소되지 않았다고 서술하고 있는데 이는 황족이었기 때문일 것이다.(粟谷憲太郎, 『東京裁判への道(下)』, 講談社, 2013, 29.)

38) 1897.5.28.~1978.10. 미국의 역사학자. 金陵大学현 南京大学부학장. 중화민국의 고문. 1937.12. 난징사건 당시 南京安全区 국제위원회 일원으로 중국 시민을 보호하는 활동에 종사함.

잔학 행위는 거의 3주간에 걸쳐 비참하게 자행되었으며, 통틀어 6주 동안이나 심각했다는 것은 의심의 여지가 없다"고 서술하여 난징대학살 자체에 대한 사실을 인정했다.[39] 이어 펄 판사는 "변호측도 난징에서 잔학행위가 자행된 사실을 부정하지 않았다. 그들은 단지 과장되었다는 것을 호소하면서, 퇴각하는 중국병 상당수가 잔학 행위를 범한 것을 암시했다"고 언급하여 일본도 잔학 행위 자체에 대해서는 인정하고 있음을 시사했다.[40] 그럼에도 불구하고, 펄 판사는 소인 55와 도쿄재판소 조례의 규정이 양립하기에 난점이 있다고 다음과 같이 지적한다.

> 본 재판소 조례가 범죄라고 규정하는 바는 "전쟁법규 또는 전쟁관례의 위반"에 그치고 있다. 조례는 전쟁법규의 존수遵守를 확보하고, 그 위배違背를 방지할 적당한 수단을 취해야 하는 법률상의 의무에 대한 무시를 범죄로 규정하고 있지 않다. 만약 소인 55를 인용하여 "고의 또는 부주의로 법률상의 의무를 무시"하는 것 자체가 범죄를 구성하는 것을 의미한다면, 그 경우 소인 55로 소추된 범죄는 본 재판소 조례 밖의 범죄가 되고 따라서 본 재판소의 관할권 밖이 될 것이다.[41]

펄은 위와 같이 소인 55가 성립할 수 없다는 논리와 함께 난징대학살의 잔학 행위에 대해 책임을 져야 할 자들은 이미 BC급 전범재판에서 처벌받았다고 보았으며, 전장의 군인들을 제어하는 것은 각료인 히로타의 책무 밖이었으며, 마쓰이도 지휘관으로서 일정의 진정성 있는 노력을 하였기에 책무를 유기했다고 볼 수 없다고 판단하여 부작위의 책임은 무죄라고 주장했다. 이 주장은 도쿄재판이 종결된 이후 일본에서 도쿄재판을 인정하지 않는 집단에 의해 논의된 '승자勝者의 심판'이라는 논리의 주요한 근거가 되고 있다.

---

39) 東京裁判研究会, 『共同研究 パル判決書 (下)』, 講談社学術文庫, 1984, 600.
40) 東京裁判研究会, 『共同研究 パル判決書 (下)』, 601.
41) 東京裁判研究会, 『共同研究 パル判決書 (下)』, 548.

그러나 펄 판사와 같은 주장은 도쿄재판이 '인도에 반하는 죄'를 명확히 심판하지 않았기 때문에 발생한 것이다. '인도에 반하는 죄'를 독립된 소인으로 설정했던 뉘른베르크재판과 달리, 도쿄재판은 '인도에 반하는 죄'를 다른 유형의 범죄와 혼합하여 '전쟁법규 및 관례' 위반에 치중했기 때문에 그 개념이 모호해진 채 명목적인 차원에서만 다뤄졌다는 지적이 있다.[42] 실제로 기소장에서 '통례의 전쟁범죄 및 인도에 반하는 죄'라는 제목으로 한데 묶었기 때문에 처음부터 두 가지가 뚜렷이 구별되지는 못했으며 최종 판결도 모호했다. 먼저, 관련이 있는 소인 53번의 '전쟁법규 관례 위반의 공동모의'를 관할권 밖이라고 배제했는데, 제2류의 살인 및 살인 공동모의 죄와 마찬가지로 재판의 헌장이 명시하지 않았다는 이유에서였다. 이 설명에서 판결문은 '통례적 전쟁범죄'만 거론하고 '인도에 반하는 죄'는 거론하지 않았다. 그리고 난징대학살에 대한 판결을 '잔학 행위'를 비롯한 '통례적 전쟁범죄'의 항목 아래 두고, '인도에 반하는 죄'에 대한 의견을 따로 제시하지도 않았다.[43]

그렇다면, 여기에서 난징대학살 및 일본군의 잔학 행위에 대한 책임은 누구에게 어떠한 죄로 물어야 하는 것인가. 이 질문에 대해서는 '승자勝者의 심판'의 논리를 이용하여 역주장이 가능하다. 도쿄재판의 수석 검사 조셉 키난은 모두진술冒頭陳述에서 다음과 같이 언급하고 있다.

　　우리들의 개괄적인 목적은 정의를 올바르게 집행하는 것입니다. 그리고 우리의 긍정적인 의도는 우리가 정당하게 해낼 수 있는 모든 전쟁의 참해慘害 방지의 목적에 기여하고자 하는 것입니다. 재판장 각하, 이는 보통의 일반 재판이 아닙니다. 왜냐하면 우리는 현재 여기에서 전 세계를 파괴에서 구하기 위하여 문명의 단호한 투쟁의 일부를 개시하고 있기 때문입니다.[44]

---

42) 日暮吉延, 『東京裁判』, 講談社現代新書, 2008, 118-119.
43) 김석연, 「난징사건과 도쿄재판-미국인 선교사 증언이 남긴 과제-」, 223.

키난의 문명의 단호한 투쟁이라는 표현은 도쿄재판에 대한 긍정론자들에게도 영향을 미친다. 그들은 문명의 이름 아래 법과 정의에 의해 도쿄재판이 진행되었다는 의미로 문명文名의 심판이라고 표현했다. 한편, 승자勝者의 심판이라는 표현은 미국 역사학자 리처드가 1971년 저서 *Victor' Justice; The Tokyo War Crimes Trial*에서 사용한 용어이다.[45] 그는 도쿄재판에서 미국의 원자폭탄 투하 등 연합국의 전쟁범죄를 심판하지 않는 점, 쇼와천황昭和天皇이 기소되지 않았을 뿐만 아니라 증인으로 소환되지도 않은 점, 판사가 전승국의 국적을 가진 사람만으로 구성된 점, 도쿄재판에서 침략을 정의하는 것은 승자이며 따라서 프로파간다가 될 가능성이 있다는 점 등을 제기하며 '승자勝者의 심판'이었음을 주장했다. 그러나 이 주장은 다른 한편으로는 일본에서 실시된 도쿄재판이 부당한 전범재판이었다는 입장보다 연합국, 즉 승전국에 의한 전범재판이었기 때문에 아시아와 식민지 국가가 빠져 있었다는 입장에서 살펴볼 필요가 있으며, 그런 입장에서 '승자의 심판'이라는 말을 부정할 수만은 없다.

특히 아시아·태평양전쟁의 궁극적인 책임을 누구에게 물어야 하는가 하는 점에서 쇼와천황을 기소조차도 하지 않은 것은 도쿄재판이 아시아의 전쟁 피해를 정당하고 공정하게 심판하지 못했다는 것을 입증한다. 이러한 주장은 도쿄재판 당시에도 있었다. 대표적으로 웹판사장은 "천황의 권한은 그가 전쟁을 끝냈을 때 의심의 여지가 없을 만큼 증명되었다. 전쟁을 끝냈을 때와 마찬가지로 전쟁을 시작할 때 그가 행한 현저한 역할은 검찰 측이 이끌어 낸 부정할 수 없는 증거의 대상이었다. 그러나 검찰 측은 천황을 기소하지 않는다는 것을 명확하게 했다. 천황의 이 면책은 태평양전쟁을 개시할 때 그가 행한 역할에 대

44) 半藤一利, 保阪正康, 井上亮 (著), 『「東京裁判」を読む』, 66.
45) リチャード·H·マイニア, 『東京裁判-勝者の裁き』, 福村出版, 1985.

조해 보면 판결을 내릴 때 본 재판소가 고려해야 할 사안이라고 생각한다"고 개별의견서에 서술하였다.[46] 이어 웹판사장은 이 의견은 천황이 소추되었어야 한다고 시사하는 것은 아니라고 밝히면서, 피고의 형벌을 결정할 때에 천황의 면책을 고려하여 최고책임자가 면책되었기 때문에 피고를 극형에 처할 수 없었다고 설명했다.[47] 천황이 기소되었어야 한다는 소수 의견을 제출한 것은 프랑스 판사 앙리도 마찬가지였다.[48]

이와 같이 천황의 역할이 어떠한 것이었든 기소장과 소송 과정에서 천황을 누락시킨 것은 도쿄재판이 불완전했다는 것을 증명하는 것이다. 아시아·태평양전쟁 당시 천황은 최고사령관이자 대원수였다. 천황의 통수권은 내각으로부터 독립되어 있었고, 육·해군은 경쟁적으로 총리와 국무대신도 알지 못하는 군사 정보를 천황에게 보고했다. 천황은 전국을 파악할 수 있는 군주로 명령, 작전 계획을 변경시키는 일도 적지 않았다.[49] 전쟁 종결에 대해서도 측근의 조언을 따른다면 빨리 휴전 협상에 들어갈 수 있었다. 연합국 사이에서는 천황소추를 강경하게 주장하는 의견도 적지 않았고 미국에서도 천황의 책임을 물어야 한다는 여론도 많았다. 그러나 미국은 대원수인 천황을 기소하지 않았을 뿐만 아니라, 점령 정책을 수월하게 실시하기 위해 천황을 이용하고자 했다. 그 결과, 천황은 전쟁 수행에 관하여 형식적인 역할밖에 수행하지 않았다는 '이야기' 만들기 캠페인을 대대적으로 전개하고 이에 반하는 논의는 강력한 검열을 통해 금지했다.[50]

---

46) 半藤一利, 保阪正康, 井上亮 (著), 『「東京裁判」を読む』, 371-372.

47) 半藤一利, 保阪正康, 井上亮 (著), 『「東京裁判」を読む』, 371-372.

48) 日暮吉延, 『東京裁判』, 266-267.

49) 유지아, 「메이지유신 150년과 천황의 '원수화'」, 『일본역사연구』 48, 2018, 73-102 참조

50) 존 다우어, 『패배를 껴안고 제2차 세계 대전 후의 일본과 일본인』, 민음사, 2009,

최고책임자인 천황의 책임을 법적으로도 도덕적으로도 묻지 않음으로 인해 2천만 명이 넘는 최대의 희생자를 낸 아시아에 대한 범죄의 책임 추궁이 경시된 것은 현재 동아시아의 관계에도 큰 영향을 미치고 있다. 가장 큰 영향은 일본인의 전쟁 책임 의식이 희박해졌고, 일본 지도자들도 정치와 도의적 측면에서 책임을 구분하는 능력이 떨어졌다는 것이다. 아시아인으로서 도쿄재판의 판사에 임명된 사람은 3명밖에 없다. 일본과의 전쟁에서 가장 많은 희생자를 낸 동아시아의 국가들은 판사나 검찰관도 보내지 못했다. 도쿄재판을 주도한 미국과 유럽 국가들은 일본과의 교전국은 식민지 지배국인 자신들이며, 실제로 전쟁터가 된 식민지 국가가 아니라고 사고했기 때문이다.[51] 도쿄재판은 기본적으로 일본에서 식민지를 회복한 미국, 영국, 프랑스, 네덜란드 등 제국주의 국가에 의한 구제국주의 국가에 대한 이중 잣대로 이루어진 재판이라는 성격을 가지고 있다. 따라서 난징대학살과 같은 아시아인에 대한 잔학한 전쟁범죄에 대해서 명징한 재판이 이뤄지지 못한 것은, 그것이 미국과 유럽인들의 재판이었기 때문이다.[52]

그리고 도쿄재판은 1946년 5월 3일에 시작하여 2년 7개월이나 계속되었다. 뉘른베르크 재판이 1945년 11월 20일에 시작되어 약 10개월 뒤에 결론을 내린 것에 비하면, 오랫동안 계속된 재판으로 인해 대중은 전쟁범죄나 전쟁 책임과 같은 주제에 대해 무관심해지기 시작했다. 실제로 재판이 끝나갈 즈음에 마이니치 신문毎日新聞에는 "솔직히 말해서 사람들은 이제 재판 과정에는 별 흥미가 없고 오로지 판결이 어떻게 내려질지에만 관심을 두고 있다"고 쓰고 있다.[53] 이러한 상황에

597.

51) 大沼保昭, 『東京裁判-歴史と法と政治の狭間で-』(講演会「東京裁判-国際政治と国際法の立場から」),《外交史料館報》第31号, 2018, 24-25.

52) N.ボイスター (著), R.クライヤー (著), 『東京裁判を再評価する』, 2012, 463.

53) 《毎日新聞》 1948.11.5.

서 도쿄재판에서 전쟁범죄로 입증된 난징대학살 또한 일본 국민의 역사 인식에 정착할 수 없었다. 그 이유는 첫째, 도쿄재판에서 검찰 측 증언 특히 중국인 피해자의 증언 내용에 대해 신문은 거의 보도하지 않고, 반대로 '난징학살은 과장'이라는 변호 측인 일본인 증언만을 보도했다. 이미 전쟁피해자 인식이 강했던 일본국민은 난징대학살의 피해 실태를 확실하게 알지 못하고 피해자의 입장에서 사고하게 되었다. 둘째는 패전 직후에 일본 군부와 정부가 공문서를 소각, 은닉했고, 국제검찰국은 일본이 은닉한 공문서를 조사, 수집할 수 있는 직원이 없었기 때문에 입증의 가치가 높은 정부·군의 공문서를 확보할 수 없었다. 따라서 중국인 피해자와 난징난민구 국제위원의 증언이 유력한 범죄 증거가 되었다. 일본 측 증인은 검찰국의 증언을 부정하고 마쓰이와 히로타의 책임을 부정하기 위한 증언을 했기 때문에 유죄 판결이 났을 때 '승자의 재판'이라는 인상을 받았던 것이다. 마지막으로 GHQ(연합군총사령부)가 일본인의 재교육 계획을 위해 신문이나 라디오를 통해 난징대학살의 사실을 일본 국민에게 인식시키고 기억시키기 위해 시도했지만, 일본군의 학살을 강조하여 역효과가 나타났다는 평가도 있다.[54] 그러나 무엇보다도 미국과 유럽 중심의 식민지 보유국이 피해자가 되어 치러진 재판이었기 때문에 일본인들의 역사 인식은 전쟁범죄에 대한 반성보다는 전쟁에 패배했다는 인식으로 정착한 것은 아닐까? 때문에 도쿄재판에서는 위안부, 강제 징용과 같은 특정 범주의 피해자가 제외되었고, 천황은 물론 도조가 이끈 통제파 이외에 군인·군부와 일체가 되어 전쟁을 추진한 기업인, 정치인·관료, 중국에서 화학전에 종사한 731부대 등의 책임도 묻지 않았다. 그 결과 동북아시아의 아시아·태평양전쟁과 관련한 역사문제는 시대를 넘어 또 다른 역사 갈등을 조장하고 있는 것이다. 그 원인은 도쿄재판이 시종일

---

54) 笠原十九司, 「日本における南京事件論争の歴史」, 321-322.

관 아시아가 부재한 상태에서 '승자의 심판'으로 진행된 데 있다.

5. 맺음말

난징사건은 1937년 12월 13일 일본군이 당시의 중국 국민당정부의 수도였던 난징시를 점령하여 중국군과 민간인에 가한 살육, 약탈, 강간, 방화 등 불법 행위와 비인도적인 행위로 인해 발생한 '대학살'이다. 난징대학살에 대한 전쟁범죄 재판이 개최된 것은 난징군사법정과 도쿄재판이다. 중국에서 난징대학살에 대한 전범 재판은 1946년 7월 3일에 개정했다. 난징군사법정에서는 난징대학살의 전쟁범죄로 처형된 B급 전범 타니 히사오와 직접적인 난징대학살은 아니지만 대량 학살이라는 전쟁범죄로 처형된 C급 전범 다나카 군키치, 무카이 도시아키, 노다 쓰요시 4명을 유죄로 판결하여 사형에 처하고 막을 내렸다. 중국이 주도면밀하게 전쟁범죄로서 난징대학살을 조사하여 심판하고자 한 것에 비하면 미비한 결과라 할 수 있다. 이러한 결과를 초래한 원인은 첫째, 장개석을 주석으로 한 국민 정부가 공산당과의 내전이 격화되면서 전범재판에 전력을 다할 여유가 없었던 것을 들 수 있다. 둘째는 국민 정부가 전쟁 재해에서 부흥에 초점을 맞추어 일본에 대해 '관대 정책'을 표명하면서 조기종결 방침을 결정한 것이다. 마지막으로 난징대학살이 도쿄재판에서 심판을 받을 수 있을 것이라는 안이한 생각 때문이다. 이러한 중국의 기대와는 달리 도쿄재판에서도 난징대학살이 철저하게 심판받는 데는 여러 가지 제약이 있었다.

도쿄재판에서 난징대학살과 관련하여 기소된 사람은 마쓰이 이와네, 무토 아키라, 히로타 코키 등 3명이다. 그러나 '소인 45 1937년 12월 12일 이후의 난징 공격에 의한 중화민국 일반 주민·무장해제병의 불법 살해'는 최종 판결에서 적용되지 않았기 때문에 난징대학살의 전쟁범죄도 개별적인 소인이 되지 못했다. 그리고 제2류 살인에 대한 죄는 통례적인 전쟁범죄의 소인에서 심판한다는 명목으로 유죄 판결을 내리지 않았으며, 인도에 반하는 죄는 명확한 소인이 아니라는 이유로 판결을 내리지 않아 전 피고인이 무죄 판결을 받았다. 결국, 3명은 제3류 통례의 전쟁범죄로 다뤄지게 되었으며, 유죄 판결을 받은 것은 마쓰이와 히로타 2명이다. 그리고 마쓰이와 히로타에게 적용된 소인 55는 "1941년 12월 7일(중국의 경우, 1931년 9월 18일) 이후의 전쟁법규 관례 위반의 방지의무의 무시"이다. 결국, 도쿄재판에서 난징대학살에 대한 계획이나 명령을 내린 자를 심판하는 일은 없었으며, 마쓰이와 히로타 두 피고의 '부작위의 책임'으로 종결된 것이다.

그렇다면, 여기에서 난징대학살 및 일본군의 잔학 행위에 대한 책임은 누구에게 어떠한 죄로 물어야 하는가. 이 질문에 대해서는 '승자의 심판'의 논리를 이용하여 역주장이 가능하다. 특히 아시아·태평양전쟁의 궁극적인 책임을 누구에게 물어야 하는가 하는 점에서 쇼와천황을 기소조차도 하지 않은 것은 도쿄재판이 아시아의 전쟁 피해를 정당하고 공정하게 심판하지 못했다는 것을 입증한다. 난징대학살에 대한 전범 재판도 미국과 유럽 중심의 식민지 보유국이 피해자가 되어 치러진 재판이었기 때문에 피해자인 아시아인이 부재한 상황에서 진행되었다. 그 결과, 일본인들의 역사 인식은 전쟁범죄에 대한 반성보다는 전쟁에 패배했다는 인식으로 정착한 것은 아닐까? 때문에 동북아시아의 아시아·태평양전쟁과 관련한 역사 문제는 시대를 넘어 또다른 역사 갈등을 조장하고 있는 것이다. 전쟁에 대한 철저한 반성은 21세기의 일본과 세계의 평화를 건설하는 데 사상적, 인도적, 정치적으로 불가분의 관계에 있기 때문에 아시아·태평양전쟁이 끝난 지 75년이 지났지만 전범재판에 대해 다시 주의를 기울여야 할 것이다.

부록

도쿄재판 55개 訴因

제1류 평화에 반하는 죄	

전쟁수행계획 포괄

訴因1	동아시아·태평양 등 지배를 목적으로 한 침략 전쟁의 전반적 공동모의(1928~1945년)
訴因2	만주 지배를 목저그로 한 대중 침략 전쟁의 공동모의(만주사변)
訴因3	중화민국 지배를 목적으로 한 대중 침략 전쟁의 공동모의(중일전쟁)
訴因4	동아시아·태평양 등 지배를 목적으로 한 미영 기타에 대한 침략전 쟁의 공동모의(태평양전쟁)
訴因5	세계분할 지배를 목적으로 한 對獨伊 제휴에 의한 미영 기타에 대한 침략 전쟁의 공동모의(삼국동맹)

각 교전국별 전쟁의 계획·준비

訴因6	중화민국에 대한 침략 전쟁의 계획·준비
訴因7	합중국에 대한 침략 전쟁의 계획·준비
訴因8	영국에 대한 침략 전쟁의 계획·준비
訴因9	오스트레일리아에 대한 침략 전쟁의 계획·준비
訴因10	뉴질랜드에 대한 침략 전쟁의 계획·준비
訴因11	캐나다에 대한 침략 전쟁의 계획·준비
訴因12	인도에 대한 침략 전쟁의 계획·준비
訴因13	필리핀에 대한 침략 전쟁의 계획·준비
訴因14	네덜란드에 대한 침략 전쟁의 계획·준비
訴因15	프랑스에 대한 침략 전쟁의 계획·준비
訴因16	타이에 대한 침략 전쟁의 계획·준비
訴因17	소련에 대한 침략 전쟁의 계획·준비

각 교전국에 대한 전쟁의 개시

訴因18	1931년 9월 18일경 중화민국에 대한 침략 전쟁의 개시(만주사변)
訴因19	1937년 7월 7일경 중화민국에 대한 침략 전쟁의 개시(중일전쟁)
訴因20	1941년 12월 7일경 합중국에 대한 침략 전쟁의 개시(태평양전쟁)
訴因21	1941년 12월 7일경 필리핀에 대한 침략 전쟁의 개시(태평양전쟁)

訴因22	1941년 12월 7일경 영연방국가들에 대한 침략 전쟁의 개시(태평양전쟁)
訴因23	1940년 9월 22일경 프랑스에 대한 침략 전쟁의 개시(인도북부프랑스령진주)
訴因24	1941년 12월 7일경 타이에 대한 침략 전쟁의 개시(일본군의 타이진주)
訴因25	1938년 여름 소련 공격에 의한 침략 전쟁의 개시(장고봉전투)
訴因26	1939년 여름 몽골인민공화국 영토 공격에 의한 침략 전쟁의 개시(노몬한사건)

각 교전국에 대한 전쟁의 수행

訴因27	1931년 9월 18일~1945년 9월 2일의 중화민국에 대한 침략 전쟁 수행(만주사변)
訴因28	1937년 7월 7일~1945년 9월 2일의 중화민국에 대한 침략 전쟁 수행(중일전쟁)
訴因29	1941년 12월 7일~1945년 9월 2일의 합중국에 대한 침략 전쟁 수행
訴因30	1941년 12월 7일~1945년 9월 2일의 필리핀에 대한 침략 전쟁 수행
訴因31	1941년 12월 7일~1945년 9월 2일의 영연방국가들에 대한 침략 전쟁 수행
訴因32	1941년 12월 7일~1945년 9월 2일의 네덜란드에 대한 침략 전쟁 수행
訴因33	1940년 9월 22일 이후의 프랑스에 대한 침략 전쟁의 수행
訴因34	1941년 12월 7일~1945년 9월 2일의 타이에 대한 침략 전쟁 수행
訴因35	1938년 여름 소련공격에 의한 침략 전쟁 수행
訴因36	1939년 여름 몽골인민공화국 영토 공격에 의한 침략 전쟁 수행

제2류 살인 및 살인 공동의죄

선전포고 전의 공격에 의한 살인

訴因37	1940년 6월 1일~1941년 12월 8일 불법 공격에 의한 상대 국민의 불법 살해 공동모의(하그조약 제3조 위반)
訴因38	1940년 6월 1일~1941년 12월 8일 불법 공격에 의한 상대 국민의 불법 살해 공동모의(4개국조약, 부전조약 외 위반)
訴因39	1941년 12월 7일 진주만 공격에 의한 합중국 장병·일반 주민의 불법 살해
訴因40	1941년 12월 8일 영국령 코타발루 공격에 의한 영연방장병의 불법 살해
訴因41	1941년 12월 8일 홍콩 공격에 의한 영연방장병의 불법 살해
訴因42	1941년 12월 8일 상하이 공격에 의한 영연방해군 군인 3명의 불법 살해
訴因43	1941년 12월 8일 필리핀 남부 다바오공격에 의한 미국과 필리핀 양국 장병·일반 주민의 불법 살해

포로 및 일반인의 살인

訴因44	1931년 9월 18일~1945년 9월 2일의 점령지에서 적국 장병·일반 주민의 불법 살해 공동모의
訴因45	1937년 12월 12일 이후의 난징 공격에 의한 중화민국 일반 주민·무장해제병원의 불법 살해
訴因46	1938년 10월 21일 이후의 광둥廣東 공격에 의한 중화민국 일반 주민·무장해제병원의 불법 살해
訴因47	1938년 10월 27일 이후의 한커우漢口 공격에 의한 중화민국 일반 주민·무장해제병원의 불법 살해
訴因48	1944년 6월 18일 전후의 창사長沙 공격에 의한 중화민국 일반 주민·무장해제병원의 불법 살해
訴因49	1944년 8월 8일 전후의 헝양衡陽공격에 의한 중화민국 일반주민·무장해제병원의 불법 살해
訴因50	1944년 11월 10일 전후의 구이린桂林·류저우柳州 공격에 의한 중화민국 일반 주민·무장해제병원의 불법 살해
訴因51	1939년 여름 노몬한 사건에서 소련·몽골인민공화국 군대 약간명의 불법 살해
訴因52	1938년 여름 장고봉사건에서 소련인 약간명의 불법 살해
제3류 통례의 전쟁범죄 및 인도에 반하는 죄	
訴因53	1941년 12월 7일(중국의 경우, 1931년 9월 18일) 이후의 전쟁법규 관례 위반의 공동모의
訴因54	소인 53과 동일 기간에 전쟁법규 관례 위반의 명령·수권授權·허가
訴因55	소인 53과 동일 기간에 전쟁법규 관례위반의 방지의무의 무시

* 출처: 粟屋憲太郎, 『東京裁判への道 下』, 講談社選書, 2006, 48-49.

참고문헌

1. 자료

アジア歴史資料センター, レファレンスコードA08071307800 [http://www.jacar.go.jp]

일본국회도서관 헌정자료실 검색 "Prosecution and Defense Summations for Cases Tried before the IMTFE, 1948"[https://rnavi.ndl.go.jp/kenseI/entry/IPS-26.phpProsecution]

極東国際軍事裁判所 編, 『東京裁判判決: 極東国際軍事裁判所判決文』, 毎日新聞社, 1949. 국립국회도서관 디지털컬렉션 검색[https://dl.ndl.go.jp/info:ndljp/pid/1276125]

General Orders SCAP (文書名:GHQ/SCAP Records, Government Section = 連合国最高司令官総司令部民政局文書) (課係名等: Central Files Branch) (シリーズ名: National Diet Reports File, 1947~1952) (ボックス番号: 2219; フォルダ番号: 4)

連合軍総司令部 編, 『戦犯起訴状: 極東国際軍事裁判所条例』, 日本タイムス社, 1946

井上久士訳, 「国防部戦犯裁判軍事法廷の戦犯谷壽夫に対する判決書」, 『南京事件資料集, 2.中国関係資料編』1947年3月10日

東京裁判研究会, 『共同研究 パル判決書 (下)』, 講談社学術文庫, 1984

《東京日々新聞》(현재 《毎日新聞》)

《毎日新聞》

2. 저역서 및 논문

김석연, 「난징사건과 도쿄재판-미국인 선교사 증언이 남긴 과제-」, 『일본역사연구』 제46집, 2017

유지아, 「메이지유신 150년과 천황의 '원수화'」, 『일본역사연구』 48, 2018

존 다우어, 『패배를 껴안고 제2차 세계 대전 후의 일본과 일본인』, 민음사, 2009

粟屋憲太郎, 『東京裁判論』, 大月書店, 1989

粟谷憲太郎, 『東京裁判への道(上)』, 講談社, 2013

伊香峻哉, 「中国国民政府の日本戦犯処理方針の展開(上)」(『季刊戦争責任研究』 32), 日本の戦争責任資料センター, 2001

N.ボイスター (著), R.クライヤー (著), 『東京裁判を再評価する』, 2012.

内海愛子, 『朝鮮人BC級戦犯の記録』, 岩波書店, 2015

大沼保昭, 『東京裁判, 戦争責任, 戦後責任』, 東信堂, 2007

大沼保昭, 『東京裁判-歴史と法と政治の狭間で-』(講演会 「東京裁判-国際政治と国際法の立場から」), 『外交史料館報』 第31号, 2018

笠原十九司, 『南京事件』, 岩波新書, 1997

笠原十九司, 「中国側から見た日本軍の戦争犯罪」(『季刊戦争責任研究』55), 日本の戦争責任資料センター, 2007

笠原十九司, 『「百人斬り競争」と南京事件-史実の解明から歴史対話へ』, 大月書店, 2008

笠原十九司, 『日本軍の治安戦-日中戦争の実相』, 岩波書店, 2010

記録集編集委員会, 『南京事件70周年国際シンポジウムの記録-過去と向き合い, 東アジアの和解と平和を-』), 日本評論社, 2009

田中利幸編, 『再論東京裁判-何を裁き, 何を裁かなかったのか-』, 大月書店, 2013

田中正明, 『"南京虐殺"の虚構』, 日本教文社, 1984

田中正明, 『南京事件の総括-虐殺否定十五の論拠』, 謙光社, 1987

戸谷由麻, 「東京裁判における戦争犯罪訴追と判決」(笠原十九司・吉田裕, 『現代歴史学と南京事 件』), 柏書房, 2006

戸谷由麻, 『東京裁判—第二次大戦後の法と正義の追求—』, みすず書房, 2008

洞富雄, 『決定版 南京大虐殺』, 徳間書店, 1982

豊田隈雄, 『戦争裁判余録』, 泰生社, 昭和61年8月

リチャード・H・マイニア, 『東京裁判-勝者の裁き』, 福村出版, 1985

半藤一利, 保阪正康, 井上亮 (著), 『「東京裁判」を読む』 (日経ビジネス人文庫), 日本経済新聞出版, 2012

東中野修道, 『「南京虐殺」の徹底検証』, 展転社, 1998

日暮吉延, 『東京裁判』, 講談社現代新書, 2008

藤原彰, 『南京の日本軍』, 大月書店, 1997

山田朗編, 藏滿茂明・本庄十喜著, 『歴史認識問題の原点・東京裁判』, 学習の友社, 2008

張憲文編, 『南京大虐殺史料集 19-21, 日軍罪行調査委員會調査統計, 上・中・下』,
　　江蘇人民出版社, 2006

청일전쟁과 일본군의 여순 대학살

: 진실과 기억

최봉룡
중국 대련대학교 교수

1. 들어가는 말

19세기 중엽, 서세동점의 격변기 속에서 일본은 메이지유신으로 부국강병의 근대화에 성공함과 동시에 신속하게 대외 침략의 길로 나아갔고 그 시발점은 근대 동아시아 국제질서에 큰 지각변동을 일으켰던 청일전쟁이었다. 일본은 이른바 "주권선"을 넘어 "이익선"을 확보하기 위해 청나라 속국으로 존속되어 온 조선에 대한 지배권을 빼앗고, 더 나아가서 만주를 지배하려는 목적으로 청일전쟁을 도발하는 데 그치지 않고 여순 대학살이라는 만행을 저질렀다.

전쟁철학의 논리에서 본다면, 전쟁과 살육은 동전 이면의 속성을 지닌다. 전쟁의 기본 원리는 적군을 최대한 사살함으로써 아군 승전을 담보하기 때문이다. 그러므로 고대 전쟁사에서 적군 포로 및 적국 양민을 무차별적으로 사살하고 재물·영토·인구를 빼앗는 것은 야만적 행위가 아닌 보편적인 전쟁 방식으로 인식되었다. 비록 근대에 이르러 소위 만국전쟁공법에 따라 포로 및 양민 살육이 비문명 내지 불법으로 인지되기 시작하였지만, 전쟁 또는 식민통치 과정에서 양민 학살은 줄곧 이어져 왔다. 특히 청일전쟁에서 일본군이 주출한 여순 대학살은 근·현대 동아시아 전쟁사에 나타난 제노사이드의 시초라는 것에 주목할 필요가 있다. 청일전쟁 이후 일본은 평균 10년에 한 번씩 침략전쟁을 도발하였을 뿐만 아니라, 한국·대만·만주(국)에 대한 식민 지배와 중일전쟁 및 동남아 점령지에서 수많은 양민을 학살하는 제노사이드 비극을 끊임없이 반복하였다.

이 글에서 필자는 여순 대학살에 관한 기존 연구[1]에 기초하여 주요한 역사적 진실을 밝히기 위해 아래와 같은 몇 가지 문제에 역점을 두고 고찰해 보려고 한다. 첫째는 청일전쟁 발발 이후 일본군의 화원구(花園口)등륙과 청군의 금주방어전 및 여순 함락 과정을 살펴봄으로써 당시 일본군의 전략 전술 및 청군의 병력 배치 등을 통하여 여순 대학살에서 피살된 청군의 숫자를 추적해 볼 것이다. 둘째는 여순이 함락된 후 일본군이 자행한 여순 대학살의 실상에 대하여 당시 현장에서 참상을 목격한 서양 외국기자들의 신문 보도, 중국 관청의 보고 문건 및 일본 종군기자들의 기록과 일본 정부 관원들의 태도를 통하여 역사적 진실을 밝혀 볼 것이다. 마지막으로 여순 대학살에 대한 중국인들의 기억과 기념시설-'만충묘'의 변천 과정을 통하여 청일전쟁이 남긴 상흔의 기억을 더듬으며, 치유의 계선을 넘어 공존과 상생 및 화해를 도모하고자 한다. 이를 위해서는 기본 전제, 즉 가해자 또는 가해

---

1) '여순 대학살사건'(혹은 '여순 대도살사건')에 관한 연구는 20세기 80년대부터 본격적으로 이루어져 왔는데, 그 대표적인 논저는 다음과 같다. 戚其章, 「旅順大屠殺眞相考」, 『東岳論叢』第12期, 1985; 戚其章, 「旅順大屠殺真相再考」, 『东岳论丛』第22卷第1期, 2001; 戚其章, 「西方人眼中下的旅順大屠殺」, 『社會科學研究』第3期, 2003; 韩行方, 「甲午旅順大屠杀有关问题浅探」, 『辽宁师范大学学报』第5期, 1990年; 董順擘, 「论福泽谕吉对旅順大屠杀事件的评论」, 『社科纵横』第7期, 2014; 孙克复, 「旅順大屠杀惨案新证」, 『清史研究』, 1994; 方一戈, 「一个日本人笔下的旅順大屠杀」, 『文史春秋』, 2004; 關捷 總主編, 『旅順大屠杀研究』, 社会科学文献出版社, 2001; 井上晴樹, 『旅順虐殺事件』, 筑摩書房, 1995; 秦郁彦, 「旅順虐殺事件-南京虐殺と對比して」, 『淸日戰爭正東アジア世界的變容』下卷(東アジア近代史學會), ぼぼ書房, 1997 등이다.

국가의 역사적 반성과 피해자 또는 피해 국가의 포용적인 태도가 우선되어야 하며, 미래지향적인 동아시아운명공동체 구축을 위한 역사적 공동 인식의 필요성을 제시해 보고자 한다.

2. 일본군의 화원구 등록과 청군의 저항

1) 일본군의 화원구 등록

근대 서세동점의 위기를 맞은 동아시아에서는 서구에 공동으로 대응하기 위한 아시아 연대론이 대두되기도 하였다. 그러나 조선의 임오군란과 갑신정변을 계기로 청국의 직접적 간섭이 가속화할수록 한반도 지배권을 둘러싼 청일 양국 간의 갈등은 날로 악화되었다. 1894년 조선에서 일어난 동학운동은 청일 양국의 공동 출병에 빌미를 제공하였을 뿐만 아니라, 청일전쟁의 도화선이 되었다. 일본은 조선의 "독립국 권익보장" 및 "동양평화 유지"[2]라는 구실로 조선에 대한 청국의 번속 관계를 종식시키고 한반도를 독점적으로 지배함으로서 장차 대륙 침략의 발판으로 삼으려고 하였다. 청국은 2백여 년간 지속적으로 유지해 온 화이질서의 마지막 보루인 조선에 대한 종주국 지위를 일본에 쉽게 양도하려고 하지 않았다.

1894년 7월 25일, 일본의 연합함대는 풍도에서 조선 국내에 군대를 수송하고 여순으로 귀항하려는 청나라 북양함대를 습격함과 동시에

---

2) 「日本國明治天皇對淸宣傳布告」, 청일전쟁 때 양국은 각각 청나라 광서황제와 일본 메이지천황의 이름으로 선전포고를 하였는데, 이 두 가지 선전포고문에는 당시 조선의 대한 지배권 및 개혁을 둘러싼 청일 양국 간의 갈등이 여실히 드러나고 있다.(丁一平, 『甲午戰爭』(下), 海潮出版社, 2014, 410.)

아산에 주둔한 청군을 공격함으로써 선전포고도 없이 전쟁을 도발하였다. 8월 1일 청일 양국이 각기 선전포고를 함으로서 청일전쟁은 시작되었다. 일본군 제1군은 평양전투에서 승전한 후 곧은 압록강을 향해 신속하게 북상함과 동시에 제2군은 요동반도 화원구로부터 등륙하여 남북협공 작전으로 북양함대 물자보급 요충지인 여순 군항을 점령하려고 시도하였다. 당시 일본군의「작전대방침」에 따르면 첫 단계는 조선 내 청군을 축출하고 조선 독립을 부축하여 해상권을 탈취하는 것; 둘째 단계는 중국의 직예(하북) 지역에서 청군 주력과 격전하여 철저히 패배시키는 것이었다.[3]

10월 24일 새벽, 일본군 제2군 제1사단은 조선 대동강 하류의 어은동漁隱洞에서 출발한 일본 연합함대 16척의 호위를 받으면서 요동반도의 화원구로 등륙하였다. 기록에 따르면 당나라와 고구려의 전쟁 때 당나라 수군은 등주登州(지금 산동성 봉래蓬萊)에서 출항하여 이곳에서 등륙하였다. 일본해군 연합함대 일부는 위해위와 여순 군항에 정박한 북양함대의 동향을 감시하고, 대부분의 함대가 일본군 등륙을 엄호하였다. 10월 24일부터 11월 6일까지 일본군 제2군 사령관 오오야마 이와오大山巖의 인솔 아래 등륙한 인원은 모두 2만 4,049명이었고, 전마 2,740필 및 기타 대량의 군용물자들이 포함되었다. 같은 날, 일본군 제1군 약 3만 명은 야마가타 아리모도山縣有朋의 지휘 아래 조선 의주 수구진水口鎮에서 압록강을 넘어 안동安東(지금 요녕성 단동丹東), 구련성九連城 및 해성海城을 잇따라 점령하였다.

일본군의 화원구 등륙은 청일전쟁의 주요 전장이 조선에서부터 점차 요동반도로 이전됨과 동시에 요동반도에 대한 일본의 침략적 야욕으로 드러났다. 다시 말하면 전쟁의 성격이 초기 청일 양국의 조선에 대한 종주권 쟁탈전이 점차 중국에 대한 일본의 침략 전쟁으로 전환

---

3) 關捷 總主編, 『旅順大屠殺研究』, 社會科學文献出版社, 2001, 64.

되었음을 의미한다. 그러나 금주 부도통金州副都統 연순連順[4]은 화원구로부터 일본군이 등륙한 보고를 받았음에도 제대로 응전하지 않았다. 때문에 일본군은 금주와 여순을 향해 쉽게 진격할 수 있었다.

2) 청군의 금주방어전 및 여순 함락

일본군 제2군은 화원구를 등륙하여 금주로 진격할 때, 금주에 주둔한 청군의 실태를 파악하기 위해 첩보원 6명을 파견하였다. 그 중에서 야마사키 코자부로山崎羔三郎(대륙 낭인), 가네자키 사부로鐘崎三郎(육군 첩보원), 후지사키 히이즈藤崎秀(육군 첩보원) 등 3명이 청군에게 체포되어 참수를 당한 후 금주 서문에서 효수되었다. 이른바 '삼기 사건三崎事件'으로 일본군의 여순 대학살이 국제적 여론으로부터 비난을 받을 때, 일본 정부는 청군의 야만에 대한 일본군의 보복이라는 변명으로 이유를 삼았다.

11월 16일, 일본군 제1사단은 금주성 외곽에 주둔한 청군을 공격하였다. 당시 금주성 및 부근에 주둔한 청군은 부도통 연순連順의 기병旗兵과 총병 서방도徐邦道의 공위군拱衛軍을 포함하여 모두 3,080명에 달하였다.[5] 일본군의 총공세에 밀린 청군은 많은 사상자를 내고 금주 성곽 안으로 후퇴하여 반격을 시도하였지만 결국 겨우 포위를 뚫고 여순으로 퇴각하였다. 이튿날, 일본군은 세 갈래로 나뉘어 대련만을 향해 진격하였다. 당시 대련만에는 총병 조회업趙懷業[6]이 이끄는 청군 3,300

---

4) 연순連順, 만족, 생몰년 미상, 1889년 금주 부도통에 임명됨. 갑오전쟁 때 금주 부근에서 농민으로 변장하여 청군의 정부를 수집하던 야마사키 코자부로山崎羔三郎, 가네자키 사부로鍾崎三郎, 후지사키 히이즈藤崎秀 등 이른바 '3기三崎'가 청군에 체포된 것을 금주 서문 밖에서 참수형에 처했고, 금주가 함락된 후 여순으로 도주하여 전쟁이 끝난 뒤 파면되었다.

5) 丁一平, 『甲午戰爭』(下), 海潮出版社, 2014, 602.

명[7])이 주둔하고 있었지만 응전하지 않고 여순으로 철퇴하였다.

잇따라 일본군은 요동 전역에서 '원동 제1요새'로 불리던 여순에 대한 포위 공격을 준비하였다. 그때 여순에는 금주와 대련만에서 퇴각한 청군이 약 4,000명, 그리고 여순 요새를 방어하는 병력 약 1만 명, 모두 1만 4,000명에 달하였다.[8] 여순 방어전은 11월 18일부터 21일까지 전개되었다. 이 과정에 북양함대는 이미 황해해전(17일)에서 참패했고, 청군은 토성자土城子, 석문자石文子, 우대산于大山, 안자산案子山, 이룡산二龍山 등 전투에서 일본군의 진공을 저지하였는데, 그 중 토성자 전투에서 첫 승전을 거두었다.

18일 오전 10시 제1사단 제2중대 아키야마 요시후루秋山好古가 이끄는 600명의 보병과 200명의 기병은 토성자 남쪽 고지에 매복한 청군 5천여 명에게 포위 공격을 당하였다. 아키야마秋山의 주력부대는 가까스로 포위를 뚫고 퇴각하였지만 사망자 11명, 부상자 35명이었다.[9] 청군은 일본군 전사자의 머리를 베어 여순으로 돌아가서 효시하였다. 이 전투에서 일본군은 화원구 등륙 이후 처음으로 패전하였다. 이로써 황군의 무패 신화가 깨지면서 일본은 큰 치욕을 느꼈고, 일본군 사병 시

---

6) 조회업趙懷業(?-1894), 안휘 합비 사람, 이홍장의 회군 통령統領으로서 청일전쟁 때 총병으로 파견되어 대련만 방어를 맡았지만 포대를 보존한다는 이유로 금주 방어전을 지원하지 않았을 뿐만 아니라, 대련만에서 일본군과 접전하지 않고 여순으로 퇴각, 또한 여순 함락된 후 도주하였다. 청일전쟁이 끝난 뒤 청 정부는 그를 형부刑部에 교부하여 처리 및 재산을 몰수하였다.

7) 丁一平, 『甲午戰爭』(下), 607.

8) 宗澤亞, 『淸日戰爭』, 北京聯合出版公司出版, 2014, 80.

9) 孫克復·關捷 著, 『中日甲午陸戰史』, 黑龍江人民出版社, 1984, 232. 토성자 전투에서 일본군 사상자 숫자는 다양하게 기록되고 있는데, 『日淸戰爭實記』의 기록에 따르면 "일본군 전사자 11명, 부상자 38명"(戚其章 主編, 『中日戰爭』叢刊續編 第8冊, 中華書局, 1989, 138.)이고 龜井玆明의 「血證-甲午戰爭親歷記」에서는 "전사자 12명, 부상자 33명"(『甲午國恥叢書』(關捷 總主編), 中央民族大學出版社, 1997, 132.)으로 나타나고 있다.

체의 학대는 일본으로 하여금 청군에 대한 복수의 분노를 자아냈다.[10) 이것이 일본 정부가 여순 대학살에 대해 일본군의 부득불 취할 수밖에 없는 복수로 변명하는 이유였다.

21일 오전 7시, 일본군 제2군은 세 갈래로 나뉘어 연합함대와의 협동 작전으로 여순 공격을 개시하였다. 일본군 연합함대의 포격에 청군의 해안포대는 잇따라 일본군에 점령되었다. 청군의 일부 패잔병들은 줄줄이 금주 방향으로 퇴각하였고, 저녁 해질 무렵에 여순은 일본군에게 완전히 함락되었다. 여순이 함락될 때 제1사단 제1여단장 노기 마레스케乃木希典는 금주로 도주하는 청군 패잔병 560명을 사살하였고, 또 이튿날 대모가영大毛家塋에서 9백여 명에 달하는 청군 잔병을 포위하여 360명을 사살하였고, 500여 명은 해안 절벽에 몰아넣어 익사시켰다.[11)

그렇다면 여순 전투에서 청군의 전사자는 얼마나 될 것인가? 왜냐하면 여순 대학살 사건 연구에 있어서 청군 전사자는 꼭 집고 넘어가야 할 문제이기 때문이다. 물론 여순 전투에서 청일 양국 사상자에 관한 숫자는 다양하게 나타나고 있다. 일본군 전사자는 40명, 부상자는 241명, 실종자는 7명이었고[12) 청군의 전사자 숫자는 정확하게 알 수 없으나 사상자는 2,500여 명[13), 포로는 355명이었다.[14) 당시 여순 함락을 직접 목격했던 일본 종군촬영기자 가메이 고레아키龜井玆明는 여순에서 전사한 청군 병사와 탈출하여 도주하던 청군이 "도중에 격살된 것을 합해 모두 8,000여 명에 달하며, 다만 여기에서 그치지 않을 것이다"[15)라고 기록하였다.

---

10) 宗澤亞, 『淸日戰爭』, 82.

11) 宗澤亞, 『淸日戰爭』, 370.

12) 宗澤亞, 『淸日戰爭』, 89.

13) 橋本海關, 『淸日戰爭實記』第9卷, 博文館, 1895, 310.

14) 丁一平, 『甲午戰爭』(下), 2014, 627.

15) 龜井玆明著(高永學等譯), 「血證-甲午戰爭親歷記」, 『甲午國恥叢書』(關捷 總主編),

필자가 주목하고 싶은 대목은 일본군이 여순을 함락한 다음날 오전 8시에 일본군 제2군 사령관 오오야마 이와오大山巖가 대본영에 보낸 전보문이다. 이 전보문에서 그는 "제2군 사상死傷은 장교 이하 102명, 적군 사상死傷 및 포로 숫자의 상세한 정황은 아직 불명하다. 청군의 많은 화포와 탄약 및 전리품을 노획하고 적병敵兵 2만 섬멸殲滅함"16)이라고 보고하였다. 이 전보문처럼 만약 '적병 섬멸'이라면 문제가 되지 않지만, 2만 명 모두가 청군 병사가 아니고 저항력을 잃은 포로 내지 수많은 무고한 민간인이 포함되었다면 성격이 달라질 수밖에 없다. 다시 말하면 일본군이 여순을 점령한 후, 여순 대학살을 자행했던 역사적 진실은 과연 무엇일까? 일본군은 누구의 명령에 따라 양민 학살이라는 만행을 스스럼없이 저지를 수 있었던 것인가? 그리고 여순 대학살에서 피살된 중국인은 과연 얼마나 되는가? 이러한 물음에 초점을 맞추어 여순 대학살의 기록과 그 실상을 심층적으로 조명해 볼 필요가 있다.

3. 일본군 여순 대학살의 기록과 진실

1) 서양 외국인들의 보도

청일전쟁은 중세 이래 줄곧 중국을 중심으로 하는 화이질서華夷秩序의 종식과 더불어 근대 동아시아 전쟁사에서도 중요한 의미를 지닌다. 일본은 '문명국가', '일본문명' 및 '문명전쟁'을 표방하면서 서양의 기자들과 각국 영사관의 무관들이 전장에서 취재 또는 관전하는 것을

中央民族大學出版社, 1997, 238.

16) 宗澤亞, 『淸日戰爭』, 354.

허락함으로서 여론전에서 주도권을 장악할 수 있었다. 이와 반대로 청나라는 외국인 기자들의 취재나 무관들의 관전을 일체 거절하였다. 그로 인해 국제 여론은 자연히 일본 측으로 기울었다. 당시 서방 여론은 대체로 "청국이 조선에 출병한 목적은 단지 종주국 지위를 공고하기 위한 것이고 일본의 출병은 조선 국가독립에 힘씀으로써 속국 상태를 탈피시키기 위한 것"[17]으로 인식되었다.

청일전쟁 때 서양 외국인들은 일본 외무성의 특별 허가를 받은 중립국가의 신문기자, 해군무관 및 해원들이 포함되었는데, 신문기자는 10명, 무관은 7명이었다.[18] 물론 일본의 이러한 조치는 전쟁 보도의 투명성을 높임으로써 국제사회에 '전쟁문명'을 과시하려는 데 목적이 있었다. 따라서 일본군을 따라 취재하는 서양 외국인들의 태도를 보면 흔히 일본군의 '문명'과 무사 정신을 찬양하고 청군의 '야만'을 비난하는 경향성을 드러냈다. 그러나 여순 학살 사건의 진상은 바로 서양 외국기자들의 보도를 통하여 세상에 알려졌다.

당시 일본군 제2군에 종군한 서양 외국신문기자는 모두 5명이었는데, 그중에 미국 《뉴욕월드The NewYoek World》의 기자 제임스 크릴먼James Creelman, 영국 《타임스The Times》의 기자 토마스 코웬Thmas Cowen, 《로이터Reuters》의 기자 스티븐 하트Stephen Hart, 그리고 아일랜드 모험가 제임스 앨런James Allan, 미국 주일본공사 해군상위 오브넌M. J. OBnen 등은 여순 학살 사건의 목격자들로 그 실상에 대하여 상세한 기록을 남겼다.[19] 이들이 남긴 여순 학살 사건 관련 신문보도와 견문록은 기존 연구에서 귀중한 사료로 많이 인용되었기 때문에 본 글에서는 간략하게 서술하고자 한다.

---

17) 宗澤亞, 『淸日戰爭』, 233.
18) 宗澤亞, 『淸日戰爭』, 236.
19) 戚其章, 「西方人眼中下的旅順大屠殺」, 『社會科學硏究』 第3期, 2003, 124.

11월 24일 오후, 여순 함락 후 일본군이 축첩회를 개최하는 야수성을 목도하면서 제임스 크릴먼은 제일 먼저 여순 학살 사건의 실상을 알리는 소식을 미국에 전하였다. 그는 기고문에서 "여순 내 인민은 모두 일군에게 살해되었는데, 연일 손에 무기가 없고 적군에 저항하지 않는 주민이 무수히 도살되어 죽은 시체가 거리에 가득 쌓였다. 내가 지금 이 글을 쓰고 있는데도 여전히 총성을 들을 수 있다"[20]라고 기록하였다. 12월 초, 배를 타고 일본 요코하마에 도착한 그는 12일과13일 두 차례 전문電文으로 《뉴욕월드》 본사에 투고하여 여순 대학살의 진상을 보도하였다. 그는 "일군은 11월 21일 여순에 진입하여 노소부유를 포함한 비무장 주민을 함부로 죽이고 그 도살 장면과 시체 참상은 말로 표현할 수 없었으며, 3일 연속 대량으로 도살하여 시내 주민은 얼마 남지 않았다. 사람을 전율케 하고 문명사회와 배치되는 일본군의 행위는 일본이 스스로 자랑하는 문명을 더럽게 하여 다시 야만시대로 되돌아갔다"[21]라면서 비난하였다.

11월 30일, 여순 학살 사건을 직접 목격하고 일본 히로시마에 도착한 토마스 코웬은 그날 저녁 일본 외무대신 무츠 무네미츠陸奥宗光를 만나 여순 학살 사건의 진상을 진술하면서 일본 정부의 선후대책을 물었다. 무츠 외무대신은 사태의 엄중성을 직감하고 각국 주재 일본 공사들에게 여순 사건에 관한 국제여론을 주시하도록 지시하고, 수상 이토 히로부미伊藤博文에게 알려 출구대책을 논의하였다. 12월 3일, 코

---

20) James Creelman, "The Massacre at Port Arthur", *The NewYork World*(1894. 12. 20.), 12.

21) 宗澤亞, 『淸日戰爭』, 355. 1894년 12월 12일 제임스 크릴만의 기고문은 「일본군 대도살·'세계보'수군기자 여순도살사건에 관한 보고」(A Japanese Massacre: The Worlds War Correspondent Reports a Butcher at Port Arthur)란 제목으로 처음으로 《뉴욕월드》에 발표되면서 국제 사회의 주목을 받게 되었고, 일본 정부는 대응책을 마련하기에 급급하였다.(戚其章, 「旅順大屠杀真相再考」, 『东岳论丛』 第22卷 第1期, 2001. 37.)

웬이 히로시마에서 보낸 기고문이 《타임스》에 발표되었다. 이 기사에서 그는 일본 외무대신 무츠와의 담화 내용을 전하면서 "청국 군대는 일본군의 공세에 저항하였지만 끝내 최후 패퇴하였고, 무기를 잃어버린 청나라 군대는 민복을 갈아입고 시내에 혼잡하게 은폐하여 백성들의 가옥에서 계속 저항하였다. 여순 공격하기 전에 청나라 군대는 일본군 포로를 학살하였기 때문에 일본군의 전우를 위한 복수를 유발하였고 상관에게 근절根絶 행동을 취할 것을 요구하였다. 이후 일본군은 시내에서 약탈과 도살을 시작하였고 무기를 버린 청군 포로와 평민 백성을 참살하였다"[22]라고 밝혔다.

영국 해원인 제임스 앨런은 여순 학살 사건의 현장에서 목격한 참상을 소상하게 기술한 견문록『용기龍旗 아래에서Under the Dragon Flag』[23]란 책에서 일본군이 한 연못荷花灣(지금 여순구 4810공장 부근에 있던 연못)에서 남녀노소를 불문하고 집단으로 도살하는 장면을 다음과 같이 적고 있다. "무서운 관경이 나의 눈앞에 나타났다. (…)이 호수는 많은 일군에 포위되었고 일군은 대량의 난민을 물속으로 쫓으면서 사면팔방에서 그들을 향해 사격하였고, 총칼로 호수를 빠져나오려는 난민을 물속으로 내몰아갔다. 호수 표면에 시체가 뜨고 호수는 피로 붉게 물들었다." 그가 다시 여관으로 갈 때 "한 곳에서 나는 약 10명 혹

---

22) 宗澤亞, 『淸日戰爭』, 354.

23) 1898년 영국 런던에서 출판된 제임스 앨런James Allan의 저서 『용기 아래에서 Under the Dragon Flag』는 중국에서 2권의 번역본이 출간되었다. 하나는 1930년 대 비청費靑·비소통費孝通이 번역하여 『新生』雜誌(第1卷 第7, 8, 9期)에 연재하면서 부제를 첨가한 『在龙旗下: 中日战争目击记』(费青·费孝通 譯, 上海人民出版社, 2014)이고, 다른 하나는 난언蘭言이 「旅順落難記」로 번역하여 『甲午中日戰爭文學集』(阿英 編, 中華書局, 1958)에 수록되었다. 특히 문학작품으로 소개되었기 때문에 그것이 실화문학이라고 할지라도 역사사료로 인용함에 이의를 제기하는 학자들도 있지만 대부분 역사적 사실에 접근하는 기록으로 받아들이고 있다.(戚其章, 「旅順大屠殺眞相考」, 『東岳論叢』第12期, 1985, 52.)

은 12명 일본군과 그들에 의해 함께 포박된 불행한 많은 사람들을 보았다. 일본군은 그들을 향해 줄줄이 총알을 발사하였고, 그처럼 무섭고 통상적인 방식에 따라 그들의 시체를 지해肢解하는 데 착수하였다. 남자, 부녀 혹은 아이를 막론하고 하나도 불행을 모면하지 못했다"[24]라고 기록하였다.

상술한 서양 외국기자들의 보도 혹은 목격자들의 견문록에서 다음과 같은 점 몇 가지를 확인할 수 있다. 첫째는 외국기자들에 의해 여순 학살 사건의 진상이 점차 세상에 알려지기 시작하였다는 점이고, 둘째는 일본군은 무장을 버린 청군 포로와 수많은 무고한 주민을 모두 무참하게 학살하였다는 점, 셋째는 일본 정부가 여순 학살 사건에 대한 국제여론의 비난을 회피하기 위한 대응책을 마련하였다는 점이다. 물론 일본군의 청군 포로와 양민에 대한 '몰살 행위'는 복수를 위해 상관에게 요구하여 이루어진 것인 양 기술된 점은 일본군의 단순한 '분노 행위'로 읽힐 수 있는 소지가 다분하다.

2) 청나라 관원들의 보고

앞에서 이미 언급한 것처럼, 청일전쟁 때 청나라는 일본과 다르게 외국 언론에 대하여 매우 보수적인 태도를 취했을 뿐만 아니라, 전시상태에서 언론매체를 통해 자국 국민의 정신을 동원하지도 않았다. 여순 함락 후 대부분의 청국 관리들은 도주하였다. 이는 여순 학살 사건에 관한 청나라 측 사료, 즉 당시 타지에서 전쟁에 관여하던 청국 관원들 간에 오고간 전문 또는 황제에게 올린 주문奏文 등을 통해 그 실상을 조금씩 엿볼 수 있다.

---

24) 艾倫, 「在龙旗下: 中日战争目击记」, 『近代史資料』(總57期), 中國社會科學出版社, 1985, 396-397.

청일전쟁 때 청군은 통일된 군사작전체계를 갖추지 못하고 오직 직예총독 겸 북양대신인 이홍장李鴻章이 총지휘 역할을 담당하였다. 12월 3일, 이홍장은 그 전날 연태에서 유함방劉含芳[25]이 보내 온 전문에 근거하여 조정에 올린 상주문에서 "왜倭는 24일(양력 21일-필자 주) 여순에 덮쳐든 후 병민兵民 살상이 심히 많았다. 28일(양력 25일-필자 주) 쌍도雙島, 소평도小平島에서 도망해 온 병졸 및 장인 10명이 오늘 아침에 공칭供稱하기를 24일 밤에 왜는 소평도 서쪽 노용두老龍頭의 다른 줄기로 1만 명이 연안에 올랐다. 목하 부대는 수영기영水營旗營에 모두 주둔하며 풍막에 거처한다. 26일(양력 23일필자 주) 또다시 산을 수색하여 뒤에 기다란 담장 내와 수사영水師營에서 많이 살육하였다. 담장 밖의 각 촌마을에서 만약 군의軍衣·군기軍器를 소지한 자는 모두 죽이고 도망하는 자도 죽인다. 그들에게 닭, 돼지를 주는 자는 죽이지 않는다"[26]라고 기록하고 있다.

상술한 이홍장의 상주문에서 일본군의 여순 대학살은 시간적으로 11월 21부터 '병민'-청군 병사와 평민-을 많이 사살한 것을 확인할 수 있다. 즉, 이날 저녁 해질 무렵 여순이 함락된 후 일본군은 청군 병사와 민간인을 분별하지 않고 학살한 것으로 판단된다. 또한 여순 성곽 밖에 있던 각 촌마을에서 군복과 군기를 소지하거나 도망하는 자는 포로가 될 수 있었음에도 불구하고 모두 사살되었음을 말해 준다.

11월 24일, 유함방은 총리아문에 보내는 전문에서 여순 함락과 일

---

25) 유함방劉含芳(840~1898), 자는 향림鄕林, 안휘성 귀지현貴池縣 사람, 그는 회군淮軍이 염군捻軍을 진압할 때 공헌이 많아 이홍장으로부터 큰 신임을 받았고 또한 북양수군의 수뢰학당, 수뢰영 몇 여순 군항 창설 및 공사 점검에 참여, 청일전쟁 때 등래청도登萊靑道 겸 동해관감독東海關監督 및 북양수군의 물자보급을 책임졌던 그는 연태를 고수하면서 여순 상황을 파악하기 위해 4차례 사람을 보냈고 그 상황을 이홍장에게 알렸으며, 청일전쟁 후 관직을 버리고 고향에 내려갔으며「마관조약」이 체결된 소식을 듣고 울분으로 앓다가 사망함.

26) 戚其章 主編, 『淸日戰爭』(叢刊續編)第1冊, 中華書局, 1989, 657.

본군 학살 만행에 대한 비통한 심정을 다음과 같이 담았다. "연태에서 전보를 보내왔는데, 여순은 24일(양력 21일-필자 주) 아침에 군대가 패하고 오후에 이르러 잃었다. (…) 여순 사건旅事은 통곡할 일이다. 나는 어제부터 오늘에 이르기까지 마음이 아파서 전보를 자세히 할 수 없다." 이날, 그는 이홍장에게 여순 학살 사건의 참상을 알리는 전문에서 11월 21일 "오후 2시쯤 면약庫綿藥庫가 피격되어 불타고, 무릇 포대 부근, 촌마을 및 군영, 노수사영老水師營이 모두 불타고 사람을 모두 죽였는데 기인旗人 피살이 특히 극심하다"[27)라고 하였다.

1895년 1월 4일 유함방이 총리아문에 보내는 전문에는 매우 기이한 내용이 있다. 내용인즉, 그가 네 번째로 파견한 사득성史得勝이 배를 타고 나가서 금주소식을 탐문하였는데, "금주를 내왕하는 주민들의 말에 따르면 성내에 왜병 2천 명, 한민韓民차부車夫 1천 여 명이 있으며 현재 차부들은 머리를 깎고 왜병으로 바뀌었다"[28)라고 기록하였다. 이날 유함방은 또다시 총리아문에 간언하는 전문諫電에서 "오늘 천진天津평민 왕환王煥이 초9일(1월 4일-필자 주) 여순을 탈출하여 와서 이르기를 전 달 25일에서 28일까지(양력 11월 22~25일-필자 주) 산을 수색하였고 29일(양력 26일)부터 사람을 죽이지 않았다"[29)는 보고를 올렸다. 이처럼 여순 대학살은 11월 21일부터 25일까지 지속되었다. 일본군이 자행한 광기적인 학살만행에 대하여 청국 관료들은 비록 통탄하는 감정을 드러내기도 하였지만 만국공법을 활용하지 못해 국제여론의 주도권을 놓친 것은 부패의 무능을 말해 준다.

---

27) 陈旭麓·顧廷龍·汪熙 主編, 『盛宣懷檔案資料: 甲午·中日戰爭』第1卷(上), 上海人民出版社, 1980, 294.

28) 張本義·吳靑雲 主編, 『甲午旅大文選』, 大連出版社, 1998, 44.

29) 中国史学会, 《中日战争》(第3册), 上海人民出版社, 1957, 277.(韩行方, 「甲午旅顺大屠杀有关问题浅探」, 『辽宁师范大学学报』第5期, 1990年, 87.)

3) 일본 종군기자들의 기록과 일본 정부의 변명

청일전쟁 때 일본 정부는 서양 외국기자와 무관들의 전장 현지에서 취재 또는 관전을 허용하였을 뿐만 아니라, 일본에는 일본군 대본영의 규정에 따라 '군사비밀 준수'등을 전제로 하는 종군기자·화가·사진사·신궁·승려가 무려 190명에 달하였고 심지어 중의원 의원들로 구성된 '종군대의사從軍代議士'도 있었다.30) 당시 일본군 제2군을 따라 금주·여순 작전에 참여하여 직접 전투과정을 목격한 종군기자들은 대부분 일본군의 문명과 용맹을 선전하는 도구로 이용되었다. 이들은 다양한 방식으로 여순 학살 사건의 참상들을 기록하거나 촬영 및 회화로 남겼는데, 당시 일본군 규제에 따라 참살 현장에서 함구할 수밖에 없었다. 그러나 청일전쟁 이후 여순 학살 사건 관련 기사·일기·사진 및 회화 등이 대량으로 공개되면서, 이 자료들은 역사적 진상을 파악하는 데 중요한 사료로 주목받는다.

일본군 제2군에서 종군기자로 활동하던 가메이 고레아키龜井玆明는 많은 사진과 함께 일기체로 저술한 견문록인『청일전쟁종군사진첩淸日戰爭從軍寫眞帖』에서 여순 학살사건을 자세하게 기록하고 있다. 그의 일기에서는 여순을 공격할 때 여단장 야마지 모토하루山地元治의 명령에 따라 제1여단의 살육이 시작된 것에 대하여 "명령이 떨어지자 즉각 용맹하게 돌격하여 먼저 여순 시내에 잠복한 적병을 도살"한 다음 잇따라 "평민 가옥에서 다소 무기탄약을 감추고 일군에게 저항하는 자는 모두 살육되고 하나도 남지 못했다"31)라고 기술하였다. 또한 일본군

---

30) 宗澤亞,『淸日戰爭』, 363.

31) 龜井玆明高永學 譯,『血證-甲午戰爭親歷記』, 中央民族大學出版社, 1997, 106. 龜井玆明의 일기는 1899년에『종군일승從軍日乘』이란 서명으로 출간되었고, 후에는『淸日戰爭從軍寫眞帖-伯爵龜井玆明の日記』柏書房(1992)로 출판, 중국에서는 본 각주와 같은 서명으로 출판되었다.

의 전공에 대하여 "제2연대 8중대 인원 230명 중에서 적병 15명 이상 참살한 자는 18명, 30명 이상 참살한 자는 2명, 동시에 3연대 숙영지에서도 700여 명 참살하였으며, 이로부터 그 살육이 얼마나 많았음을 알 수 있다"[32]라고 적는다. 그는 일본군의 문명과 공훈을 찬양하면서 여순 학살은 무고한 백성이 아니라 모두 청군 병사 내지 평민으로 변장한 패잔병 혹은 저항하는 자만 사살한 것처럼 기술하고 있지만, 자신이 직접 체험하고 목격한 사실을 그대로 기록하였다는 측면에서 사료적 가치가 높다.

당시 일본군 제2군에서 첩보원으로 활동했던 코오노 겡이치向野堅一는 그의 『종군일기從軍日記』에서 제1여단장 야마지 모토하루山地元治가 사병들에게 "만약 적병을 보면 하나도 남기지 말라"고 명령하였고, 제3연대가 마음대로 살인할 때 부하들에게 "대외에 쉽게 누설하지 말라"[33]고 당부한 것으로 기술하고 있다. 그리고 미타무라 류노스케田村龍之介는 『일청전쟁기·금주여순의 대전日淸戰爭記·金州旅順之大戰』에서 토성자 전투 중 청군에 의해 사살된 일본군 병사들이 '능욕'을 당한 것을 목격하고 감행한 보복에 대하여 "적병의 잔인함은 아군을 격노시켰고 사단장(제1사단장을 말함-필자 주)은 각 장교에게 보복할 것을 명하였으며 각 부대는 전투 상황을 시찰한 후 여순을 진공함과 도살을 진행하였다. 아군은 적에게 추호의 관용도 없었고, 조금만 저항하는 사람이 있으면 아키야마秋山好古(연대장-필자)는 즉시 그들을 사살하였다.

---

32) 龜井玆明, 『血證-甲午戰爭親歷記』, 106.

33) 向野堅一, 『從軍日記』, 1932년 유인본, 대련도서관 소장. 그는 1924년 관동주 금주민정서에서 일본군 첩보원으로서 농민으로 변장하고 정보를 수집하다가 청군에 체포되어 살해된 야마사키 코자부로山崎羔三郎, 가네자키 사부로鍾崎三郎, 후지사키 히이즈藤崎秀(흔히 '삼기三崎'라고 칭함)를 기념하는 연설에서 "여순에서 야마지山地장군이 말하기를 '비전투원을 붙잡아도 죽이라'라고 말했고, 여순은 실로 처참하고 또 처참하였으며 여순구 내는 실로 사람들의 피가 흐르는 강물을 이루듯 하였다"라고 회고하였다.

21일 전투에서 시내에는 죽은 시체 1천 여 구가 있었고 그후 매일 수백 명씩 도살하였는데, 실로 쌓인 시체는 산을 이루었고 피는 강처럼 흘렀다"[34]라고 기록하였다.

위에서 서술한 내용에서 볼 수 있듯이, 일본군의 여순 대학살은 제1사단장의 명령에 의해 감행되었고, 제2군 사령관 오오야마大山巖가 묵인하였던 것이다. 이외에도 당시 일본 신문기사와 기타 기록에서도 여순 학살에 관한 진상이 조각처럼 많이 드러나고 있다. 필자는 편폭의 제한으로 이 글에서 국제여론에 일본 정부의 대응과 변명을 중점적으로 살펴보고자 한다.

여순 학살 사건의 현장을 목격한 서양 외국인들이 신문매체를 통한 비난과 공격에 일본 정부는 일본군 지휘관에 대한 문책이 아니라 외교 및 언론 수단을 통해 국제사회의 비난을 차단하기에 급급했다. 12월 1일 무츠 무네미츠陸奧宗光는 외무 차관에게 보내는 전문에서 "만약 각하께서 말하는 그런 사실(여순 사건을 뜻함-필자 주)이 있다면 역시 필연코 원인이 있다"[35]면서 일본군의 '복수'로 해명하려고 시도하였다.

12월 16일, 무츠 외무대신은 주미 일본공사 아와노 신이치로栗野愼一郎로 하여금 미국 정보기관을 매수하여 《뉴욕월드》에 일본 정부의 이른바 「공개성명」을 발표하도록 하였다. 그 내용은 대체로 일본군이 민복을 착용하거나 또는 저항하는 청군을 사살하였고, 청군들이 일본 포로를 학살함으로서 일본 병사들의 분노를 자극하였기 때문에 복수한 것이며, 또한 일부 외국 보도는 사실을 왜곡하고 있으며, 청군 포로 355명은 우대를 받고 곧 동경으로 보내온다는 등 8개 항목[36]은 모두

---

34) 三田村龍之介, 『日淸戰爭·金州旅順之大戰』, 日本大板松雲堂, 1894, 66. 이와 비슷한 기록은 『日淸海陸戰史』(村松恒一郎 著, 大阪靑木嵩堂, 1895, 30.)에서도 일본군은 "전사자들을 위해 복수할 것을 맹세하였다"라고 서술하였다.

35) 外務省, 『日本外交文書』(第27卷), 第935文件, 1963, 607.

변명으로 일관되었다. 일본 정부의 성명에 대하여 일부 미국 언론들은 '일본의 고백' 혹은 '국가 자아반성'이라고 평가하면서 호의를 보였고, 특히 당시 주미 청국공사를 비롯한 외교관 및 무관들은 아무런 반응이 없었기 때문에 크릴먼의 사실적인 보도는 '허보'로 역공격을 받는 국면이 나타났다.

12월 20일, 크릴먼이 쓴 「여순 대학살」이란 제목의 장편 기사가 삽화와 함께 《뉴욕월드》(1-3면)에 게재되었고, 세계는 그 실상에 다시 한 번 경악하였다. 25일 일본 정부는 국제사회의 비난과 질책을 무마하기 위해 두 번째 성명을 발표하였는데, 그 내용은 첫 번째와 비슷하였지만 "크릴먼의 언론이 미국 정부의 정치 경향을 대표하지 않기를 희망한다"[37]라고 밝혔다. 이처럼 소위 문명국가 위상을 회복하기 위한 일본 정부의 변명으로 이 사건은 정의를 수호하는 한 기자 개인과 국가 간의 국제논쟁으로 이어지는 양상을 보였다. 그는 결국 신변 위험을 느끼고 곧 미국으로 귀국하여 계속 진실을 알리는 활동을 전개하였다. 일본 국내 신문들은 크릴먼을 공격하였을 뿐만 아니라, 유명 인사들도 일본 정부의 대변인 격으로 사실을 왜곡·은폐·변명하는 논설을 발표하였다.

청일전쟁이 발발 직후, 후구자와 유쿠치福澤諭吉는 「일청전쟁은 문명과 야만의 전쟁」이란 논설에서 "전쟁은 중일 양국 간에 발생하였으나 만약 그 근원을 밝힌다면 문명개화의 진보를 추구함과 그 진보를 반대하는 양자 간의 전쟁이며 절대 양국 간의 전쟁이 아니다"[38]라고 역설하였다. 12월 14일, 여순 학살 사건에 대한 국제여론의 비판이 거세질 때 그는 「여순 살육은 황당한 소문」이란 논설을 《시사신보時事新

---

36) 宗澤亞, 『淸日戰爭』, 355-356.

37) 宗澤亞, 『淸日戰爭』, 356.

38) 庆应义塾, 『福泽谕吉全集』第14卷, 东京: 岩波书店, 1961, 471(董顺擘, 「论福泽谕吉对旅顺大屠杀事件的评论」, 『社科纵横』第7期, 2014, 107-108 재인용.)

報》에 발표하여 "우리 군인이 무고한 지나인支那人을 살육한 것은 실제상에 말하면 흔적이 없는 오보"39)라고 주장하였다. 잇따라 그는 12월 30일에 「외국인이 우리 군대 거동에 관한 논평」에서 "피해자 다수가 무고한 시민이란 것은 완전히 황당한 허언이고 우리나라 사병들의 총칼에 죽은 것은 모두 지나支那 병사"이며 "그 증거는 여순에서 피살된 지나인 시체를 검사할 때 모두 오직 그들이 외의外衣만 보통사람 옷이었고 내의內衣 및 신발 등 모두가 지나 병사들이 평소 사용하는 물건으로서 한눈에 군인임을 알 수 있다"40)고 변명하였다. 그의 문명관에는 타자의 인권과 생명권 및 타국의 주권과 만국공법을 무시하는 식민주의 흔적이 역력하게 드러났다.

여순 학살 사건에 대한 일본의 또다른 대응책은 국제법적인 변명이었다. 일본군 제2군에서 법률고문을 담당했던 아리가 나가오有賀長雄는 그 대표적 인물이었다. 그는 여순 사건에 대한 국제법적인 비난을 변명하기 위해 프랑스 파리에서 활동하면서 프랑스어로『청일전역국제법淸日戰役國際法』이란 책을 저술하였다. 이 책은 비록 일본군 여순 학살의 정당성을 비호하기 위해 출판되었지만 그가 목격한 사실을 상세하게 기록하고 있다는 점에서 사료적 가치가 있다. 그는 이 책에서 여순 함락 후, "거리에 있는 시체 총수는 대략 2,000명, 그중 500명은 비전투자이다. 그리고 항만을 건너 도주하려는 사람도 총에 맞아 죽었기 때문에 수중에 시체가 많았고, …22, 23, 24일 이 며칠 사이에 소수 일본병사들이 끈으로 중국인을 삼삼오오씩 함께 묶어 교외로 끌고 가는 것을 보았는데, 다시 말하면 끌고 가서 죽이는 것이다"41)라고 기술하였다. 그의 책에서 주목되는 점은 제2군사령관 오오야마大山巖의 답변

---

39) 庆応义塾, 『福沢谕吉全集』 第14卷, 676.
40) 庆応义塾, 『福沢谕吉全集』 第14卷, 675.
41) 有賀長雄, 『淸日戰役國際法』, 陸軍大學校, 1896, 109.

서를 인용하여 "여순 시내에서 함께 혼합된 사병과 백성을 사살하는 것은 실로 면하기 어려운 것"이며 또한 이것은 "전술상의 문제이고 법률상의 문제는 아니다"[42]라고 변호하였다. 이것은 여순 대학살 사실에 대하여 일본정부도 "많은 무익한 살육"[43]이 있었음을 알면서도 국제여론 비난에서 탈출구를 찾기 위한 몸부림이었다.

4) 역사적 기억 – '만충묘'의 변천

여순 대학살에서 피살된 순난자 숫자 문제는 줄곧 논쟁과 관심의 대상으로 주목받아 왔다. 사실 피해자 숫자를 정확하게 통계하는 것은 쉽지 않다. 기존 연구에 따르면 여순 대학살 순난자는 약 1.83만 명[44] 내지 2만여 명[45]으로 추산하고 있다. 여순 학살사건 이후, 12월 9일 제2군 참모장이 대본영에 올린 '전투전과'의 보고에 따르면 여순에서 2,500명, 금주와 여순 사이에서 2,000명까지 합계 4,500명[46]으로 기록하고 있다. 그렇다면 순난자 약 2만 명이란 숫자는 어떻게 왔는가? 당시 여순 시에 거주하는 인구는 약 2,000호 약 1만여 명[47], 그리고 청군이 약 1만 4,000여 명을 합계하면 약 2만 5,000여 명으로 추정된다. 여순 함락 전후, 외지로 피난한 인구에 대한 정확한 통계[48]는 없지만 여순 시내 교외 촌마을에서도 많이 사살된 것은 청국 관료들의 기록에

---

42) 有賀長雄, 『淸日戰役國際法』, 118-119.

43) 陸奥宗光, 『新訂蹇蹇錄』, 岩波書店, 2005, 127.

44) 沈予, 『日本大陸政策史(1868~1945)』, 社会科学文献出版社, 2005, 94.

45) 關捷, 『旅順大屠杀研究』, 社会科学文献出版社, 2001, 297.

46) 宗澤亞, 『淸日戰爭』, 376.

47) 戚其章, 「旅順大屠杀真相再考」, 『东岳论丛』第22卷 第1期, 2001, 40.

48) 여순 함락되던 날, 즉 11월 21일 여순 시내 영국 양행에 1백여 명, 순희원順戲園·집선극장集仙劇場 두 곳에 약 3백여 명이 있었고, 심야에 외지로 탈출한 사람은 약 4~5백 명이라고 한다(孫寶田, 『旅大文獻征存』, 필사본, 대련시도서관 소장).

서 나타난다.

일본군 여순 학살 사건에 대한 국제여론을 회피·변명·부정하기 위한 수단은 외교적·언론적·국제법적으로 대응함과 더불어 학살 현장과 시체를 신속하게 처리하는 것이었다. 즉, 그 목적은 법리적으로 인증 및 물증을 남기지 않으려는 데 있었다. 이것은 일본 정부가 여순 학살 사건을 '흔적이 없는 허언'으로 부정할 수 있는 빌미가 되었다. 하지만 역사적 사실은 숨길 수 없다. 일본군 제2군 사령부는 11월 26일 "청국인 시체를 신속히 처리하라"는 명령을 내렸고, 시체를 처리하기 위해 청국인 80~90명[49]으로 구성된 '소거대掃却隊(혹은 '燒却隊'라고 함)'를 동원하여 먼저 여순 시내로부터 교외 습지로 운반하여 모래로 덮어 두었다가 벽돌공장의 가마를 이용하여 모두 화장하였다. 금주 서쪽 교외에도 임시 화장터를 만들어 놓고 약 1,200여 구 시체를 소각하였다. 이런 소각은 1월 18일까지 진행되었는데, "약 1만 8,300구 골회를 버드나무로 만든 세 개의 관에 넣어 배옥산 동쪽기슭에 매장하였고, 가족이 있는 1천 여 구 시체는 달리 안장되었다."[50] 이날, 청국 승례들과 일본 종군 승례들이 함께 망령제를 지내고 「청국병전몰자지묘淸國兵戰歿者之墓」란 묘패를 세움과 동시에 일본 승례들이 작은 석비를 세웠다.

1895년 4월 17일, 「마관조약」을 체결로 청일전쟁은 막을 내렸고, 그해 12월 일본군은 요동에서 철퇴하고 청나라는 여순을 다시 접수하였다. 이듬해 11월, 여순 접수업무를 맡았던 직예후보지주直隸候補知州 고원훈顧元勛은 여순 학살 사건 2주년을 맞으면서 여순 대학살 순난자들의 골회가 묻힌 곳에 세워진 목패를 빼버리고, 묘전墓殿에 '만충묘萬忠墓'란 세 글자가 새겨진 석비를 세웠다. 이 석비의 비문에는 "광서갑

---

49) 여순 대학살 순난자 시체를 화장하는 '소거대掃却隊'에서 참가했던 포소무鮑紹武의 구술 자료(韓行方, 「甲午旅順大屠杀有关问题浅探」, 『辽宁师范大学学报』第5期, 1990, 88.)

50) 孫寶田, 『旅大文獻征存』, 필사본, 대련시도서관 소장.

오 10월(음력-필자 주) 일본이 맹약을 망치고 여순은 지켜지지 못해 관병상민 남녀 1만 8백여 명의 충혼골회가 이곳에 묻혔다"[51]라고 썼다. 이 비문에서 볼 수 있듯이, 여순 대학살에서 살해된 것은 청국 관병과 상민 및 남녀노소가 포함되어 있을 뿐만 아니라, 그 숫자는 1만 8천 명에 달한다고 기록하였다. 후세 연구자들은 이 만충묘석비에 기록된 숫자와 금주에서 화장된 1,500여 명을 합해 약 2만 명으로 추산하게 되었다. 여기서 필자는 여순과 금주에서 화장한 골회를 만충묘에 합장했는지를 재고해 볼 필요가 있음을 지적하고 싶다. 또한 일본 측의 변명처럼 순난자의 수에는 단순히 '청군 전몰자'만 속하는 것이 아니라 무고한 평민들이 여럿 포함되었다.[52]

청일전쟁 10년 후, 만주에 대한 세력권을 쟁탈하기 위한 러일전쟁에서 승리한 일본은 또다시 여순을 점령하고 40년 간 식민통치를 실시하였다. 일본식민당국은 참혹한 죽음의 기억으로 상징되는 만충묘가 중국인들의 분노와 반항 및 반일 정서를 유발하는 촉매제로 작용하는 것을 매우 우려하였다. 특히 이 비문에 새겨진 '일본패맹日本敗盟'이란 단어는 일본이 조약을 망가뜨리고 전쟁을 도발하였다는 뜻이 담겨 있다. 때문에 일본 낭인들을 사주하여 비밀리에 만충묘석비를 관동청의원關東廳醫院로 옮겨 담에 넣고 쌓았다. 그러나 중국인들은 해마다 만충묘에서 순난자들을 위해 제사를 올렸다. 1922년 3월 12일, 여순 화상공의회華商公議會의 주도로 만충묘를 다시 수건함과 동시에 만충묘석비를 새로 세웠다.

광복 후, 1948년 10월 25일 여순에서 처음으로 1천여 명이 참석한

---

51) "光緒甲午十月日本敗盟旅順不守官兵商民男女一萬八百余名忠魂骨灰葬於此"(關捷 總主編, 『旅順大屠杀研究』, 217.)

52) 여순 대학살 순난자는 청군 병사와 무고한 백성이 포함되는데 그 비례를 청군 병사는 약 10%, 백성은 약 90%로 추정하는 연구도 있다(孙克复, 「旅順大屠杀 慘案新证」, 『清史研究』,1994, 48.)

만충묘 제전 활동이 공식적으로 거행되어 확장 공사에 착수하였고, 그해 11월 만충묘를 재수건함과 동시에 '만충묘'란 세 글자를 새긴 석비를 세웠다. 이 비문의 마지막 부분에는 "우리 관동關東인민은 중소中蘇 우의를 공고케 하고 원동의 영구 평화를 확보할 것이다"[53]라고 쓰여 있다. 그리고 1994년 여순 대학살 100주년을 맞으면서 영구적인 기념시설을 만들기 위해 원 묘소를 옮김과 동시에 유해를 새로운 묘총墓塚에 안장하였다. 이때 묘지 내에서 발굴된 많은 유물들로 보아, 일본이 주장하는 여순 대학살 순난자가 단순히 '청국병사 전몰'자가 아니라 평민 및 어린아이들도 포함되었음을 증명할 수 있었다. 그리고 새롭게 화강암으로 '만충묘'란 석비를 세움과 동시에 만충묘 기념관을 개관하였다. 이 비문의 마지막 부분에 씌어진 "거안사위居安思危, 물망국치勿忘國恥, 강국부민强國富民, 진흥중화振興中華"[54]라는 글귀는 비참한 국치의 역사적 기억과 더불어 분발하는 중화민족의 시대적 정신을 표상하고 있다.

4. 나오는 말

이미 앞에서 서술하듯이, 일본은 메이지유신 이후 부국강병을 이룩하고 자국의 "주권선"을 넘어 "이익선"을 확보하기 위해 청일전쟁을 도발하였고, 여순 대학살이라는 만행을 저질렀다. 청일전쟁은 일본이 일으킨 대외 침략전쟁의 시발점이었고 또한 여순 대학살은 근·현대 동아시아 전쟁사에서 제노사이드 비극의 시초라는 점은 시사하는 바가 크다. 왜냐하면 청일전쟁 이후 일본이 실시한 대륙정책의 궤적과

53) 王希智·韓行方 主編, 『大連近百年史文獻』, 療寧人民出版社, 1999, 410-412.
54) 關捷 總主編, 『旅順大屠杀研究』, 239.

제노사이드 현상은 지속적으로 연장되고 반복되었기 때문이다.

본 글에서 필자는 서양 외국기자들의 보도와 견문록 및 청국 관원들의 보고, 그리고 일본군 참전자들의 기록을 통해 여순 대학살이 그 당시에도 국제적 관심의 대상으로 부각되었을 뿐만 아니라, 참혹한 비극은 부정할 수 없는 역사적 사실이라는 것을 확인할 수 있었다. 특히 당시 일본 정부는 문명국가·문명군대·문명전쟁의 명예를 표방하기 위한 선후지책으로서 외교·언론·국제법적인 대응으로 잠시나마 국제적 비난을 받았지만 전쟁범죄 책임은 묘계로 회피하였다. 이것은 청나라 관료들이 부패무능과 더불어 제국주의 열강들의 묵인 속에서 가능하였다. 다시 말하면 제국주의 시대에서 인도와 정의 및 공정은 만국공법이 아니라 절대 힘의 원리로 작동되었음을 여실히 보여 준다. 만약 여순 대학살 사건에서 만국공법에 따라 일본의 전쟁범죄 책임이 추궁되었다면, 그 뒤 반세기 동안 근·현대 동아시아 역사 속에서 일본의 식민지 지배와 대외 침략전쟁으로 끊임없이 재현된 제노사이드 참극은 모면할 수 있지 않았을까 하는 무모한 생각도 해보게 된다.

또한 일본이 여순 대학살의 순난자가 대부분 청군 사병 혹은 민복으로 변장한 저항자만 있었다고 주장한 것과는 달리, 필자는 그들뿐만 아니라 남녀노소를 비롯해 약 2만 명으로 추산되는 무고한 백성의 순난자였다는 근거를 제시하였다. 사실 여순 학살사건 순난자 숫자는 정확하게 통계할 수 없는 한계가 있다. 그러나 만충묘 석비에 기록된 1만 8,300여 명과 금주에서 살해된 1,500여 명을 합하면 약 2만에 달하는 것을 확인하였다. 다만 여순과 금주에서 화장된 골회를 만충묘에 합장한 것인가 하는 문제에 대하여 재고의 필요성을 제출하였다. 그리고 만충묘의 변천을 통하여 여순 대학살에 대한 중국인들의 역사적 기억을 더듬어 볼 때, 국치 교훈을 후대에 전하려는 역사적 인식과 시대적 정신이 깊이 반영되고 있음을 밝혔다. 즉, 만충묘는 중국인들이 여순 학살의 역사적 기억을 망각하지 않기 위한 하나의 치유 과정이다. 전쟁의 상처를 치유하는 공식은 가해자의 진지한 반성이 전제가 되고 또한 피해자의 포용적 자세가 동반되어야 한다. 때문에 미래지향적 관점에서 볼 때 공존 상생과 공동 번영을 목표로 하는 동북아시아 운명 공동체 구축은 구성원 국가 및 국민들이 전쟁의 상처를 치유하고 역사적 공동 인식의 틀이 마련되어야만 실질적인 결실이 이루어질 것이다.

참고문헌

有賀長雄, 『淸日戰役國際法』, 陸軍大學校, 1896

橋本海關, 『淸日戰爭實記』第9卷, 博文館, 1895

龜井玆明, 『淸日戰爭從軍寫眞帖-伯爵井玆明の日記』, 柏書房,1992

龜井玆明(高永學 譯), 『甲午國恥叢書: 血證-甲午戰爭親歷記』, 中央民族大學出
        版社,1997

艾倫(费青·费孝通 譯), 『在龙旗下: 中日战争目击记』, 上海人民出版社, 2014

向野堅一, 『從軍日記』, 1932, 油印本, 대련도서관 소장

三田村龍之介, 『日淸戰爭·金州旅順之大戰』, 日本大板松雲堂, 1894

村松恒一郎 著, 『日淸海陸戰史』, 大阪靑木嵩堂, 1895

外務省, 『日本外交文書』(第27卷), 第935文件, 1963

陸奧宗光, 『新訂蹇蹇錄』, 岩波書店, 2005

庆应义塾, 『福泽谕吉全集』第14卷, 东京: 岩波书店, 1961

陈旭麓·顾廷龍·汪熙 主编, 『盛宣懷檔案資料: 甲午中日戰爭』第1卷(上), 上海人
        民出版社, 1980

戚其章, 「旅順大屠殺眞相考」, 『東岳論叢』第12期, 1985

戚其章,「旅順大屠杀真相再考」,『东岳论丛』第22卷 第1期, 2001

戚其章, 「西方人眼中下的旅順大屠殺」, 『社會科學硏究』 第3期, 2003

戚其章, 「旅順大屠杀真相再考」, 『东岳论丛』第22卷 第1期, 2001

韩行方,「甲午旅順大屠杀有关问题浅探」,『辽宁师范大学学报』第5期, 1990

董顺擘, 「论福泽谕吉对旅順大屠杀事件的评论」, 『社科纵横』第7期, 2014

孙克复, 「旅順大屠杀惨案新证」, 『清史研究』, 1994

方一戈, 「一个日本人笔下的旅順大屠杀」, 『文史春秋』, 2004

秦郁彦, 「旅順虐殺事件-南京虐殺と對比して」, 『淸日戰爭正東アジア世界的變容』
        下卷(東アジア近代史學會),ぽぽ書房, 1997

董顺擘, 「论福泽谕吉对旅順大屠杀事件的评论」, 『社科纵横』第7期, 2014

孫克復·關捷 著, 『中日甲午陸戰史』, 黑龍江人民出版社, 1984

戚其章 主編, 『中日戰爭』叢刊續編 第8冊, 中華書局, 1989

戚其章 主編, 『清日戰爭』(叢刊續編)第1冊, 中華書局, 1989

井上晴樹, 『旅順虐殺事件』, 筑摩書房, 1995

張本義·吳靑雲 主編, 『甲午旅大文選』, 大連出版社, 1998

王希智·韓行方 主編, 『大連近百年史文獻』, 療寧人民出版社, 1999

關捷, 『旅順大屠杀研究』, 社会科学文献出版社, 2001

關捷 總主編, 『旅順大屠杀研究』, 社会科学文献出版社, 2001

沈予, 『日本大陸政策史(1868~1945)』, 社会科学文献出版社, 2005

丁一平, 『甲午戰爭』(下), 海潮出版社, 2014

宗澤亞, 『淸日戰爭』, 北京聯合出版公司出版, 2014

孫寶田, 『旅大文獻征存』, 필사본, 대련시도서관 소장

James Creelman, "The Massacre at Port Arthur", *The NewYork World*(1894. 12. 20.)

제노사이드, 기억, 죄책감*

: 가지야마 도시유키의 「이조잔영」에 재현된 제암리 교회
  학살 사건의 의미

조윤정
KAIST 강사

1. 재현의 시점과 만들어진 기억

작가가 역사적 사건을 기억하는 가장 직접적인 방식은 그 사건을 작품 속에 재현하는 것이다. 사이토 다케시齋藤勇의 시 「어떤 살육 사건或る殺戮事件」(1919), 사이토 구라조齋藤庫三의 시 「살육의 흔적-사이토 다케시씨 어떤 살육 사건을 읽고殺戮の跡-齋藤勇氏 「或る殺戮事件」を讀みて」(1919), 유아사 가쓰에湯淺克衞의 소설 「간난이カンナニ」(1935), 가지야마 도시유키梶山季之의 소설 「이조잔영李朝残影」(1963) 등은 1919년 4월 15일 제암리 교회 학살 사건을 작품의 중심에 두고 있다. 이 사건은 발안 지역의 시위를 탄압하기 위해 파병된 보병 79연대 소속 아리타有田俊夫 중위가 지휘하는 11명의 일본군 병사가 마을 남자들을 제암리 교회에 모아 놓고 문을 폐쇄한 후 사격 및 방화한 일을 일컫는다. 당시 예배당 안에서 21명, 예배당 밖에서 2명, 이웃 마을 고주리에서 6명까지 총 29명이 학살당하고 온 마을이 불탔다. 이 사건은 영국 영사 커

---

* 이 글은 성신여자대학교 인문과학연구소의 『인문과학연구』 43집(2021년 2월)에
  수록한 논문을 수정·보완한 것이다.

티스Raymond S. Curtice와 그를 수행하던 AP통신 서울 특파원 타일러A. W. Taylor, 통역을 맡았던 미국 선교사 언더우드H. H. Underwood에 의해 세상에 알려졌다.[1] 그리고 영자 신문《재팬 애드버타이저The Japan Advertise》의 1919년 4월 29일자 보도를 통해 일본에도 전해졌다.[2]

앞의 2편의 시는 사건이 일어난 후 2달 사이에 발표된 작품이다. 영자 신문을 통해 일본의 만행을 접한 영문학자 사이토는 기독교계 신문《복음신보福音新報》에 시를 발표하고, 그의 시를 본 목사 사이토는 그 시에 답하는 형태로 작품을 발표한다. 전자가 사건에 대해 축소하려는 언론을 비판하며 학살의 실상을 적나라하게 묘사한다면, 후자는 사건의 참담한 흔적을 묘사하되 속죄보다는 기독교적 사랑과 화해를 강조하는 양상을 보인다. 이 작품들은 제암리 학살의 비인간성에 대해 제국 지식인으로서 느낀 놀라움과 통분 그리고 종교적 소명의식을 담고 있다.

이 같은 일본 지식인의 기민한 대응은 당시 조선 작가들이 이 사건에 대해 '쓸 수 없었던' 정황과 비교해 보면 매우 놀랍다. '조선소요사건' 관계 서류를 보면, 여운형呂運亨은 1919년 6월 '미국 야소장로파대회耶蘇長老派大會'에 상해 임시 정부의 대표로 참석하여 '일본의 교회당 방화 및 인민 학살 사실提岩里事件을 호소'하려고 계획했음을 알 수 있다. 이 문서에서 이광수는 대한민국임시의정원 평안북도 대의원大韓民國臨時議政院 平安北道 代議員으로 이름을 올린다.[3] 상해 불령선인 목록에는

---

1) 김승태, 「3.1운동과 일본군의 한인 학살」, 충남대 충청문화연구소 편, 『제노사이드와 한국근대』, 경인문화사, 2009, 134.

2) 제암리 교회 학살 사건에 대한 자세한 정황에 관해서는 위에 제시한 김승태의 연구와 다음의 논의 참고. 이덕주, 「3.1운동과 제암리사건」, 『한국기독교와 역사』 7, 한국기독교역사연구소, 1997, 39-71; 서정민, 「제암리 교회 사건에 대한 일본 측의 반응」, 『한국기독교와 역사』 7, 한국기독교역사연구소, 1997, 74-95.

3) 「騷密 第2128號-獨立運動ニ關スル件(國外日報 第67號): 上海方面情報」, 『大正8年乃至同10年 朝鮮騷擾事件關係書類 共7冊 其7』, 1919. 5. 12.

신채호의 이름도 있다. 그럼에도 당시 사건의 정황을 알고 있던 신채호와 이광수 등 조선 문인들의 문학작품에서 '제암리 교회 학살 사건'에 대한 언급을 발견하기는 어렵다.[4] 여운형이 이 사건에 대해 호소하려던 발화대가 조선 외부인 것이 암시하듯, 그들이 제암리 학살 사건과 관련한 작품을 썼어도 검열을 통과할 수 없었을 것이다.

물론 일본 작가도 사정은 좋지 않았는데, 유아사 가쓰에는 1934년 종합잡지 《개조改造》의 제7회 창작현상모집에 「간난이」를 응모했지만, 작품의 소재 문제 때문에 선외가작으로 선정된다. 도쿠나가 스나오德永直의 추천으로 1935년 4월 《문학평론文學評論》에 게재된 「간난이」는 복자가 많고, '3.1 독립운동'을 다룬 후반부 46매(전체 11장 중 제6장 이하)가 전부 삭제된 채 발표되었다. 이 작품은 1946년에야 전체 내용이 복원된다.[5] 그만큼 해방 전의 시대적 상황에서 제암리 학살 사건을 작품화한다는 것은 정치적 제약을 안고 있었다. 1935년에 발표된 「간난이」와 전후에 복원된 「간난이」를 동일시할 수 없으며, 전후에 이 작품을 전면에 내세운 작가의 의도를 타민족 억압에 대한 책임 은폐에서 찾는 기존의 논의[6]는 그 지점에서 이해할 수 있다.

해방 전에 제암리 학살 사건을 재현한 작품들은 일본의 조선 식민지화 자체를 문제 삼지는 않는다. 이 점은 3.1운동의 근본적 이유를 묻지 않은 채 창작된 작품상의 한계임에 분명하다.[7] 그러나 조선인을 무

---

4) 이광수는 해방 후 「나의 고백」에서 자신이 여운형의 동생 여운홍과 함께 1919년 『차이나 프레스』에 교섭하여 핍휘라는 기자를 서울로 보내 약 3주 만에 그가 가지고 온 기사와 사진으로 수원 제암리 학살 사건에 관해 접했음을 언급한 바 있다. 이광수, 「나의 고백」, 『이광수 전집』7, 삼중당, 1972, 255.

5) 이 작품의 발표 경로와 발표 당시 원고의 상태, 복원 후 작품의 변화 여부에 대해서는 신승모의 논의 참고. 신승모, 「'인양引揚'후의 유아사 가쓰에론: 연속해가는 혼효성混淆性」, 『일어일문학연구』 71(2), 한국일어일문학회, 2009, 297-298.

6) 任展慧, 「植民者の二世文学-湯淺克衛への疑問」, 『季刊三千里』 5, 1976, 159-161.

7) 특히, 사이토 구라조의 「살육의 흔적-사이토 다케시 씨 어떤 살육 사건을 읽고」

자비하게 살해한 일본의 정치적 폭력성 자체를 폭로하고 비판한다는 점에서, 제국 일본의 정치적 방향성을 거스르거나 제한된 문필 활동을 넘어서려 했다는 의미를 지닌다. 이 같은 맥락에서 볼 때, 가지야마 도시유키가 1963년 3월《별책 문예춘추別冊 文芸春秋》에 발표한「이조잔영」은 분명 다른 층위에 놓여 있다. 이 작품이 1953년 4월《히로시마문학 廣島文學》에 발표한「무지개 속霓のなか」을 개작8)한 사실을 감안하더라도 사정은 다르지 않다. 앞의 세 작가와 달리 1930년생인 가지야마에게 제암리 학살 사건은 간접적으로도 분명 '체험'의 영역일 수 없기 때문이다.

특히, 1910년에 태어나 조선에서 유소년기를 보낸 유아사 가쓰에와 비교해 볼 때, 이 부분은 더욱 명징해진다. 만세운동이 일어났을 때, 수원에 살았던 유아사 가쓰에는 심상과 2학년이었으며, 3.1운동 중 "군내에서 일어난 교회 방화 사건"을 강렬하게 기억하는 만큼 그의 소설은 작가의 직접 체험에 기인한다. 작가는 12살 일본 소년과 조선 소녀 간난이의 우정, 교회 방화의 비극적 상황 속에서 일본인의 군도에 살해된 간난이를 찾아 나서는 일본 소년의 비탄으로 제암리 학살 사건의 참혹함을 형상화한다. 그러나 학교에서조차 3.1운동에 대해 배우지 못한 가지야마에게 이 사건은 의도적으로 추적하여 형성된 역사적

에서는 3.1운동에 대한 일본 측의 대응 태도를 문제 삼거나 속죄하기보다 '화해'를 먼저 말함으로써 동족의 죄악에 대해 기독교의 이름으로 면죄부를 주는 '자기 합리화'의 성향을 강하게 보인다. 서정민,「제암리 교회 사건에 대한 일본 측의 반응」, 89.

8) 가지야마 도시유키의 '조선소설집'을 엮은 가와무라 미나토는 '조선것'과 관련한 가지야마 작품의 특징으로, 개고改稿가 많아 여러 이본[異文, 異稿]이 있다는 점, 가필 정정 후 재발행도 다른 테마의 작품에 비해 많다는 점을 꼽았다. 그러나 그는「무지개 속」과「이조잔영」의 차이에 대해서는 구체적으로 언급하지 않았다. 川村湊,「梶山季之「朝鮮小説」の世界」,『李朝残影: 梶山季之朝鮮小説集』, 東京: インパクト出版會, 2003, 323.

기억일 수밖에 없다.

그간의 연구에서 「이조잔영」은 조선에서 태어난 작가 가지야마의 생애를 바탕으로 '조선의 문화와 풍토'에 대해 그가 지닌 애착을 드러내는 작품으로 언급되었다.[9] 그리고 작가가 제암리 학살 사건을 분명한 역사적 사실로서 규정하고 일본 식민 통치의 잔학성을 고발하며 비판적으로 기록했다는 점에서 높이 평가된다.[10] 이 점은 식민지와 전쟁을 경험하지 않은 세대에게 그것을 알리는 역할을 자임하고 실천했다는 측면, 1919년 당시 재조일본인의 기록이 지닌 문제점을 들춘다는 측면에서 그 의미가 확장된다.[11] 앞선 연구들은 가지야마 소설의 한계 역시 지적한다. 식민지나 식민지 여성을 성적 대상으로 비유하는 식민주의적 글쓰기[12], 조선의 미를 비애와 멸망의 미로 인식하는 시선[13], 나아가 전후 일본 문단에서 작가적 입지를 다져나가는 데 '조선'을 '이용'했다는 점[14] 등이 그 내용이다.

「이조잔영」의 의미와 한계를 적시한 선행 연구를 정리하며 드는

---

9) 牛口順二, 「梶山季之文學の中の朝鮮」, 『季刊三千里』 28, 三千里社, 1981.

10) 이원희, 「가지야마 도시유키梶山季之와 조선」, 『일본어문학』 38, 한국일본어문학회, 2007, 419.

11) 신승모, 「'전후' 일본사회와 식민자 2세 문학의 등장: 가지야마 도시유키(梶山季之) 문학을 중심으로」, 『일본학』 34, 동국대 일본학연구소, 2012, 233; 조미경, 「일본 현대 문학자의 식민지 지배인식 연구: 가지야마 도시유키의 「이조잔영」, 「족보」를 중심으로」, 『일본근대학연구』 52, 한국일본근대학회, 2016, 192.

12) 가와무라 미나토, 『말하는 꽃 기생 妓生(キ-セン): "もの言う花"の文化誌』, 유재순 옮김, 소담, 2002[2001], 260-261; 강진구, 「전후 일본 문학에 나타난 한국의 표상 체계 연구Ⅱ: 가지야마 토시유키 문학에 나타난 한국의 이미지」, 『민족문학사연구』 30, 민족문학사연구소, 2006, 366-367.

13) 川村湊, 「梶山季之「朝鮮小説」の世界」, 2003, 344-350; 이원희, 「가지야마 도시유키(梶山季之)와 조선」, 같은 쪽.

14) 신승모, 「'전후' 일본사회와 식민자 2세 문학의 등장: 가지야마 도시유키梶山季之 문학을 중심으로」, 228.

의문 하나는, 그가 다른 사건이 아니라 왜 '제암리 교회 학살'을 선택했느냐이다. 조선을 체험의 영역으로 끌어들이기 위해서라면, 그는 자신이 직접 목격하고 기억한 사건을 선택할 수도 있었는데 말이다. 그러므로 가지야마의 「이조잔영」이 지닌 의미를 밝히는 일은 그가 일본에 귀환한 후 왜 3.1운동을 중심으로 소설을 쓸 수밖에 없었는지를 묻는 데서부터 시작해야 한다. 또한, '제암리 학살 사건'을 공공의 기억으로 끌어들이는 문제는 그의 방한에 대한 당시 한국의 미디어가 보인 반응이나, 한국에서 1967년에 발표된 영화 〈이조잔영〉과의 연장선에서 해석될 필요가 있다.

지금까지 가지야마 도시유키와 관련한 연구에서는 「이조잔영」의 원형이 되었던 소설 「무지개 속」의 존재나 그의 방한 사실을 언급하기는 했지만 두 작품의 차이나 방한 당시 작가의 발언과 미디어의 반응에 대해서는 논의하지 않았다. 또한, 소설 「이조잔영」은 한국에서 영화로 제작되는 과정에서 많은 부분 각색된다. 이것은 일종의 수용사적 관점에서도 의미를 지니는데, 소설과 영화의 차이는 당시 한국에서 가지야마의 서사를 대중화했던 의도와 관점을 드러낸다. 이 글에서는 가지야마 도시유키의 소설과 그의 소설을 원작으로 만들어진 한국 영화 그리고 신문 기사를 분석하여, 「이조잔영」에 재현된 제암리 교회 학살 사건의 의미를 밝히겠다.

2. 귀환자가 일본인의 억압된 기억에 대응하는 방법

패전 이후 일본에 돌아간 일본인들은 제국 식민자로서의 우월감이 아니라 패배자의 피해의식과 열등감을 경험하게 된다. 특히, 조선을 고향으로 둔 가지야마와 같은 일본인은 졸지에 '외지인'의 삶을 살아간다. 이 같은 변화는 귀환자에게 '내지의 이방인'[15]으로서 정체성 혼란을 초래했다. 막대한 전쟁 피해로 빈곤과 혼란의 생활을 하던 본토 일본인들은 "우리도 어려운데 왜 돌아왔느냐"는 질책 어린 시선을 보내며 식민지 출신 일본인에게 "더러운 귀환자"라며 멸시하기도 했다. 전후 일본에 처음 돌아온 식민자 2세의 경우 그 이질감은 부모 세대보다 더 심각했다.[16] 경성에서 히로시마로 이동했던 가지야마 역시 귀환자로서의 냉대와 배고픔을 경험한 것으로 알려져 있다.[17]

전후부터 1960년대 전반까지 일본은 국민 재통합을 위해 전쟁 피해국이라는 공적 기억을 만들어 공유했다. 일본 사회에 나타난 식민지에 대한 기억은, '체험적 기억'에 대한 '공공적 기억'의 억압[18]으로 정리된다. 패전 이후 일본 내 공공의 기억 속에서 조선의 식민지화는 제국주의 침략이며, 식민지에 거주했던 일본인은 제국 침략의 첨병으로 인식되었다. 식민지 기억은 공공의 기억에서 은폐될 수밖에 없었다.[19] 1930년 조선에서 태어난 가지야마에게 패배자나 일본 제국주의의 첨병 같은 정치적 낙인에 저항할 길은 무엇이었을까.

가지야마는 '공적 기억에서 사라진 사건'이나, 혹은 '일본이 은폐하려 했던 사건'을 소설 내부로 끌어들여 의도적으로 식민지 기억을 공유한다. 그는 재조일본인조차 일본인의 차별과 허세를 비판하고 조선 총독부의 식민 정책을 문제 삼게 했던 3.1운동[20]을 소설의 중심에 둔

---

15) 박이진, 「귀환자引揚者의 '전후': 전후 일본의 균열 지점」, 『비교일본학』 27, 한양대 일본학국제비교연구소, 2012, 33.

16) 박이진, 「귀환자引揚者의 '전후': 전후 일본의 균열 지점」, 31-32.

17) 牛口順二, 「梶山季之文學の中の朝鮮」, 221.

18) 임성모, 「전후 일본의 만주 기억, 그 배후와 회로」, 『일본비평』2, 서울대 일본연구소, 2010, 142.

19) 이규수, 「식민지 체험자의 기억 속의 '제국'과 '식민지': 후지카이不二會를 중심으로」, 『역사와 경계』79, 부산경남사학회, 2011, 236.

20) 3.1운동에 대한 조선 내 일본어 잡지에 나타난 반응은 정병호와 조미경의 논문

다. 여기에는 1952년 2월에 개최되어 쌍방의 주장이 엇갈리는 가운데 결렬, 재개, 중단을 반복했던 한일국교정상화 회담의 분위기가 개입한다. 가지야마는 1953년 4월 《히로시마문학》에 「무지개 속」[21]을 발표하고, 10년 후 그 작품을 「이조잔영」으로 개작한다. 원작 발표와 개작 시기에서 알 수 있듯, 작가는 한일관계의 변화를 기민하게 감지하고 재조일본인으로서 지닌 조선 체험의 감각을 창작에 반영한다.

「무지개 속」은 가지梶라는 화가가 설옥순薛玉順이라는 기생의 궁중무용을 보고 반해 그녀의 춤추는 모습을 그림으로 옮긴다는 점에서는 「이조잔영」과 비슷하다. 다만, 이 작품에는 제암리 교회 학살 사건이 등장하지 않는다. 작품에서 설옥순의 아버지는 3.1운동에 가담한 후, "지명수배의 사상범"[22]이 되어 망명길에 올랐다가 친일파의 밀고로 헌병에게 잡혀 밀살된 것으로 나온다. 또한, 일본인을 증오하는 설옥순이 가지와의 정식 결혼을 허락하지 않아 둘은 동거 생활을 한다. 1943년 징집되어 북만주로 출정했던 가지가 종전 이후 조선에 돌아와

참고. 정병호, 「3.1 독립운동에 대한 재조일본인 미디어의 반응과 1919년의 일본어 문학」, 『일본연구』39, 중앙대 일본연구소, 2015, 219-223; 조미경, 「일본 현대 문학자의 식민지 지배인식 연구: 가지야마 도시유키의 「이조잔영」, 「족보」를 중심으로」, 191.

21) 이 작품은 후에 『성욕이 있는 풍경性欲のある風景』(1985)에 재수록되었다. 필자는 2003년에 발간된 『李朝残影: 梶山季之朝鮮小説集』에 수록된 작품을 분석 자료로 삼았다. 작품의 내용은 「이조잔영」에 비해 짧고 습작의 성격이 강하다. 이 작품은 가지의 그림이 선전鮮展이 아니라 일전日展에서 특선을 하고, 설옥순의 아버지가 행한 독립운동의 자세한 과정을 묘사한 점 등 「이조잔영」과 차이를 보인다. 일본 문학 연구자 요시다 히로오吉田熙生는 이 작품이 '민족', '국가'에 의해 갈라진 인간의 상태를 그리고 있지만 거기에 연애라는 다른 차원의 제재를 안일하게 개재시켰다는 점에서 '실패작'이라고 지적한 바 있다. 吉田熙生, 「『李朝残影』雜感」, 『別冊新評・梶山季之の世界』追悼特集号, 新評社, 1975(牛口順二, 「梶山季之文學の中の朝鮮」, 223쪽에서 재인용).

22) 梶山季之, 「霓のなか」, 川村湊 編, 『李朝残影: 梶山季之朝鮮小説集』, 東京: インパクト出版會, 2003, 116.

옥순을 만나지만, 가지는 조선 청년들의 린치로 부상을 입는다. 그리고 옥순의 품 안에서 그 상처의 고통을 참아내는 것으로 소설은 끝난다. 이 작품은 소설 「이조잔영」에 비해 남녀의 애정선이 두드러진다는 점, 가지가 해방 전 일본 헌병이 아니라 해방 후 조선 청년들에게 폭행당한다는 점에서 차이를 보인다.

이런 차이에도 불구하고 두 작품이 공유하는 바는, 조선의 아름다움을 그리는 주인공이 '일본인으로서 속죄하겠다는 결의'를 보이고, 자신을 '피해자의 위치'에 놓는다는 점이다. 작가가 개작을 하며 3.1운동에서 제암리 교회 학살로 사건의 범주를 좁힌 이유는 이 지점과 관련된다. 그는 3.1운동, 그 가운데서도 제암리 교회 사건을 부각하여 귀환자에 대한 일본인의 부정적 시선에 대응한다. 피해자와 가해자가 분명히 존재했던 '제암리 교회 학살[23])의 전면화는 재조일본인을 가해자로 몰았던 당시의 집단 논리에 균열을 일으킨다. 작가는 목격자가 분명히 존재하면서 일본인 사이에서도 자성의 목소리를 냈던 비인간적 학살 사건으로 일본인의 봉인된 기억을 푼 것이다.

그러므로 1953년과 1963년, 가지야마가 '3.1운동'과 '제암리 교회 학살 사건'을 소설화한 것은 두 가지 층위에서 이해할 수 있다. 우선, 그의 창작은 일본의 역사 서술 과정에서 강화된 본토 거주민 중심의 공적 기억을 탈구축하는 작업이다. 또한, 작품에 담긴 속죄의 태도는 한일 국교 정상화의 정치적 흐름 안에서 작가적 입지를 마련하기 위

---

23) 제암리 학살은 양태로 보면, '지배 집단에 도전하는 세력의 처벌을 목표로 하는 응징적 제노사이드'이면서 가해자의 동기로 보면 '정치적 이데올로기를 강요하거나 완성하기 위해 계획된 제노사이드이다. 제노사이드의 분류에 대해서는 다음의 논의 참조 커트 조나슨·프랭크 초크, 「제노사이드의 유형과 인권의제」, 이시도르 왈리만 외 편, 『현대사회와 제노사이드 Genocide and the Modern Age』, 장원석 외 옮김, 각, 2005[2000], 50-54; 장원석, 「제노사이드의 사회이론: 비판적 고찰과 발전적 함의」, 『평화연구』 20(2), 고려대 평화와민주주의연구소, 2012, 88.

한 문학적 전략이기도 하다. 그러므로 그의 작품에 나타난 가해자/피해자 의식과 그에 대한 호소는 식민지 조선을 향한 것이 아니라, 일본을 향한 것이다.

그가 소설 「이조잔영」을 통해 일본인에게 환기하고자 했던 기억은 무엇이었을까. 이 작품은 일본인 화가 노구치 료키치野口良吉와 조선 기생 김영순의 관계를 중심으로 전개된다. 경성의 여학교 미술교사인 노구치는 종로의 조선 술집에서 만난 세브란스 의대 교수 박규학朴奎学의 소개로 홍몽관에서 기생 김영순의 조선 궁중무용을 본다. 노구치는 그녀의 춤추는 모습을 그리고 싶어 여러 번 찾아가 모델이 되어달라고 부탁하지만 거절당한다. 결국 박규학의 설득으로 영순을 그리지만 그녀는 냉랭한 태도를 보인다. 영순은 노구치의 그림을 본 후, 그림을 그리려는 이유를 묻는다. 그가 "조선의 사라져가는 것의 아름다움"을 그리려 한다고 대답하자 그녀는 야외 스케치를 제안한다. 그림을 마무리하는 단계에 이르러 김영순은 일요일에 노구치의 화실에 들른다. 그녀는 그곳에서 노구치의 앨범을 보다가 사진 속 군인이 노구치의 아버지라는 말을 듣고 앨범을 캔버스에 던지며 뛰쳐나간다.

김영순이 노구치와의 만남을 거부하는 순간부터 이 소설은 아버지의 과거에 대한 노구치의 의혹과 두려움, 유치장에서 느낀 일본인에 대한 분노로 점철된다. 노구치는 앨범 속 사진이 '만세소동' 때 발안장 수비대가 주둔하던 지역에서 찍힌 것임을 알아내고 서재에서 찾은 『조선소요경과개요朝鮮騷擾経過概要』라는 책자를 보다 아버지가 제암리에서 조선인을 살상한 수비대장이 아닐까 의심한다. 그는 영순의 고향이 제암리라는 사실을 알아내고 일본인에 대한 그녀의 증오를 이해한다. 노구치는 김영순을 그린 그림에 '이조잔영'이란 제목을 붙여 선전鮮展에 출품하고, 그 작품은 특선작이 된다. 그 그림 속 모델이 김영순임을 알아본 다자와田沢 참모장은 그를 헌병대로 불러들인다. 노구치는 그곳에서 제목 변경을 강요당하지만 거부하고, 헌병대 장교에게 발안장의 수비대장이 자신의 아버지라는 사실을 듣는다. 노구치는 제목을 바꾸지 않고 특선도 포기하겠다고 말한 후 장교에게 맞아 고통을 느끼지만, 김영순의 환영이 곁에 있음을 느낀다.

소설의 전반부는 "조선통"인 노구치가 조선의 풍물과 풍속을 소개하고, 자신이 조선 청년들에게서 느끼는 "적의"와 "증오의 눈길"24)을 고백하는 내용으로 시작된다. 가지야마는 노구치의 입을 빌려 조선의 "사라져 가는 풍속"을 길게 설명하는데, 이와 같은 소설적 전개는 일본에 식민화된 상태에서 급속도로 변해가는 조선의 시간성을 담고 있다. 그가 기억하는 것은 조선이 아니라, '소멸해 가는 조선'이다. 노구치가 김영순에게서 불행한 운명을 지닌 여성들에게 드리워진 "어두운 그늘"을 보고, 그녀의 춤에서 "서글프지만 사람의 마음에 호소하는 아름다움"25)을 발견하는 것 역시 같은 맥락이다. 노구치의 그림에 쓰인 '이조李朝'라는 명명법에서도 알 수 있듯, 조선을 바라보는 작가의 시선에는 식민지 조선에 대한 감상적인 연민이 담겨 있다.

노구치에 의해 묘사된 조선의 풍경은 제국의 남성이 식민지와 식민지의 여성을 대상화한 시선으로 포착한 결과임이 분명하다. 그러나 그가 본 그늘과 아름다움의 방점을 '어두움'과 '서글프지만 사람의 마음에 호소하는'에 두어 볼 때, 사정은 복잡해진다. 그는 '일본에 의해' 빠른 속도로 사라져 가는 것들의 불행과 비애에 공명하고 있기 때문이다. 그는 고도근시로 입대를 피한 채 선전 출품을 기약하며 조선의 아름다움을 좇는다. 이 소설의 시간적 배경이 1940~1942년임을 감안할 때, 노구치의 태도는 매우 불온하다. 일제 말기 전시체제의 황국 사

---

24) 가지야마 도시유키, 『이조잔영·족보 李朝残影·族譜』, 전병무 외 옮김, 화성시, 2017[2007], 28-29.

25) 가지야마 도시유키, 『이조잔영·족보 李朝残影·族譜』, 51.

상과는 거리를 둔 채, 적극적으로 조선 내부(영순이 사는 동네)로 들어가 "자기만 뒤처져 버린 듯한, 이질적인 인간인 듯한, 즉 이방인이라는 불안감"26)을 예민하게 감지하기 때문이다. 그런 의미에서 가지야마가 그린 노구치는 일본과 조선 양쪽 모두에서 '이방인'인 셈이다.

조선 풍속에 관한 노구치의 발화에는 항상 일본문화에 비춰 설명하는 방식이 개입한다. 기생을 요시와라吉原의 초특급 유녀와, 종로를 혼마치도리本町通와, 김영순의 춤을 노가쿠能樂의 움직임 등과 대조한다. 이 같은 설명법은 일본인 작가가 예상 독자를 일본인으로 상정할 때 가능하다. 그는 일본인들에게 알려주듯 조선 문화를 매우 구체적으로 묘사한다. 노구치는 일제강점기에 일본인이 말살하고, 패전 후에 공공의 기억에서 지웠던 조선의 문화를 들춘다. 그의 세대나 부모세대에게는 체험의 기억이고, 전후 세대에게는 미지의 세계인 식민지 조선의 문화, 더 구체적으로 말하면 '소멸해 가던 조선'을 일깨운다.

역으로 말하면, 그것은 '일본이 사멸시킨 조선'이다. 일본인에게 일본이 자행했던 폭력성을 일깨우려던 작가의 의도는, 아버지가 발안장 앞에서 찍은 사진에 관해 노구치가 질문할 때 여실히 드러난다.

> "왜 이런 데를 가셨어요?"
> "아아, 예전에 수비대가 있었거든. 사과든 배든 과일이라도 따볼 겸, 어머니가 놀러 왔던 때의 사진일거야."
> 아버지는 전혀 주저하지 않고 말했다.
> 노구치는 낙심했다. 뭔가 아버지의 이야기에서 영순이 노여워한 이유를, 조금의 힌트라도 붙잡으려 했는데 헛수고인 것 같았다.
> "복숭아나 포도가 아니구요?"
> "옛날엔 사과나, 배, 살구 같은 게 많았지. 이 하쓰안조 수비대는 굉장한 공훈을 세운 수비대란다. 만세 소동 때..."27)

---

26) 가지야마 도시유키, 『이조잔영·족보 李朝残影·族譜』, 72.

왜 발안장에 갔느냐는 노구치의 질문에 아버지는 '추측형'으로 대답한다. 그리고 발안장 수비대를 말할 때도 노구치의 아버지는 "폭도를 진압한" 수비대의 공훈을 치하하지만, 그것이 자신과 '무관한' 것처럼 말한다. 소설의 마지막 부분에서 밝혀지지만 이 수비대의 대장은 바로 노구치의 아버지이다.

이 장면은 제국이 치안 통치로 가장한 폭력의 역사를 노구치의 아버지 세대가 어떻게 은폐하고 억압해 왔는지 폭로한다. "역사 교과서에서도 일체 언급되지 않았고, 한일합병 이래 계속 평화로웠다고만"[28] 배워 온 노구치는 혈연관계라는 운명 안에서 '제암리 학살'이라는 역사적 사실을 파헤치며 그 사건에 적극적으로 연결된다. 작가는 일본인의 기억에서 지웠거나 지우려 애썼던 정치적 무의식을 일깨우되, 그 역사적 심문의 주체를 아들 세대로 세운다. 이로써 작가는 어떠한 행동도 하지 않았다는 데서 도덕적 당당함을 느끼는 것이 아니라, 묵인하여 '연루된 주체'로서 느끼게 될 부끄러움[29]을 경계하는 태도를 보여 준다.

거의 내란과 다름없는 상태가 되었기에 동 지방의 내지인들은 위험을 무릅쓰고 부녀자를 일시 다른 곳에 피난시키는 등 **인심이 흉흉하고 형세가 혼미했으나 당시 발안장의 수비대장은 현황에 비추어 폭동의 주모자를 색출해 일망타진할 필요성을 인정하고,** 4월 15일 부하를 인솔하여 제암리에 이르러 주모자라

27) 가지야마 도시유키, 『이조잔영·족보 李朝殘影·族譜』, 100-101. 이하 강조나 대괄호 병기는 인용자에 의함.

28) 가지야마 도시유키, 『이조잔영·족보 李朝殘影·族譜』, 103.

29) 방관에 대한 부끄러움, 그 부끄러움이라는 해방적 감정만이 가공할 만한 역사적 경험의 도덕적 의미를 회복하고 과거와 정직하게 대면하는 데 도움이 될 것이라는 관점은 지그문트 바우만과 임지현의 논의를 참고했다. 지그문트 바우만, 『현대성과 홀로코스트 Modernity and The Holocaust』, 정일준 옮김, 새물결, 2013[1989], 339; 임지현, 『기억전쟁: 가해자는 어떻게 희생자가 되었는가』, 휴머니스트, 2020, 86-89.

인정되는 예수교도·천도교도 등을 모아 20여 명을 살상하고 촌락의 대부분을 태워버렸다. (중략)

　노구치는 그 활자를 보며 멍한 기분이 들었다.

　군대다운 간결한 문장이었다. 그러나 한 사람의 순사가 살해된 것에 대한 보복수단치고는 너무나 잔인한 짓을 한 것이다. **이것은 학살이었다.**[30]

　위의 인용문은 『조선소요경과개요』라는 팸플릿에 기록된 제암리 학살 사건 관련 보고를 읽고 노구치가 경험한 정신적 충격을 담고 있다. 가지야마가 소설에 인용한 제암리 교회 학살 사건과 관련한 기록은 1919년 9월 일본육군성에서 인쇄·배포한 『조선소요경과개요』의 11-12면에 걸쳐 서술된 내용이다. 소설에서 이 팸플릿의 내용은 후대의 사람들에게 비도덕적이고 비정상적이라고 평가되는 행위가 그 당시에는 합리적이고 정상적인 사고의 결과물이었다는 끔찍한 반전을 전해 준다.

　발안장의 수비 명령을 받은 아리타有田 중위의 민간인 사살과 민가 방화는 군법회의의 심리를 받았다. 그러나 그는 "임무 수행상 필요한 수단으로 당연히 해야 할 것이라는 확신에 따른 까닭에 죄를 범하려는 뜻이 없으며, 이 행위를 벌할 특별한 규정이 없다"는 이유로 "무죄"를 언도받는다[31]. 일본 재판부는 헌병대의 만행을 합법화하여 학살자들에게 면죄부를 주었을 뿐 아니라, 학살의 희생자를 범죄자로 만든다. 그리고 무죄라는 판결로 제암리 교회 학살에 대한 사람들의 집단적 망각을 빠른 속도로 이끈다. 가지야마는 이미 일제가 사법적으로 무죄 선고를 내린 제암리 교회 사건을 다시 들춘다. 그리고 그는 노구치의 입을 빌려 그것을 '학살'로 규정하고 그 '잔인성'을 비판한다. 그

---

30) 가지야마 도시유키, 『이조잔영·족보 李朝残影·族譜』, 107-108.

31) 아리타 중위의 판결문은 다음의 보고서에 첨부되어 있다.
　　朝鮮軍司令官 宇都宮太郎, 「有田中尉に係る裁判宣告の件 報告」, 『密大日記』, 1919. 8. 21. 아시아역사자료센터(http://www.jacar.go.jp/) 소장 자료.

는 국가가 이데올로기를 정당화하고 과거에 발생했던 행위를 합리화하기 위해 역사를 재구성하는 기억의 조작자[32]임을 드러낸다.

　소설에서 노구치는 그림 때문에 유치장에 들어가 헌병의 횡포를 감당하며, 제암리의 학살 사건과 방화 사건이 일본 군대라면 충분히 일으킬 수 있는 일이라고 판단한다. 이 일련의 과정에서 노구치가 영순에게 느끼던 "양심의 가책"은 일본인에 대한 "분개"로 옮아간다. 이 감정적 전이 안에서 가해자로서의 일본인은 피해자가 된다. 그러나 이것이 곧바로 가지야마를 비롯한 재조일본인에 대한 면죄부가 될 수는 없다. 그와 같은 논리는 역으로 가지야마의 문학적 시도를 비애국적인 행위로 폄하할 가능성을 열어주기 때문이다. 오히려 가지야마의 소설 쓰기는 역사적 진실과 거짓, 기억과 망각, 집합적 유죄와 무죄, 가해자와 희생자 같은 이항 대립적 구도에 첨예한 논쟁이 필요함을 일깨운다. 그것은 패전 후 고향인 조선을 떠나 일본에 돌아간 가지야마가 자신에게 들씌워진 패배자-방관자의 기억에 대응하는 방법이기도 했다.

3. 자발적 속죄와 용서받을 자격

　가지야마는 1963년 정부의 초청으로 한국에 방문한다. 그리고 「이조잔영」의 한일합작 영화 제작 이야기가 나오자, 1965년 한국을 재방문한다. 이때 《동아일보》를 비롯한 한국의 신문에서는 그의 행보에 주목하고 기사를 내보낸다. 가지야마를 초청한 조선일보사에서는 1965년 2월에 방한하여 한일기본조약의 가조인을 성사시킨 시나 에쓰사부

---

32) 허버트 허시, 『제노사이드와 기억의 정치: 삶을 위한 죽음의 연구 Genocide and the Politics of Memory: Studying Death to Preserve Life』, 강성현 옮김, 책세상, 2008[1995], 220.

로椎名悦三郎 일본 외상의 발언 -36년 동안 일본이 저지른 잘못은 깊이 반성할 정도가 아니라 깊이 속죄해야 한다- 을 가지야마 방한 기사 제목으로 가져다 쓴다. 한일협정을 앞둔 정치적 분위기 속에서 미디어들은 가지야마를 '일인日人 만행 폭로', '서울은 내가 난 곳' 등의 키워드들과 결합하여 '친한파 작가'로 만든다.

가지야마는 한국 신문사와의 인터뷰에서 "일본 지식인들은 그들의 선조가 한국의 민족문화를 말살하기 위해 얼마나 잔인한 짓을 했는가 하는 사실을 전혀 모르고 있기 때문에 이런 사실을 깨우쳐 주려고 「이조잔영」, 「족보」 등의 소설을 썼다"[33]고 말한다. 그는 각성이나 고발에서 자기 소설의 의의를 찾는다. 이 같은 그의 태도는 한국 작가들과의 대담에서도 유지된다.

> 사회: 나나 유 선생[소설가 유주현], 박 여사[소설가 박경리] 모두가 미산씨의 소설을 두서너 편씩 읽은 사람인데 무엇보다도 한국을 '테마'로 한 작품들의 밑바닥을 흐르고 있는 '휴머니스틱'한 '터치'에 호감이 갑니다. 앞으로 한일 두 나라 사이에 가령 문학의 교류가 있다면 그것은 그런 '휴머니즘'을 바탕으로 한 것이어야 되리라고 생각합니다.
>
> 미산: 나는 종전 때 경성중학(현 서울중고교) 학생이었어요. 그해 12월 길가에서 한 반 학생이던 한국인 친구를 만나 반가이 불러보았으나 그는 힐끗 한 번 쳐다볼 뿐 그냥 지나쳐버리더군요. 그것은 어린 마음에도 하나의 충격이었습니다. 해방 전까지 한국 사람들이 어느 만큼 마음속으로 우리 일본 사람을 미워했었는가를 느낄 수 있습니다. 그 후 귀국해서 여러 가지 문헌도 조사해보고 자료도 읽어보고 나니 한국인이 얼마나 오래 참아왔었나도 알게 되고…그러나 대부분의 일본 사람들은 이걸 알지 못해요. 그래 이토록 무서운 과거가 있었다는 것을, 특히 3.1운동에 관한 사실을 널리 알려주고 싶고 또 한국 고유의 미도 소개할 겸, 그리 욕심에서 「이조잔영」을 쓴 것입니다.[34]

---

33) 「일작가 梶山季之 씨 내한」, 《동아일보》(1965. 2. 25.).
34) 「역시 순문학은 안 팔려」, 《조선일보》(1965. 3. 2.)

사회자인 소설가 선우휘는 그 자리에 모인 한국 작가들이 모두 가지야마의 소설에 담긴 '휴머니스틱한 터치'에 호감을 느낀다고 말한다. 이 같은 평은 일제강점기 조선인의 희생과 일본에 대한 반감, 조선인에 대한 일본인의 연민과 동정을 그린 가지야마의 작품 성향을 아우른다. 가지야마가 기대고 있는 보편적 휴머니즘은 식민지 조선이 처했던 역사적 현실에 대해 본격적으로 문제를 제기하기보다 동정과 애상감을 통해 조선의 과거에 매달리고, 식민지 지배 체제나 정책 등을 지지하는 것으로 변질될 가능성을 안고 있다.35) 한국 작가들이 한일협정을 앞두고 한일 문학이 나아갈 방향으로 언급한 '휴머니즘'은 일제강점기 정치적 억압과 사회적 피해를 추궁하며 역사적 사실로 규정하고, 나아가 가해자를 단죄하는 일에 소극적으로 대응할 빌미가 될 수 있다.

그러나 가지야마는 대부분의 일본 사람이 알지 못하는 '무서운 과거', 특히 '3.1운동에 관한 사실'을 알려주고 싶었다고 말한다. '무서운 과거를 잘 알지 못하는 일본인'은 그가 귀환 후에 맞닥뜨린 현실이자 한계였다. 그는 이 한계와 관련하여 묵인하기보다는 쓰기를 택한다. 선우휘가 말한 문학적 경향으로서의 휴머니즘을, 가지야마는 인간이 인간됨을 훼손했던 역사에 대한 책임의 문제, 즉 작가로서의 태도 문제로 답한다.

가지야마의 대답에서는 역사적 부채감 같은 것이 느껴진다. 그는 일본에 돌아가서 동아일보사 측에 서신을 보내는데, 그 서신에서 그는 한국을 향한 '속죄'에 관해 말한다.

패전 후 일본으로 건너와 **재일한국인들로부터** 일본이 저지른 많은 죄악에

---

35) 川村湊 編, 『李朝残影: 梶山季之朝鮮小説集』, 2003, 345; 박명진, 「한일 영화에 나타난 인종과 국가의 이미지 연구」, 『한국극예술연구』 22, 한국극예술학회, 2005, 197.

관한 이야기를 듣고 나는 차근차근 자료를 모으기 시작했다. 그리하여 나는 예를 들면 동양척식이 어떤 방법으로 한국민의 토지를 공짜로 빼앗았는가를 알게 되고 만세사건이 어째서 반도 전토에 요원의 불길처럼 퍼져갔던가를 알게 되었다. 솔직히 말하면 나는 그 사실을 알게 되었을 때 일본인으로 태어난 것이 무척이나 부끄러웠다. 또 어째서 그런 짓을 했을까 하고 일본의 정치가나 관리나 군인들이 원망스러웠다. 나는 이들 잘못을 속죄하는 뜻도 곁들여 「족보」라든가 「이조잔영」 같은 소설을 썼다. 앞으로도 계속해서 쓸 생각이지만 내가 놀라는 것은 일본인 중에 "당신이 쓴 「이조잔영」 속에 수원도에서 한국인을 일본 군대가 학살하는 이야기가 나오는데 그것은 창작입니까?"고 묻는 따위의 인간이 있다는 사실이다.

그런 때 나는 분연히 대답한다.

"아닙니다. 다른 데는 모두 창작이지만 그 소요사건경과개요의 부분만은 진짜입니다. 육군성의 기밀문서를 일자일구 다르지 않게 그대로 베꼈습니다."[36]

한일회담 가조인이 끝난 상태에서 한국의 일간지에 가지야마가 서신을 보내온 뜻은 비판적으로 받아들일 필요가 있다. 이 서신에는 조선 출신의 양심적 일본 작가라는 이미지 구축 의도가 일정 부분 담겨 있을 것이기 때문이다. 그러나 그가 조선의 식민화 과정에서 일본이 저지른 죄악을 일본인에게 알리는 역할을 자임하고 실천했다는 점 역시 사실이기에 우리는 그가 표현하고자 했던 바를 좀 더 구체적으로 따져 봐야 한다. 인용문에서 "재일한국인들"이라는 이야기의 발신처, "일본의 정치가나 관리나 군인들에 대한 원망", 제암리 학살을 '허구'로 받아들이는 일본인 등에서 알 수 있듯 가지야마는 조선 식민화의 책임을 어느 한 세대나 부류가 아니라 일본인 전체에게 돌린다. 그가 일본에 돌아가 감당해야 했던 '재조일본인'이라는 정치적 구별 짓기를 그는 이 지점에서 흐트러뜨린다.

그러면서 그는 '부끄러움', '원망', '분연함', '진짜' 등의 어휘로 자신은 '실질적 가해자'가 아님을 은연중에 내비치기도 한다. 이 복합적

36) 梶山季之, 「먼저 한일 문화교류를-한국을 다녀와서」, 《동아일보》(1965. 4. 8.).

인 감정 상태를 드러낸 후 그는 "가조인이 끝나 국교가 정상화되어도 나는 그 죄가 사라질 때까지 속죄하는 셈으로 소설을 써나갈 것"이라고 다짐한다. 실질적인 가해자가 아니면서 속죄하는 가지야마의 복합적 감정 상태야말로 우리가 눈여겨볼 부분이다. 그는 가해자와 희생자 사이를 오가며 일본과 한국 사이의 가교 역할을 자임하고, 그 내면에서 일어나고 있는 사적 주체와 공적 주체 사이의 뒤섞임을 드러내기 때문이다.

이 같은 정체성 혼란의 문제는 일본인만의 것이 아니다. 가지야마의 서신에는 그가 방한 기간 중 한국의 작가 및 저널리스트들과 저녁 식사를 한 자리에서 작가 한운사韓雲史로부터 받은 쪽지 이야기가 나온다. 한운사는 가지야마에게 "일본인이여, 우리는 이미 너희들을 원망하진 않아"라고 적어 주었다고 하는데, 그의 쪽지에 등장하는 '우리'와 '너희들'은 도대체 누구를 지칭하는 것일까. 가지야마는 그 메모를 읽고 눈시울이 뜨거울 만큼 기쁨을 느꼈다고 고백한다. 이 대목은 한운사와 가지야마가 한국(피해자)과 일본(가해자)의 화해를 이끄는 각 국가의 대표로서 자기상을 구축하고 있음을 보여 준다. 그들은 실제로 당하지 않은 일에 대해 용서하고, 저지르지 않은 일에 대해 용서받을 자격까지 누린 셈이다. 우리는 이 지점에서 가해자들의 사과 없는 용서는 가능한지, 한 개인이 수많은 희생자를 대신하여 가해자를 용서할 수 있는지와 같은 질문들과 마주하게 된다.[37]

또한, 가지야마가 말한 '죄가 사라질 때까지 속죄하는 셈으로 소설을 쓴다'는 말의 의미도 따져 볼 필요가 있다. 무슨 일이 있었는지를

---

37) 집단적 학살에 대한 가해자의 속죄 그리고 가해자를 용서할 자격에 관한 이 질문들은 시몬 비젠탈의 홀로코스트 체험기에서 제기된 것으로, 제암리 교회 학살 사건을 대하는 현재의 우리에게도 시사하는 바가 크다. 시몬 비젠탈, 『모든 용서는 아름다운가 The Sunflower: On the Possibilities and Limits of Forgiveness』, 박중서 옮김, 뜨인돌, 2019[1997], 329-339.

가해자 측에서 인식하지 못한다면 용서란 애당초 불가능하다. 문학이 중요한 까닭은 바로 여기에 있다. 문학은 과거에 무슨 일이 있었는지를 보여줌으로써 범죄자를 처벌하고, 무고한 사람들을 죄의식에서 해방시킬 수 있다. 그러므로 가지야마의 저 발언은 이미 저질러진 죄가 사라진다는 의미 너머를 지시한다. 그는 아버지 세대의 죄악에 대해 속죄하되, 무고한 자들을 죄의식으로부터 해방하기 위해 소설을 쓸 것이라 다짐한다. 물론 그 해방의 대상에는 작가 자신도 포함되어 있다.

선행 연구에서는 가지야마의 소설 쓰기나 〈이조잔영〉의 주인공인 노구치의 태도를 작가 자신에 대한 면죄부 주기로 해석해 온 경우가 많다. 그러나 그와 같은 동일시는 섣부

〈그림 1〉《동아일보》
1965년 4월 8일자 기사

르다. 왜냐하면 노구치는 제암리 학살 사건을 포함한 3.1운동 희생자의 직접적 가해자가 아니기 때문이다. 또한, 제암리 학살 사건으로 희생된 조선인은 자기 대신 학살자들을 용서해 줄 권리를 어느 누구에게도 위임한 적이 없다. 노구치 혹은 가지야마의 세대가 면죄 받아야 할 것은 학살 등 역사적 사건의 가해 여부에 있지 않다. 그들에게 책임이 있다면, 일본 식민 통치의 폭력적 역사를 너무 늦게 깨달았거나 오랫동안 방관했다는 데 있다. 또한, 죄의 유무를 막론한 집단적 죄의

식 앞에서 한국인이 가해자의 사과 없는 용서와 화해의 부당함을 떠안게 했다는 점이다.

가해자에게 가장 견디기 힘든 것은 죄인이라는 '낙인'과 그에 따른 '공론화', 그리고 그 죄를 용서받지 못할지 모른다는 데 대한 '불안감'이다. 이 모든 것이 가능하기 위해 선행해야 할 것은 바로 가해자에 대한 단죄이다. 작가 가지야마는 늦게나마 소설 「이조잔영」을 통해 법적으로 무죄를 선고받은 일본인의 범죄 사실을 들춰 공론화하고 속죄에 관해 말했다. 그 이후에 필요한 것은 속죄를 말하는 작가의 진정성에 대한 심문, 그리고 사건의 실질적 가해자가 보내야 할 '성찰의 시간'이자 희생자가 감당해야 할 '기억의 시간'일 터이다.

그러나 가지야마나, 그의 소설 내용과 방한 소식을 전하는 미디어는 매우 조급하게 대응한다. 1965년 한국을 방문한 가지야마에 대한 한국 신문의 기사에는, 기억하고 속죄할 시간도 없이 문제를 봉합해 한일 교류로 나아가려는 움직임이 보인다. 가해자가 죄책감을 감당하는 시간이 사라지는 순간, 피해자가 사건을 기억하며 치유할 권리도 사라진다. 오히려 가해자는 국가적 화해와 용서의 담론 내에서 자신을 체제의 피해자로 왜곡할 가능성을 얻는다. 한일협정이 급물살을 타고 소설의 영화화 이야기가 거론되자, 가지야마가 소설 「이조잔영」의 2, 3부를 기획하는 행위를 우리가 무겁게 직시해야 하는 이유는 여기에 있다.

4. 제암리 학살을 재현하는 영화의 정치성

소설 「이조잔영」이 영상으로 처음 제작된 것은 1964년의 일이다. 1964년 12월 《동아일보》 기사에서는 일본 TBS에서 12월 1일 "한국 기생과 일인 화가의 사랑을 주제로 한 〈이조잔영〉을 방송했다"는 사실

이 보도된다. 기사에서는 이 작품의 무대가 "일인들이 세력을 떨치던 1940~1942년의 서울"이라는 점, 일인 배우 미소라 히바리美空ひばり가 "한복을 입은"[38) 모습이라는 데 주목한다. 몇 개월 후, 한일의 문화 교류를 촉구하는 기사에서는 "일본에 의한 강제합병·압박·전쟁을 겪어 독립한 한국의 불행했던 역사를 배경으로 젊고 아름다운 한국의 여성과 한국을 이해하며 같이 수난을 겪는 일본의 한 인테리와의 '러브 드라마'"로 〈이조잔영〉을 소개한다. 그리고 이 기사는 일본 텔레비전 극영화가 "극우파의 협박 전화를 받으면서도" 방영되어 사토佐藤 수상에게까지 감명을 주었다"[39)고 전한다.

이와 같은 TV 프로그램 홍보 기사는 식민지 시대의 한국을 환기하기는 하나, 소설을 한일 남녀 간의 사랑 이야기로 미화한다. 더 나아가 그것이 일본 정치계에 미친 영향까지도 강조하여 한일 간의 화해를 상상하게 한다. 당시 일본에서는 '우익=전범'의 부정적 이미지와 다른 차원에서, 우익 사상을 천황제 파시즘의 이데올로기가 아닌 '일본 사상'의 한 범주-민족 정서, 농본주의, 향토주의 등-로 영입하는 학술연구가 시도된다. 또한, '대동아전쟁 긍정론'이 제기됨으로써 일본이 일으킨 전쟁을 합리화하는 시도가 일어났다.[40) 이 같은 분위기 속에서 소설 「이조잔영」을 드라마로 만들고, 일본 수상이 시청했다는 사실을 보도하는 태도는 매우 정치적이다. 1964년 한일협정 체결을 앞두고 3월 한국에서 대규모 반대 시위가 일어나고, 6월 3일에는 전국에 비상계엄령이 선포되었다는 점을 감안하면 더욱 그러하다.

소설 「이조잔영」의 줄거리가 구체적으로 미디어에 보도되기 시작한 것은 이 작품을 한일 합작영화로 만들 가능성이 대두되면서부터이

---

38) 「스케치」, 《동아일보》(1964. 12. 10.).
39) 호현찬, 「일본 연예계 이모저모(하)-문화교류」, 《동아일보》(1965. 2. 2.).
40) 조관자, 「일본 우익사상의 부흥과 "좌우합작"」, 『일본연구』 22, 고려대 글로벌 일본연구원, 2014, 313-315.

다. 가지야마를 초청한 조선일보사에서는 한일합작 영화화의 희망을 내비치며 소설의 줄거리(일본과 일본군에 대한 반감을 가진 김영순과 그녀의 춤추는 모습을 그리겠다는 열망을 지닌 화가, 일본군 고관의 횡포, 아버지의 학살 등)를 매우 구체적으로 소개한다.[41] 이 기사에서 주목할 점은 가지야마가 「이조잔영」의 2부와 3부를 완결하기 위해 내한하며, 「이조잔영」 제1부의 한일 합작영화 제작의 가능성을 타진하기 위해 그가 영화 제작자와 동반했다는 점을 알린다는 사실이다.[42] 2년 전에 발표된 「이조잔영」은 한일협정을 앞두고 갑자기 미완의 작품이 돼버린다.

가지야마는 내한한 후, 《동아일보》 기자와 인터뷰를 하며 2, 3부에서 "한국의 궁정무희 김영순을 사랑한 일본 화가 노구찌가 일본 군대에 입대하여 겪는 수난과 해방 후 김영순 양을 만나 다시 결합하게 되는 전후 한일 간의 새로운 인간상"을 그리겠다는 포부를 밝힌다. 그가 예견하는 서사에서 노구치는 원작인 소설보다 더 정치적이고 육체적인 고통을 치르지만, 결과적으로 해방 후 김영순과 결합하여 한일 간의 화해를 상징하게 된다. 작가가 『조선일보』를 통해 밝힌 2, 3부의 줄거리는 다음과 같이 조금 더 구체적이다.

> 민족주의자라는 혐의로 헌병대에 갇혔던 주인공 野口良吉은 풀려나자, 곧 소집영장을 받고 나남사단羅南師團에 입대하는데 여기서도 한국 인사들의 차별대우에 항의하다 고역을 치르고, 8.15가 되자 겨우 한국인들의 도움으로 38선을 넘어 서울에 와서 다시 '히로인' 김영순을 만난다는 파란만장의 역정[43]

노구치가 입대하게 된 부대명, 한국인을 위해 저항하다가 겪는 수

41) 「「이조잔영」 한일합작영화화 추진」, 《조선일보》(1965. 2. 9.).
42) 「일작가 梶山季之 씨 내한」, 《동아일보》(1965. 2. 25.).
43) 「반성보다 속죄를」, 《조선일보》(1965. 2. 25.)

난, 한국인의 도움으로 38선을 넘는 역경까지 더해졌지만 노구치와 김영순의 결합으로 끝나는 점은 같다. 「이조잔영」 2, 3부의 스토리는 노구치라는 인물이 겪는 고난이 심해짐에 따라, 즉 노구치와 영순이 재회하기까지의 어려움이 심할수록 한국 여성에 대한 일본 남성의 사랑을 강조하게 된다. 그리고 그 둘 사이의 필연적 화해를 운명으로 안게 된다. 정치적 제약을 넘어선 이 같은 애정 서사는 일본의 식민 통치에 대한 한국인의 분노와 증오 등의 부정적 감정을 완화하기 위한 전략으로 읽힌다. 또한, 그 서사적 전개가 작가 가지야마를 더 '친한적'인 작가로 만들어 준다.

소설 「이조잔영」의 2, 3부가 후에 창작되었는지는 알 수 없다. 현재까지 전하는 바가 없기 때문이다. 그런데 한국에서 1967년 10월에 발표된 영화 〈이조잔영〉의 후반부는 가지야마가 예고한 내용의 일부를 포함하고 있다. 한일합작 영화 제작에 대한 한국 측의 반대 여론이 높아 이 영화의 '제작은 한국 측의 신상옥 감독이 주도하고 각본은 일본 측의 마츠야마 젠조松山善三'가 맡게 된다.44) 각색을 맡았던 시나리오 작가 마츠야마는 조선일보사 주최의 좌담회에 참여한다. 소설의 영화화에 대한 마츠야마의 생각을 묻는 선우휘의 질문에 그는 원작에 충

---

44) 梶山美那江, 『積乱雲: 梶山季之-その軌跡と周辺』, 東京: 季節社, 1998, 103.
　　1963년 봄 도쿄에서 열린 아시아 영화제에 참석한 신상옥 감독이 「이조잔영」의 영화화에 관한 의욕을 보인 것이 영화 제작의 구체적 동기로 알려져 왔다. 1965년 2월 가지야마는 일본 측의 영화 제작자들과 함께 한국으로 와서 공동 제작에 관한 협의를 벌였지만 한일 국교 정상화 전의 상황도 있어 완전한 합작 영화는 되지 않고, 제작은 한국 측의 신상옥 감독 주도하고 각본은 일본 측의 마츠야마 젠조松山善三가 맡는 형태로 이야기가 되었다는 것이다. 그러나 당시 한국의 신문 기사를 보면, 1963년 가지야마가 영화 제작자와 함께 방한하여 소설의 영화화에 대해 제안했으며, 방화 제작자 S씨와 C씨가 교토 아시아 영화제에 참석한 기회에 공작을 펼쳤다고 기록된다. 이에 대해 당시 《경향신문》 기자는 '돈벌이에 골몰한 또 하나의 저자세'라고 비판한다. 「한국을 넘보는 일영화-합작영화 미끼 수입 앞선 전초전」, 《경향신문》(1965. 7. 10.)

실해야 한다는 입장을 밝힌다. 그리고 시나리오 작가 이진섭이 「이조 잔영」의 헤피엔드 가능성에 대해 묻자 마츠야마는 다음과 같이 대답한다.

> 松山: 글쎄요. 현실로 있을 수 없는 해피엔드란 억지로 만들 순 없지 않을까요? 한일 국교가 정상화하였다지만 거리를 돌아보고 사람들을 만나보고 얻은 결론은 그렇게 안이하게 해피엔딩이 이루어질 수가 없지 않는가 하는 거였어요.
> 鮮于: 구체적으로 이야기하신다면?
> 松山: 거리를 걸을 때 군데군데서 근 1세기 전부터 우리네 제국주의 조상들이 할퀴고 지나간 손톱자국을 피부로 느낄 수 있었습니다. '머리를 숙이고 걸어야겠구나' 하고…. 특히 경복궁 안 12층탑田中 某(註: 일인 전중 모)가 강제로 일본의 자기 뜰로 옮겨갔다가 이등박문伊藤文의 호령으로 되돌려 보낸 얄궂은 과거를 지녔다) 앞에 섰을 땐 한 5분 가량 얼굴이 확확 달아올라 혼났어요. (그는 두 손으로 이마를 짚었다) 이토록 어리석은 짓을 한 일본인이었구나… 수치를 느꼈습니다. 한국을 찾는 일본인들은 꼭 한 번 찾아가 볼 곳이라고 생각했어요.
> 이: 뭐 松山 씨가 한 짓은 아니니까.(웃음)[45]

한국에 방문한 마츠야마는 원작자 가지야마가 예고한 것과는 달리 노구치와 영순의 결합은 사실상 어렵다는 견해를 내놓는다. 그 근거로 그는 자신이 한국에서 목격한 식민화의 상처를 든다. 그리고 '제국주의 조상들이' 저지른 '어리석은 짓'에 대해 자신이 느낀 '수치심'을 고백한다. 이에 관해 한국 작가 이진섭은 마츠야마가 당사자는 아니니 괜찮다는 식의 반응을 보이지만, 이 장면에서는 분명 각색자로서 마츠야마가 지닌 심정적 부담감이 느껴진다. 정치인들에 의해 이루어진 한일협정에도 불구하고 한국에서 느껴지는 일본에 대한 반감, 일본인 스스로 느끼는 정치적 자의식이 영화의 전개에 영향을 미쳤을 것임을

---

45) 「영화정담: 오늘의 영상」, 《조선일보》(1965. 5. 10.).

알 수 있다.

한일협정 후에도 해소되지 않은 이 정치적 응어리는 소설과 영화 사이의 간극을 만들어 낸다. 한국에서 신상옥 감독이 제작한 영화는 작가의 원래 계획과 다른 스토리를 보인다. 우선, 노구치는 전장으로 가는 열차에서 조선 청년 박동호에게 영순의 아버지를 죽인 것이 노구치의 아버지라고 듣는다. 그리고 뒤이어 영화에서는 40초 남짓(1:05:45-1:06:19)[46] '제암리 학살 사건' 당시의 상황을 재현한 장면이 흐른다. 박동호의 이야기를 들은 노구치는 박동호와 함께 열차에서 탈출한다.[47]

제암리 학살 사건을 담은 영상에는 불타는 마을을 배경으로 마을 사람들이 혼비백산하여 도망치는 장면, 말 탄 병사들 사이에서 노구치의 아버지가 한 남자를 총으로 죽이는 장면, 부모를 잃은 어린 여자아이가 엄마를 부르며 헤매는 장면이 담겨 있다. 소설과 달리 영화에서 영순은 학살 사건으로 부모를 모두 잃은 상태로 나온다. 그리고 영순은 독립운동을 하다 감옥에 갇힌 동호, 그림의 제목 문제로 유치장에 들어간 노구치를 빼내기 위해 다자와 중위의 청을 들어준다. 이 같은

---

46) 영화는 한국영상자료원의 한국영화데이터베이스에 업로드되어 있는 영상을 분석 자료로 삼았다. 梶山季之(신상옥 감독), 〈李朝残影〉, 신필림, 1967. [한국영상자료원 https://www.kmdb.or.kr/]

47) 원작 소설에서 세브란스 의과대학 조교수로 등장했던 박규학은 영화에서 독립운동을 하는 청년 박동호로 등장한다. 이외에도 영화에는 소설에 없던 인물이 등장하는데, 노구치의 친구 하세가와(황윤성)와 하야시가 그 예이다. 이들은 경기도청 공무원으로 근무하며 창씨개명을 종용하는 임무를 맡는다. 영화는 이 인물들을 통해 일본인 행세를 해 왔지만 김영순의 춤을 보고 조선인으로서의 정체성을 찾겠다는 의지를 보이는 조선인, 조선인을 차별하고 멸시하는 일본인의 모습을 보여 준다. 소설과 영화의 인물 및 스토리 비교는 최준호의 논의를 참고할 수 있다. 필자는 앞선 연구에서 주목하지 않았던 소설과 영화의 차이가 지닌 정치성, 특히 제암리 교회 학살 사건과 노구치의 자살이 지닌 의미를 분석했다. 최준호, 「梶山季之『李朝殘影』論: 映画と原作小説の比較を中心に」, 『日本語文學』 81, 日本語文學會, 2019, 235-254.

영화의 설정은 영순이 식민지 상황하에서 겪은 참혹함을 더욱 극적으로 만든다.

노구치는 자신의 아버지가 김영순에게 용서를 빌게 하기 위해 탈출하지만 그가 경성으로 돌아오는 기간 중에 조선은 해방을 맞는다. 노구치의 아버지는 조선 청년의 총에 맞아 죽고, 김영순의 집에 찾아간 노구치는 문밖에서 용서를 빌지만 영순은 받아주지 않는다. 이때, 영순은 "우리들은 바로 맺어질 수 없어. 우리들의 역사는 피로 물들었어. 그걸 닦아버리려면 오랜 시간이 필요해"(1:17:26-1:17:36)라고 독백한다. 소설 「이조잔영」이 제암리 교회 학살 사건을 통해 역사적인 가해와 피해, 기억과 망각, 죄책감 등의 문제를 제기했다면, 영화 〈이조잔영〉은 '시간'이라는 화두를 하나 더 던진다. 이때의 시간은 과거에서 미래로 가는 선형적인 것이 아니다. 기억으로서의 역사는 시간의 토대 위에서 재구성된다. 중요하다고 생각하는 행위를 가장 분명하게 기억하는 것처럼 폭력적이고 충격적인 행위에 수반된 강렬한 감정은 가장 '현재적'이다. 영순이 요청한 '시간'은, 성급하게 사과와 용서를 말하기 전에 피해자가 그 감정적 기억의 현재성을 존중받아야 할 권리를 일컫는다.

〈그림 2〉《조선일보》 1967년 10월 10일자에 실린 영화 광고

영순을 만나지 못한 노구치가 영순의 집 근처에서 권총으로 자살하자, 영순은 노구치에게 달려가 눈물을 흘린다. 그들은 재회했지만, 노구치의 죽음이 전제되었기에 영화의 결말은 작가가 소설 2, 3부에 의도한 행복한 결합과는 거리가 멀다. 영화의 마지막 부분에서 죽은 노구치에게 달려온 영순은 "당신은 비겁해요. 왜 그 고통에서 다시 시작하려고 들지 않았어요. 왜 참고 견뎌내려고 하지 않았어요. 연약한 여자인 나도 처음부터 다시 시작하려고 했는데, 왜 자기 먼저 갔어요."(1:19:35-1:19:55)라고 소리친다. 노구치의 몸에서 흘러나온 피는 끝없이 수원천[48])으로 흘러든다.

이 같은 결말은 원작자인 가지야마보다 각색자 마츠야마 젠조나 감독 신상옥의 의도에 따라 영화가 만들어졌음을 암시한다. 한일협정 이후에도 일본에 대한 반감이 가시지 않았던 상황이었기에 영화는 섣불리 일본과 조선 남녀의 결합까지 나아갈 수 없었던 것이다. 소설 「이조잔영」에서 두 사람의 연애가 성립하지 않았던 것처럼 영화에서도 종주국과 식민지 남녀의 결혼은 성립하지 않는다. 이 같은 전개는 일제의 내선일체 정책의 허구성까지도 돌아보게 한다.

대신 노구치의 자살 장면과 영순의 마지막 대사가 남긴 아쉬움과 비애는 일본과 한국 사이의 정치적 관계가 나아가야 할 방향을 암시한다. 영화는 노구치 아버지의 단죄 등으로 일제강점기 역사의 책임을 묻는다. 또한, 식민 통치하에서 조선이 감내해야 했던 고통을 알게 된 노구치의 자살은 원죄를 타고난 노구치 세대의 일본인들을 각성하는 역할을 한다. 더 나아가 영화는 노구치의 죽음과 영순이 지닌 삶의 의지를 전면에 내세워 고통의 역사 위에서 다시 살아가는 방법에 대해

---

48) 이 영화에서 노구치가 자살한 곳은 수원 화홍문 바로 아래다. 일본 순사에게 아들이 죽임당한 후 미친 노인은 노구치가 죽은 자리 옆에서 끊임없이 "만세, 만세"를 외친다.

생각하게 한다. 그러나 영화의 비극적 전개 후에도 가시지 않는 슬픔과 분노는 결국 과거의 문제가 몇몇 개인의 죽음으로 해결될 수 없음을 일깨운다. 그런 의미에서 이 영화는 소설가 가지야마가 기획했던 해피엔딩의 작위성을 우회해, 당시 두 국가의 감정적 상처를 일시적으로 봉합하는 방법을 선택한 결과라 하겠다.

5. 결론

소설 「이조잔영」은 조선 기생 김영순과 일본 미술교사 노구치와의 만남을 토대로 일제강점기 일본과 조선의 관계, 특히 전통의 말살이나 제암리 교회 학살 사건과 같은 폭력의 역사를 일깨운다. 일본의 패전 후 본토에 돌아간 가지야마는 일본에서 감내해야 했던 귀환자에 대한 부정적 시선, 재조일본인들이 지닌 체험의 기억을 억압하는 공적인 기억에 대응하는 방식으로 소설을 쓴다. 그의 작품 속 인물은 어두운 그늘을 지닌 영순을 그리고, 그의 삶에 연루된 자기 아버지의 과거를 추적한다. 그리고 학살도 무죄로 처리하는 일본인에게 수치를 느끼고 죄책감에 휩싸이는 인물을 통해 작가는 과거를 모르는 동시대 일본 독자들의 이해와 각성을 이끈다. 여기에는 조선의 식민 통치기에 태어난 가지야마 세대의 원죄의식이 깊이 개입되어 있다.

지금까지 「이조잔영」은 일본에 의해 부정되어 온 일본인의 악행을 일본인 작가가 직접 제시했다는 점에서 주목받았다. 그리고 작가의 자기 합리화나 면죄부 등으로 창작 의도를 비판받기도 했다. 이 작품에서 우리가 발견할 수 있는 것은, 일본이 우발적 사건으로 치부하려 했던 '제암리 교회 학살'의 진상만이 아니라, 그에 대한 속죄와 용서의 문제이다. 작가는 쓰는 행위로써 사건의 진실과 거짓, 기억과 망각, 가해자와 피해자 등 이항대립적인 것들이 매우 복잡하게 얽혀 있음을 보여 준다. 또한, 가지야마와 한국 작가들의 태도는 집단적 학살의 직접적 가해자가 아닌 개인의 자발적 속죄에도 불구하고 피해자가 받은 고통과 상실은 상쇄될 수 없으며, 피해자를 대신해서 가해자를 용서할 자격이 누구에게도 없다는 사실을 일깨운다.

그렇다면 중요한 것은, 가해자를 명확하게 밝히고 가해와 속죄, 더 나아가 피해자의 용서까지도 역사로서 정립하려는 문제의식일 것이다. 소설 「이조잔영」은 일본의 잔인한 과거를 들추고 부모 세대의 식민 책임에 대한 자식 세대의 수치심과 죄책감을 담고 있다. 또한, 이 소설을 영화화한 마츠야마 젠조 역시 한국을 방문했을 때 자신이 느낀 수치심에 대해 말한다. 제국주의는 도덕적 무감각과 나태에 대한 면죄부로 자기 보호라는 논리를 내세워 희생자들 그리고 그 희생을 수동적으로 지켜본 사람들을 비인간화했다. 앞서 일본인 작가들이 느낀 수치심은 바로 그 비인간화로부터 자기가 자유롭지 못함을 느낀 데에서 비롯한다. 그 수치심을 무겁게 받아들이되 우리가 경계해야 할 것은, 집합적 유죄의 논리에 빠져 과거에 대한 책임을 후세대에게 추궁하는 태도의 부작용이다.

한일협정을 둘러싼 정치적 분위기 안에서 가지야마가 소설의 2, 3부를 기획하고 소설의 영화화까지 나아가는 과정은 양심적인 지식인 상에 대한 작가의 정치적 강박이 작동한 결과이다. 해피엔딩의 작위성을 벗어나기는 했으나, 영화 〈이조잔영〉이 남긴 또 다른 죽음은 학살 이후 피해자는 여전히 고통과 상실의 굴레 안에서 살아가야 함을 보여 준다. 왜냐하면, 일본인 노구치의 자살은 제암리 교회 학살의 피해를 상쇄했다고 믿게 하거나 억울하게 죽은 피해자 집단을 쉽게 잊어버리도록 만들기 때문이다.

기억의 서사에서 중요한 것은 서둘러 가해자를 용서하고 애써 상처를 봉합하는 것이 아니다. 가해자에 대한 사법적 정의, 피해의 실상 규명, 가해자의 사죄, 피해자의 용서, 그리고 사건의 기록과 같은 일련의 과정이 이뤄지지 않는다면 치유와 화해는 불가능하다. 일본의 공적인 기억에 대응한 가지야마의 소설 쓰기는 우리에게 분명한 교훈을 남겼다. 그것은 바로 더 나은 기억의 방법과 성찰의 시간이야말로 지금도 세계 곳곳에서 일어나는 학살의 폭력으로부터 우리를 해방시킬 수 있다는 것이다.

참고문헌

《경향신문》,《季刊三千里》,《동아일보》,《조선일보》

梶山季之, 川村湊 編,『李朝残影: 梶山季之朝鮮小説集』, 東京:インパクト出版會, 2003

梶山季之,『이조잔영·족보 李朝残影·族譜』, 전병무 외 옮김, 화성시, 2017[2007]

梶山季之(신상옥 감독),〈李朝残影〉(영화), 서울: 신필림, 1967

陸軍省,『朝鮮騷擾經過概要』, 1919. 9.

이광수,『이광수 전집』7, 삼중당, 1972

가와무라 미나토,『말하는 꽃 기생 妓生(キ-セン): “もの言う花”の文化誌』, 유재
　　　순 옮김, 소담, 2002[2001]

강진구,「전후 일본 문학에 나타난 한국의 표상 체계 연구Ⅱ: 가지야마 토시
　　　유키 문학에 나타난 한국의 이미지」,『민족문학사연구』30, 민족문학
　　　사연구소, 2006

김승태,「3.1운동과 일본군의 한인 학살」, 충남대 충청문화연구소 편,『제노
　　　사이드와 한국근대』, 경인문화사, 2009

박명진,「한일 영화에 나타난 인종과 국가의 이미지 연구」,『한국극예술연구』
　　　22, 한국극예술학회, 2005

박이진,「귀환자(引揚者)의 ‘전후’: 전후 일본의 균열 지점」,『비교일본학』27,
　　　한양대 일본학국제비교연구소, 2012

서정민,「제암리 교회 사건에 대한 일본 측의 반응」,『한국기독교와 역사』7,
　　　한국기독교역사연구소, 1997

시몬 비젠탈,『모든 용서는 아름다운가 The Sunflower: On the Possibilities
　　　and Limits of Forgiveness』, 박중서 옮김, 뜨인돌, 2019[1997]

신승모,「‘인양(引揚)’후의 유아사 가쓰에론: 연속해가는 혼효성(混淆性)」,『일
　　　어일문학연구』71(2), 한국일어일문학회, 2009

신승모,「‘전후’ 일본사회와 식민자 2세 문학의 등장: 가지야마 도시유키(梶

山季之)의 문학을 중심으로」,『일본학』34, 동국대 일본학연구소, 2012

이규수, 「식민지 체험자의 기억 속의 '제국'과 '식민지': 후지카이(不二會)를 중심으로」,『역사와 경계』79, 부산경남사학회, 2011

이덕주, 「3.1운동과 제암리사건」,『한국기독교와 역사』7, 한국기독교역사연구소, 1997

이시도르 왈리만·마이클 돕코우스키 편,『현대사회와 제노사이드 Genocide and the Modern Age』, 장원석 외 옮김, 각, 2005[2000]

이원희, 「가지야마 도시유키(梶山季之)와 조선」,『일본어문학』38, 한국일본어문학회, 2007

임성모, 「전후 일본의 만주 기억, 그 배후와 회로」,『일본비평』2, 서울대 일본연구소, 2010

임지현,『기억전쟁: 가해자는 어떻게 희생자가 되었는가』, 휴머니스트, 2020

장원석, 「제노사이드의 사회이론: 비판적 고찰과 발전적 함의」,『평화연구』20(2), 고려대 평화와민주주의연구소, 2012

정병호, 「3.1 독립운동에 대한 재조일본인 미디어의 반응과 1919년의 일본어 문학」,『일본연구』39, 중앙대 일본연구소, 2015

조관자, 「일본 우익사상의 부흥과 "좌우합작"」,『일본연구』22, 고려대 글로벌일본연구원, 2014

조미경, 「일본 현대 문학자의 식민지 지배인식 연구: 가지야마 도시유키의 「이조잔영」, 「족보」를 중심으로」,『일본근대학연구』52, 한국일본근대학회, 2016

지그문트 바우만,『현대성과 홀로코스트 Modernity and The Holocaust』, 정일준 옮김, 새물결, 2013[1989]

최준호, 「梶山季之『李朝殘影』論: 映画と原作小説の比較を中心に」,『日本語文學』81, 日本語文學會, 2019

허버트 허시,『제노사이드와 기억의 정치: 삶을 위한 죽음의 연구 Genocide and the Politics of Memory: Studying Death to Preserve Life』, 강성현 옮김, 책세상, 2008[1995]

梶山美那江,『積乱雲: 梶山季之-その軌跡と周辺』, 東京: 季節社, 1998

국사편찬위원회 한국사데이터베이스, '조선소요사건' [http://db.history.go.kr/]
    (검색일 2020. 12. 7.)
아시아역사자료센터, '有田中尉に係る裁判宣告の件 報告' [http://www.jacar.go.jp/]
    (검색일 2021. 1. 11.)
한국영상자료원, '이조잔영' [https://www.kmdb.or.kr/] (검색일 2020. 12. 8.)

동북아다이멘션 연구총서 6

동북아의 제노사이드: 학살의 기억, 상처의 치유

초판 인쇄 | 2021년 10월 30일
초판 발행 | 2021년 11월 5일

엮 은 이   원광대학교 한중관계연구원 동북아시아인문사회연구소
발 행 인   한정희
발 행 처   경인문화사
감   수   김정현 유지아 한승훈 한담
교   정   손유나
편   집   이다빈
출판번호   406-1973-000003호
주   소   파주시 회동길 445-1 경인빌딩 B동 4층
전   화   031-955-9300 팩 스   031-955-9310
홈페이지   www.kyunginp.co.kr
이 메 일   kyungin@kyunginp.co.kr

ISBN 978-89-499-6601-4 94910
ISBN 978-89-499-4821-8 (세트)
값 33,000원